살아 숨쉬는 신비한 누름꽃

압화디자인원론

Pressed Flower Design Principles

(사) 한국프레스플라워협회

부민문화사

사단법인 한국프레스플라워협회

* 가나다 순

공동 저자			
	구본순(금본회)	권금희(온고을회)	권미숙(나연회)
	김경숙(초초회)	김경희(나임회)	김순자(미성회)
	김연진(파주회)	김태순(녹연회)	문정연(정연회)
	박형순(목화회)	배선아(선연회)	백진주(진주회)
	송혜정(송 회)	신정옥(녹빈회)	신현숙(유정회)
	양정인(연단회)	오분이(화다연회)	이동은(은정회)
	이미자(소정회)	이손선(혜담회)	이지선(지선회)
	장미숙(초연회)	장정희(예정회)	정숙희(하일설향회)
	정아름성(정아름성회)	조귀선(혜림회)	조미숙(은방울회)
	조인순(해인회)	주순엽(화인회)	지길영(지니회)
	진유순(새원회)	채명례(채담회)	최수진(꽃샘회)
	최연실(연휘회)	최영옥(매화회)	

발간사

4차 산업혁명이라는 새로운 시대가 열리면서 기계가 많은 부분을 대체해 나가고 있습니다. 이러한 변곡점에서 21세기 성장동력으로 문화와 예술을 융합시킬 수 있는 창의력과 상상력의 중요성이 어느 때보다 주목받고 있습니다. 디지털의 혁명적 발전으로 사회 모든 분야가 급진적으로 발전하면서 예술적 창의력에 기반한 창조산업의 중요성은 그 가치가 더욱 중요시되고 있습니다.

(사)한국프레스플라워협회는 1995년에 발걸음을 시작한 이후 지난 20여 년 동안 압화의 발전을 위해 멈추지 않고 전진해 왔습니다. 압화는 꽃예술 분야의 작은 소모임으로 시작하여 예술적 가능성을 주목받지 못하고 항상 소외된 이방인으로 취급되어 왔습니다. 하지만 우리는 끊임없이 다양한 도전과 새로운 시도를 통해 압화의 대중화를 이끌어 왔습니다. 또한 발전하는 새로운 과학기술과 융합하여 고정관념을 혁파한 혁신적인 시도를 통해 많은 분야를 압화와 접목하여 성공적인 결과물들을 창출해냈습니다.

우리 협회가 보여준 훌륭한 결과는 협회장님들의 헌신적인 노력으로 이루어진 것임을 잘 알고 있습니다. 하지만 우리 협회는 안주하지 않고 압화의 발전을 멈추지 않기 위해 가장 어렵고 시급한 일이 학문적 초석을 다지는 일이라는 것에 모든 회장님들의 일치된 의견이 있었습니다.

압화의 이론을 정립한다는 것은 단순한 압화를 알리는 일이 아닙니다. 이것은 압화의 미래를 위한 가장 중요한 일이며, 학문적 기틀이 마련되어야 함을 뜻합니다. 그래야 후진들에게 우리가 걸어온 힘든 걸음이 아닌 체계적이고 과학적인 이론을 바탕으로 기본을 충실히 익힌 예술가의 길을 인도해주는 시금석이 될 것이기 때문입니다.

압화의 이론 정립은 이처럼 후진들의 광범위한 활동과 압화가 다양한 산업과 접목할 수 있는 가장 중요한 틀이지만 20년간 압화를 하는 우리 모두는 적극적이지 못했습니다. 이 책은 많은 시간을 지체하기는 했지만 이러한 우리의 반성과 이제 새로운 장을 열기 위한 가장 힘든 벽을 넘어서는 계기가 될 것입니다.

이 책을 기반으로 압화는 학문적 기반을 마련하고 초 · 중 · 고는 물론이고 대학에서의 위상을 새로이 정립해 나갈 수 있을 것입니다. 이 책이 나올 수 있도록 큰 도움을 주신 양정인 회장님과 문정연 회장님, 작품을 들고 직접 먼 걸음 해주신 많은 회장님들, 그리고 출판을 맡아주신 부민문화사에 다시 한번 감사드립니다.

2018년 2월

사단법인 한국프레스플라워협회 이사장 신정옥

차례

발간사 _ 3

01 압화원론

1. 압화의 개요 _ 10
   - (1) 압화의 어원
   - (2) 압화의 정의
   - (3) 압화의 특징
   - (4) 압화의 기능

2. 압화의 사조 _ 13
   - (1) 이탈리아
   - (2) 영국
   - (3) 일본
   - (4) 한국

3. 압화의 종류 _ 23
   - (1) 표본압화
   - (2) 장식압화
   - (3) 예술압화
   - (4) 융합압화

4. 압화의 원형(표본) _ 26
   - (1) 압화의 원형
   - (2) 표본의 중요성
   - (3) 표본의 종류
   - (4) 압화의 원형 표본과 압화 비교
   - (5) 표본제작 순서도

5. 식물소재 채집 도구와 장비 사용법 _ 34

(1) 채집 도구와 장비 사용법
(2) 압착(누름) 도구와 장비 사용법
(3) 건조에 필요한 도구와 장비 사용법
(4) 건조식물의 보관에 필요한 도구 및 방법
(5) 제작에 필요한 재료와 도구

6. 소재별 채집 특성 _ 58

(1) 채집 대상의 선정
(2) 채집의 주의사항
(3) 채집식물 관리
(4) 수관식생(교목류) 및 착생식물 채집
(5) 복제표본(Duplicates) 확보
(6) 채집번호 작성
(7) 채집정보 기록
(8) 분류군별 채집요령
(9) 채집식물의 정리 및 누르기(압착)
(10) 계절별 채집식물의 예
(11) 식물별 채집과 보관
(12) 라벨 작성
(13) 완성 보관

7. 압화 기술 _ 102

(1) 누름
(2) 건조 기술
(3) 과학기술의 응용

8. 화색 변화 _ 122

(1) 화색
(2) 화색 변화의 원인
(3) 변색과 퇴색
(4) 탈색
(5) 화색의 전환
(6) 발색법
(7) 착색법

9. 제작 기초 _ 135

(1) 표본
(2) 압화 제작 실습

02 압화재료학

1. 식물 분류 _ 164

(1) 식물학적 분류
(2) 용도에 의한 분류
(3) 원예학적 분류
(4) 형태적 분류

2. 버섯 분류 _ 198

(1) 버섯의 생물학적 특성 및 분류학적 위치
(2) 버섯의 생활사
(3) 버섯의 생리 생태
(4) 버섯의 발생 생태

3. 조류 분류 _ 205
(1) 조류의 생물학적 특성
(2) 조류의 이용

4. 압화 재료 식물 _ 209
(1) 초본식물
(2) 목본식물
(3) 채소

03 압화디자인

1. 압화디자인 _ 242
(1) 압화디자인의 개념

2. 압화디자인의 조형원리 _ 252
(1) 기본 요소
(2) 조형 원리

3. 압화디자인의 표현기법 _ 273
(1) 식생적, 사실적 표현기법
(2) 화훼장식디자인 표현기법
(3) 생활용품 적용기법
(4) 오리엔탈(Oriental) 기법
(5) 유럽풍 또는 유러피언(European) 기법
(6) 콜라주(Collage) 기법
(7) 모자이크(Mosaic) 기법

(8) 데칼코마니(Decalcomanie) 기법 또는 전사 기법, 프로타주(Frottage) 기법
(9) 리스(Wreath) 기법
(10) 코사지(Corsage) 기법
(11) 오브제(Object) 기법
(12) 색채 표현 기법
(13) 추상 및 창작 기법
(14) 원근 기법
(15) 풍경화 기법
(16) 소다 기법
(17) 형상 기법

4. 색채학 _ 295
(1) 색이란
(2) 색의 정의
(3) 색의 특성(3요소, 속성)
(4) 색의 측정
(5) 색과 빛
(6) 색의 분류
(7) 색의 대비
(8) 색의 배색
(9) 색채디자인
(10) 색채디자인의 감정적 효과
(11) 색채의 선호도
(12) 한국의 색채

5. 식물색채학 _ 326
(1) 식물의 색채
(2) 꽃의 색
(3) 잎의 색
(4) 식물색소의 종류
(5) 색채별 식물소재

Chapter 01

압화원론

압화의 개요

식물의 전체 혹은 일부분인 꽃, 열매, 잎, 줄기 등을 물리적 방법이나 화학적(약품처리) 방법, 인위적 또는 인공적인 기술을 사용하여 누름 건조시켜 꽃, 열매, 잎, 줄기 등의 짧은 생명력을 연장시켜 아름다움을 오래 감상할 수 있도록 새롭게 구성한 것이 압화(壓花)이다.

(1) 압화의 어원

압화란 평면적으로 눌러 건조한 꽃으로 한자에서 음을 빌려 "꽃을 눌러 말린다"라는 뜻의 '압화'라는 용어가 생겨났다. 현재 압화는 꽃누르미, 누름꽃, pressed flower, 눌림꽃 등 여러 가지 다양한 형태의 이름으로 불리고 있다.

(2) 압화의 정의

압화는 모든 식물(초본, 목본, 식충, 다육, 절화, 관엽, 구근, 화목 등의 잎, 줄기, 뿌리, 꽃뿐만 아니라 과일, 채소, 해초 등)을 이용하여 식물체에 자연의 새로운 생명력을 재현할 수 있는 예술성을 겸비한 조형예술이다.

압화는 다양한 생활용품 및 장식품을 시작으로 자연 본연의 느낌을 살린 작품과 이를 다시 회화적(繪畵的)으로 구성하거나 재배치를 통한 새로운 꽃예술, 꽃공예의 한 분야로 자리잡아가고 있으며, 최근 설치미술*과 건축자재로 관심 받고 있다.

TIP 설치미술(設置美術) : 미술 작품을 주위의 공간과 융합하여 설치

(3) 압화의 특징

① 압화는 평면으로 건조하여 평면화 되어 있다.
② 평면적 · 회화적 느낌을 강조한 조형예술의 한 축으로 자리잡고 있다.
③ 조형성이 적은 단점도 가지고 있다.
④ 사계절의 모든 식물을 이용하여 자연의 생동감을 제공할 수 있다.
⑤ 압화는 누구나 손쉽게 할 수 있다.
⑥ 주의력, 집중력, 사물에 대한 관찰력, 인내력 등도 기를 수 있다.
⑦ 초등학교를 비롯한 중학교의 방과 후 활동 등 광범위하게 응용할 수 있다.
⑧ 다양한 생활용품과 장신구 등 예술적 작품을 제작할 수 있다.
⑨ 아름다운 꽃은 색과 향을 오래 간직하고 싶어 하는 인간의 욕구를 충족시킬 수 있다.

(4) 압화의 기능

1) 채집을 통한 활동적 기능

압화작품 제작을 위한 소재를 만들기 위하여 식물의 채집이 필요하며, 자연을 탐색하고 채집하기 위해서는 야외활동이 수반되어야 한다. 식물의 채집은 주로 야외에서 이루어지므로 실내보다 산림에서의 식물 채집은 높은 신체활동을 요구하기 때문에 활동 기능이 강하다.

2) 식물을 통한 환경적 기능

채집하는 과정에서 무심히 바라보던 식물에 대한 관심은 곧바로 환경에 대한 관심으로 이어지게 된다. 식물들을 관찰하고 활용하는 과정을 통하여 인간과 자연의 공존을 통한 상생을 배우게 된다. 환경보존과 함께 생태를 이해하는 눈을 통하여 조화와 공존을 배울 수 있는 환경적 기능이 있다.

3) 식물에 대한 교육적 기능

식물의 명칭은 물론 꽃, 잎, 열매, 씨앗, 줄기 등 식물의 각 부위와 생태에 대한 자연스런 궁금증은 채집을 통하여 익힐 수 있다. 채집한 식물체를 건조하는 방법과 건조된 식물을 분류하는 과정 그리고 건조된 식물체들의 변색을 막기 위한 보존 처리하는 방법을 습득하는 과정에서 식물체의 서식 환경, 이름의 유래 및 그 밖의 특성을 배우고, 채집일 및 채집장소 등을 기록함으로써 채집식물에 대해 많은 것을 배울 수 있는 교육적 기능이 있다.

4) 수집을 통한 심리적 기능

건조식물을 수집하는 과정에서 그 대상에 가치와 의미를 부여하는 심리적 안도감과 안정감을 얻을 수 있다. 자유로운 수집을 통한 아름다움의 새로운 구상과 심리적으로 열중 · 몰입하고, 내가 좋아하는 것이기 때문에 소중히 여기는 마음을 통한 심리적 행복감을 가져다 주는 심리적 기능이 있다.

5) 창의적 활동을 통한 창작 기능

압화는 작품을 구상하고 제조하는 과정에서 창의적 상상력을 현실화하여 표현함으로써 창작의 즐거움으로 연결할 수 있다. 또한 다양한 형태의 압화예술 작품을 탄생시키는 창작 기능이 있다.

6) 자기 개발 및 변혁 기능

상업적 생산품과 다른 자신만의 작품으로 규격과 틀을 벗어난 형태를 구현함으로써 자신을 발전시켜 다양한 분야에 작품을 활용할 수 있다. 자기 개발을 통한 자기표현의 자유, 자율성 등을 통하여 결과적으로 다른 생활영역에 파급효과를 미쳐 개인의 삶에 변화를 가져다 주는 변혁적 기능이 있다.

7) 작품 전시를 통한 전시적 기능

계절적 특성과 특정한 장소 및 시기에만 볼 수 있는 식물, 특히 꽃들을 압화 예술작품으로 제작하여 자신의 작품을 전시함으로써 창작에 대한 보람을 증대시키는 전시적 기능이 있다.

8) 창작 작품을 통한 경제적 기능

작품의 창작은 자신의 만족을 넘어 다양한 예술작품의 판매를 통한 경제적 이윤을 창출하여 연속적인 창작과 새로운 작품에 대한 구상과 변화 발전을 기대할 수 있다.

2 압화의 사조

압화는 우리 주변의 수많은 식물들에 대한 탐구가들의 호기심을 충족하고, 서로의 연구 교류와 연구 결과의 증거를 위한 학술연구 목적의 식물표본을 기원으로 하여 학술표본의 규격을 넘어선 소재의 특성과 개인의 감성에 맞는 예술성이 결합되면서 지금의 압화로 발전되어 왔다.

(1) 이탈리아

① 압화에 대한 최초의 연구는 이탈리아의 의사이자 식물학자인 루카 기니(Luca Ghini, 1490~1556)가 학술 연구와 학생 교육을 목적으로 '식물표본'을 제작한 것을 압화의 시작으로 볼 수 있다.

② 기존의 식물을 건조해서 관찰하던 방식에서 식물을 납작하게 눌러 말린 식물을 책에 붙이는 방식인 식물표본집을 발명해 낸 것이다.

③ 루카 기니가 최초로 식물표본을 제작한 시기는 정확한 기록은 없으나 1530년에 제자에게 가르친 기록이 있어 1510~1530년 사이로 추정할 수 있다.

이탈리아풍
이동은, 이미자 작품

루카 기니(Luca Ghini, 1490~1556)

한 세대의 식물학자들에게 큰 영감을 준 뛰어난 스승. 1544년에 볼로냐에서 피사대학으로 옮기고 메디치의 새로운 대학에서 공부하는 의과대학생들에게 좋은 참고가 될 수 있도록 식물원을 세웠다. 좀 더 좋은 식물 연구 도구로서 식물표본집을 제작하여 사용하는 방법을 개척했다. 식물 연구 분야에서는 드물게도 모두에게 널리 존경 받았다.

식물표본집은 식물에 대한 기록을 남기는 새로운 수단으로 제공했을 뿐만 아니라 식물을 수집하는 방식에도 새 바람을 일으켰다. 식물을 수집하기 위해서는 많은 비용이 필요했고 비용은 대부분 귀족후원자가 지원하였다. 후원자들에게 식물학자들이 후원의 대가로 식물표본집을 선사하였고, 이렇게 받은 표본을 부와 학식을 과시하기 위해 집안 벽면에 액자로 전시하면서 귀족들의 새로운 유행으로 번지며 더 희귀한 표본을 가지기 위해 경쟁했다.

루카 기니는 책을 출간하려고 준비하던 중 자신에게 표본을 제공받은 마티올리(Mattioli)가 먼저 식물서적인 비망록을 출판하면서 베스트셀러가 되었다. 기니는 비망록의 출간을 보고 먼저 출간하여 자신의 수고를 덜어준 데 대해 감사 편지를 보냈다. 이후 기니는 출판을 포기해 아쉽게도 그는 어떤 서적이나 표본집도 남기지 못하였다. 하지만 많은 제자들에게 식물표본 제작법을 가르쳐 영국과 독일까지 영향을 미치며 후대의 모든 식물학자들이 가장 위대한 스승이며 식물학자로 그 공로를 반드시 인정해야 한다고 의무감을 느끼게 했다.

출처 : 위키대백과

④ 1551년 루카 기니가 자신이 제작한 식물표본을 피에르안드레아 마티올리(Pierandrea Mattioli 1501~1577)에게 보냈다는 기록이 남아 있다.

⑤ 1553년 10월 16일 루카 기니가 제자 울리세 알드로반디(Ulysses Aldrovandi. 1522~1605)에게 보낸 편지에서 600가지 넘는 표본 중 절반 이상을 분실했다는 서신이 남아 있다.

⑥ 루카 기니의 제자 안드레아 체살피노(Andrea Cesalpino, 1524~1603)는 가로 29㎝, 세로 43㎝ 규격의 두꺼운 종이에 압착 건조한 식물을 붙이는 방식으로 표본집을 만들었다.

⑦ 세계에서 가장 오래된 압화표본은 기니의 제자인 게라르도 시보(Gherardo Cibo, 1512~ 1600)가 1532년에 만든 규격이 일정하지 않는 직사각형 종이에 압착 건조된 식물을 부착한 것으로 런던의 대영도서관에 있다.

⑧ 16세기 초에 이탈리아에서 처음으로 귀족들이 식물표본을 자신의 부와 학식을 자랑하기 위한 집안 액자장식에 이용하였다.

(2) 영국

① 영국의 상인이자 식물학자인 존 팰코너(John Falconer)와 영국 식물학의 아버지인 윌리엄 터너(William Turner)는 1539~1540년에 압착표본의 창시자인 루카 기니에게 식물을 압착하여 말리는 방법과 책에 부착하는 방법을 배워서 식물표본집을 만들었다. 1540년 존 팰코너의 표본집을 본 탐험가 아마투스 루지타누스는 "식물을 연구하기 위해 수많은 식물표본을 기발하게 처리하여 붙여 놓은 책을 가지고 다니는 사람"이라고 기록하였다.

영국풍
김순자 작품

② 영국에서의 압화표본은 일부 계층의 전유물이었다가 표본 수집으로 유명한 제임스 페티버(James Petiver, 1658~1718)가 식물표본을 5000개 이상 수집하며 표본 대중화에 큰 역할을 하고, 표본에 관련된 정기간행물도 출간하였다.

③ 영국에서 본격적인 압화의 발전은 19세기 후반 빅토리아여왕 시대부터이다. 당시 궁중의 여인들은 실내에서 자수를 놓는 것이 유일한 취미생활이었기 때문에 그로 인해 신체활동이 적고 나쁜 자세로 고정되어 작업을 한 결과로 건강을 악화시켰다. 여왕은 귀부인들에게 공기 좋은 들이나 해변에 나가 야생화를 채집하고, 이를 통하여 성서의 표지를 장식하거나, 액자에 넣거나, 벽면을 장식하게 하면서 그들의 자세와 건강이 호전되었다.

④ 압화는 점점 그 구도나 기법이 발달하여 궁중의 귀부인이나 상류사회 부인들의 우아한 취미에서 플라워디자인의 한 분야로 발전을 거듭하였다. 학술적 목적으로 시작된 압화는 표본압화 시기를 거쳐 자연의 아름다운 꽃, 잎, 줄기 등 식물의 미를 즐기기 위한 장식압화로 발전하게 되었다.

⑤ 1974년에는 파멜라 웨스트랜드(Pamela Westland)와 폴라 크리칠리(Paula Critchley)가 압화 서적인 「건조 압화 예술(The Art of Dried and Pressed Flowers)」을 출판하면서 단순한 건조 표본을 공예와 회화적 관점에서 새로운 예술로서 접근하였다.

⑥ 20세기 중반 이후 생활의 여유를 통하여 플라워디자인이 발달함으로써 압화는 예술의 한 분야로 자리잡기에 이르렀다. 보다 발전한 장식압화는 식물자체를 누름 · 건조시켜 활용하는 것뿐만 아니라 인위적으로 탈색 또는 착색시켜 사용하고, 자연소재와 인공적인 소재를 동시에 접목 · 활용하며 새로운 도약을 하고 있다.

그레이스 켈리의 압화작품

압화의 역사에서 대중의 관심과 흥미를 가장 많이 자극한 사람은 그레이스 켈리이다. 그녀는 1950년대 헐리우드의 유명 배우였으며, 모나코 왕과 결혼한 실제 신데렐라 스토리로 유명한 배우이다.

그레이스 켈리는 왕비로 궁중 생활을 하면서 취미로 압화작품 활동을 꾸준히 펼쳐왔다. 그녀는 "소재가 되는 꽃과 나뭇잎의 색, 모양, 크기 등 자연이 주는 정해진 제약 속에서 새롭게 압화작품을 만들어가는 것에 기쁨이 있습니다. 배경지 위에 꽃잎을 살며시 놓고 작업할 때, 좋아하는 바느질과 뜨개질을 할 때처럼, 조용한 시간 속에서 나를 찾는 치유가 되어갑니다. 점점 압화가 영상으로 형태를 이룰 때쯤이면 기쁨이 복받치고 자연의 은혜를 통해 자신을 표현할 수 있는 것에 깊은 만족감을 느낍니다"라고 압화의 매력을 소개하였다.

그녀는 전세계에서 보내진 압화 식물재료를 사용하여 압화의 예술을 홍보하는 것에 일조하였다. 1980년에 그웬 로빈스(Gwen Robyns)와 함께 출판한 「My Book of Flowers」에는 그녀의 압화작품이 포함되어 있다. 2006년에는 고 그레이스 켈리가 소장했던 압화작품과 사진이 공개 전시되었다.

출처 : https://www.oshibana.com

(3) 일본

1) 사조

① 효고현 토요 오카시에서 지금부터 300년 전의 에도시대 중기에 만들어진 '압화'가 발견되었고 이것이 일본에 현존하는 것으로는 가장 오래된 것으로 추정되고 있다(아사히방송 2006. 01. 26).

② 종이에 붙인 꽃과 식물의 잎은 1721년부터 1752년 사이에 에도시대의 다이묘(영주) 저택 등에서 채취된 것으로 되어 있다.

③ 발견된 압화는 영주의 아내가 만든 것으로 소재는 벚꽃과 단풍나무 외에도 황매화와 고사리 등으로 대부분이 원예용으로 재배된 것들이다.

④ 일본의 압화는 오시바나(押し花)라고 불리며, 에도시대 작가 타키자와 바킨(滝沢馬琴, 1767~1848)은 저서 「압엽(押し葉, 오시바)」을 출간하여 식물을 채집하여 표본을 만드는 과정에 대해 소개하고 있다.

이토 케이스케(伊藤圭介)

일본 근대 식물학의 선구자로, 나고야의 의가(醫家)에서 태어나 어릴 때 본초(本草) 학자인 미즈타니 토요후미(水谷豊文, 1779~1833)에게 자연주의를 배웠다. 처음 가업을 이었지만, 1826년 나가사키를 떠나 에도에 도착해 볼트(필립 프란츠 발타자르 폰 지 볼트. Philipp Franz Balthasar von Siebold)를 미즈타니 토요후미와 함께 만나 많은 영향을 받았다. 이듬해에도 에도로 나와 우우다가와(宇田川榕菴)와 함께 채집을 한 후, 나가사키에 볼트를 찾아 층벨크(칼 페테르 쯔베루쿠, Carl Peter Thunberg)가 지은「일본 식물지(Flora Japonica)」를 받아 이것을 번역하게 된다. 의업을 하는 한편 이 책의 연구에 몰두하고 이를 기초로, 린네의 식물 분류식을 번역하고 부록으로 한「태서본초명소」 2권을 썼다. 이는 일본에 근대 식물분류학을 처음 소개한 것이다. 또 자주 박물회를 개최하고「구황식물편람(1837)」을 저술하여 지식의 보급에 힘썼다. 1877년 도쿄 대학 이학부 원외 교수로 선정되면서 1881년 교수가 된다. 그 전년 스웨덴 왕립 학사원에서 은장을 받고 1888년 학위제 제정과 함께 최초의 이학 박사가 되었다.

출처 : 위키대백과

⑤ 기초 압화표본 서적으로는 1829년 이토 케이스케(伊藤圭介, 1803~1901)의「태서본초명소(泰西本草名疏)」가 만들어졌으나 그 수준이 종이(10㎝×27㎝) 위에 접착제를 이용하여 식물을 부착하고, 하단(10㎝×6㎝)에 설명서(식물에 대한 명칭[식물명]과 수집 장소, 채집년도 및 일자, 채집자명)를 붙여 기록한 식물표본집과 같았다.

⑥ 1966년 실리카겔을 이용한 급속건조법의 개발로 꽃의 잎이나 줄기 등의 색채를 보존할 수 있게 되어 장식압화를 발전시키는 계기가 마련되었다.

⑦ 1966년 카나모리(金森)가 실리카겔을 이용한 다단식 급속건조기 특허를 취득하고, 이것을 기반으로 하여 1968년「原色押化(원색압화)」라는 책을 출간하였다. 이 책은 일반 대중이 압화에 쉽게 접근할 수 있는 기회를 부여하면서 오늘날의 압화로 발전하는 계기를 마련하였다.

⑧ 일본의 압화는 생태적 구성을 기본으로 출발하여 플라워디자인 구성을 접목, 더 나아가서는 창의적 구성과 색채를 접목하여 발전하였다.

⑨ 1994년 2월 제1회 '압화 공모전' 실시를 통하여 압화의 대중화가 시작되었다.

2) 일본 압화의 특징

매우 다양하여 한마디로 정의할 수는 없으나 표현기법을 중심으로 네 가지로 분류할 수 있다.

① 자연풍경(생태적, 식생적)

㉠ 자연 본연의 멋을 강조하였다.

㉡ 생활에 응용한 압화작품에는 집중하지 않았다.

㉢ 생태적 모습을 인위적으로 체계화 하지 않았다.

② 생활공예

㉠ 생활 속에서 응용할 수 있는 공예작품을 제작하였다.

㉡ 꽃의 유연함과 식물의 생동감을 표현하는 압화작품을 제작하였다.

㉢ 화려한 구도와 선명한 색을 이용한 것이 생활공예 압화의 특징이다.

③ 회화적 압화

㉠ 자연 그대로의 모습보다는 인위적으로 소재를 변화시켜 압화를 제작하였다.

㉡ 작품에 사용되는 꽃의 종류와 양이 많다.

㉢ 작품은 구도에 따라 두텁고 빽빽하게 표현하는 특징이 있다.

㉣ 회화적 디자인에 비중을 두고 표현하였다.

㉤ 주로 동물, 인물, 꽃마차 등을 표현하는 특징이 있다.

일본풍
최영옥, 조미숙 작품

대만풍
오분희, 진유순 작품

④ 희극적 압화

㉠ 희극적 요소들을 자연스럽게 형상화하였다.

㉡ 콜라주 혹은 포타주 등의 다양한 방법으로 회화적이면서도 입체감을 작품에 표현하여 유머와 위트를 형상화하여 제작하였다.

㉢ 중후하고 침착하고 차분한 유럽식 압화와 상반되는 특징이다.

(4) 한국

1) 사조

① 우리나라는 전통적으로 전시성 작품보다는 실생활에서 쓰임을 가지거나 활동공간의 일부분을 활용하거나 인문학을 바탕으로 자연물을 활용한 다양한 형태로 예술성을 표현하였다. 전통가옥인 한옥에서는 문창호지를 통해서 자연의 정취(情趣)와 풍유(豐裕)를 엿볼 수 있도록 공간에 작은 채움을 했다.

② 계절별로 어울리는 식물을 문창호지에 발라 자연을 고스란히 집으로 옮겨다 놓음으로써 집안에서 자연을 감상하는 멋스러움과 여유를 엿볼 수 있었다. 문창호지는 사라졌지만 아직도 책 속에 단풍잎을 끼워 넣거나, 네잎클로버를 책에 넣어 말린 것을 책갈피로 만들어 사용하는 모습에서 압화의 오랜 역사를 찾아볼 수 있다.

③ 1950년대 중반, 우리나라에 플라워디자인이 도입되면서 압화가 소개되었으나, 당시는 절화를 이용한 생화장식이 고가의 사교활동으로 인식되었던 시기로 압화는 사회적 인식이 낮고 또 경제적인 궁핍으로 인하여 활성화되지 못하였다.

④ 1970년대에는 압화를 자세히 다루지는 않았지만 플라워디자인 서적들이 출간되기 시작하면서 회화적 느낌을 강조하던 압화가 조형예술로까지 발전하는 계기가 되었다.

⑤ 1990년대 이후 압화 관련 서적인 「압화예술원론(양정인 외 4인)」이 출판되고, 식물의 색 보존, 건조 방법 등의 학술적인 연구가 시작되면서 압화(pressed flower)가 플라워디자인의 한 영역으로 자리잡게 되었다. 그러나 일부 도전적인 사람들을 중심으로 새로운 영역을 개척하기 위한 실험적 활동을 전개하였다.

⑥ 1996년 '절화염색기법'(신정옥: 1998년 경주 세계엑스포 아크릴 작품 「천년의 미소」)을 시작으로 압화 제작이 새로운 국면을 맞이하게 되면서, 쉽게 변색되지 않는 작품 제작이 가능하게 되었다.

⑦ 2000년대 이후 코팅법, 아크릴법, 유리접합법 등 기술의 발전은 다양한 기법들을 탄생시켰다. 이는 생활소품 위주의 소형 작품에서 작품의 대형화로 전환되는 데 큰 영향을 미쳤을 뿐만 아니라 예술작품을 넘어 건축의 소재에서 자재로 변화하고 있다.

2) 관련 단체의 결성과 예술제

① 1995년 연단 꽃문예중앙회

② 1998년 (사) 한국프레스플라워협회 창립

③ 2000년 (사) 한국꽃누르미협회 창립

④ 2002년 '구례 대한민국 야생화 압화 공모전' 개최

⑤ 2007년 (사) 한국압화아카데미, (사) 현대압화협회 창립, '고양 세계 압화 공예 대전' 개최

⑥ 2008년 MBC 건축박람회 출품 – 압화(양파, 옥수수를 이용한 유리 접합) 작품

⑦ 2011년 (사) 한국압화교육문화협회 창립, '대한민국 야생화 압화 공모전'

⑧ 2013년 '구리 전국 압화 공모전' 개최

⑨ 시전, 민전, 국전에까지 미술로 인정받으며 저변이 확대되고 있다.

⑩ 현재 중국, 캐나다, 미국, 영국, 핀란드, 인도네시아, 이탈리아, 일본, 한국 등 약 15개국이 활동하고 있으며, 매년 국제전시회와 압화협의회가 개최되고 있다.

3) 한국 압화의 특징

우리나라의 초기 압화는 일본식 그늘에서 벗어나지 못하다가 유럽풍과 일본식을 접목한 기법이 발전하였다. 일부 사람들의 취미나 연구대상으로 발전하고 있던 압화는 1997년, 국내 최초의 압화 이론서 「압화예술원론」이 발간되면서 압화에 대한 학술적인 연구와 함께 많은 사람들에게 알려지게 되어 예술의 한 장르로서 발전하고 있다. 이후 동양화 기법 등 한국식 압화기법과 기교, 새로운 과학적 기술을 접목한 독자적이고 기발한 아이디어를 이용 · 개발하여 품격 있는 표현 기법이 개척되고 있다.

병원 인테리어 (대나무 소재)

산모체조교실

신정옥 작품

우리나라 압화에서만 나타난 가장 특징적 형태는 새로운 소재와 가공기술이 접합된 융합의 형태로 건축 설비와 섬유 산업 그리고 설치 조형물에도 압화를 접목한 시도가 이루어지고 있다.

4) 현재 한국의 압화

① 농업의 6차 산업 추진에 따른 화훼생산 농가의 보호를 위한 새로운 소비방법으로 화훼생산품의 보존성과 가공성 면에서 압화의 가능성이 입증 되면서 압화의 저변 확대에 큰 영향을 주고 있다.

② 1차 산업은 농촌주민이 중심으로, 유 · 무형의 농촌에 존재하는 자원을 바탕으로 이루어진 식량 작물이나 과채류 및 단순 가공식품이었다. 즉, 꽃을 재배하는 것은 그 이상의 발전은 없었다. 2차 산업은 제조, 가공 및 유통, 3차 산업은 서비스이다. 그러나 6차 산업은 1차, 2차, 3차 산업* 을 복합적으로 연계하여, 새로운 부가가치를 창출하게 하는 활동이다.

③ 6차 산업 추진은 압화가 식물의 재배, 유통, 판매에 그치지 않고 일상생활에 이용될 수 있는 생활공예에서 다양한 소재나 분야와 결합하여 융합압화로 거듭나게 하는 계기를 마련하였다. 하지만 급상승하고 있는 압화에 대한 관심보다 기본이론에 대한 심도 깊은 학문적 바탕이 부족하여 다른 산업분야와 결합할 수 있는 응용력 부족으로 능동적인 대응을 못하고 있는 상황으로 보다 많은 노력이 필요하다.

④ 꽃 고유의 색상과 우리나라의 전통색인 오방색을 기본으로 전통성과 친숙함을 유도하여 자연 꽃의 상태보다 채도를 약간 높여줌으로써 자칫 표현하기 힘든 컬러감과 조형미를 보완하여 보다 감각적으로 우리 전통을 압화에 접목하여 작품과 제품을 연구 개발하여야 할 필요가 있다. 문화상품을 접목한 제품을 개발함에 있어서는 우리 꽃과 문화를 좀 더 거시적인 안목으로 문화적 유연성을 통한 상호작용이 가능한 압화 분야의 창의적인 활동을 필요로 한다.

⑤ 최근 나사렛대학교, 대구카톨릭대학교 등 원예 및 화훼 관련 학과가 개설된 대학에서 화훼가공의 한 분야로 압화를 정규과목으로 채택하여 압화에 대한 높은 관심을 반영하고 있다.

5) 한국 압화의 나아갈 길

① 작품성과 상품성 및 시대적 변화에 부합하는 창조적 지식과 정보를 교류하고 융합할 수 있는 전문가의 양성이 시급하다. 또한 전문가 양성을 위한 교육기관과 교육프로그램 및 경제적 가치

김태순 작품

장미숙 작품

창출을 위한 마케팅 활성화 등 접목 가능한 분야에 대한 연구개발을 통한 육성정책과 적극성이 제고되어야 할 것이다.

② 전통문화를 접목한 상업적 창의성 및 문화적 흐름과 과학 발달에 따른 가공 및 소재 다양성을 접목한 작품을 연구하고, 디자인 창작자로서의 정체성과 경쟁력을 통한 부가가치의 상승을 통하여 브랜드화 된 상품개발에 노력하여야 할 것이다.

최수진 작품

김연진 작품

③ 다양한 소비욕구가 증폭되면서 개성화되고 있는 점을 이용하여 압화만의 독창성이 발휘된 자유로운 연출과 개인의 다양성을 포용한 브랜드전략을 개발할 필요가 있다.

④ 2017년 현재 구례 압화박물관에서 '압화산업의 발전 방향'에 대한 워크샵과 세미나 등을 개최하여 우리나라 압화의 나아갈 길에 대하여 꾸준한 연구와 노력을 기하고 있다.

대구꽃박람회 압화 작품(2016년)

3 압화의 종류

(1) 표본압화

① 표본압화는 식물에 대한 학술연구 목적으로 식물에 대한 모든 정보를 기록한 것이다.

② 초기 표본은 레온하르트 라우볼프(Leonhard Rauwolf)가 말린 식물을 이용해서 식물을 연구한 기록이 있다.

③ 압화의 원형인 압착건조표본은 이탈리아의 식물학자 루카 기니(Luca Ghin)가 방법을 처음 찾아내서 그가 가르킨 제자들에게 전수함으로써 식물 연구의 새로운 전기를 마련하였다.

④ 현존하는 가장 오래된 압화표본은 루카 기니의 제자인 게라르도 시보(Gherardo Cibo)가 1532년에 만든 것이다.

⑤ 영국의 제임스 페티버(James Petiver)는 식물애호가들에게 식물건조표본 제작과정을 책으로 만들어 대중화에 노력하였다.

⑥ 표본압화는 식물을 그대로 건조하여 제작한 것으로 자연적인 미를 추구할 수는 있으나 식물이 쉽게 퇴색하여 장시간 보관이 어렵다.

⑦ 학술연구 표본을 장식의 일부로 생활 속에서 사용하였다.

최창용 표본

표본압화 족도리풀
문정연 작품

(2) 장식압화

① 제2차 세계대전 이후 건조제(실리카겔)의 개발을 통하여 식물 색채 보존의 계기가 마련되면서 다단방식 급속건조기의 발명으로 장식압화가 급속도로 발전하게 되었다.

② 식물의 자연스러운 생태적 미를 지속적으로 간직하기 위한 목적으로 생활공간을 압화작품으로 장식하면서 압화는 학술연구뿐만이 아닌 장식성을 가진 예술품으로 발전하게 되었다.

최영옥 작품

조귀선 작품

(3) 예술압화

① 기본적인 생태적 압화와 장식의 차원을 넘어 20세기 중 · 후반 다양한 예술적 압화서적들이 출판되면서 압화는 하나의 플라워디자인을 넘어 예술의 한 분야로 발전하게 되었다.

② 예술압화는 추상적이며, 창의적 구성과 첨단의 과학기술을 접목하며 새롭게 발전하고 있다.

김태순 작품

이지선 작품

(4) 융합압화

① 소재의 종류가 다양화되고 사용법과 식물소재의 관리가 편리해지면서 압화는 장식과 예술의 경계를 넘어 생활 속 깊숙이 여러 가지의 형태로 그 자리를 넓혀가고 있으며, 첨단의 과학기술을 접목한 다양한 기법을 통하여 새롭게 발전하고 있다.

② 장식과 소품 분야에서는 소형과 대형을 넘나들며 압화만의 독특한 디자인으로 사람들에게 생태적 자연미를 발산하고 있다. 특히, 건축설비 분야에서 유리문, 자동문, 벽면장식, 출입문, 스탠드, 세면대, 조명, 벽화 등 압화를 이용한 다양한 제품이 출시되고 있다.

출입문

자동문

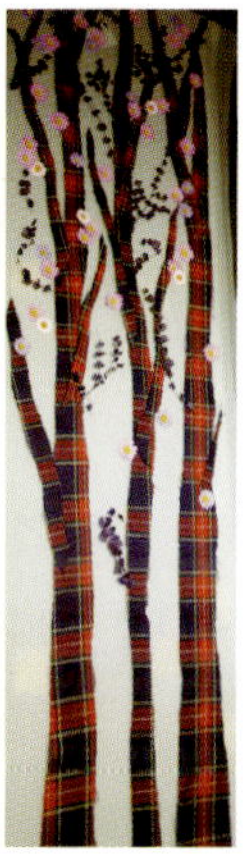

섬유 이용

신정옥 작품

③ 압화도 새로운 시대적 요구에 발맞추어 섬유와 과학 그리고 가공기술을 개발하여 새로운 형태의 압화를 선보이고 있다. 대표적으로 다양한 압화디자인의 스카프와 유리접합 기술을 통한 압화와 섬유를 이용한 파티션 등을 볼 수 있다.

④ 압화는 아름다운 꽃공예에서 조형예술을 넘어 여러 분야의 다양한 기술들을 접목하여 도약하는 융합의 시대에서 어울리는 '융합압화'로써 비약적 발전을 도모하고 있다.

박희숙 작품

4 압화의 원형(표본)

(1) 압화의 원형

1) 표본이란

① 급속한 환경변화에 생물자원의 보전과 효율적인 이용대책을 수립하기 위하여 분류군별 생물표본의 제작, 보존 및 관리의 필요성이 커지고 있으며, 표본은 해당 생물종의 가장 정확한 시간적 · 공간적 기록물이다.

② 자연환경에 대한 거시적인 접근을 통하여 계통분류학, 생물보전학, 생태학 등 자연사 연구(자연계에 존재하는 사물, 즉 생물이 대상이다)는 생물표본을 기초로 하여 수행하고 있다. 따라서 생물표본은 수집된 시기 및 장소 등 최소한의 정보를 담고 있어야 한다.

③ 일부 자생생물의 서식지 또한 국립공원 지역과 일부 보호지역을 제외하면 빠른 속도로 생물자원이 파괴되어 가고 있는 것을 볼 수 있다. 생물자원은 한 국가의 일차적인 자원으로 국가 발전과 국제 경쟁력 향상에 중요한 초석이다.

④ 표본은 생물체의 특성이 보전되도록 관련 정보가 담긴 라벨과 함께 보전함으로써 국가적으로는 생물자원의 주권을 주장할 수 있는 증거자료가 되며 종의 변이성을 증명하고, 종 또는 집단을 대표하며, 생물 관련 연구의 1차적인 기초자료가 되고, 명명의 필수요건(기준표본)이며, 실험연구를 위한 재료이기도 하다.

⑤ 식물표본의 경우 작은 식물은 식물체의 전체가 들어가 있다. 그러나 큰 식물인 경우에는 잎 · 가지 · 꽃과 열매 등 중요한 부분만으로 표본을 완성하기도 한다. 표본은 식물을 상하지 않도록 세심하게 채집하여 압착(누름), 건조하여 보존한 것으로 식물의 이름, 식물이 자라던 곳, 채집한 날짜와 채집한 사람의 이름 등을 기록한다.

(2) 표본의 중요성

① 생물의 가장 큰 특성은 바로 다양성(diversity) 또는 변이성(variability)으로 지구상에 살고 있는 생물체는 서로 똑같은 것은 없으며 개체마다 다르다. 이런 다양성은 생물이 진화라는 과정을 통해서 얻은 생물만의 고유한 특성이다.

② 인간이 생물을 이용하기 위해서는 제대로 된 관리와 보전이 필요하며, 생물들의 특성을 미리 파악하는 것이 중요하다. 따라서 생물의 외형이나 구조, 유전적 특성 등의 다양한 변이를 이해하기 위해서는 여러 다양한 유형의 개체를 모아서 서로 비교하고 분석하는 것이 가장 좋은 방법이다.

③ 여러 개체를 모으는 방법 중 가장 정확한 것은 그 개체를 살아 있는 상태로 모으는 것이나 필요한 공간이나 시설 그리고 비용 측면에서 제약이 많고 현실적으로 불가능한 일이다.

④ 따라서 생물을 건조하거나 알코올에 고정하여 표본으로 제작하는 방법이 바로 생물의 가장 큰 특성인 다양성을 효율적으로 보여줄 수 있는 방법이다.

⑤ 표본은 아무 개체나 채집하여 제작하는 것이 아니라 생물의 변이나 다양성을 가장 잘 표현하는 개체를 채집하여 제작하여야 한다.

⑥ 제작된 표본은 단순히 생명이 없는 생물의 일부가 아니라 오랜 세월 동안 지구상에서 진화라는 과정을 통하여 얻은 여러 특징들을 고스란히 간직한 과거와 현재를 이어주는 증거물이다.

⑦ 표본 해당 생물이 일정한 시간과 공간에 살았다는 영구적인 기록표본을 만들어 보존 · 관리함으로써 항상 표본을 꺼내어 비교 연구를 수행하는 것이 가능해졌을 뿐만 아니라 생물에 관한 자료도 폭 넓고 빠른 속도로 축적이 가능해져 식물계통분류학 및 관련 연구에 활용될 수 있다.

(3) 표본의 종류

생물표본의 형태는 생물이 가진 특성과 연구목적에 따라 다양하게 제작된다. 대표적으로 건조, 액침, 박제표본과 미생물의 슬라이드 표본, 기준표본* 또는 모식표본, 확증표본* 등 다양한 종류의 표본이 있다.

TIP 기준표본 : 어떤 생물의 이름을 처음 지을 때 기준으로 사용하는 표본이다.

확증표본 : 연구 활동에 사용되어 증거자료로 인용한 표본으로 연구결과의 증거나 검증을 위한 재료로 이용되는 표본이다.

1) 건조표본

① 대부분의 식물과 곤충 등의 표본제작에 많이 사용하는 방법으로 내부구조는 파괴되지만 외형과 색이 잘 보존되어 관찰이 용이하다.

② 식물을 주로 신문지, 흡습지, 건조지, 골판지 등을 이용하여 교대로 쌓고 프레스나 무거운 물건을 올려 압착(누름) · 건조하여 만든 후 대지에 부착하여 보관하는 표본이다.

표본 사진

표본장

2) 냉동건조표본

① 과학의 발전과 더불어 냉동건조기술이 발전하면서 박물관에 흔하게 전시되던 건조표본의 형태에서 디오라마* 형태의 전시 수요가 증가하고 있다.

② 냉동건조표본은 냉동건조기(Freeze dryer)를 이용하여 생물체를 냉동시킨 후 진공 상태에서 수분 및 지방을 제거하여 표본 변형을 최소화하고, 장기간 원형을 유지하는 장점을 가진 표본건조법으로 대부분 대형 생물보다 소형 생물의 표본제작에 많이 이용된다.

TIP 디오라마(diorama) : 박물관의 입체 모형

3) 박제표본

① 동물체를 해부하여 내장과 지방을 모두 제거하고, 원하는 형태로 고정하여 방부제를 이용하여 방부처리후 건조하는 표본방식이다.

② 박제표본은 살아 있을 때의 모습을 그대로 재현하는 것으로 주로 박물관, 학교 교재로 이용하며, 과학적 정확성을 필요로 하여 누구나 쉽게 할 수 없으며 전문기술이 필요한 표본제작법이다.

③ 어류, 파충류, 조류, 포유류 등 척추동물 등은 주로 박제표본을 많이 한다.

4) 골격표본

① 표본의 기본인 골격표본은 동물 분류학적 자료로 매우 중요하다.

② 계통적으로 고등한 척추동물의 분류에는 필수적인 자료로 박제표본만큼 중요한 자료로 인식되고 있다.

5) 모형표본

① 멸종위기종과 표본을 구하기 어려운 종은 모형표본으로 제작한다.

② 모형표본은 생물의 경우 진품이 아니라는 단점이 있으나, 연구 대상종에 대한 기본지식과 연구결과를 바탕으로 많은 정보를 관람자에게 시각적으로 전달할 수 있는 장점이 있다.

③ 특히 대상물의 외부형태와 표현형질이 인공환경 속에서 효과적으로 표현될 수 있다. 모형표본이 적용될 수 있는 범위가 넓어 자연계의 생물이 실제로 살아가는 환경요소들을 재현하는 데 효과적이다.

6) DNA분석용 표본

① 분자생물학의 발달로 생물표본의 관찰 가능한 형질뿐만 아니라 DNA 염기서열을 이용한 계통분류학이 발전하면서 박물관과 표본실에 보존된 다양한 종류의 표본의 일부에서 DNA를 추출하여 염기서열을 분석하여 종간 유연관계와 기원을 확인할 수 있게 되었다.

② 식물의 경우 어린잎을 채집하되 섬유질이 많거나 너무 다육질인 것은 채집하지 않는다. 신선한 잎 또는 실리카겔 등 흡습제로 건조시킨 잎을 준비하여 DNA만 추출하여 초저온냉동고(−70℃)에 보관한다.

7) 합성수지표본

① 플라스틱(Plastination) 또는 silyophilization[실리콘(silicone)+동결건조(lyophilization)]이라고 불리는 합성수지보존법으로 제작되는 합성수지표본은 먼저 생체를 냉동건조하여 생물 체내의 수분과 지질을 모두 제거한 후, 그 빈 공간에 실리콘이나 에폭시수지, 폴리에스테르 등의 합성수지로 대치한 것이다.

② 일반적인 건조표본처럼 부서지지 않고 생물체 고유의 탄력을 지니고 있어 표본을 손으로 직접 만지면서 관찰할 수 있고, 냄새가 없어 관찰이 용이하고 영구적으로 보존할 수 있으며, 실제 모양과 색을 그대로 유지시키는 생물표본 제작방법이다.

③ 이러한 합성수지표본은 특히 전시, 교육 및 연구에 활용이 매우 높은 표본제작 방법 중 하나라고 할 수 있다.

④ 제작방법

㉠ 고정(Fixation)

생체표본을 고정액으로 고정시킨다.

㉡ 탈수(Dehydration)

a. 수분과 지방을 제거하고 체액성분을 알코올이나 아세톤과 같은 유기용매제로 대치한다.

b. 표본이 수축되는 것을 방지하기 위하여 −15℃에서 −25℃의 냉동건조기에서 탈수과정을 거쳐 표본수분이 1% 이내로 남을 때까지 계속하여 탈수한다.

㉢ 강제포화(Forced Impregnation)와 경화(Hardening)

a. 생물 체내의 수분과 치환된 유기용매를 진공펌프를 이용하여 액체 합성수지로 치환시키는 과정을 강제포화라고 한다.

b. 에폭시와 폴리에스테르는 주로 생체를 얇게 절단한 표본에 이용하며, 가능한 얇게 잘라 표본을 만들수록 빛에 비추어 구조를 확인하기 용이하다.

c. 실리콘은 자연의 색과 모양을 그대로 유지할 수 있는 장점과 고무처럼 부드러운 탄력성을 그대로 유지한 표본을 만들 수 있다.

d. 강제포화가 끝나면 경화과정을 거친다. 유기용매가 합성수지로 완전히 대체되면 가스나 자외선을 이용하여 수지를 원하는 굳기로 경화시키거나 모양을 최종적으로 조정한다.

8) 액침표본

① 액침 상태의 표본은 관찰이 매우 불편하여 대부분 건조표본으로 제작하나 수중생물과 몸이 연하거나 건조시켰을 경우 파손 위험이 있는 경우에는 액침표본으로 제작한다.

② 동물(패각이나 골편 등 석회질 성분이 함유된 동물) 액침표본의 경우 표본의 재료에 따라 70% 메탄올 또는 에탄올을 사용하고, 이외의 동물은 5% 포르말린 용액에 헥사메틸렌테트라민을 넣어 중성으로 하고 증발방지를 위하여 글리세린을 첨가하며, 동파 방지를 위해 염화나트륨을 혼합하여 고정액으로 사용한다. 조류(藻類)의 경우에는 알코올용액(70% 알코올)이나 포르말린과 해수용액을 혼합한 용액, Transeau 용액(물 6 : 에틸알코올 4 : 포르말린 1), FAA(포르말린 + 아세틱애시드 + 알코올)을 사용하여 제작한다.

③ 액침표본은 선선하고 어두운 곳에 두는 것이 바람직하며, 변하기 쉬운 것들은 냉동보관하거나 저온 상태에 두는 것이 좋다. 또한 알코올에 보관한 표본은 쉽게 변색되며, 알코올의 증발도 조심해야 한다.

④ 식물의 액침표본

㉠ 형태학 연구의 재료로 이용된다. 난초과나 박주가리과 등 건조표본에서 화기가 찌그러져 형태가 변형되는 식물이나 다육식물, 상하기 쉬운 무른 열매나 찌그러지기 쉬운 열매, 복잡한 구조를 가진 꽃 등을 액침표본으로 제작한다.

㉡ 액침용으로 채집한 표본은 보존액에 담그기 전에 식물조직이 망가지지 않도록 적절히 고정한다.

㉢ 액침표본용 보존액 중 포름알데히드는 표본을 고정하는 작용을 하고, 알코올은 표본의 부패방지 작용을 하며, 글리세롤은 표본이 부스러지는 것을 막아 준다.

㉣ Kew 식물원* 표본관의 액침표본 보존액

a. 53% IMS(industrial methylated spirit [90% methylated ethylalcohol])

b. 37% water

c. 5% formaldehyde solution(40% HCHO)

d. 5% glycerol

TIP Kew식물원 표본관 : 영국의 큐 왕립식물원[Royal Botanic Gardens, Kew]

㉤ 코펜하겐(Copenhagen) 액침 표본용 보존액

a. 70% IMS(industrial methylated spirit [90% methylated ethylalcohol])

b. 28% water

c. 2% glycerol

㉥ 예를 들어 국화과 식물의 꽃을 누르면 부채처럼 퍼지며 총포의 배열이 흐트러져서 원래의 모습을 확인하기 어려우므로 액침으로 보관한다. 또 콩과식물의 꽃도 건조표본에서는 형태가 일그러지지만 액침으로 보관한 표본은 살아 있는 모습 그대로 보전되어 식물그림을 그릴 때도 이용이 가능하다.

㉦ 식물의 크기 측정에 있어서도 액침표본을 이용하는 것이 건조표본에서 측정하는 것보다 훨씬 더 정확하다. 주로 수서무척추동물, 육상무척추동물, 곤충의 일부, 식물 등의 표본제작에 이용된다.

㉧ 액침표본 제작시 주의점

a. 액침표본은 유리병에 하는 것이 가장 좋으며, 병목이 넓어야 하고 뚜껑도 유리로 한다.

b. 뚜껑은 밀봉하며 철제로 된 선반 위에 번호순으로 배열한다.

c. 액침표본의 저장을 위한 분리 독립된 별실을 마련하는 것이 바람직하다.

d. 액침표본실은 통풍장치를 설치하여 환기가 잘 되도록 하는 것은 필수사항이다(화재예방).

e. 액침 표본실은 12℃ 정도의 낮은 온도를 유지하여 알코올 등의 휘발에 대한 예방이 필요하다.

f. 표본실 내 공기 중의 알코올이나 포름알데히드의 함량을 감시할 수 있는 장비가 설치되어야 한다.

g. 표본병에 고정액이나 저장액을 넣을 때 안전을 위하여 소독상자 안에 권총형태의 펌프를 장치하여 활용토록 하여야 한다.

h. 모든 표본병의 일련번호를 확인하여 찾을 수 있도록 건조표본과 교차확인이 되어야 한다.

i. 액침표본용 라벨은 보존액에 용해되지 않는 잉크로 제작하며 한 본은 표본병에 넣고, 복사본은 바깥쪽에 부착한다.

㉧ 유지관리 : 액침표본은 정기적으로 점검하여 얼마나 휘발되었는지 확인하고 필요하다면 보존액을 더 첨가해야 한다. 만약 10% 이상 휘발되었다면 고정액을 새로 갈아준다.

(4) 압화의 원형 표본과 압화 비교

압화의 원형 표본과 압화의 특징 비교	
평면 건조한다.	평면 건조한다.
식물 전체	식물 전체 또는 일정 부분만도 사용한다.
식물의 특성을 중시한다.	식물의 형태, 색감, 질감 등을 중시한다.
평면적이다.	회화적이며 예술적이다.
생육 단계별로 이용한다.	사계절의 모든 식물을 이용한다.
생동감은 없다.	생동감 있다.
전문적인 지식이 필요하다.	압화는 누구나 손쉽게 할 수 있다.
주의력, 집중력, 사물에 대한 관찰력, 인내력 등도 기를 수 있다.	주의력, 집중력, 사물에 대한 관찰력, 인내력 등도 기를 수 있다.
분류학적 지식이 있어야 한다.	분류학적 지식과 함께 예술성을 겸비하여야 한다.
학술적 가치가 높다.	생활용품, 장식, 예술작품 제작 등 다양한 분야에 응용되고 있다.
변색으로 인하여 식물의 아름다움을 관찰할 수 없다.	식물의 아름다움을 지속적으로 관찰할 수 있다.

(5) 표본제작 순서도

식물조사(채집) → 압착(누름) → 건조 → 라벨작업 → 방역

1) 조사 전

① 채집 대상 분류군의 범위를 선정한다.

② 조사지역, 일정, 인원을 결정한다.

③ 법률적 검토를 한다.

2) 현지 조사 및 채집

① 형태적으로 개체군을 대표할 수 있는 것을 조사하여 채집한다.

② 생식기관과 영양기관이 모두 달려 있는 것을 채집한다.

③ 식물의 주요 식별형질 등 식물의 특징적인 부분이 포함되어 있는 것을 채집한다.

④ 초본은 지하부를 포함한 식물체 전체를 채집하고, 목본은 생식기관이 달린 2년지 이상으로 화서, 엽서, 분지 양상 등 목본 전체의 특징을 관찰할 수 있는 곳 일부를 채집한다.

3) 채집물 정리 및 표본제작

① 채집번호 및 채집정보 기록

② 특징(교목, 관목, 꽃 및 열매의 색깔 등), 생육지의 정보, GPS좌표 등 기재

③ 압착

④ 건조

⑤ 라벨부착 및 표본제작

⑥ 방역

⑦ 보관 – 표본수장(표본관)

표본압화 할미꽃
문정연 작품

표본압화 칠면초
정경자 작품

5 식물소재 채집 도구와 장비 사용법

식물 채집에 필요한 도구와 장비는 채집의 목적 · 지역 · 기간 등에 따라 달라질 수 있다. 타 지역에서 일정기간 식물 채집을 수행할 경우 현지에서 어떻게 식물을 채집하여 표본과 압화로 건조시키고 정리할 것인지를 충분히 고려하여 장비의 규모와 도구, 필요한 재료의 종류와 양을 결정한다.

(1) 채집 도구와 장비 사용법

1) 표본용

① 전정가위, 주머니칼 : 식물의 줄기나 뿌리를 자르거나 깔끔한 마무리를 위하여 사용하는 도구이다.

② 고지가위, 고지톱 : 교목이나 높은 곳에 위치한 식물을 채집할 때 이용한다.

③ 호미 : 날이 좁고 뾰족한 것이 사용하기에 편리하다. 특히 큰 포기로 착생하는 벼과, 사초과 식물을 채집할 때 유용하다.

④ 삽, 모종삽 : 뿌리나 구근 등을 채집할 때 이용한다.

⑤ 끌, 망치 : 바위에 붙은 선태류, 지의류 등을 채집할 때 이용한다.

⑥ 도끼 : 재감표본* 등의 채집을 위하여 사용한다.

TIP 재감표본 : 목재 단편 표본, 목재의 잘라진 편을 이용한 표본

⑦ 긴날칼(마세티) : 우거진 수풀을 정리할 때 이용한다.

⑧ 비닐주머니 : 다양한 크기의 비닐주머니(지퍼백)를 준비한다. 채집표본을 담아 운반하거나 생체를 채집하여 뿌리를 감쌀 때 이용한다.

⑨ 야책 및 흡습지 : 쉽게 건조되어 운반이 불가능한 식물을 현장에서 누를 때 이용한다. 주로 신문지를 채집통 바닥에 깔고, 채집 식물의 신선도 유지를 위하여 많이 사용하기도 한다.

⑩ GPS : 채집지의 좌표정보를 기록하기 위한 것으로 GIS 프로그램에 입력하며, 좌표정보는 채집지의 입지환경 분석에 유용하게 쓰이는 자료이므로 채집 시 잊지 말고 측정하여 기록한다.

⑪ 배낭 : 채집물을 운반할 때 사용한다.

⑫ 망원경 및 확대경 : 수관 관찰 및 식물형태를 관찰할 때 사용한다.

⑬ 지도 : 1/25,000 또는 1/5,000 지형도 등을 이용하여 채집지역의 지형 등을 파악하기 위해 사용한다.

⑭ 번호표 : 채집번호를 기록하는 데 이용한다.

⑮ 플라스틱병 : 넓은 주둥이를 가진 다양한 크기의 병을 준비하며, 액침표본을 채집할 때 이용한다.

전정가위와 집

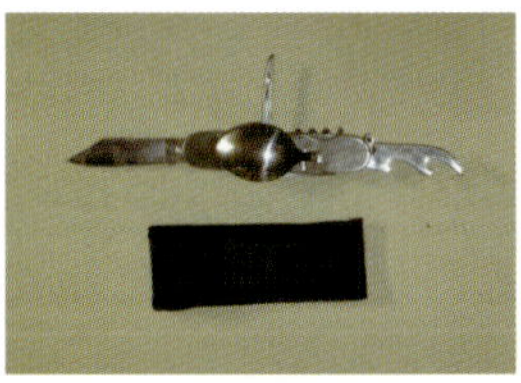
주머니칼

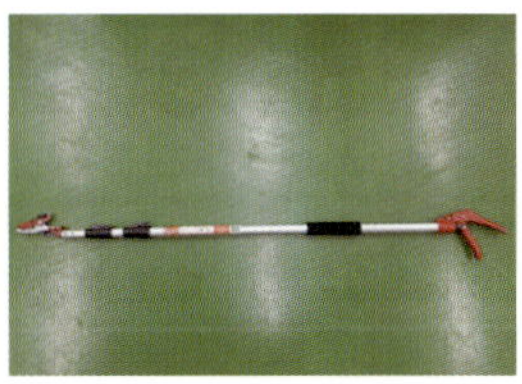
고지가위

망치

톱

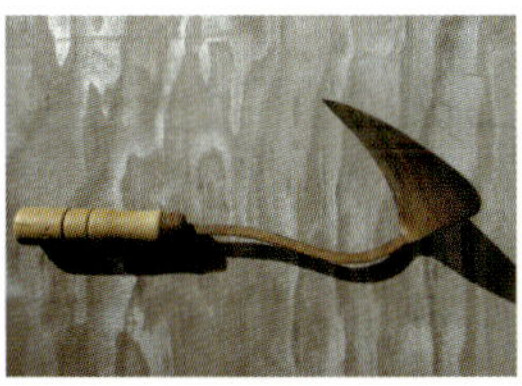
호미

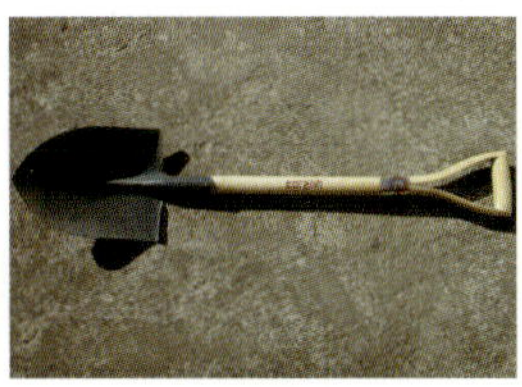
삽

모종삽

배낭

지퍼 팩

등산화와 스패치

GPS

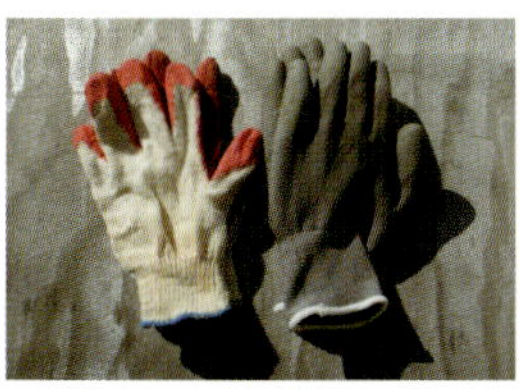
보호 장갑

모자

채집 칼

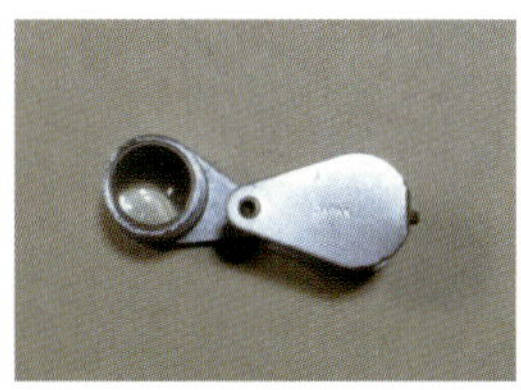
확대경(루페)

● **표본용 채집도구(최창용)**

⑯ 쿨러(아이스박스) 또는 채집통 : 생체 및 채집표본 식물의 신선도를 유지하여 보관 및 운반에 이용한다.

⑰ 기록도구 : 야외에서의 채집활동 관련 필요한 정보의 기록에 필요하다. 띠종이에 채집일, 채집장소(구체적으로 GPS 좌표), 채집자 번호 및 생육지 환경 등 간단한 식물체의 특징(화색 등)을 기록하며, 동시에 야장(기록노트)에 띠종이에 기록할 수 없는 자연경관, 식생의 특이성, 기타 자세히 관찰한 내용(화부구조, 색깔, 냄새 등) 등을 기록한다.

⑱ 채집 복장

㉠ 모자 : 야외채집 중 강한 자외선에 의한 피부를 보호하기 위하여 착용한다.

㉡ 보호장갑 : 채집 중 곤충과 식물의 가시 등 채집 작업 중에 손을 보호하기 위하여 착용한다.

㉢ 신발 : 야외(산, 들)에서 채집하는 경우 뱀 또는 유해곤충으로부터 보호하기 위하여 목이 긴 신발이나 두꺼운 운동화, 등산화를 착용한다.

㉣ 채집복 : 상의 – 긴 소매, 하의 – 긴 바지, 활동이 편한 것으로 착용한다.

2) 압화용

① 보호 장구

㉠ 모자 : 강한 자외선에 의한 피부를 보호하기 위하여 착용한다.

㉡ 보호장갑 : 채집 작업 중에 식물의 가시 등으로부터 손을 보호하기 위하여 착용한다.

㉢ 신발 : 뱀 또는 유해곤충으로부터 자신을 보호하기 위하여(목이 긴 신발, 두꺼운 운동화, 등산화를 착용한다.)

㉣ 옷 : 긴 소매의 옷을 착용하여 신체를 보호한다.

㉤ 선글라스를 착용하여 벌 등의 곤충으로부터 눈을 보호한다.

② 전정가위 : 채집 식물의 굵은 줄기(지름이 1.25㎝)를 자르거나 깔끔한 마무리를 위해 사용한다.

③ 채집통 : 식물의 신선도를 유지하여 보관 및 운반에 이용하기 위하여 가벼운 소재의 손잡이가 있는 것이 편리하다. 특히, 꽃이 상하지 않도록 하기 위하여 필요하다.

④ 건조매트 : 채집한 식물을 채집통에 담을 때 식물의 건조를 조절해 주는 역할을 한다.

⑤ 신문지 : 물에 적신 신문 3~5장을 겹쳐 채집통 바닥에 깔아 채집한 식물의 신선도 유지에 이용한다. 단, 여름에는 수분이 너무 많은 경우 식물이 물러지거나 꽃이 상할 수 있으므로 주의한다.

⑥ 비닐 : 채집한 식물의 건조를 방지하고 공기 중 수분을 1차 차단하기 위한 목적으로 사용한다.

⑦ 지퍼팩 : 공기 중 수분을 2차 차단하여 수분을 격리시키는 역할을 한다.

⑧ 필기구 : 채집한 식물의 정보 기록에 필요하다

(2) 압착(누름) 도구와 장비 사용법

1) 표본용

① 신문지

㉠ 채집한 식물체를 겹치는 부분이 없도록 펼쳐 건조할 때 사용한다.

㉡ 식물체를 넣은 후 양쪽을 압착판으로 묶어 압착 건조한다.

② 전정가위 : 채집품을 누르기 위해 줄기나 잎을 자르고 정리할 때 사용한다.

③ 표본간지 : 얇고 질긴 종이로 표본이 건조될 때까지 표본(식물)을 보호하고 지지하는 역할을 하는데 보통 신문지로 대체하여 사용한다.

④ 야책

㉠ 나무 재질의 판 모양으로 채집물이 들어 있는 묶음 양 끝에 두어 압착하는 데 사용한다.

㉡ 신문지보다 약간 크고 대지보다는 작으며 나무, 금속, 대나무 또는 등나무(rattan) 등을 이용하여 격자 모양으로 만든다.

㉢ 야외에서의 운반을 고려하여 가볍게 만들어야 한다. 또한 야외에서 장기채집 시 활용할 수 있는 폴리쉬 압박망(polish press)이 있는데, 이것은 12㎟ 격자의 철망을 잘라서 사용하고 소량의 표본(10장 내외)을 눌러 햇볕에 직접 말린다.

⑤ 야책끈

㉠ 미끄러지지 않도록 면으로 된 것이 좋고, 조였을 때 힘을 지탱할 수 있는 철재 조임쇠가 붙어 있어야 한다.

㉡ 압착판을 고정하여 채집물을 압착시키는 데 사용하며 길이는 약 2m 정도가 좋다. 압착끈의 한 쪽 끝에는 parachute buckle을 채용하여 쉽게 압박이 가능하다.

⑥ 묶음끈 : 폴리쉬 압박망 사용 시 이용하며, 한 묶음당 2m 정도의 길이가 소요된다.

⑦ 골판지(통풍지)

㉠ 채집한 식물을 넣은 신문지들을 겹쳐 놓을 때 그 사이에 두어 신문지 사이의 공기 유통을 용이하게 해준다.

㉡ 골판지의 골은 가로방향으로 내고 무리한 압력을 가하여 골이 눌려지지 않도록 한다.

⑧ 판지 : 알코올법으로 처리한 표본을 지지하거나 건조된 표본을 포장할 때 아래위로 받쳐 표본을 지지하고 보호한다. 크기는 표본보다 약간 크다.

⑨ 고정지 : 줄기의 접힌 부분을 고정하기 위한 것으로 크기는 8×2㎝이고, 중앙에 1㎝ 길이의 틈이 있어 꺾인 줄기 부분을 끼워 고정한다.

⑩ 화장지 : 부드러운 꽃잎을 싸서 신문지 등에 달라붙는 것을 막고 보호하기 위해 이용한다.

⑪ 종이봉지 혹은 망사봉지 : 열매표본을 넣어 건조하는 데 쓴다.

⑫ 플라스틱병 : 액침표본 제작에 이용한다.

신문지

흡습지

야책

야책끈

● 표본용 압착도구

⑬ 압착순서

압착판 → 골판지 → 흡습지 → 신문지* → 흡습지 → 골판지 → 압착판

TIP 신문지 사이에 채집한 식물을 잘 펴서 정리한다.

⑭ 식물

㉠ 식물의 크기가 큰 경우 식물을 V자, N자, W자와 같이 꺾어주거나 적당한 크기로 잘라 신문지에 나누어 넣으며, 이때 동일 개체임을 표시한다.

㉡ 식물 정리 시 잎의 앞 · 뒷면을 모두 관찰할 수 있도록 반드시 한 장의 잎은 뒷면이 보이도록 한다.

㉢ 덩이뿌리나 줄기, 과육이 발달된 열매 등은 일부를 갈라 내부의 색깔과 형태를 관찰할 수 있도록 하는 것이 좋다.

㉣ 목본의 절단부는 비스듬하게(45° 정도) 잘라서 목재의 내부조직이 잘 보이는 방향으로 배열한다.

⑮ 채집물의 정리 및 압착 과정

㉠ 골판지 위에 흡습지, 다음에 신문지를 올려 놓고 채집내용을 기록지에 포함한다.

㉡ 식물의 잎, 꽃, 뿌리 등이 겹쳐지지 않도록 정리 및 배열(잎의 1~2장은 뒷면이 보이도록 배열)한다.

㉢ 신문지를 덮고 그 위에 흡습지를 덮는다.

㉣ 흡습지 위에 골판지를 덮는다.

㉤ 채집한 식물을 골판지 → 흡습지 → 신문지 → 흡습지 → 골판지 순서대로 계속 정리한다.

㉥ 채집한 식물의 정리가 끝나면 압착판으로 덮고 압착끈으로 조여 압착한다.

① 야책을 준비한다.

② 흡습지를 올린다.

③ 접은 신문을 올린다.

④ 식물을 올린다.

⑤ 신문을 덮는다.

⑥ 신문 덮기 완료

⑦ 흡습지를 올린다.

⑧ ②~⑥의 과정을 반복한다.

⑨ 야책을 덮는다.

⑩ 결속 끈을 준비한다.

⑪ 결속한다.

⑫ 나사식 압착

● 식물 채집 방법(박은진)

2) 압화용

① 채집한 식물을 채집통에서 꺼내어 신선도 유지를 위하여 물에 담가 두고 작업을 시작한다.

② 전정가위 : 채집식물을 자르고 정리할 때 사용한다.

③ 꽃칼, 꽃가위 : 일반적으로 많이 사용하지는 않으나 꽃칼을 이용하면 더욱 줄기를 깔끔하게 절단할 수 있다. 꽃가위는 줄기를 절단하는 데 더 많이 이용한다.

④ 프레스보드(pressboard) : 채집한 식물을 고정하는 역할과 누름 후에 운송을 편리하게 하고, 건조기에 건조가 편리하게 규격화된 것이 압화 제작에 유용하다.

⑤ 끈 또는 줄 : 팽팽하게 당겨 압축에 사용한다.

⑥ 흡습지 : 흡습하는 역할을 한다.

⑦ 꽃화지 : 건조매트 위에 사용하는 것으로 식물과 건조매트를 보호하는 역할을 한다.

⑧ 건조매트

㉠ 건조매트의 특징

a. 식물의 수분을 흡수 및 제거하기 위해 사용한다.

b. 여러 번 재활용이 가능하다.

c. 표면이 부드러운 부직포로 되어 있는 쿠션으로 식물의 손상 방지를 위하여 사용한다.

d. 누름에서 생기는 높고 낮음을 조절하여 식물의 수축을 방지 및 예방하는 역할을 한다.

㉡ 건조매트 관리

a. 사용한 건조매트는 식물의 수분을 흡습하고 있어 그 수분을 건조시켜야 재사용이 가능하다.

b. 사용한 건조매트는 꼭 재건조하여 사용한다.

c. 재건조 후 1개월 이상 사용하지 않은 건조매트는 재사용 전에 다시 건조하여 사용하는 것이 바람직하다. 이는 보관 중 건조매트에 수분이 흡습된 상태인 경우 오히려 문제를 야기시키기 때문이다.

d. 잘못하여 재건조 중에 타거나 바스러지는 경우 특히, 울퉁불퉁한 건조매트는 재사용을 하지 않고 폐기하는 것이 바람직하다. 폐기하지 않고 그대로 사용하면 건조된 식물 특히, 꽃에 자국이 남아 사용할 수 없다.

e. 누름 과정에서 건조매트의 수분함량이 높아 포화 상태에 이르면 건조되던 식물이 다시 수분을 흡수하여 곰팡이가 생기거나 식물이 상할 수 있으므로 건조매트는 약 80% 정도의 수분을 함유할 때 교체하는 것이 바람직하다.

㉢ 건조매트 수분제거 과정(다리미 이용법) – 다리미를 중온의 온도로 조절하여 수분이 제거되도록 한다.

㉣ 건조매트 재건조 시 주의사항

a. 발열기구를 이용하여 건조매트를 건조할 때는 항상 화상 및 화재에 주의한다.

b. 전자레인지를 사용하는 경우 건조매트 한 장당 약 40초 이내로 하고, 기계를 작동시켜 놓고 떠나지 않도록 한다. 두께에 따라 건조되는 시간에 다소 차이가 있다.

c. 다리미를 사용할 때는 스팀다리미를 사용하지 않는다.

건조매트 수분 제거 과정(다리미 이용법)

⑨ 꽃배열용지 : 건조매트 위에 용지를 올려 채집식물을 배열할 때 사용한다.

⑩ 멧슈 : 꽃잎이 얇은 꽃, 과일 등을 누름할 때 꽃화지 대신 사용하는 것으로 건조 후 잘 분리되도록 하는 역할을 한다.

⑪ 스펀지 : 꽃받침이 두꺼운 꽃을 누름할 때 주름 방지를 위해 꽃의 뒷면에 이용한다.

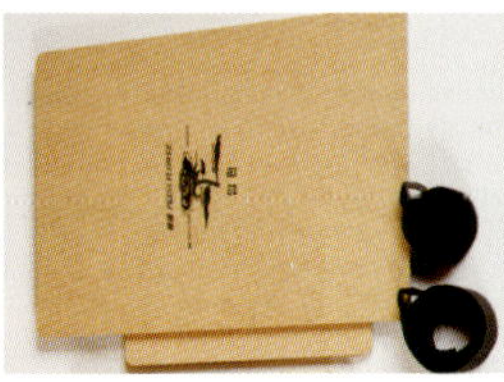

압판 세트

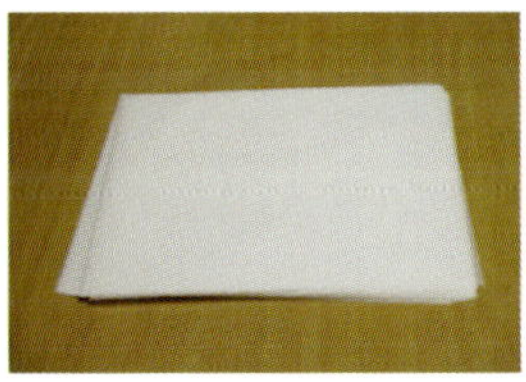

꽃배열용지

스펀지

멧슈

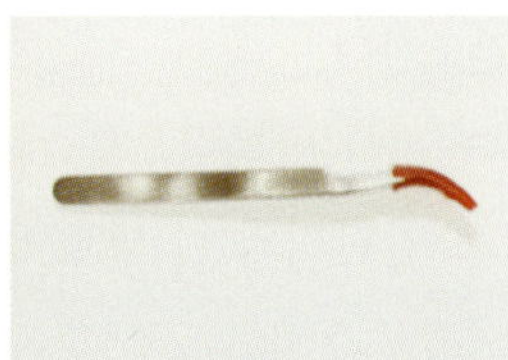

핀셋(굽은 형)

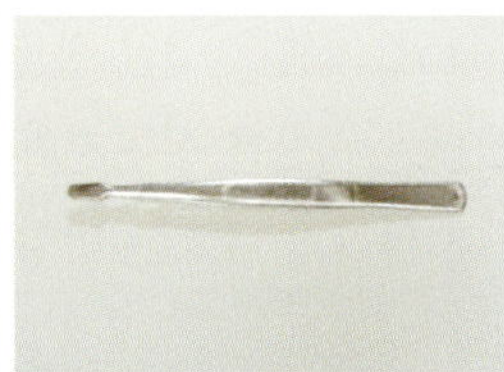

핀셋(넓적형)

● 압화 누름도구(장정희)

(3) 건조에 필요한 도구와 장비 사용법

1) 표본용

채집한 식물은 곰팡이에 의해 훼손되기 전에 최대한 빨리 건조하는 것이 중요하다. 곰팡이에 의해 훼손된 식물은 표본으로서의 가치가 매우 제한적이며, 소장할 가치가 떨어진다.

① 건조 도구와 장비

㉠ 건조에 필요한 도구와 장비는 기본적으로 신문지, 흡습지, 골판지, 야책, 야책끈, 흡습지, 건조기 등이 필요하다.

ⓛ 채집한 식물체는 신문지, 흡습지, 골판지를 사이 사이에 끼우고 야책을 이용하여 누른다.

ⓒ 양이 적은 것이 빨리 마르지만 양이 많을 때는 야책끈의 한계만큼 눌러도 된다.

ⓡ 야책끈으로 튼튼하게 조이며 두 개의 야책끈을 서로 반대방향으로 조이는 것이 힘이 균등하게 분배된다.

ⓜ 야책끈을 조일 때는 한쪽 것을 느슨하게 조인 후 다른 한쪽을 조이고, 다시 처음 것을 조이는 방법으로 한다.

ⓑ 건조 초기에 습한 상태에서 온도가 너무 높으면 식물이 누렇게 뜨거나 썩는 경우가 있으므로 주의한다.

ⓢ 누른 후 신문지를 한두 번 갈아주면서 식물체의 습기를 일부 제거한 다음 건조기에 넣는다.

ⓞ 다발을 너무 두껍게 묶으면 중앙의 것은 쉽게 마르지 않으므로 크기를 적당하게 나누고, 육질이거나 조직이 두꺼운 표본은 야책의 가장자리에 놓아 빨리 마르도록 유도한다.

ⓙ 흡습지를 갈면서 표본의 접힌 부분이나 흐트러진 부분을 정리한다.

② 건조 방법 : 압착한 식물은 주로 자연건조와 열풍건조 등의 방법을 사용하여 건조한다.

ⓖ 자연건조 방법

a. 압착 후 통풍이 잘 되는 장소에 놓는다.

b. 처음 2~3일간은 하루에 2회 정도 신문지와 흡습지를 갈아주고, 이후 하루에 1번씩 갈아주면 일주일 정도면 건조된다.

ⓛ 건조기를 이용한 방법

a. 약 35~45℃에서 2~3일 정도 건조한다.

b. 습기가 많은 식물은 신문지와 흡습지를 반복적으로 계속 갈아준다.

c. 건조기의 열기가 나오는 방향으로 골판지의 골 방향이 일치하도록 건조기에 압착한 표본을 넣는다.

2) 압화용

① 기본적으로 프레스보드 세트, 건조매트, 꽃배열용지(흡습지), 꽃화지, 핀셋, 건조기(꽃누름 건조기) 등이 필요하다.

② 건조매트 위에 꽃배열용지(흡습지)를 매끄러운 쪽을 위로 향하게 놓는다.

③ 흡습지

ⓖ 채집 식물의 빠른 건조와 신선도 유지를 위하여 신문지보다는 흡습지를 사용하는 것이 바람직하다.

ⓛ 매끄러운 면(흡습지) 위에 건조할 식물을 겹치지 않도록 배열하여 건조한다.

㉢ 활짝 핀 꽃은 손질하여 아래를 향하게 올려 건조한다.

㉣ 두꺼운 식물줄기는 뒷면을 사포질하여 건조한다.

㉤ 습지(꽃배열용지) 위에 다시 건조매트를 올리는 과정을 반복하여 쌓아 준비한다.

④ 일정량 쌓인 건조매트 위에 끈으로 튼튼하게 조인다. 단, 너무 두껍게 묶으면 중앙의 것은 쉽게 마르지 않으므로 크기를 적당한 묶음으로 나누어 건조시킨다.

⑤ 조직이 두꺼운 식물은 프레스보드 가장자리에 놓아 빨리 마르도록 유도한다.

⑥ 건조초기에 습한 상태에서 온도가 너무 높으면 식물이 누렇게 뜨거나 썩는 경우가 있으므로 주의한다.

⑦ 누름 후 흡습지를 갈아준다. 수분이 많은 경우 여러 번 갈아줌으로 수분으로 인한 피해를 줄일 수 있을 뿐만 아니라 건조기에서 식물이 뜨는 것을 미리 방지할 수 있다.

⑧ 흡습지를 갈면서 식물의 접힌 부분이나 흐트러진 부분을 정리하고, 작품의 의도에 맞게 모양을 잡아가며 건조한다.

⑨ 건조매트를 이용한 건조방법 순서

㉠ 건조매트 준비

㉡ 스펀지

㉢ 꽃배열용지

㉣ 꽃

㉤ 꽃배열용지

㉥ 스펀지

㉦ 건조매트

㉧ 위의 과정을 반복하여 건조에 적당한 분량을 만든다.

㉨ 비닐봉투로 밀봉한다.

㉩ 압판사이에 넣는다.

㉪ 앞판 밸트로 조인다.

㉫ 약 3~4㎏의 무거운 것을 압판 위에 올린다.

㉬ 건조매트를 자주 갈아 준다.

㉭ 약 3~5일 후면 건조 완성된다.

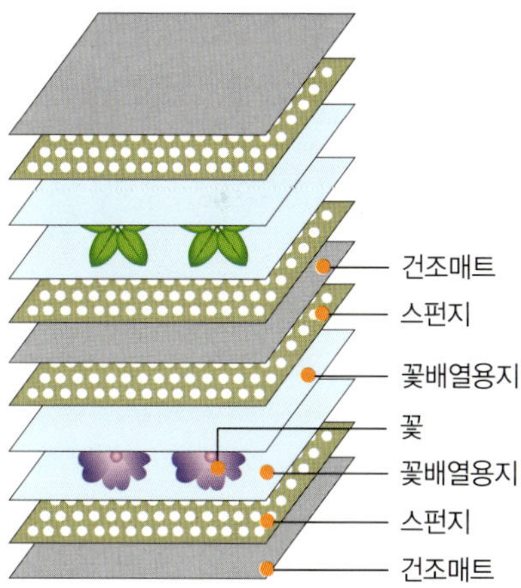

● 건조 시 배열 순서

⑩ 건조 방법에 다른 화색의 변화를 참고하여 건조한다.

㉠ 건조하는 방법과 방식에 따라 식물의 화색은 다양하게 변화한다.

㉡ 식물을 신문지 사이에 끼워 건조하는 방법과 건조매트와 꽃배열지를 이용해서 건조하는 방법을 많이 사용한다. 압화는 주로 후자의 건조매트법으로 건조하여 화색의 변화를 최소화하여 만든다.

㉢ 화색 변화 비교

화색 비교		신문지	건조매트와 꽃배열지
특징	꽃	화색의 변화 정도가 크다. 잉크가 꽃에 묻어 날 수 있다.	화색의 변화 정도가 적다.
	광택	줄어든다.	변화량이 적다.
	색상	차이가 크다.	차이가 적다.
	변색	신문지의 잉크로 인하여 변색될 수 있다.	변색의 정도가 극히 적거나 없다.

① 수국 준비

② 건조매트 위에 흡습지를 올린다.

③ 흡습지 위에 수국을 겹쳐지지 않게 배열한다.

④ 배열한 수국 위에 흡습지를 덮는다.

⑤ 건조매트를 ④ 위에 덮는다.

⑥ 스펀지를 올린다. 동일한 방법으로 4~6단을 만든다.

⑦ 프레스보드를 올린다.

⑧ 벨트를 이용하여 고정 및 결속한다. (건조시트 안의 꽃이 흐트러지지 않도록 주의한다)

⑨ 건조 완성

● **건조매트를 이용한 건조 방법 시연(김순자 작품)**

오세경 작품

⑪ 건조에 따른 유의 사항

㉠ 식물의 재료에 따라 건조시간, 방법 등이 다르므로 적절한 도구와 장비를 사용하여 건조한다.

㉡ 건조 중 건조매트, 흡습지는 자주 교환하여 준다.

㉢ 건조를 위하여 압판 위에 무거운 것을 올릴 때는 5㎏ 이상의 무거운 것은 피한다. 너무 무거운 경우 식물이 너무 밀착되어 상처가 생기거나 찢어질 수 있다.

3) 건조 방법

① 건조기

㉠ 건조기는 전열을 이용하여 실내에서 활용할 수 있도록 제작된 것으로 날씨와 상관없이 대량으로 건조할 수 있다.

㉡ 구조는 통풍과 효용성을 고려하여 문을 위로 들어 올리도록 된 것이 좋다.

㉢ 보통 전열선은 바닥에 설치되어 있으며, 10~15㎝ 위에 철망으로 된 선반을 설치한다.

㉣ 프레스보드는 선반 위에 놓으며, 바람이 통할 수 있도록 세워서 놓는다.

㉤ 문에 작은 환기팬을 설치하여 내부의 공기를 빨아내고 자연스럽게 건조기의 아래쪽에서 새 공기가 유입되도록 한다.

㉥ 건조에 적당한 온도는 35~45℃ 내외가 알맞다.

㉦ 야외에서 쉽게 건조할 수 있는 휴대용 건조기도 있다.

㉧ 휴대용 건조기는 전열기에 송풍장치가 달려있는 구조이며, 전열기에서 나오는 뜨거운 공기를 프레스보드에 통과하게 하여 식물을 건조한다. 이때 프레스보드는 비닐로 포장하여 공기가 중간에 새지 않도록 한다.

휴대용 건조기

ⓩ 휴대용 건조기를 대신하여 헤어드라이어를 이용할 수 있으나 전기 공급이 있는 곳에서만 사용이 가능하다는 단점이 있다.

⓪ 압화의 경우 꽃누름 건조기를 이용하여 수분을 최대한 빠르게 흡습하여 건조시키기 때문에 선명한 색상의 식물을 얻을 수 있다.

② 야외 건조 방법

㉠ 채집에서는 현장에서 건조하는 경우는 극히 드물지만 장기채집을 하는 경우는 야외에서 식물을 건조할 경우가 발생한다.

㉡ 야외에서는 햇볕을 이용하거나 연료를 이용하여 가열된 공기로 식물을 건조할 수 있다.

㉢ 야외에서 이용하는 통풍판은 열전도가 잘되고 구멍이 막힐 염려가 없는 알루미늄으로 제작된 것을 활용한다.

a. 가열건조법

- 연료를 이용하여 자갈을 가열하고 이 가열된 자갈을 선반 아래에 깐다.
- 선반 위에는 야책 또는 프레스보드를 놓아 식물을 건조하며, 자갈이 식으면 뜨거운 자갈로 갈아준다.
- 식물을 말리는 도중에 야책 또는 프레스보드를 점검하여 위아래를 뒤집어주며, 식물이 건조되어 프레스보드가 느슨해지면 다시 조인다.
- 흡습지를 처음 갈아줄 때 식물을 잘 정리하여 재배열하고, 중간 중간 건조된 식물의 상태를 확인하여 건조가 다 된 것은 수시로 꺼내 흡습지를 확보한다.
- 식물마다 마르는 속도가 다르므로 자주 확인하여 지나치게 건조되지 않도록 하고 남은 것은 재정리한다.
- 가열건조법은 압화 건조에 접목하기에는 적당한 방법은 아니지만 변색이 적거나 없는 식물에 적용하는 것은 무난하다.

b. 햇볕건조법

- 야외에서 열원을 구하기가 마땅치 않고 날씨가 좋으면 대체 방안으로 직접 햇볕에 말려도 된다.
- 햇볕에 말릴 때는 프레스보드에 묶는 다발을 작게 만들고 통풍판을 잘 활용하면 쉽게 말릴 수 있다. 다만 흡습지를 자주 갈아 주어야 한다.
- 건조한 지역에서는 작은 다발로 묶은 야책을 차량의 지붕에 얹어 이동하는 동안 바람이 통풍판을 통해 빠져나가는 것을 이용하여 식물을 건조시킨다. 골판지를 사용하는 것이 효과가 크고 흡습지는 자주 갈아주어야 한다. 단, 압화 소재의 경우 일부 변색이 유발될 수 있다.

c. 알코올처리법(Schweinfurth method)

- 날씨가 좋지 않아 건조가 어렵거나 채집량이 방대하여 처리가 불가능한 경우, 혹은 쉽게 상하는 채집품의 경우에는 야외에서 건조하지 않고 알코올로 방부처리를 하여 건조장치가 있는 곳으로 운반한다.
- 채집물은 흡습지를 사용하지 않고 신문지로만 눌러 적당한 양이 되면 단단히 눌러서 묶는다. 이때 날카롭거나 튀어나온 부분은 잘라 내거나 완충지를 붙여 정리하고, 부피가 크거나 가시가 있는 식물은 가운데로 넣어 비닐봉지를 상하지 않게 한다.
- 포장된 것을 비닐봉지에 넣고 60~80%의 공업용 알코올을 충분히 뿌린 후 입구를 봉한다. 시간이 지나면 알코올이 기화되어 증기가 비닐봉지 내부에 포화되어 방부작용을 하며, 내용물은 수주일 동안 유지될 수 있다.
- 외부공기가 유통되지 않으면 여섯 달까지도 보관이 가능하다. 매 4주마다 확인하여 너무 말랐으면 알코올을 더 보충하고 강도가 높은 재료로 포장하면 장거리 수송도 가능하다. 알코올로 처리한 식물은 실내로 운반하여 일단 알코올을 증발시킨 후 새로 식물을 누르는 방법과 동일한 과정으로 건조시키면 된다.

(4) 건조식물의 보관에 필요한 도구 및 방법

1) 표본용

선별과 건조가 완벽하게 끝난 표본식물은 상자에 넣어 포장한 후, 표본보관상자 겉에는 건조된 식물의 용도, 이름(학명)을 표시한 라벨을 붙인다.

① 비닐봉지 : 건조된 표본을 포장하는 데 사용하기 위한 것으로 충분히 큰 것이 좋다.

② 접착테이프와 끈 : 건조된 표본을 포장하는 데 사용한다.

③ 가열기와 연료 : 야외에서 열건조법으로 표본을 말리는 데 사용한다.

④ 크레용 혹은 유성필기구 : 재감표본에 사용한다.

⑤ 표본상자 : 건조된 표본을 발송할 때 이용한다.

⑥ 나프탈렌 : 표본 발송 시 방충용으로 표본상자에 넣는다. 나프탈렌은 사용금지 품목은 아니지만 표본의 운반을 위하여 폴리에틸렌 자루에 넣는 경우 사람의 건강에 너무 해롭다. 그러나 다른 방법이 없는 경우 도착했을 때 제거가 용이하도록 결정체보다는 알 형태로 성형한 것을 넣도록 하고 운반 자루에는 경고표지를 부착한다.

⑦ 실리카겔 : 건조표본을 발송 및 보관할 때 넣어서 제습제로 사용한다.

2) 압화용

압화의 특성상 건조된 식물의 보관은 작품 제작에 매우 중요하다.

① 비닐봉지와 지퍼팩 : 건조된 식물을 포장하는 데 사용한다.

② 꽃보관봉투 세트

㉠ 누름한 식물은 꽃보관봉투를 이용하여 보관하여 운송한다.

㉡ 꽃보관봉투는 지퍼팩, 건조시트 또는 건조제(실리카겔), 속지로 구성되어 있다.

㉢ 수분, 산소, 자외선 등을 차단하는 역할을 한다.

㉣ 누름하여 건조된 식물의 변색을 방지하고 오래 유지될 수 있게 한다.

③ 꽃배열용지 : 절반으로 접어서 사용하면 편리하다. 단, 꽃이 클 경우에는 접지 않고 통째로 사용한다.

④ 필기구 : 건조된 식물의 이름, 채집날짜, 장소 등을 작성하는 데 사용한다.

⑤ 에어펌프 : 장기 보관을 위한 진공 처리를 위하여 공기 제거에 사용한다.

⑥ 진공프레스 : 건조된 식물을 오랫동안 보관하기 위하여 꽃보관봉투를 진공 상태로 만들 때 이용한다.

⑦ 진공팩 세트

㉠ 진공 상태를 유지하여 오랜 시간 보존하기 위하여 사용한다.

㉡ 진공팩 세트 구성 : 진공팩, 건조제, 속지, 비닐(꽃 표면을 덮어 꽃을 보호하는 역할을 한다.)

⑧ 실리카겔 : 제습제로 사용한다.

⑨ 보관방법

㉠ 꽃보관봉투 이용법

a. 가장 일반적인 보관방법이다.

b. 건조된 식물 특히, 꽃을 겹치지 않게 꽃배열용지에 배열 · 정리한다.

c. 반으로 접어서 압화를 넣어둔 꽃배열용지 b를 약 5~7장 정도 속지에 넣은 후 꽃보관봉투에 넣어 보관한다.

d. 건조시트 또는 건조제(실리카겔)를 꽃보관봉투에 넣어 보존력을 상승시킨다.

e. 보관 도중 건조시트가 눅눅해진 경우 다리미 혹은 전자레인지를 이용하여 건조시킨 후 재사용하고, 실리카겔의 경우 변색을 통하여 흡습의 정도를 파악하고 새 것으로 교체하여 준다.

㉡ 진공팩 이용법

a. 장기간 보관에 사용하는 방법이다.

b. 속지에 겹치지 않도록 유의하며 배열한다.

c. 진공팩에 속지(꽃이 배열된)를 넣고, 그 뒷면에 건조제를 넣는다.

d. 에어펌프로 공기를 제거한다.

e. 진공팩의 입구를 다리미를 이용하여 눌러 밀봉한다.

⑩ 보관방법 실습

㉠ 건조된 식물 중 색상이 선명한 식물들을 핀셋을 이용하여 특성별(줄기 부분 전체를 건조한 식물, 꽃만 건조한 식물, 잎만 건조한 식물, 꽃송이만 건조한 식물 등)로 구분하여 습자지 위에 가지런히 정렬한다.

㉡ 가지런히 정렬된 습자지 위에 얇은 속비닐을 올린다.

㉢ 정리된 식물을 넣은 비닐봉투에 실리카겔 1개를 넣는다.

㉣ 진공프레스기를 이용하여 꽃보관봉투 속의 공기를 완전히 제거하여 보관한다.

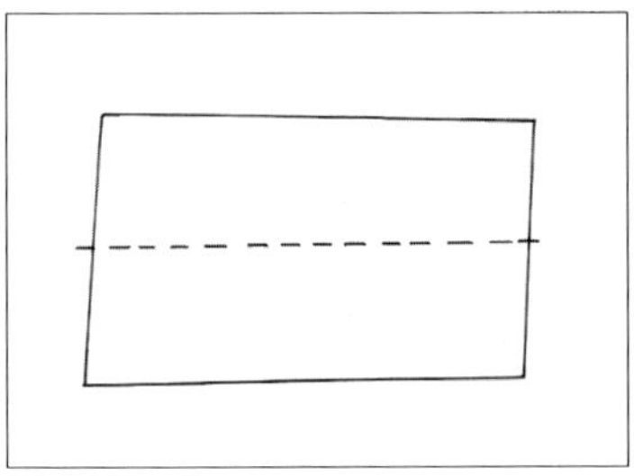

① 반으로 접는다.

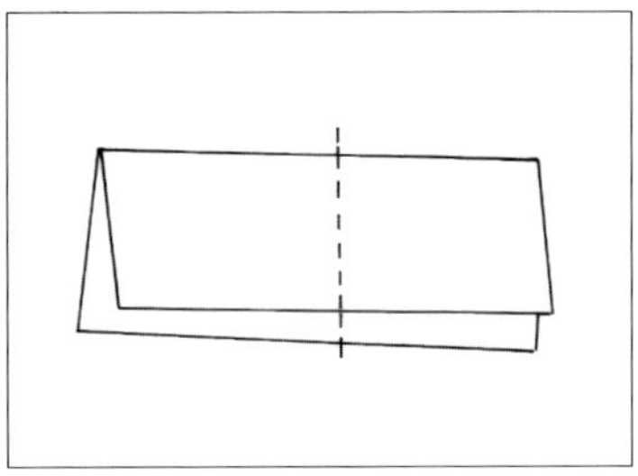

② 중심에 접는 자국을 만든다.

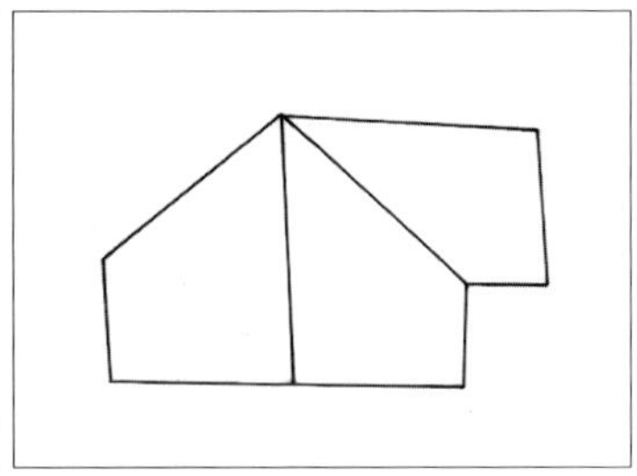

③ 자국의 한쪽을 펼쳐서 접는다.

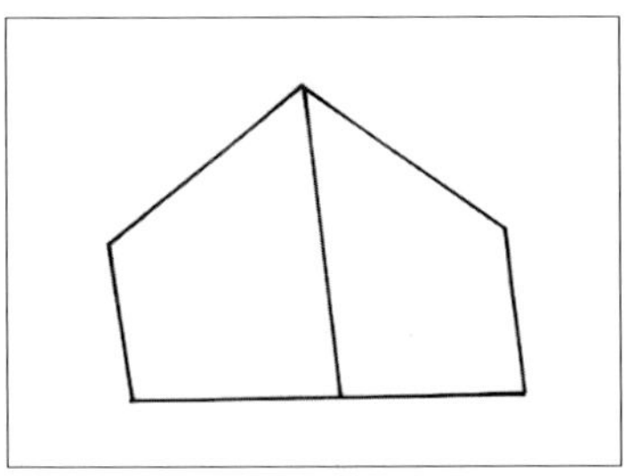

④ 뒤집어 같은 방향으로 접는다.

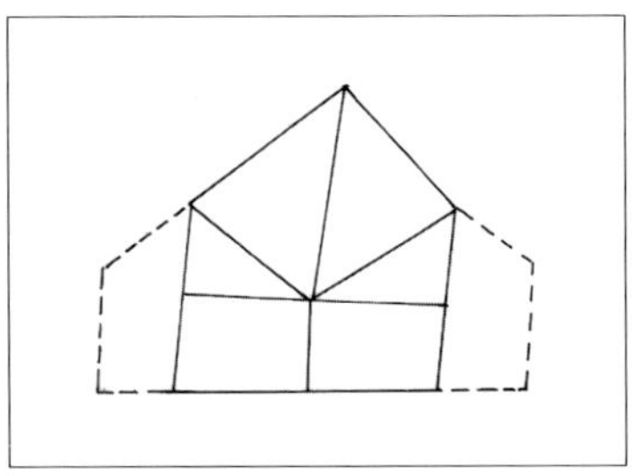

⑤ 양끝을 중심선에 맞춰 접는다. 반대부분도 같이 접는다.

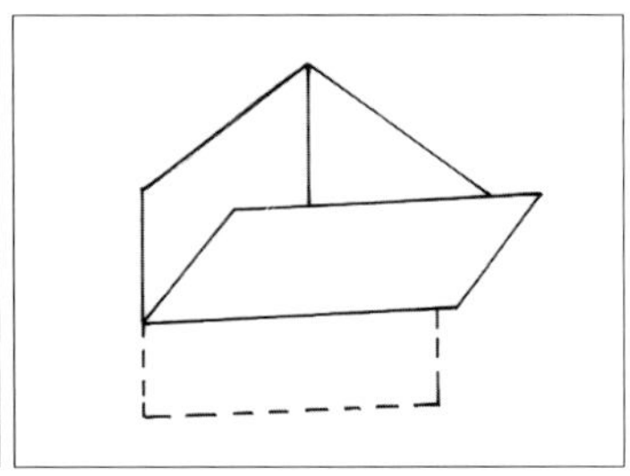

⑥ 아랫부분을 접는다. 반대부분도 같이 접는다.

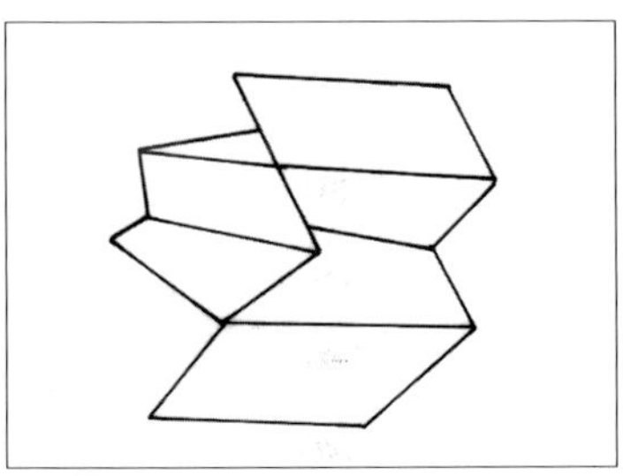

⑦ ⑥의 접은 부분을 위아래로 잡아 당겨 상자 모양을 만든다.

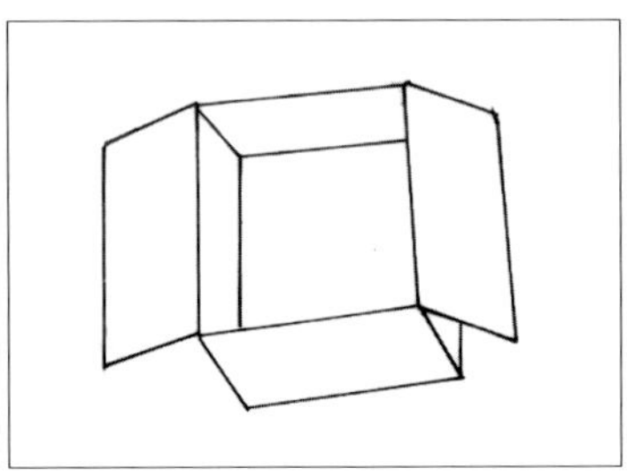

⑧ 완성

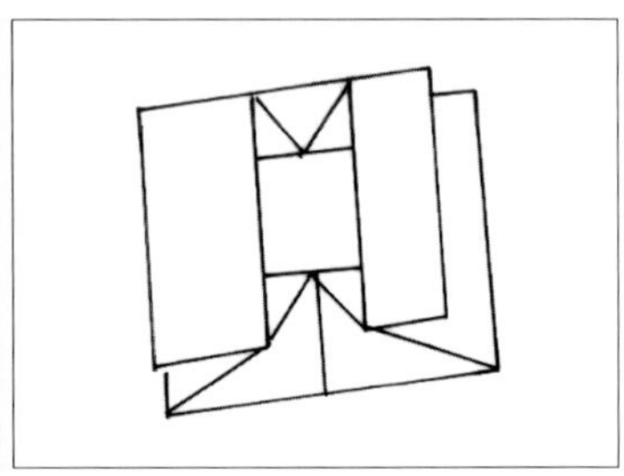

⑨ 보관할 때 접는다.

● 글라신 페이퍼(glassine paper) 접는 방법

㉤ 완성된 봉투에 식물명, 채집날짜, 채집장소 등을 기입하여 햇빛이 적은 곳에 보관한다(빛에 의해 변색이 될 수 있음으로 주의한다).

TIP 글라신 페이퍼(glassine paper, 반투명의 얇은 종이) : 투명하여 내용물을 잘 보이게 하는 특징을 가지고 있다. 보관된 식물을 쉽게 파악하는 데 도움을 준다.

꽃보관봉투 세트

에어펌프

(5) 제작에 필요한 재료와 도구

영구적으로 보관하는 것을 목표로 작업하므로 최상질의 품질을 선택하여 제작한다.

1) 표본 대지(大地) 작업

① 재료와 도구

㉠ 대지(모조지 : 42×31㎝)

㉡ 유산지(윗부분 2㎝ 길게)

㉢ 띠종이(창호지를 적당하게 폭 2~3㎜로 자른 것)

㉣ 가위, 핀셋, 풀, 실과 바늘

② 사용법

㉠ 끈과 야책끈

a. 표본실용 끈은 표본을 운반하거나 저장하기 위해 표본식물 다발을 묶을 때 사용하며, 질기고 가벼우며 부드러운 것이 좋다.

b. 야책끈은 조임쇠가 붙은 폭 2~3㎝ 정도의 넓적한 끈으로 두 개를 한 조로 사용하며, 야책을 조이거나 표본을 묶을 때도 사용한다.

c. 묶을 때는 너무 세게 조이면 표본이 부스러지거나 표본다발이 쐐기 모양으로 형성되므로 주의하여야 한다.

㉡ 마분지 혹은 두꺼운 골판지

a. 표본을 보관할 때나 이동 중에 파손을 방지하기 위하여 표본다발의 아래위를 받치는 데 쓴다.

b. 대지보다 약간 큰 것이 좋은데 주로 골판지를 활용한다.

c. 표본운송 중에 골판지가 접혀 표본이 상하는 것을 막기 위해 골판지의 골은 표본의 세로방향으로 난 것이 좋다.

d. 표본건조용으로 쓸 때는 골이 가로로 난 것이 좋다. 단, 표본관이나 박물관에서 처음 사용하는 것은 반드시 소독한다.

e. 두꺼운 판지는 무겁고 딱딱해서 강한 힘에도 견디지만 운송(택배)하는 경우 운송료가 비싸지므로 발송에는 대체로 사용하지 않는다.

㉢ 작업꼬리표(Hanging labels)

a. 제작실에 들어온 식물을 구분하거나 진행 중인 작업의 단계를 나타내기 위해 사용한다.

b. 필요한 내용을 미리 정하여 규격화하고 프린터로 인쇄하여 사용하며, 색깔을 이용하여 들어온 획득표본, 복제표본, 완성표본식물 등을 구분할 수 있다.

㉣ 표본보호지(Double flimsies)

a. 표본을 보호할 목적으로 사용한다.

b. 건조할 때 표본을 보호하는 용도로 쓰기도 한다. 그러나 신문지로 이 모든 경우를 대체할 수 있다.

㉤ 신문지

a. 건조에서부터 복제표본 보관까지 대지작업 전의 표본을 보관하는 데 사용한다.

b. 새 신문지는 잉크가 배어나올 수 있으므로 사용하지 않는다.

c. 신문용지는 산성지이므로 시간이 경과하면 부스러지기 쉽기 때문에 신문지 속에 표본을 장기간 동안 보관하는 것은 좋지 않다.

① 신문지를 펼친다.

② 4등분 접기

③ 접기 완성

● 신문지 접는 방법(박은진)

ⓑ 대지

a. 건조된 표본을 부착하여 표본을 지지하고 보호하기 위한 것으로 흰색 혹은 우유색의 최상급 약포지(cartridge type)를 사용한다. 원래 100% 면섬유로 된 종이가 바람직하지만 중성화된 화학 펄프지를 사용할 수도 있다.

b. 표본을 손으로 들었을 때 지탱할 수 있도록 종이방향(절리)을 길이로 두는 것이 좋고, 표면이 약간 거친 것이 접착력이 좋다.

c. 두께는 한쪽 끝에서 들었을 때 수평으로 유지되는 정도의 강도를 지닌 것이 좋고, 크기는 미국에서는 42×29㎝, Kew 및 유럽에서는 42×26㎝를 사용하며, 일부 기관에서는 44×29㎝를 사용하기도 한다.

d. 국립수목원 표본관에서는 42×29㎝의 흰색 중성 펄프지, 미색의 면섬유지를 사용한다.

e. 대지로 사용하는 종이는 싼 것을 쓰면 나중에 대지를 갈아야 할 경우가 생기며, 이 때 더 많은 비용이 소요될 수도 있으므로 대지만큼은 처음부터 좋은 것을 사용하는 것이 바람직하다.

ⓢ 유산지

a. 표본을 대지에 올린 후 덜 마른 접착제가 다른 표본에 묻지 않도록 분리하는 데 이용하거나 버섯 채집에 이용한다.

b. 크기는 대지보다 약간 큰 것이 좋고 반복해서 사용하는 것이므로 어느 정도 강도가 있는 것이 좋다.

c. 표본을 보호하기 위해 유산지를 대지에 덧씌워 붙여 보관하기도 한다.

ⓞ 반투명지

a. 표본에서 상하기 쉬운 부분을 보호하기 위해 사용한다.

b. 반투명 종이로 내구성과 충분한 강도가 있어서 표본보호에 도움이 되어야 한다.

ⓩ 얇은 포장지(Single flimsies) : 대지 작업하는 표본의 구분과 분리에 이용하는데, 유산지나 신문지로 대체가 가능하다.

ⓒ 종(種)표지(Species covers)

a. 같은 종의 표본을 구분하고 보호하는 데 이용하는 것으로 속표지 안에 놓인다.

b. 대지보다 약간 큰 크기로 가볍고 질긴 중성의 마분지를 사용한다.

ⓚ 기준표본표지(Type covers)

a. 기준표본을 보호하고 일반표본과 구분하기 위한 것으로 강도가 있는 중성지를 사용하며 대지보다 큰 것이 좋다.

b. 아래위쪽은 3㎝ 정도 여유, 왼쪽은 표본을 다 덮을 정도, 오른쪽은 표본을 반 정도 덮을 크기로 제작하여 사용하며, 종표지 혹은 속표지와 다른 색을 사용하거나 아래위의 가장자리를

보통 붉은색으로 칠해서 표시하고 'TYPE'과 기관 혹은 박물관, 표본관의 이름을 인쇄한다.

ⓔ 속(屬)표지(Genus covers)

a. 속을 구분하거나 종표지가 얇아 찢어질 염려가 있을 때 사용하는 것으로 표본배열을 속단위로 할 경우에 쓴다.

b. 대지보다 약간 큰 크기의 중성지로 접히는 부분이 2㎝ 정도의 너비가 있고 한 번 접는 방식 혹은 두 번 접는 방식이 있다. 보통 종이를 사용하거나 지역별로 다른 색을 사용할 수 있다.

ⓕ 박지(얇은 종이) : 얇은 꽃잎이나 수분이 많은 작은 꽃은 완성하고 나서 떼기 어려우므로 이 종이에 끼워 건조한다.

ⓖ 종이봉투(Paper capsules)

a. 표본의 떨어진 조각이나 크기가 작은 표본을 보관하기 위한 것으로 대지 위에 접착제로 고정한다.

b. 중성지를 사용하여 만들어진 다양한 크기의 완제품을 구할 수 있으며, 사각형의 종이를 접어서 사용할 수도 있다.

c. 접었을 때 클립으로 고정하지 않아도 열리지 않아야 하고, 관찰할 때는 완전히 펼쳐서 열 수 있는 구조이어야 한다.

㉺ 필기구

a. 속표지, 종표지, 기준표본표지 등에 각종 표기를 위한 것으로 탄소원료로 제조된 비수성의 흑색 잉크를 사용한다.

b. 액침표본에 넣는 라벨이나 노트는 내유성의 잉크를 사용하며, 쓰기 전에 미리 확인하도록 한다.

㉻ 접착제

a. 표본을 대지에 고정할 때, 레이블이나 종이봉투를 붙일 때, 사진을 대지에 붙일 때 접착제를 사용한다.

b. 표본고정에 사용하는 접착제가 가져야 할 일반적인 특성으로는 산도가 중성 혹은 약알칼리성이어야 하며, 접착력이 강하고, 건조 후에도 용매에 다시 녹아 떼어낼 수 있어야 한다는 것이다.

c. 녹말풀 : 밀녹말 혹은 쌀녹말을 이용하여 10%(W/V)로 제조하며, 티몰(thymol) 같은 방부제를 첨가하여 사용한다.

d. PVA접착제(Polyvinyl Acetate, 국내에서는 다목적용 목공용 PVA)를 주로 이용하고 있다.

㉼ 표본고정

a. 실

- 잔가지, 열매 등 부피가 큰 부분을 대지에 고정하기 위해 사용하며, 주로 표백되지 않은 아마섬유의 실을 사용한다.
- 면섬유를 사용해도 되나 매듭이 풀어지기 쉬우므로 반복해서 묶어야 하고, 시간이 경과하면서 강도가 약화되는데 밀랍을 처리하면 강도가 유지된다.

b. 접착테이프

- 표본고정에 이용하는 테이프이다.
- 테이프에 사용된 접착제는 중성이고 쉽게 제거할 수 있는 것(물에 녹아)이어야 한다.
- 일명 '스카치테이프'는 시간이 경과하면 부스러지고 잘 떨어지며 접착제가 스며나와 대지를 더럽히므로 사용하지 않는다. 외과용 반창고도 사용하지 않는다.

③ 유의사항

㉠ 대지의 우측 하단, 라벨을 붙일 장소에 건조 시에 사용한 4절신문지 내측에 있는 기재사항(식물표본번호, 채집장소, 채집년월일, 채집자명 및 감정된 식물명)을 필히 명기하고 작업을 시작한다.

㉡ 가능한 많은 형질을 관찰할 수 있는 쪽을 위로 향하게 배열하되 반드시 우측하단에 라벨을 부착할 장소를 비워둔다.

㉢ 각 종마다 부속표본의 제작 필요여부를 세밀하게 확인하고, 있으면 식물표본번호를 기록하여 조치한다.

㉣ 덩어리로 뭉쳐 있는 표본은 하나씩 분리하여 부착하고 뿌리에 붙은 흙을 털어낸다.

㉤ 열매나 꽃을 가리고 있는 잎이나 잎 뒤를 관찰하는 데 필요한 잎은 따서 종이봉투에 넣어 대지 상단 공란에 부착한다.

㉥ 큰 잎이 한 장만 있을 경우(예 가시연꽃) 일부분을 잘라내서 뒤집어 놓거나 종이봉투에 넣어 대지 상단에 부착하며, 꽃은 잎 뒤가 다 보이도록 배열한다.

㉦ 2개체 이상의 식물을 같은 대지에 붙일 때는 한 방향으로 배열하고 크기가 큰 것, 무거운 것을 아래쪽에 둔다.

㉧ 큰 꽃이 하나만 있는 표본은 꽃을 고정해서는 안 되며, 투명한 종이를 이용하여 창을 덮어 필요할 때는 관찰이 가능하도록 한다.

㉨ 부스러지기 쉬운 화서가 있는 표본은 표본전체를 비닐봉투에 넣어 보관한다.

㉩ 라벨을 부착 시에는 라벨 뒷면 전체에 풀칠을 하여 붙이지 말고, 라벨 상단 뒤쪽에만 풀칠을 하여 대지에 옮겨 적은 기재사항 위에 덧붙임으로써 기재사항들이 증거로 남도록 한다. 재감정 결과 이름이 달라져 새로 만든 라벨도 종전의 라벨 위에 덧붙여 증거를 보존한다.

① 가능한 한 많은 모습이 한꺼번에 보이게 한다.

② 겹쳐진 곳은 제거한다.

③ 잎의 1～2개는 뒤집어 놓는다.

④ 큰 잎은 부분을 잘라 뒤집어 놓는다.

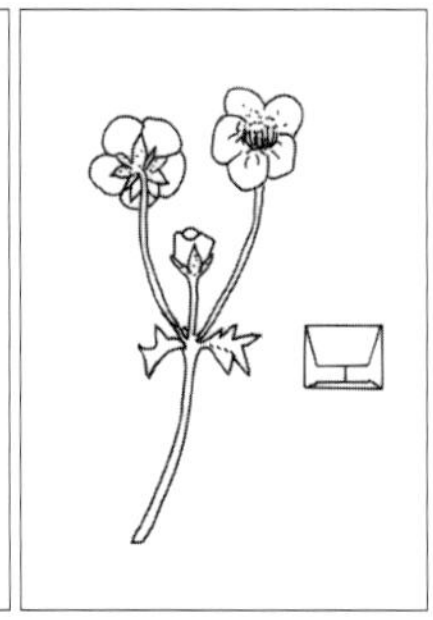

⑤ 꽃도 가능하면 앞뒷면을 모두 볼 수 있게 한다.

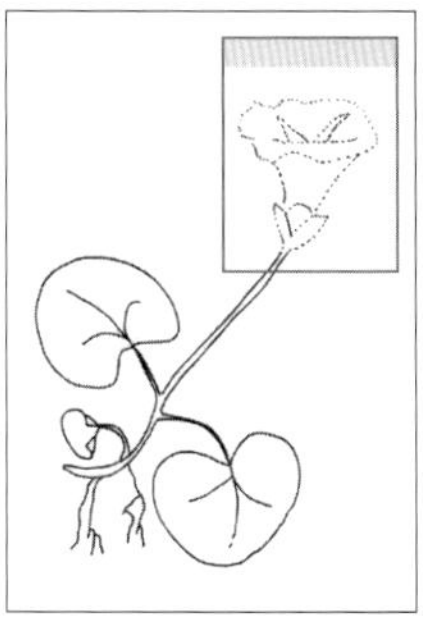

① 꽃과 같이 연약한 부분은 유산지를 덮어준다.

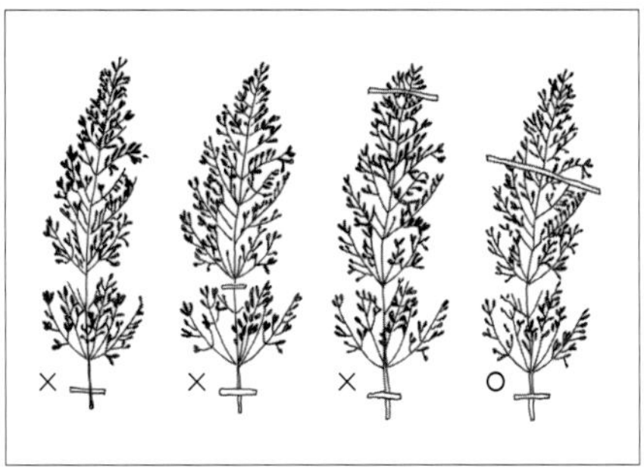

② 종이테이프를 이용하여 고정하는 올바른 방법 1 : 하늘거리고 너무 많은 가지를 친 것은 한꺼번에 고정한다.

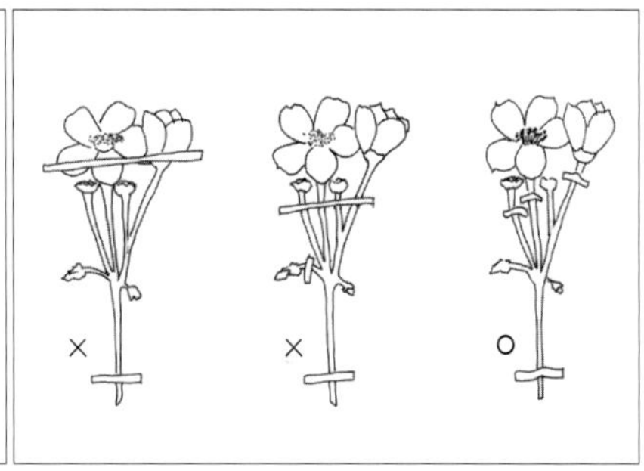

③ 종이테이프를 이용하여 고정하는 올바른 방법 2 : 가지가 단단하고 소수일 때는 전체를 한번에 하지 말고 각각의 가지에 고정한다.

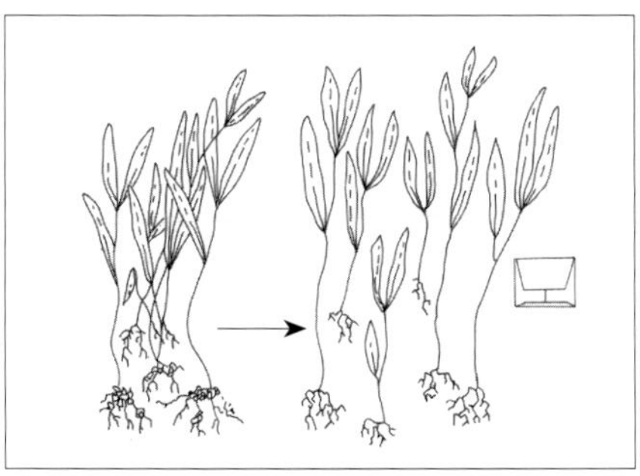

① 여러 개가 겹쳐진 것은 각각 펼치고, 흙을 제거시킨다.

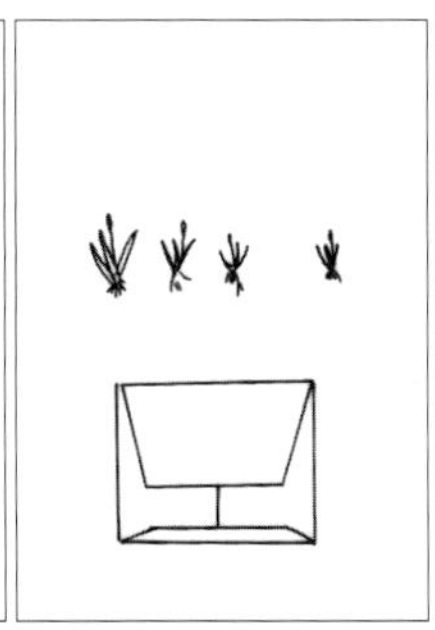

② 작은 것은 몇 개만 붙이고, 나머지는 봉투에 담는다.

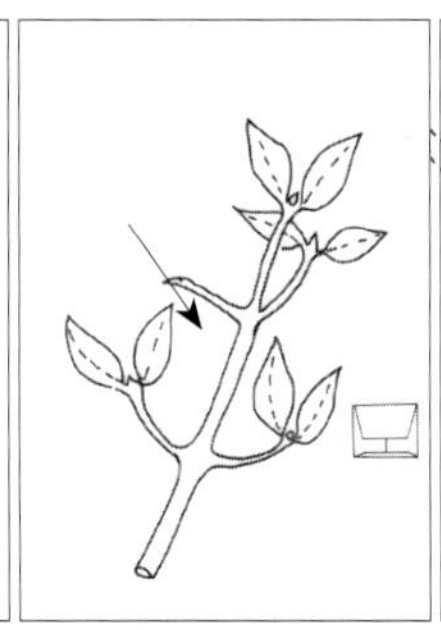

③ 위로 튀어나온 부분은 잘라서 제거한다.

④ 대지 밖으로 튀어나온 부분은 잘라서 봉투에 넣는다.

① 여러 개일 때는 같은 방향으로, 큰 것이 아래로 가게 배열한다.

② 수직으로 배열하지 말고 사선으로 배열한다.

③ 너무 긴 것은 꺾어서 배열한다.

● 표본 제작 시 유의사항

2) 압화용

① 재료와 도구 사용

㉠ 건조식물, 핀셋, 접착제, 이쑤시개, 꽃가위 등이 사용하는 재료와 도구이다.

㉡ 건조식물 : 잘 건조된 식물이나 보관함에 바르게 보관된 식물 중 작품제작에 필요한 건조식물을 선택한다.

㉢ 핀셋 세트

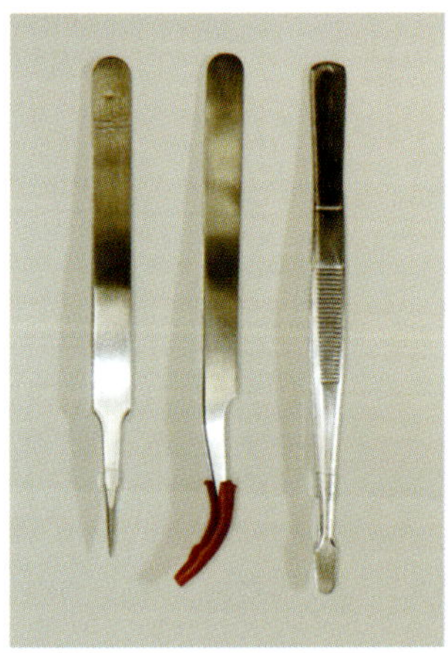

핀셋 세트

a. 핀셋 : 손으로 잡기 어려운 물건을 집을 때 사용하는 것으로 손으로 건조된 식물을 바로 집어 사용하게 되면 손쉽게 건조식물이 파손되는 것을 방지하기 위하여 핀셋을 사용하여 집는다.

b. 집기 어려운 작은 꽃을 집을 때 편리하며, 꽃잎이 떨어지는 것을 방지할 수 있으며, 손으로 잡는 것보다 안전하고 편리하다.

c. 정교한 작업을 필요로 하는 압화의 특성상 핀셋을 사용하는 것이 유리하고 바람직하다.

d. 약한 식물의 경우 열(손)에 의한 변색이 발생할 수 있다. 이를 방지하기 위하여 핀셋을 사용한다.

e. 다양한 종류의 많은 핀셋이 있으나 주로 굽은형과 평핀셋을 사용한다.

- 굽은형 : 핀셋 끝부분이 뾰족하여 작은 꽃을 집을 때 편리하게 사용할 수 있다.
- 평핀셋(넓적형) : 끝부분이 넓적하여 꽃, 잎 등을 집을 때 편리하게 사용할 수 있다.

TIP 핀셋(프랑스어 : pincette, 문화어 : 핀세트, 영어 : tweezers)은 두 개의 강판을 맞이어서 손으로 잡으면 강판의 끝이 물건을 집게 하는 도구이다. 털이나 가시, 수염 따위를 뽑는 데 쓰는 경우 족집게라고도 한다. 일상생활을 비롯하여 의학, 생리학, 화학, 기계공학, 전자공학 등의 많은 분야에서 널리 사용된다. 화학실험에서 주로 조심히 다루거나 위험한 물질들을 다루어야 할 때도 사용된다.

㉣ 접착제

a. 일반적인 압화 제작용 접착제로는 목공용 본드 접착제를 물과 혼합하여 접착제의 점도를 묽게 하여 사용한다.

b. 작품의 제작에 소량 사용하며, 사용 후에 투명하게 변하여 식물의 색에 영향을 주지 않는다.

c. 목공용 접착제는 수용성으로 물티슈로 닦아내거나 제거할 수 있다.

d. 목공용 접착제 사용 시 주의할 점

- 지나치게 많이 사용한 경우 건조식물이 손상되고 너무 소량 사용하는 경우 식물이 부착되지 않고 떨어질 우려가 있으므로 적당량을 사용하여 작품을 제작한다.
- 굳은 접착제는 떼어내거나 제거가 어렵다.
- 물티슈로 접착제를 제거할 때는 건조식물에 물기가 스며들지 않도록 주의하며 닦아낸다.
- 덩어리지지 않도록 유의한다.

e. 작품에 따라 풀한지, 코팅지, EV접합필름도 접착제로 사용한다.

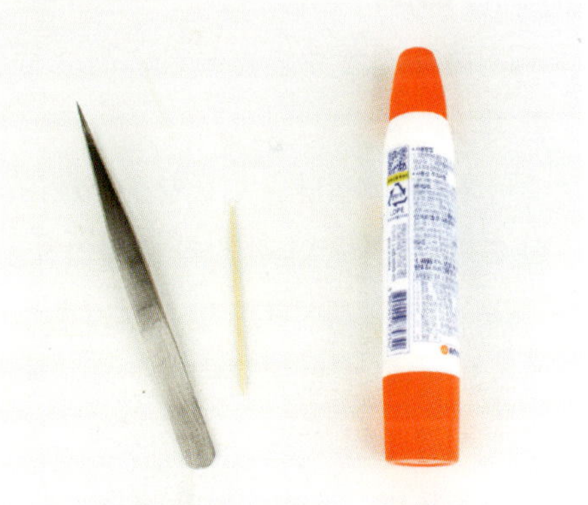

도구(핀셋, 이쑤시개, 공예용풀)

㉤ 이쑤시개

a. 꽃의 손질 및 고정에 이용된다.

b. 수지액을 골고루 도포할 때 사용하면 편리하다.

c. 단, 녹말용 이쑤시개의 경우에는 쉽게 부러질 수 있어 오히려 건조식물에 상처를 유발할 수 있으므로 사용을 피한다.

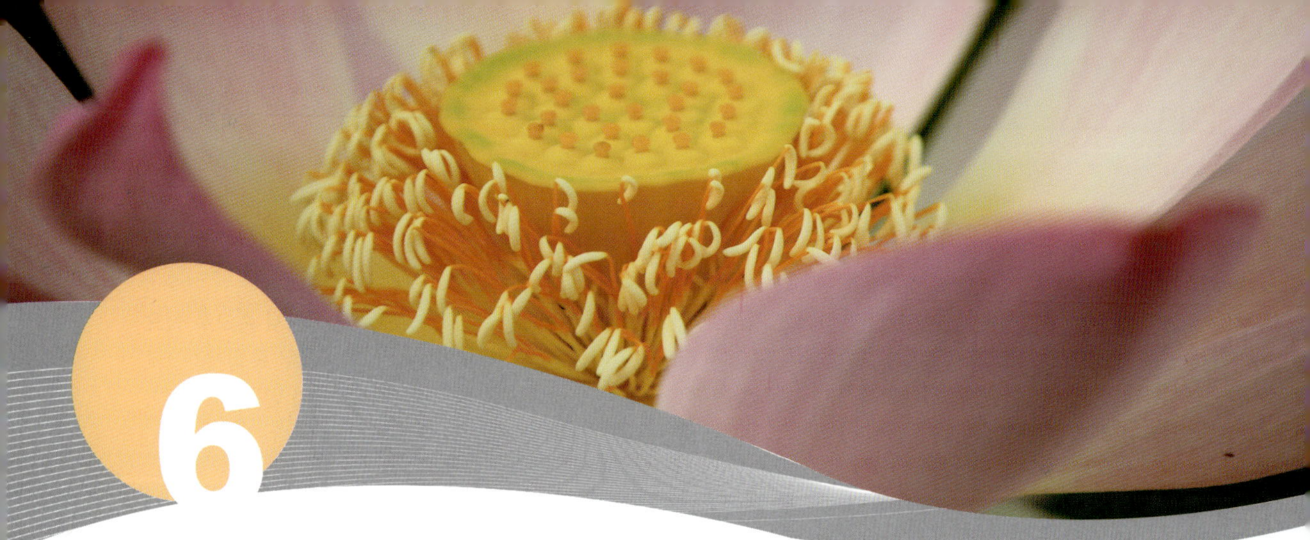

6 소재별 채집 특성

(1) 채집 대상의 선정

① 채집하기 전에 주변을 둘러보고 그 종의 출현 빈도를 대략 가늠하여 채집량을 결정하며, 무분별한 채집은 피한다.

② 채집물은 그 집단을 대표할 수 있어야 하며 어떤 부분을 채집해야 표본(압화)에서 형태, 식물체의 크기, 특징 등이 잘 나타날 것인지를 고려하여 그 대상을 선정한다.

③ 표본에 모든 생식기관 및 영양기관과 이들의 다양한 발달단계(어린 잎과 성숙한 잎, 어린 열매, 성숙한 열매)가 모두 나타나는 것이 좋은 표본이다.

④ 어린이를 위한 채집

㉠ 식물표본은 개화 시기의 식물을 가지고 제작하는 경우가 대부분이다.

㉡ 대부분의 어린이들은 개화 시기의 식물은 쉽게 구분하지만 개화 이전의 식물을 분류하는 데는 쉽지 않아 어려움을 느낀다.

㉢ 어린이들을 위해서는 생장 단계별 채집을 통합하여 흥미를 유도한다.

㉣ 여러 단계를 거쳐 성장한 식물을 한눈에 볼 수 있는 식물표본과 압화작품을 제작하는 과정을 통하여 식물에 대한 관심을 유도하여 학업성취 효과를 상승시킬 수 있다.

㉤ 봄, 초여름에 개화하는 야생화를 중심으로 채집하여 제작하는 것이 바람직하다.

㉥ 초등교과서에 나오는 식물종은 약 115종으로 그 수가 적다고 할 수 없다.

(2) 채집의 주의사항

① 엽병, 액아, 탁엽 등이 확보되도록 가지를 채집해야 하며, 복엽인 경우 완전한 형태의 잎을 채집한다.

② 식별 형질이 가장 일반적인 개체를 선택한다.

③ 벌레 먹은 것, 잎에 상처가 난 것 등은 피하고, 생육상태가 양호한 것으로 선정한다.

④ 목본은 가지가 자라는 방식(대생, 호생, 차상분지)을 알 수 있도록 채집한다.

⑤ 생식기관과 영양기관이 모두 달려 있는 개체를 채집한다.

㉠ 초본 : 뿌리, 줄기, 잎, 생식기관(꽃 또는 열매)이 온전한 것을 채집한다.

㉡ 목본 : 가지(2년지까지), 잎, 생식기관(꽃 또는 열매)이 달려 있는 것으로 표본대지에 들어갈 정도의 크기로 전정가위나 고지가위를 사용하여 채집한다.

⑥ 이형엽*, 단성화(monoecious)*, 이화주성* 등을 확인하여 채집하고, 만약 자웅이주*일 경우 암수를 구분한다.

⑦ 한 채집번호에 한 종의 식물만 있는지 반드시 확인하고 의심스럽거나 명확하지 않은 경우는 따로 표시를 하며, 가능하면 채집표본을 분리하여 독립된 번호를 부여한다.

TIP 이형엽(異型葉, heterophyll) : 동일 식물체에 형태가 다른 잎이 두 종류 이상 있는 잎. 수생 식물에 이런 예가 많은데 개연의 수면 위의 잎에 대하여 수중엽(水中葉) 따위를 이른다.

단성화(單性花) : 한 꽃 안에 수술 또는 암술만 있는 꽃. 암꽃과 수꽃이 다른 그루에서 피는 것과 같은 그루에서 피는 것이 있다. 밤나무의 꽃, 뽕나무의 꽃, 소나무의 꽃, 은행나무의 꽃, 호박의 꽃 따위이다.

이화주성(二花柱性, heterostylic) : 같은 종에서 서로 다른 꽃이 피는 종류(긴 암술대와 짧은 수술대를 갖는 꽃과 짧은 암술대와 긴 수술대를 갖는 꽃)로 앵초, 개나리, 미선나무 등이 있다.

자웅이주(雌雄異株, 암수딴그루) : 같은 종류의 식물에서 암수의 구별이 있는 것(은행 · 잣나무 등)

⑧ 엉겅퀴나 수리취처럼 큰 식물의 일부분을 채집할 경우 대지를 가득 채울 만큼 채집한다. 잎이 지나치게 큰 경우, 대지에 들어간다고 해서 제일 작은 잎을 채집해서는 안 되며, 큰 식물일 경우 여러 장의 대지를 이용할 수도 있으므로 식물의 전체 모습이 표본에 충분히 나타날 수 있도록 고려하여 채집한다.

⑨ 작은 식물일 경우에는 대지를 채울 수 있을 정도로 많은 양을 채집한다.

⑩ 떨어진 꽃이나 열매가 있을 경우 추가로 채집하여 따로 종이봉투에 보관하고, 종자성숙기에 많은 양의 종자가 성숙했을 때도 종이봉투에 채집하고 채집번호를 적어 표본에 삽입한다.

⑪ 작품용 소재로 사용하기 위하여 채집하는 경우 목적에 필요한 만큼 취하여 사용한다.

⑫ 희귀식물일 경우에는 다량을 확보하기 보다는 소량을 채집(확증표본용)하고 사진을 찍어두거나, 혹은 사진만으로도 기록이 가능하다. 함부로 훼손하여서는 절대 안된다.

(3) 채집식물 관리

① 야외에서 식물을 채집해서 즉시 누르는 것이 가장 이상적이고 바람직하지만 실제로는 시간을 절약하기 위하여 채집통에 보관하였다가 나중에 누름한다.

② 비닐봉지는 대지(30×40㎝), 프레스보드(23×28㎝)의 크기와 비슷하여 채집물의 크기와 양을 조절하기 쉽다.

③ 모든 채집물은 채집지(생육지, 채집장소)를 구분하여 담으며, 작거나 손상되기 쉬운 부분은 작은 봉지 혹은 채집통에 따로 담아 놓는다.

④ 동일종을 따로 채집했거나 현장에서 확인이 어려운 비슷한 식물도 구분하여 관리한다.

⑤ 채집식물별로 봉지를 구분하면 떨어진 꽃이나 열매(특히 벼과나 사초과의 종자, 벚나무의 꽃잎) 등이 다른 채집과 섞이지 않도록 손쉽게 종이봉투에 보관할 수 있다.

(4) 수관식생(교목류) 및 착생식물 채집

① 폭우, 강풍 혹은 동물의 이동으로 겨우살이 같은 착생식물이나 들메나무 같이 높이 자라는 나무는 수관 상부에서 가지, 꽃, 열매 등이 떨어지는 경우가 있으므로 지표를 잘 살펴 채집표본으로 확보한다. 또 이들을 채집했을 때는 어디서 떨어진 것인지 반드시 추적하고, 라벨에 주은 것임을 밝힌다. 지면에 떨어진 착생식물을 채집했을 경우에는 어떤 나무에서 떨어진 것인지를 반드시 확인하여 기주를 밝힌다.

② 수관이 높은 지역에서 고지가위만으로는 착생식물을 채집하는 데는 한계가 있으므로 나무에 올라가서 표본을 채집하기도 한다(채집 시에는 안전에 유의한다).

(5) 복제표본(Duplicates) 확보

① 모든 채집물은 복제표본을 확보하도록 한다.

② 복제표본의 채집량은 다른 기관과의 교환과 표본 건조능력을 고려한다.

③ 특별한 목적이 있을 경우는 그 양을 조절할 수 있다.

④ 복제표본의 수가 늘어나면 건조와 표본정리에 소요되는 시간과 노력이 3배, 4배로 증가하는 것이므로 특히 인력과 건조능력을 반드시 고려하여야 한다.

⑤ 압화작품에 이용하기 위한 경우 채집물의 양을 늘려 복제표본의 수를 증가시킨다. 단, 건조와 표본정리를 명확하게 한다.

(6) 채집번호 작성

① 모든 채집표본은 채집번호를 매겨야 한다.

② 채집표본(복제표본)은 한 식물체에서 여러 개를 잘라내거나 작은 식물일 경우 동일장소, 동일개체군, 동일채집자, 동일시간에 채집한 것이므로 이들 채집물에 같은 채집번호를 부여한다.

③ 채집번호는 같은 번호를 결코 재사용하지 않으며 동일 개체의 목본식물에서 꽃과 열매를 다른 시기에 채집하였다 하더라도 다른 번호를 부여한다. 다만 서로 교차확인(cross-check)이 가능하도록 라벨에 기록해 둔다.

④ 채집번호에 채집년도를 표기하여 연대순이나 날짜별, 지역별로 구분하여 사용하는 것은 혼동을 줄 수 있어 바람직하지 않으며, 나중에 표본을 확인하고 라벨제작 등의 작업을 할 때도 불편하다.

⑤ 번호를 부여할 때는 꼬리표에 연필로 써서 채집표본별로 첨부하고 표본을 누를 때 신문지에도 기입한다.

⑥ 비닐봉지에 채집품을 따로따로 구분하여 보관하였다가 누를 때 각 비닐봉지별로 채집번호를 붙여나가는 것이 편리하다. 또, 채집할 때 비닐봉지에 GPS 위치좌표와 일련번호를 기록했다가 누를 때 이를 신문지와 야장에 정리하면 라벨을 만들 때 많은 시간과 노력을 덜 수 있다.

(7) 채집정보 기록

1) 필수 기록 사항

① 채집지 정보
  ㉠ 행정구역 정보
  ㉡ 주요 이정표로부터의 거리 및 방향(m 또는 ㎞, 동서남북 정보 등)
  ㉢ 생육지 및 식생 정보
  ㉣ 위경도 정보
  ㉤ 채집날짜

② 각 채집품별 기록 정보
  ㉠ 식물의 특징(교목, 관목, 덩굴 등, 꽃 및 열매의 색깔, 특이사항 등)
  ㉡ 생육지 정보(냇가 주변, 바위 위 등)

채집지 정보기록 (예시)		
채집번호		
채집날짜		
종명		
장소		
주변 환경		
GPS	N	
	E	
해발고도		

2) 상세정보(Full data)

① 채집 장소

㉠ 좌표를 포함하여 가능한 자세하게 기록한다. 경위도선이 그어진 지도를 복사하여 채집장소를 표시하여 첨부하기도 한다.

㉡ 채집지의 정확한 위치를 지리좌표로 기록하기 위하여 GPS를 이용한다. 채집지의 지리좌표 자료는 GIS와 연결하여 분포지 환경분석 등에 유용하게 이용될 수 있으므로 표본을 채집할 때는 필수적으로 확보해야 할 사항이다. 현재 휴대가 간편한 고성능 기종이 많이 판매되고 있으며 다른 컴퓨터로 바로 연결되어 입력될 수 있어서 매우 편리하고 효과적이다.

② 생육지 및 생태

㉠ 식생과 동시 출현종, 생육형 등

㉡ 출현빈도(무리 혹은 개체)

㉢ 채집집단의 특이한 변이현상

㉣ 생장특성(교목, 관목, 초본, 덩굴, 착생식물 등)

③ 지하부

㉠ 주근, 세근, 괴근

㉡ 잘려진 부분의 냄새

㉢ 근경이 발달하는지와 길이, 마디의 간격, 싹의 간격 등을 기록

㉣ 인경, 구경, 괴근의 크기와 형태

④ 줄기 및 가지

㉠ 높이, 흉고직경(DBH)

㉡ 지하고의 높이, 버팀뿌리(buttress) 유무

㉢ 수피색, 질감, 두께, 피목의 색

㉣ 목재의 강도, 색, 나뭇결

㉤ 수액의 색, 냄새, 점도 및 기타 특징

㉥ 횡단면의 모양

㉦ 절간 간격

㉧ 가시 등의 유무

⑤ 잎

㉠ 낙엽성 혹은 상록성 여부

㉡ 질감, 색, 냄새, 반짝거림, 분백색 유무

㉢ 분비액 유무

㉣ 잎의 방향(늘어짐, 수평, 상향)

㉤ 잎이 크거나 복엽일 때 전체를 묘사하거나 혹은 삽화로 그려 첨부

㉥ 이형엽이 있을 때 이를 기록

⑥ 화서

㉠ 분비액의 유무

㉡ 화서가 줄기 혹은 가지에서 발생하는지의 여부

㉢ 화서축의 색

⑦ 꽃

㉠ 단성화, 자웅이주 혹은 이화주성 등의 여부

㉡ 냄새

㉢ 색, 질감

㉣ 꽃받침 색, 질감

㉤ 분비액, 밀선

㉥ 습성(오전에만 피고 오후에 짐, 밤에만 핌)

㉦ 수분(pollination)과 관련된 정보

⑧ 열매 혹은 종자

㉠ 냄새

㉡ 색, 질감

㉢ 크기, 모양

㉣ 종피색, 질감

㉤ 종자색, 질감

㉥ 산포방식(동물, 바람, 물)

⑨ 향명* : 정확한 철자를 알 수 없을 때는 발음기호로 기록하고, 그 이름이 그 식물을 지칭하는 것인지를 현지인에게 반복적으로 확인하여 작성한다.

TIP 향명 : 예전부터 민간에서 불러온 이름

⑩ 용도 : 용도가 있으면 기록하고 이것이 확실한 정보인지, 정보의 출처 등을 확인하여 기록한다.

(8) 분류군별 채집요령

① 식물의 뿌리가 상하지 않도록 식물에서 좀 떨어진 곳을 파서 캔다.

② 종이테이프에 식물의 이름과 채집장소 등을 적는다.

③ 그 테이프를 식물에서 떨어지지 않도록 단단히 매 놓는다.

④ 채집통에 넣는다.

⑤ 꽃잎이 흩어지기 쉽거나 잎이 오므라드는 것은 채집통에 넣지 말고 신문지에 끼워 채집책에 넣어 온다.

① 식물에서 좀 떨어진 곳을 파서 캔다.

② 식물을 채집한다.

③ 지퍼팩 혹은 채집통에 담은 후 식물명을 기입한다.

① 식물에서 좀 떨어진 곳을 파서 캔다.

② 식물을 채집한다.

③ 지퍼팩 혹은 채집통에 담은 후 식물명을 기입한다.

● 식물 채집 방법(박은진)

1) 쥐꼬리망초과(Acanthaceae)

① 열매와 종자는 종이봉투에 채집하고, 일부 꽃은 채집 후 절단하여 따로 건조한다.

② 압화에서는 열매와 종자보다는 피토니아(*Fittonia*)의 원예종인 피토니아 레드스타(*F.* 'Red Star') 등은 잎의 무늬가 관상가치가 있어 주로 잎과 꽃을 위주로 채집, 건조하여 사용한다.

③ 예 : 쥐꼬리망초(*Justicia procumbens*), 방울꽃(*Strobilanthes oligantha*), 아펠란드라(*Aphelandra squarrosa*), 피토니아(*Fittonia*), 크로산드라(*Crossandra infundibuliformis*), 아칸투스(*Acanthus mollis*) 등

아펠란드라

피토니아

크로산드라

2) 두릅나무과(Araliaceae)

① 주로 어린 잎을 포함하여 채집한다.

② 예 : 송악(*Hedera rhombea*), 오갈피나무(*Eleutherococcus sessiliflorus*), 두릅나무(*Aralia elata*), 음나무(*Kalopanax septemlobus*), 팔손이나무(*Fatsia japonica*) 등

송악

음나무

팔손이

3) 쥐방울덩굴과(Aristolochiaceae)

① 압화에서 많이 사용하는 과는 아니지만 사용하고자 하는 경우 채집 후 절단하여 건조한다. 일부 화서는 줄기에서 난다.

② 꽃은 주로 액침표본으로 제작한다.

③ 예 : 쥐방울덩굴(*Aristolochia contorta*), 족도리풀(*Asarum sieboldii*) 등

족도리풀

4) 박주가리과(Asclepiadaceae)

박주가리

① 괴경(덩이줄기)을 캐서 채집한다.

② 열매가 건조되는 과정에서 껍질이 터지면서 종자가 떨어져 나가므로 이를 방지하기 위하여 실을 이용하여 묶어 놓는다.

③ 식물체를 자르면 흰 유액이 나며 이 유액은 독성분이 들어 있으므로 채집 시 주의한다.

④ 예 : 박주가리(*Metaplexis japonica*), 왜박주가리(*Tylophora floribunda*), 큰조롱(*Cynanchum wilfordii*), 산해박(*Cynanchum paniculatum*), 풍선초(*Asclepias fruticosa*) 등

5) 봉선화과(Balsamninaceae)

① 꽃은 채집하여 펼쳐서 누른다.

② 표본의 경우에는 꽃은 액침으로 제작하고, 종자는 종이봉투에 담아 놓는다.

③ 예 : 봉선화(*Impatiens balsamina*), 물봉선(*I. textori*), 흰물봉선(*I. textori* var. *koreana*), 노랑물봉선(*I. noli-tangere*) 등

봉선화

물봉선

노랑물봉선

6) 능소화과(Bignoniaceae)

① 꽃을 잘라 전개하여 누른다.

② 예 : 능소화(*Campsis grandiflora*), 개오동나무(*Catalpa ovata*) 등

능소화

7) 선인장과(Cactaceae)

① 선인장의 구조가 잘 보전될 수 있도록 선인장의 꽃, 열매 그리고 전체 줄기(일부 키가 작은 종의 경우)를 액침으로 보관하는 것이 가장 좋다.

② 적절한 처리 전까지 건조를 지연시킨 후 모양에 따라 줄기는 모양과 주름의 숫자가 잘 보이도록 적당히 절개할 필요가 있으며, 다육성의 유조직은 칼 혹은 조각칼로 긁어낸다. 전자레인지에서 잠깐 가열하게 되면 조직 세포의 액포를 파괴해 건조를 더욱 촉진하게 한다.

③ 남아 있는 외부조직과 목부 등은 판지 사이에서 건조가 가능하며(흡습지나 얇은 종이는 필요하지 않다), 판지는 알루미늄 골판으로 분리하여 뜨거운 환풍건조기(통상적인 건조 온도보다 높은) 내에서 단단히 조인 야책 또는 소량인 경우 프레스보드(압판)를 사용하여 건조한다.

④ 선인장은 부드러운 사포로 식물 뒷면 표피를 밀어서 수분을 흡습지와 휴지를 이용하여 제거한 뒤 야책과 압판을 이용하여 누름건조한다(같은 방법으로 다육식물, 잎이 두꺼운 관엽식물에 이용한다. – 아이비, 안스리움, 필로덴드론 등).

⑤ 열대지방에서 온도조절이 되지 않는 표본관에 보관해야 하는 소금건조방식*으로 제작된 표본은 습도가 높은 열대에서 흡습성이 있고 저장기간 동안 축축해질 수 있다. 그러나, 소금에 절인 표본은 곤충으로부터의 공격에는 잘 보존된다.

⑥ 예 : 게발선인장(*Schlumbergera*), 크리스마스캑터스(*S.* × *buckleyi*), 나무선인장(*Peireskia aculeata*) 등

TIP 소금건조방식 : 절개된 선인장 줄기에 많은 양의 식용소금을 뿌리면 식물체의 숨이 죽는 탈수 과정(24시간)을 거친 후, 건조매트와 흡습지 사이에 끼워 건조한다. 단, 소금건조방식에 사용한 건조매트와 흡습지는 재사용하지 않는다. 소금건조방식을 이용한 제품과 다른 채집제품과는 분리하는 것이 가장 바람직하다.

게발선인장

비모란선인장

오푼티아

8) 닭의장풀과(Commelinaceae)

① 하루 중 개화시간은 매우 짧다.

② 꽃이 개화하는 시간을 기록하여 채집에 이용한다.

③ 꽃밥의 색깔을 기록한다.

④ 꽃은 조심스럽게 건조 작업을 하고 열매, 뿌리를 채집하여 제작한다.

⑤ 예 : 닭의장풀(*Commelina communis*), 덩굴닭의장풀(*Streptolirion volubile*), 자주달개비(*Tradescantia reflexa*) 등

닭의장풀

자주달개비

9) 국화과(Compositae)

① 개화 단계와 종자 성숙 단계의 두상화*를 채집하여 두상화의 앞뒤가 모두 보이도록 누른다.

② 지하부도 채집한다.

③ 예 : 떡쑥(*Gnaphalium affine*), 풀솜나물(*G. japonicum*), 솜다리(*Leontopodium coreanum*), 왜솜다리(*L. japonicum*), 코스모스(*Cosmos bipinnatus*), 수레국화(*Centaurea cyanus*), 백일홍(*Zinnia elegans*), 아프리칸메리골드(*Tagetes erecta*), 해바라기(*Helianthus annuus*), 국화(*Chrysanthemum morifolium*), 엉겅퀴(*Cirsium japonicum* var. *maackii*), 수리취(*Synurus deltoides*), 마가렛(*Argyranthemum frutescens*), 샤스타데이지(*Leucanthemum x superbum*), 백묘국(*Jacobaea maritima*), 솔나물(*Galium verum* var. *asiaticum*), 솜나물(*Leibnitzia anandria*), 서양민들레(*Taraxacum officinale*) 등

TIP 두상화(頭狀花) : 꽃대 끝에 많은 작은 꽃이 모여 피어 머리 모양을 이룬 꽃으로 국화, 민들레가 대표적이다.

두상화서(頭狀花序, 두상꽃차례) : 여러 꽃이 꽃대 끝에 모여 머리 모양을 이루어 한 송이의 꽃처럼 보이는 꽃으로 주로 국화과 식물의 꽃들이 많다.

코스모스

수레국화

백일홍

10) 소나무과(Coniferae)

① 기존의 많은 분류군이 전통적인 압착건조 방식으로 쉽게 건조되지만, 일부 종은 건조 시 부서지는 경향이 있다.

② 가문비나무속(*Picea*)과 솔송나무속(*Tsuga*)의 잎들은 잘 떨어지고, 전나무속(*Abies*)과 아라우카리아 및 개잎깔나무속(*Cedrus*)의 자성구화*가 건조 시 잘 부서지며 대부분의 종에서 웅성구화수*도 잘 부서진다. 이런 식물은 70% 알코올에 채집 즉시 담근 후에 50%의 글리세롤, 물 혼합용액에 바로 담근다. 구과*는 분리시켜 같이 누르지 않는다.

③ 처리된 표본은 물로 씻어 일반적인 방법으로 건조시키며, 과분(果粉 : glaucescence)이나 왁스와 같이 알코올에 용해되는 물질을 보존하기 위해서 일부 처리되지 않은 조각을 종이봉투에 기록하여 보관한다.

④ 예 : 소나무(*Pinus densiflora*), 잎갈나무(*Larix gmelinii* var. *principisruprechtii*), 전나무(*Abies holophylla*), 솔송나무(*Tsuga sieboldii*) 등

TIP 자성구화(雌性毬花) : 수술이 없고 암술만 있는 꽃
웅성구화수((雄性毬花穗) : 포자낭과 화분낭이 만들어진 숫꽃
구과(毬果) : 소나무과 식물의 열매를 이르는 말로 흔히 솔방울을 말한다.

소나무

잎갈나무

전나무

11) 메꽃과(Convolvulaceae)

① 꽃을 절개하고, 열매는 익기 전 · 후(열매의 갈라지는지 여부)와 괴경을 채집하여 작업한다.

② 예 : 메꽃(*Calystegia sepium* var. *japonicum*), 나팔꽃(*Pharbitis nil*), 미국나팔꽃(*Ipomoea hederacea*), 둥근잎유홍초(*Quamoclit angulata*), 유홍초(*Q. pennata*) 등

메꽃

나팔꽃

둥근잎유홍초

12) 박과(Cucurbitaceae)

① 일반적으로 자웅동주의 단성화이나 일부 자웅이주이다. 따라서, 관련된 암꽃과 수꽃을 동시에 채집하면 매우 유용하다. 즙이 많은 과실은 건조가 잘 되지 않으므로 주의를 기울여 작업한다.

② 예 : 호박(*Cucurbita moschata*), 여주(*Momordica charantia*), 참외(*Cucumis melo* var. *makuwa*), 멜론(Melon) 등

호박

참외

멜론

13) 사초과(Cyperaceae)

① 성숙한 열매(일부는 종자봉투에 담음)와 지하부를 채집한다.

② 어린 화서는 자료로서의 가치는 없으나 압화작품에 응용하여 사용은 가능하기 때문에 채집하여 작업한다.

③ 예 : 파피루스(*Cyperus papyrus*), 종이방동사니(*C. alternifolius*), 바랭이사초(*Carex incisa*) 등

방동사니시페루스

14) 마과(Dioscoreaceae)

① 수꽃 및 암꽃 화서, 측아를 채집한다.

② 덩굴(잎의 크기 차이를 볼 수 있게)과 괴경은 조심스럽게 채집하고, 열매와 종자도 건조 작업한다.

③ 예 : 마(*Dioscorea batatas*), 도꼬로마(*D. tokoro*), 부채마(*D. nipponica*) 등

15) 감나무과(Ebenaceae)

① 자웅이주로 숫나무와 암나무 모두를 채집하고, 성숙한 열매를 꽃받침이 붙은 상태에서 채집하여 작업한다.

② 예 : 감나무(*Diospyros kaki*), 고욤나무(*Diospyros lotus*) 등

16) 다육성 종

① 건조표본을 만들기 위해서 가솔린 혹은 액침용액으로 재빨리 식물체의 숨을 죽이고 야책으로 눌러서 건조한다. 며칠 후 부드러워진 줄기는 길이 방향으로 절개할 수 있게 된다.

② 식물에서 나온 유액이 얼굴이나 피부 또는 칼, 표본의 다른 조직에 묻는 것에 주의를 기울여 작업한다.

③ 예 : 에케베리아속(*Echeveria*), 아가베속(*Agave*), 스타펠리아속(*Stapelia*), 유포르비아속(*Euphorbia*) 등

에케베리아속

설악초

꽃기린

17) 겨우살이과(Loranthaceae)

① 결실 중인 겨우살이를 채집하여 잎이 떨어지지 않도록 식물체의 숨을 죽이고 빨리 건조한다.

② 예 : 겨우살이(*Viscum album var. coloratum*), 동백나무겨우살이(*Korthalsella japonica*) 등

겨우살이

18) 수련과(Nymphaceae)

① 생육지에 따라 꽃의 크기에 차이가 있다.

② 꽃, 잎, 성숙한 열매를 채취하여 작업한다.

③ 예 : 수련(*Nymphaea tetragona*), 각시수련(*N. tetragona* var. *minima*), 연꽃(*Nelumbo nucifera*) 등

수련

연꽃

19) 난초과(Orchidaceae)

① 꽃은 화병을 잘라내고, 두꺼운 가인경(pseudobulb, 가짜 비늘줄기)과 지상형 난초과식물의 괴경(덩이줄기)은 길이 방향으로 절개하여 채집하여 누름건조한다.

② 예 : 보춘화(*Cymbidium goeringii*), 심비디움속(*Cymbidium*), 덴드로비움속(*Dendrobium*), 팔레놉시스속(*Phalaenopsis*), 온시디움속(*Oncidium*), 자란(*Bletilla striata*) 등

보춘화

심비디움

덴드로비움

20) 미나리아재비과(Ranunculaceae)

① 꽃, 꽃받침, 줄기, 잎, 열매 등을 채집한다.

② 예 : 개구리자리(*R. sceleratus*), 개구리발톱(*Semiaquilegia adoxoides*), 꿩의다리(*Thalictrum aquilegifolium* var. *sibiricum*), 연잎꿩의다리(*T. coreanum*), 노루귀(*Hepatica asiatica*), 눈빛승마(*Cimicifuga dahurica*), 동의나물(*Caltha palustris*), 미나리아재비(*Ranunculus japonicus*),

라넌큘러스(*R. asiaticus*), 복수초(*Adonis amurensis*), 애기복수초(*A. amurensis* subsp. *nanus*), 사위질빵(*Clematis apiifolia*), 으아리(*C. terniflora* var. *mandshurica*), 큰꽃으아리(*C. patens*), 할미꽃(*Pulsatilla koreana*), 바람꽃(*Anemone narcissiflora*), 아네모네(*A. coronaria*), 흑종초(*Nigella damascena*), 작약(*Paeonia lactiflora*), 모란(*P. suffruticosa*) 등

동의나물

복수초

작약

21) 장미과(Rosaceae)

① 꽃, 영양지와 생식지의 잎, 열매를 따로 채집한다.

② 예 : 딱지꽃(*Potentilla chinensis*), 장미(*Rosa* spp.), 찔레꽃(*Rosa multiflora*), 조팝나무(*Spiraea prunifolia* var. *simpliciflora*), 공조팝나무(*S. cantoniensis*), 딸기(*Fragaria* spp.), 뱀딸기(*Duchesnea chrysantha*), 사과나무(*Malus pumila*), 왕벚나무(*Prunus yedoensis*), 매실나무(*Prunus mume*), 황매화(*Kerria japonica*), 죽단화(*K. japonica* f. *pleniflora*), 짚신나물(*Agrimonia pilosa*) 등

장미

찔레

죽단화

22) 꼭두서니과(Rubiaceae)

① 성숙한 탁엽*과 어린 탁엽, 열매를 채집한다.

② 예 : 꼭두서니(*Rubia akane*), 치자나무(*Gardenia jasminoides* for. *grandiflora*), 커피나무(*Coffea arabica*), 계요등(*Paederia scandens*) 등

TIP 탁엽(托葉)

- 잎자루 밑에 붙은 한 쌍의 작은 잎으로 어린 눈과 잎을 보호하는 역할을 한다.
- 주로 쌍자엽식물(雙子葉植物, 쌍떡잎식물)에서 볼 수 있다.
- 종에 따라 외부 형태, 조직 구조, 발생 위치, 수 따위가 다르다.
- 엽탁 또는 턱잎으로 불리기도 한다.

치자나무

커피나무

계요등

23) 현삼과(Scrophulariaceae)

① 검은색으로 변하는 경향이 있으므로 건조에 주의하며, 꽃색은 기록해 둔다.

② 예 : 금어초(*Antirrihnum majus*), 애기금어초(리나리아, *Linaria bipartita*), 나도송이풀(*Phtheirospermum japonicum*), 들깨풀(*Mosla punctulata*), 새며느리밥풀(*Melampyrum setaceum* var. *nakaianum*) 등

금어초

애기금어초

24) 산형과(Umbelliferae)

① 꽃과 잎, 성숙한 열매와 가능하면 근생엽*과 지하부도 채집한다.

② 예 : 강활(*Angelica koreana*), 고본(*A. tenuissima*), 참당귀(*A. gigas*), 왜당귀(*A. acutiloba*), 솔잎미나리(*Apium leptophyllum*), 어수리(*Heracleum moellendorffii*), 당근(*Daucus carota* var. *sativa*), 시호(*Bupleurum falcatum*), 등대시호(*B. euphorbioides*), 회향(*Foeniculum vulgare*) 등

TIP 근생엽(根生葉) : 뿌리나 땅속줄기에서 돋아 땅 위로 나온 잎. 즉, 뿌리잎을 말한다. 주로 고사리, 연꽃, 봄맞이꽃 등에서 볼 수 있다.

25) 쐐기풀과(Urticaceae)

수박필레아

① 찌르는 자모(刺毛)*에 주의하며 성숙한 열매, 줄기의 기부와 뿌리를 채집한다.

② 예 : 큰쐐기풀(*Girardinia cuspidata*), 가는잎쐐기풀(*Urtica angustifolia*), 모시풀(*Boehmeria nivea*), 개모시풀(*B. platanifolia*), 좀깨잎나무(*B. spicata*), 거북꼬리(*B. tricuspis*), 수박필레아(*Pilea cadierei*) 등

TIP 자모(刺毛) : 식물의 표피에 있는 털(용모)의 하나로 끝은 견고하고, 손으로 만지면 털끝이 부러지면서 독액을 내는 것도 있다. 쐐기풀의 가시 따위가 있다.

26) 생강과(Zingiberaceae)

꽃생강

① 주로 지하부를 채집한다.

② 꽃과 열매의 채집 가능 기간이 짧다.

③ 예 : 꽃생강(*Hedychium coronarium* J. Konig), 꽃양하(*Alpinia japonica* Miq), 생강(*Zingiber officinale* Roscoe)

27) 석죽과(Caryophyllaceae)

① 홑꽃인 경우에는 꽃과 줄기, 잎 전체를 채집한다.

② 겹꽃인 경우에는 꽃잎을 각각 분리하여 건조 후 조립한다.

③ 예 : 석죽(패랭이꽃, *Dianthus chinensis*), 카네이션(*D. caryophyllus*), 수염패랭이꽃(*D. barbatus* var. *japonicus*), 구름패랭이꽃(*D. superbus* var. *alpestris*), 별꽃(*Stellaria media*), 달맞이장구채(*Silene latifolia* subsp. *alba*), 양장구채(*S. gallica*), 끈끈이대나물(*S. armeria*), 흰장구채(*S. oliganthella*), 벼룩나물(*Stellaria alsine* var. *undulata*) 등

패랭이꽃

카네이션

끈끈이대나물

28) 꿀풀과(Labiatae)

① 꽃, 줄기, 잎 등을 채집한다.

② 예 : 꿀풀(*Prunella vulgaris* var. *lilacina*), 광대나물(*Lamium amplexicaule*), 개박하(*Nepeta cataria*), 꽃향유(*Elsholtzia splendens*), 박하(*Mentha arvensis* var. *piperascens*), 배초향(*Agastache rugosa*), 석잠풀(*Stachys japonica*), 익모초(*Leonurus japonicus*), 송장풀(*Leonurus macranthus*), 참골무꽃(*Scutellaria strigillosa*), 황금(*S. baicalensis*) 등

꿀풀

꽃향유

익모초

29) 백합과(Liliaceae)

① 꽃, 줄기, 잎 등을 채집한다.

② 예 : 석산(꽃무릇, *Lycoris radiata*), 상사화(*L. squamigera*), 여로(*Veratrum maackii* var. *japonicum*), 박새(*V. oxysepalum*), 원추리(*Hemerocallis fulva*), 연영초(*Trillium kamtschaticum*), 무릇(*Scilla scilloides*), 맥문동(*Liriope platyphylla*), 나팔나리(*Lilium longiflorum*), 하늘나리(*L. concolor*), 땅나리(*L. callosum*), 참나리(*L. tigrinum*), 은방울꽃(*Convallaria keiskei*), 얼레지(*Erythronium japonicum*), 애기나리(*Disporum smilacinum*) 등

석산

원추리

맥문동

30) 콩과(Leguminosae)

① 꽃, 줄기, 잎 등을 채집한다.

② 예 : 갈퀴나물(*Vicia amoena*), 벌완두(*V. amurensis*), 갯완두(*Lathyrus japonicus*), 등나무(*Wisteria floribunda*), 도둑놈의갈고리(*Desmodium podocarpum* var. *oxyphyllum*), 돌콩(*Glycine soja*), 벌노랑이(*Lotus corniculatus* var. *japonicus*), 자주개자리(*Medicago sativa*), 자운영(*Astragalus sinensis*), 토끼풀(*Trifolium repens*), 붉은토끼풀(*T. pratense*), 노랑토끼풀(*T. campestre*), 자귀풀(*Aeschynomene indica*), 전동싸리(*Melilotus suaveolens*) 등

등나무

토끼풀

붉은토끼풀

(9) 채집식물의 정리 및 누르기(압착)

① 채집한 식물은 보통 신문지 사이에 넣어 정리하는데 이때 채집한 식물체가 너무 싱싱하면 잎이나 줄기를 배열할 때 오히려 불편하다. 단, 꽃의 경우는 시들면 누르기가 더 어려우므로 싱싱할 때 작업을 마무리하여 누름한다.

② 하루 동안 채집한 식물은 채집이 끝난 후 야간에 대략 누르고 다음날 오전 흡습지를 갈 때 다시 정리한다. 정리할 때는 다음과 같은 사항을 고려한다.

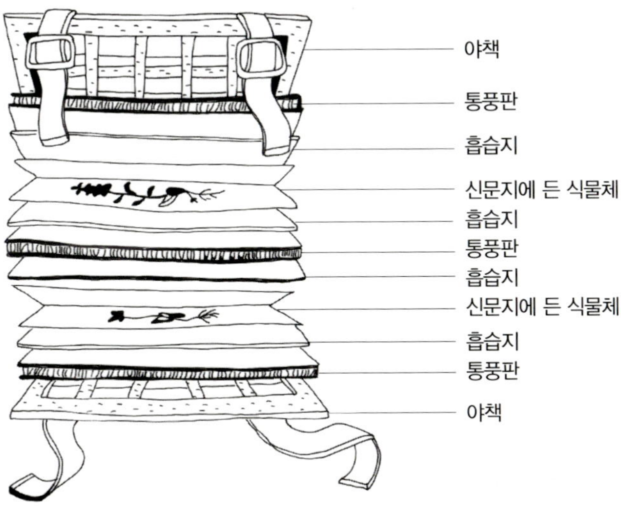

● 누르기 방법

㉠ 신문지 밖으로 튀어나온 부분은 잘라 내거나 접어 넣는다.

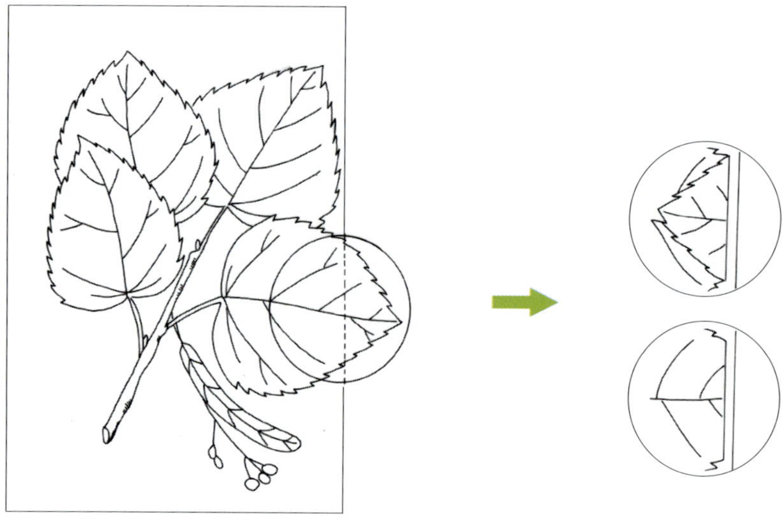

신문지 밖으로 튀어나온 부분 처리 요령

㉡ 잎이 접히거나 구겨진 것이 있을 때는 잘 펴준다.

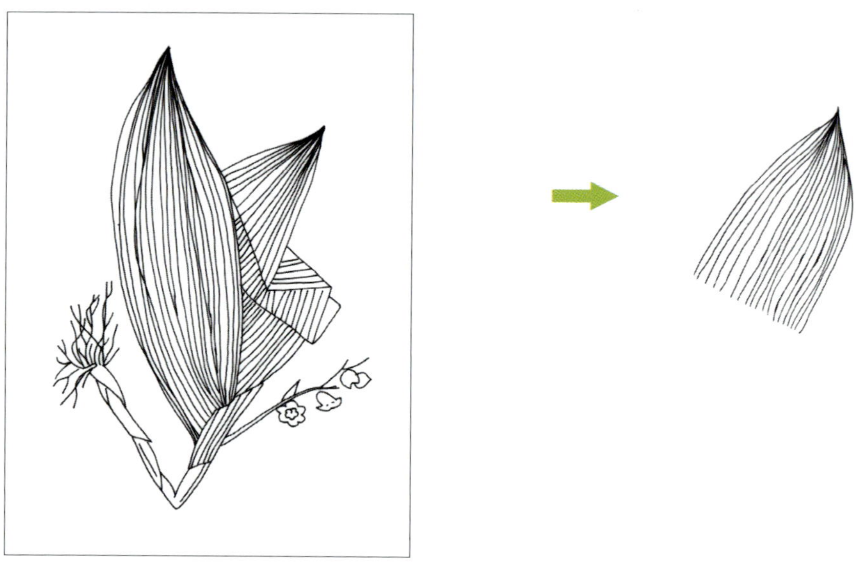

잎이 접히거나 구겨져 있을 경우 처리법

㉢ 잎이 너무 많을 때는 엽병 부분을 남기고 솎아낸다. 솎아낼 때는 큰 잎이나 작은 잎, 혹은 이형엽 등을 의도적으로 솎아내지 않도록 한다. 너무 무성할 때는 가지의 일부를 잘라냄으로써 밀도를 조절할 수 있다.

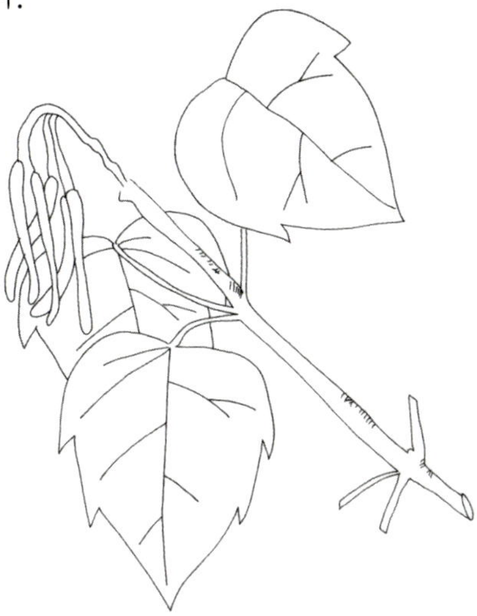

잎이 너무 많은 경우의 처리법

㉣ 줄기나 가지는 비스듬히 잘라서 속이 보이도록 한다. 이렇게 하면 골 속이 비었는지, 차있는지, 수의 모양은 어떠한지 확인할 수 있다.

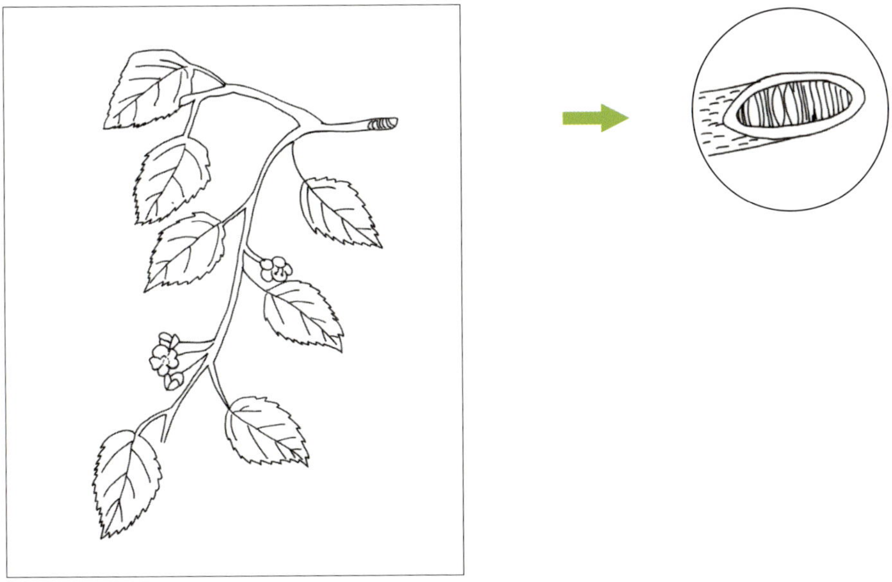

가지의 처리 요령

ⓜ 신문지를 벗어나는 큰 잎은 중륵*의 한쪽을 잘라 내거나 반으로 접어서 누르며, 상황에 따라 여러 부분으로 잘라 나누어 누른다.

TIP 중륵(中肋) : 잎의 한가운데를 세로로 통하고 있는 굵은 잎맥

표본 크기가 신문지를 넘는 경우

ⓑ 두껍거나 덩어리가 있는 표본, 또는 매우 연약한 부분은 종이를 뭉쳐 받쳐주면 힘이 고르게 분산되어 표본과 골판지 등이 휘어지는 것을 막을 수 있으나 표본에 주름이 질 우려가 있다. 따라서 세심한 주의가 필요하다.

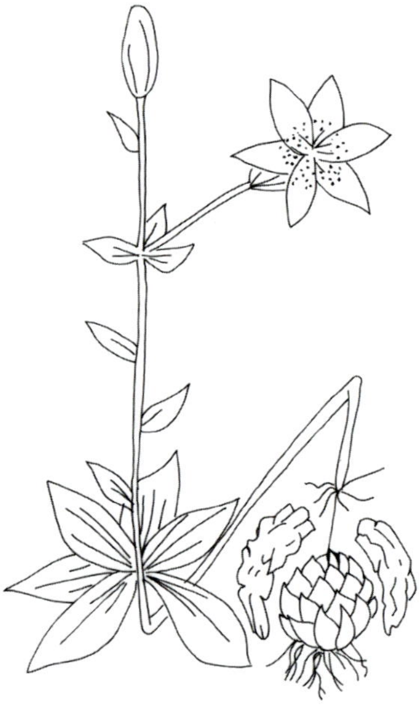

두꺼운 표본

ⓢ 살찐 줄기나 뿌리는 세로 방향으로 갈라서 말리고, 앞으로 튀어나온 가지는 잘라낸다. 혁질*의 잎은 잘 마르지 않으며 겹쳐져서 부패하는 경우가 있으므로 잎이 겹치면 사이에 흡습지나 종이를 끼워 말린다. 곰팡이가 생길 우려가 있으므로 흡습지를 자주 갈아준다.

TIP **혁질 : 가죽같이 질기고 단단한 성질**

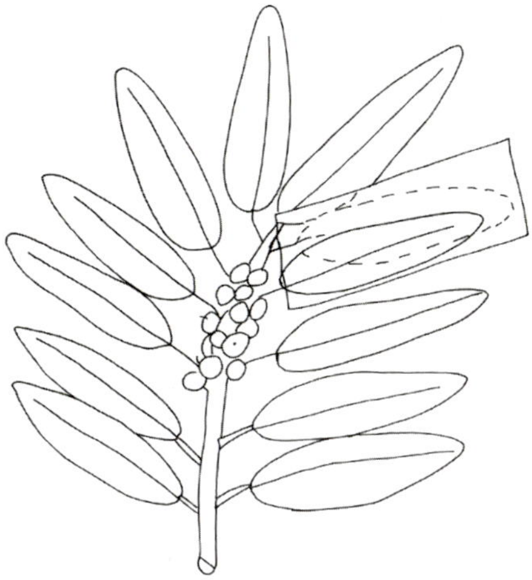

살찐 표본

ⓞ 표본이 끈적거리면 신문지를 사용하지 말고 천 등을 사용하여 누르면 표본 건조 후에 떼어내기 쉽다.

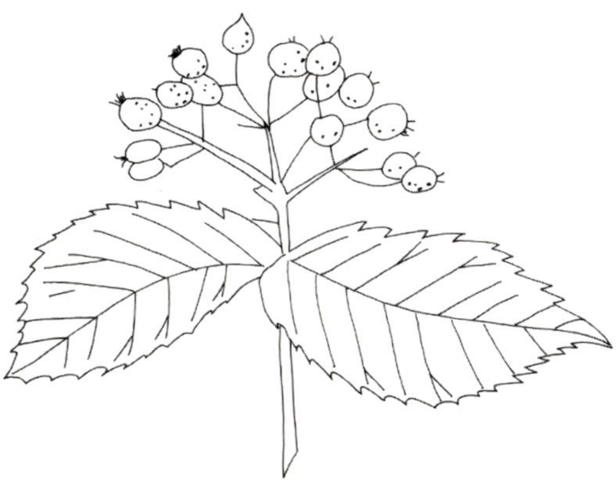

잘 배열된 표본의 예

ⓙ 표본은 모든 정보가 최대한 잘 보이도록 배열한다.

ⓒ 누를 때 잘못 누른 것은 대지작업 시 일부 수정이 가능한 경우도 있지만 처음 누를 때 제대로 누른 것만 못하다. 잘 누른 표본은 대지에 고정할 때 어떤 부분을 위로 할 것인가가 명백히 드러난다.

㉪ 잎은 겹치는 부분이 없도록 최대한 펼치고 최소한 한 장은 뒤집어 놓아 잎 뒷면이 보이도록 하며, 꽃도 여러 개가 있을 때는 앞뒤가 다 보이도록 배열하여 비교하여 볼 수 있게 한다.

잘 배열된 표본의 예

㉫ 긴 줄기는 대지 속에 들어가도록 접는다. 접힌 부분이 벌어져서 신문지 밖으로 튀어 나오면 고정지를 끼워 조정한다.

긴 줄기 처리 요령

ⓟ 여분의 꽃을 채집했으면 화장지 또는 박지(얇은 종이)에 싸서 건조매트 사이에 넣어 누르고 반으로 절개해 펼쳐 놓는다. 꽃의 종류에 따라 다르지만 얇은 꽃은 2~3일, 두꺼운 꽃은 4~5일 정도면 완성된다. 두꺼운 꽃, 수분이 많은 꽃은 도중에 압화시트를 갈아주면 더욱 아름답게 완성할 수 있다. 단, 너무 가벼운 누름은 작은 주름의 원인이 될 수도 있다.

ⓗ 여분의 열매가 있으면 횡단, 종단으로 잘라서 누르고 큰 열매는 얇게 저며서 따로 말린다.

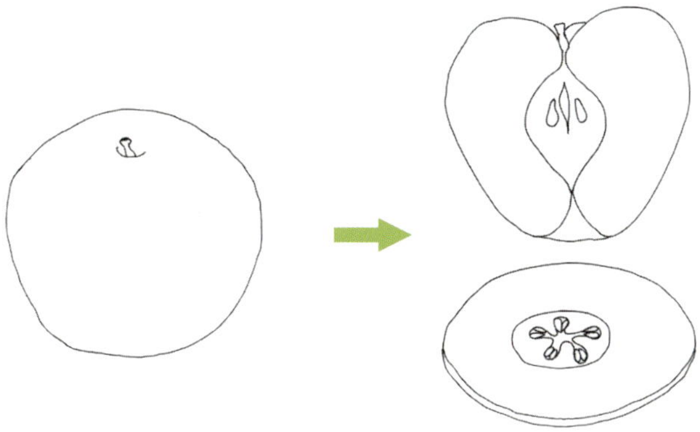

(10) 계절별 채집식물의 예

1) 봄

① 일조량의 상승으로 다양한 식물종이 나타나는 봄은 채집을 시작하는 계절이다.

② 동백, 산수유나무, 복수초, 너도바람꽃, 생강나무, 꽃다지, 개별꽃, 쑥, 조개나물, 쇠뜨기, 노린재나무, 꿩의밥, 금창초, 민들레, 제비꽃, 별꽃, 참꽃마리, 각시붓꽃, 청미래덩굴, 벚꽃, 큰애기나리, 둥굴레, 지칭개, 갯버들, 양지꽃, 앵초, 병꽃나무, 애기똥풀, 할미꽃, 얼레지, 솜방망이, 깽깽이풀, 노루귀, 진달래, 은방울꽃, 아카시아, 골무꽃, 큰괭이밥, 뱀딸기, 고사리, 미나리아재비, 철쭉꽃, 바람꽃, 애기봄맞이꽃, 뚝새풀, 조팝나무, 냉이꽃 등

동백

산수유

제비꽃

박영란 작품

조귀선 작품

2) 여름

① 다양한 식물종이 출현하는 계절로 많은 식물을 본격적으로 채집할 수 있는 계절이다.

② 여름은 강수량의 증가로 쉽게 상하여 곰팡이가 생기기 쉬운 계절로 건조에 특히 유의한다.

③ 침수식물*, 부엽식물*, 부유식물*, 정수식물* 등 수생식물(水生植物)을 채집할 수 있는 시기이기도 하다.

④ 엉겅퀴, 패랭이꽃, 나사말, 검정말, 통발, 수련, 노랑어리연꽃, 어리연꽃, 남개연, 개연, 마름, 개구리밥, 생이가래, 좁쌀풀, 노루오줌, 꼬리조팝나무, 부들, 갈대, 고랭이, 연, 마디풀, 여뀌, 며느리밑씻게, 금계국, 고삼, 박주가리, 타래난초, 깊신나물, 명아주, 원추리, 도랭이피, 까치수영, 강아지풀, 돌피, 털여뀌, 돌콩, 으아리, 사위질빵, 산초나무, 국수나무, 붉은토끼풀, 비름, 참으아리, 달개비, 도둑놈의갈쿠리, 토끼풀, 비수리, 고추나무, 물레나물, 바늘꽃, 솔나물, 칡, 마타리, 등골나물, 꽃며느리밥풀, 개모시풀, 익모초, 오이풀, 무릇, 질경이, 뚝갈, 옥수수, 띠, 개망초, 새, 갈퀴나물, 소리쟁이, 달맞이꽃, 꿀풀, 바랭이, 층층이꽃, 질경이, 꼭두선이, 이질풀 등

TIP 침수식물(沈水植物) : 식물체의 대부분이 물속에 잠겨 서식하는 검정말이, 물수세미, 통발류 등이 있다.

부엽식물(浮葉植物) : 물 밑에 뿌리를 내리고 수면에 떠서 부수엽을 발달시키는 종류로 연, 순채, 마름 등이 있다.

부유식물(浮遊植物) : 잎이나 식물체의 대부분이 수면에 떠 있는 식물군으로 뿌리가 없거나 아주 빈약한 뿌리를 갖는 개구리밥, 벌레먹이말 등이 있다.

정수식물(挺水植物) : 보통 수심이 낮은 수변부의 가장자리에 서식하는 식물로 식물체의 줄기 밑부분은 수면 아래쪽에 있고, 줄기 위쪽은 대기 중에 나와 있는 갈대, 부들, 물옥잠 등이 있다.

엉겅퀴

노루오줌

달맞이꽃

강희숙 작품

김유진 작품

3) 가을

① 일조량이 감소하면서 기온이 내려가는 계절로 종자를 채집하기 좋은 계절이다.

② 가을은 국화과식물을 많이 채집하여 건조할 수 있는 계절이다.

③ 국화, 산국, 가는쑥부쟁이, 플라타너스, 감나무, 은행나무, 단풍나무, 소나무, 상수리나무, 기름나물, 개여뀌, 여뀌, 바랭이, 달뿌리풀, 배향초, 솔채꽃, 물봉선, 노랑물봉선, 궁궁이, 짚신나물, 사위질빵, 고마리, 서양등골나물, 호박덩굴손, 미국가막살, 향유, 쑥, 수리취, 고들빼기, 그령, 수그령, 조개풀, 솔새, 억새, 방동사니, 딱취, 도라지, 미역취, 참취, 단풍취 등

산국

고마리

억새

조귀선 작품

서경숙 작품

4) 겨울

① 추위와 함께 겨울은 동면(冬眠)의 계절로 꽃을 피우지 않는 식물(양치식물, 민꽃식물, 은화식물– 북한말)과 종자를 채집하기 좋다.

② 선태류, 가시나무, 동백나무, 까마귀나무, 백량금, 녹나무, 후박나무 등

동백

백량금

녹나무

유명희 작품

정아름성 작품

(11) 식물별 채집과 보관

1) 양치류의 채집과 보관

① 양치류

㉠ 양치류는 진정한 양치식물(고사리류)과 솔잎란속, 석송속, 물부추속, 쇠뜨기속, 구실사리속 등의 유사 양치류를 포함하는 용어이다.

㉡ 양치류 채집에서 가장 중요한 것은 생식기관 즉, 성숙한 포자를 확보하는 것이며, 분류군에 따라 포자낭이 달리는 위치가 차이가 있으므로 채집현장에서 대략적인 동정*을 하여 포자를 확인해야 한다.

㉢ 포자는 포자낭수*에 달리며, 포자낭수는 분류군별로 잎 뒤, 잎 끝, 줄기 끝, 엽액에 달리기도 하며 특수하게 변형된 잎(고비[*Osmunda*속])에 달리기도 한다.

양치식물 표본의 예
근경과 잎 간격을 확인할 수 있도록 한다.

㉣ 일반적으로 양치류의 잎은 앞뒤가 명확히 구분되므로 누르기가 훨씬 쉽다. 보통 양치류는 포자가 달린 잎 한 장만으로도 동정이 가능하지만 근경이 자라는 습성(기는지, 혹은 서는지)을 알 수 있도록 근경의 일부를 같이 채집한다. 또 근경을 덮고 있는 인편이나 털도 중요한 식별형질이므로 되도록이면 확보하는 것이 좋다. 처녀이끼 같은 양치류는 크기가 작아 잎의 크기가 몇 ㎝ 내외이지만 나무고사리(*Cytheaceae*) 같은 것은 잎 한 장이 수 m에 달하는 것도 있다.

㉤ 압화에서는 주로 양치류의 잎을 많이 사용한다.

TIP 동정 (Identification) : 기존에 수집된 표본이나 분류도감과 비교하여 알려지지 않은 식물의 정체를 결정하는 것이다.
포자낭수(胞子囊穗) : 포자낭이 밀집된 생물(식물) 생식기관이다. 주로 석송, 쇠뜨기 등에서 볼 수 있다.

고사리

양치류의 포자

쇠뜨기

ⓑ 양치류는 식물체의 크기별로 다음과 같은 방법으로 채집한다.

a. 소형 양치류

- 처녀이끼나 구실사리와 같이 크기가 작은 양치류는 대지를 채우기 위해 여러 개체가 필요하다. 또 대개 이런 식물은 무리지어 방석같이 자라거나 가는 근경이 서로 얽히기도 하고 여러 종류가 섞여 자라는 경우가 많다. 따라서 채집할 때 다른 종이 섞이지 않도록 주의해서 관찰하여야 하며 섞여서 자라는 경우라면 분리하여 채집한다.
- 실내에서 표본을 누를 때도 현미경 관찰을 통하여 두 종 이상이 섞여 있지 않은지 확인하는 과정이 필요하다. 식물체의 크기가 20㎝ 내외 정도인 우드풀*이나 부싯깃고사리* 등도 대지에 채우기 위해서는 2~3개체가 필요하다.

TIP **우드풀(*Woodsia polystichoides*) : 면마과의 여러해살이풀로 잎은 길이가 40㎝ 정도이고 뿌리줄기에서 뭉쳐나며 잎몸은 우상복엽으로 홀씨주머니는 잎 가장자리에 한 줄로 모여 달린다. 한국, 일본, 시베리아 등지에 분포한다.**

부싯깃고사리(*Cheilanthes argentea*): 고사릿과의 여러해살이풀로 뿌리줄기는 짧고 땅속에 가로 뻗어 있으며, 잎은 뭉쳐나고 깃 모양으로 깊게 갈라지며 뒷면은 흰색으로 마치 부싯깃의 색과 같다. 홀씨주머니는 잎 가장자리가 뒤로 말려 포막처럼 된 곳에 달린다. 산기슭의 바위, 성벽, 돌담 틈에 나는데 경기, 경상, 함경, 황해 등지에 분포한다.

b. 중형 양치류

- 보통 잎의 크기가 수십 ㎝에 달하며 대지 1~2장에 포함될 수 있는 크기의 양치류를 중형으로 구분한다. 중형의 양치류는 1~2장의 잎만으로도 표본을 만들 수 있으며 따라서 한 개체에서 여러 장의 복제표본을 확보할 수 있다. 중형 양치류는 대개 잎만을 채집하기 쉬우나 근경의 전부 혹은 일부를 채집하여 표본으로 만드는 것이 좋다.

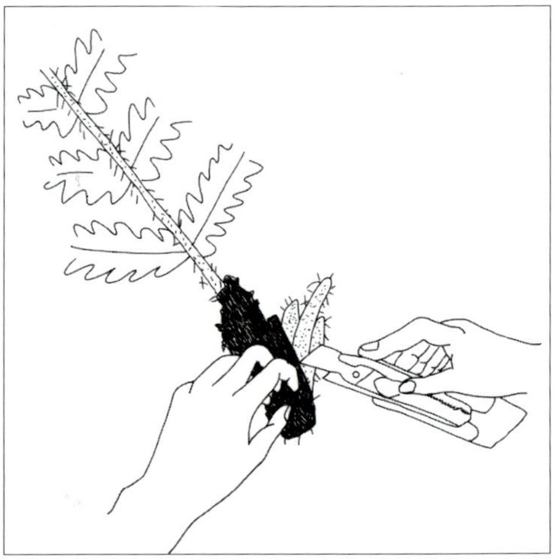

직립하는 양치류 근경의 처리법

- 근경이 옆으로 길게 자라는 것(예 넉줄고사리)은 잎 사이의 간격을 알 수 있을 정도로 충분한 길이의 근경을 채집한다. 관중처럼 직립하는 근경인 경우는 잎을 붙인 채로 근경을 세로로 절개해서 표본을 제작한다. 근경의 크기가 큰 것은 따로 말려 부속표본으로 보관할 수도 있다.

- 잎이 지나치게 긴 고사리는 잎을 접으면 딱딱한 줄기에 연약한 잎이 눌려 훼손되므로 반으로 잘라서 두 장으로 표본을 누르는 것이 좋고, 이때는 두 장 모두에게 동일한 채집번호를 붙인다.
- 잎이 넓어 대지에 들어가지 않는 것은 접거나 한쪽의 우편을 잘라내는데, 이때는 잘려진 우편의 위치를 확인할 수 있도록 밑부분을 남겨 놓아야 한다.

c. 대형 양치류

- 나무고사리(*Cytheaceae*) 종류는 잎의 크기가 수십 ㎝에서 큰 것은 수 m에 달한다. 이와 같은 대형의 양치류는 세 장의 대지에 포함될 정도라면 잎 전체를 나누어 누르고, 이보다 큰 경우는 일부분을 잘라 채집한다.
- 보통 잎의 끝부분이나 한 쌍의 우편만을 잘라 채집하는 경우가 많은데 이것만으로는 동정 시 불완전하므로 잎의 끝부분, 중간의 우편 한 쌍, 엽병의 기부를 채집하여 표본을 제작한다.
- 엽병의 기부를 채집하는 이유는 인편을 확보하기 위한 것이다. 복제표본은 같은 식물체의 동일한 잎에서 제작해야 하고, 잎 전체를 표본으로 하는 경우라면 동일 개체의 잎을 복제표본으로 채집한다.

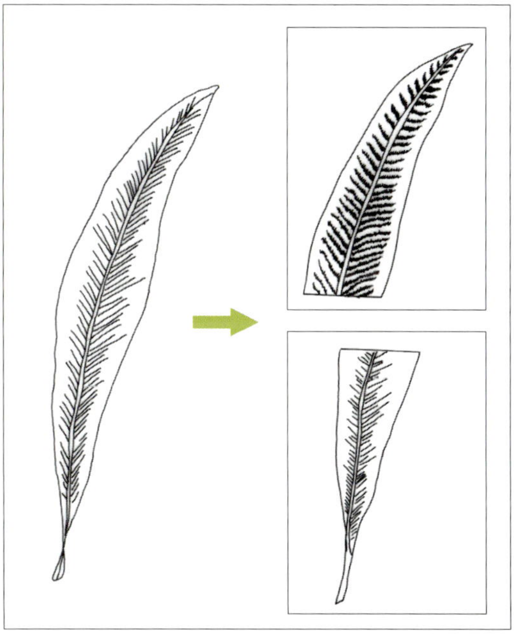

양치식물 잎의 표본제작요령

- 대형 양치류도 근경을 확보하는 것이 좋다. 기는 근경의 절간이 너무 길어 대지에 올리기 어려운 경우는 채집현장에서 잎 사이의 거리를 재어 야장에 기록한다.
- 직립하는 근경은 엽병의 기부를 도려내어 인편을 확보해야 하며, 성숙한 근경에서 인편이 확인되지 않은 경우는 근경의 선단, 즉 어린 부분을 채집해야 한다. 잎에 붙은 털이나 인편을 채집하기 위해서는 어린 잎을 채집하는 것도 좋은 방법이며, 잎의 모습을 명확하게 하기 위해 잎 전체를 나누어 여러 장의 표본으로 만들거나 잎 전체의 모습을 그림이나 사진으로 확보하는 방법도 있다.
- 채집에서 비교적 흔한 종의 나무고사리는 줄기를 채집하는 것이 바람직한데 대개 줄기는 1㎝ 정도의 두께로 잘라 채집하고 긴 줄기를 통째로 따로 보관할 수도 있다.

2) 조류 및 균류(지의류)의 채집과 보관

① 조류의 채집

㉠ 해조류

a. 조류는 주로 습지나 물속에서 자라지만 건조지대에 적응하여 사는 종류도 있다. 해조류는 조수가 드나드는 암석지, 물에 잠겨 있는 암석지에서 주로 자라며 녹조류, 갈조류, 홍조류 등으로 나누는데 형태와 크기의 변이가 다양하고 보존 · 관리에 어려움이 있다.

b. 밀물과 썰물 시간을 확인하여 가급적 썰물 때 작업을 하는 것이 안전하며 날씨도 고려해야 한다. 특히 바닷가에서의 작업은 주의가 필요하다.

c. 추운 지역에서는 장화를 신는 등 복장에도 주의해야 하며, 더운 지역이라 하더라도 신발을 신어 굴껍데기 등에 발이 다치지 않도록 조심한다.

d. 수심이 낮은 지역에서는 보통 스노클(snorkel)을 착용하여 탐색 · 채집하고 깊은 수역은 잠수장비를 활용하여 채집한다. 특히 심해로 잠수할 때는 안전에 유의해야 한다.

e. 채집할 때는 눈에 잘 보이는 식물보다 큰 식물 틈에 숨어 자라는 크기가 작은 종을 채집하는 것도 중요하다. 많은 종이 크기가 큰 다른 종의 잎, 줄기 혹은 뿌리 부분에 착생하여 자라거나 암석에 착생하므로 세심하게 살펴야 한다.

f. 표본이 건조하면 세포와 엽록체의 모양이 파괴되므로 가능한 채집 후 24시간 이내에 조사하는 것이 좋으며 조사할 때까지는 바닷물에 보관한다. 그러나 시간이 지체되면 썩기 쉬우므로 바로 건조시키는 것이 바람직하다.

● 사진(최창용)

녹조류(청각)

갈조류(곰피)

홍조류(꼬시래기)

㉡ 담조류

a. 담수에서는 맨손으로 채집하거나 스노클 등, 잠수장비를 활용하여 채집이 가능하며 깊은 물에서는 저인망을 활용할 수 있다.

b. 채집에 적당한 도구는 삽모양의 날이 바깥쪽으로 굽은 갈고리나 긴 손잡이가 달린 괭이 혹은 삽이 좋다. 물이 맑고 깊이가 낮은 곳에서는 바닥을 유리로 끼운 원형의 통이나 잠수 마스크를 이용하여 물속을 보면서 이와 같은 장비로 직접 채집한다.

c. 채집한 식물은 물에 잘 헹궈서 임시 라벨과 함께 비닐봉지에 넣어 저장한다. 대개 담수조류는 어둡고 시원한 장소에서 여러 날 보관할 수 있다.

d. 채집지에서 기록해야 할 정보는 수역(저수지, 웅덩이)의 크기와 형태 등의 서식지정보와 같이 자라는 식물, 서식하는 수심 등이다.

② 조류표본의 건조

㉠ 필요한 도구 : 얕은 접시, 젖은 상태에서도 강도를 유지할 수 있는 두꺼운 종이, 철망 혹은 플라스틱 받침, 얇은 모슬린*, 나일론 스타킹 또는 이와 비슷한 직물, 바늘, 핀셋, 붓과 연필, 야책, 건조지, 통풍판 등

TIP 모슬린 : 얇고 보드랍게 짠 모직물의 천

해초의 꿈(김선미 작품)

㉡ 건조 방법

a. 해조류를 누를 때는 대지에 연필로 관련 정보를 먼저 기입한다.

b. 대지는 철망에 올린 후 얕은 접시에 넣고 2/3 정도 바닷물을 담는다. 이 상태에서 대지 위에 식물을 띄우고 솔, 핀셋, 바늘 등으로 식물체를 잘 펼친 다음 대지와 표본을 잡고 한쪽에서부터 철망을 천천히 들어 올리면서 식물체가 흐트러지지 않게 조정한다.

c. 대지를 철망에서 들어내어 흡습지에 올려 건조한다(작업자에 따라서 어떤 사람은 대지 대신에 나일론 망사를 이용하기도 하는데 이것을 이용하면 물이 쉽게 빠지는 장점이 있다).

d. 대부분의 조류식물은 자체에서 분비되는 끈끈한 액으로 접착제 없이도 대지에 붙으며 오히려 다른 종이에 붙는 것을 방지하기 위해 모슬린 천 같은 것으로 덮어두어야 할 경우도 있다. 눌러진 표본을 모아 통풍판을 삽입하고 저온에서 빠른 시간 건조한다.

어항(신정옥 작품)

e. 식물 전체가 대지에서 완전히 떨어진 표본은 종이봉투에 넣어 보관한다.

f. 일부 담수식물은 자체 접착성이 없으므로 접착제를 이용하여 대지에 고정한다. 또 표본에 석회질의 외피가 생기는 수생식물은 외피가 파괴되지 않도록 주의해서 누름한다. 섬세하고 부스러지기 쉬운 식물은 종이캡슐에 넣거나 유산지를 이용하여 보호한다.

g. 석회질을 많이 함유하고 있는 산호류는 부스러지기 쉬우므로 누르지 않고 공기 중에서 자연 건조시킨다. 표면에 붙어 있는 이물질이나 동물은 붓으로 제거하고, 건조시킨 표본은 상자나 종이봉투에 넣어 보관한다.

h. 일반적으로 해조류는 곤충의 피해에는 강하지만 건조가 늦어지면 곰팡이가 발생할 우려가 있으므로 4% 포르말린 용액으로 처리하여 방제토록 한다.

i. 조류를 24시간 이상 생체상태로 보존해야 할 경우에는 중화 4% 포르말린 용액에 넣어 고정한다. 조합 비율은 40% 포름알데히드 용액과 물(혹은 바닷물)을 1: 9의 비율로 맞추고 표본에 피해를 줄 수 있는 formic acid의 생성을 막기 위해 용액을 중화시킨다. 중화처리는 붕사(borax)나 탄산칼슘(calcium carbonate)을 이용하고 표본이 부서지는 것을 방지하기 위해 글리세롤(glycerol)을 조금 첨가한다.

j. 담수조류는 건조하면 동정이 어려워지므로 포르말린 용액이나 70% 알코올을 이용하여 액침표본으로 제작 · 보관한다. 포르말린은 아세트산(acetic acid)이 식물체의 석회질구조를 용해시키므로 사용하지 않는다. 액침표본으로 제작한 것은 용액이 증발할 우려가 있으므로 정기적으로 점검하고 부족액을 채운다.

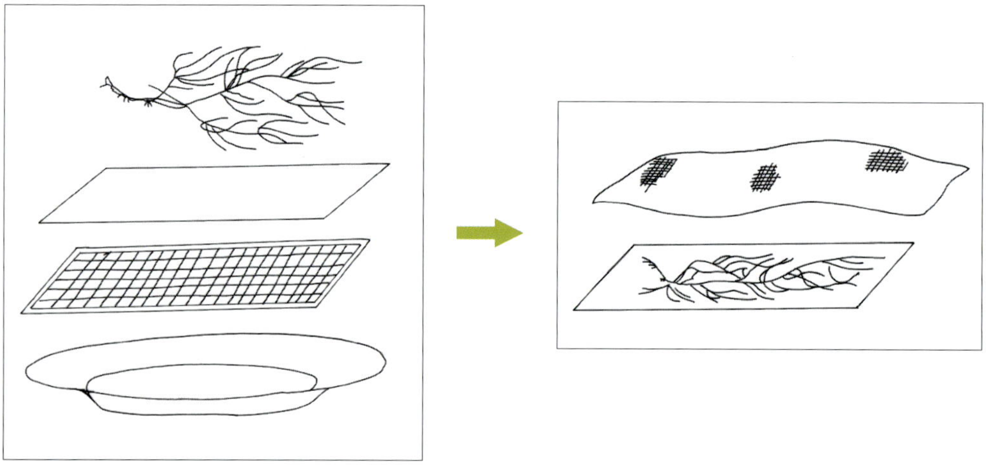

조류의 표본 제작 요령

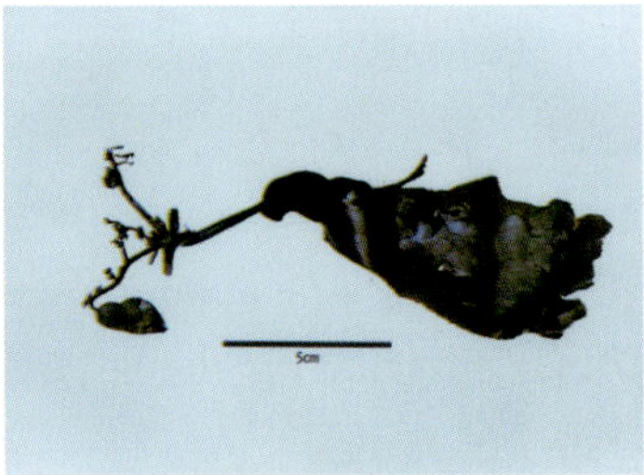

곰피
Ecklonia stolonifera Okamura

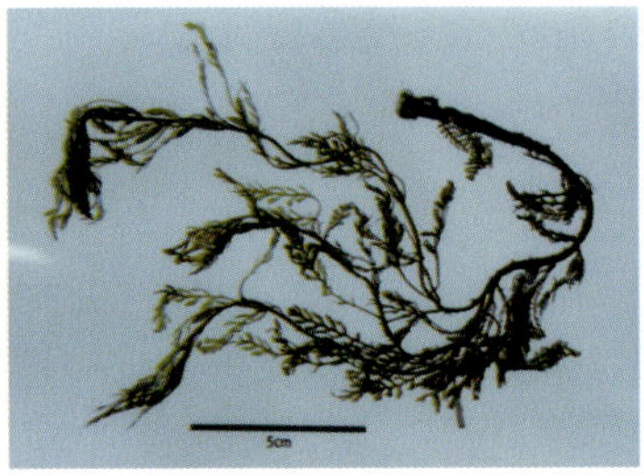

괭생이모자
Sargassum horneri (Tumer) C. Agardh*)*

구멍쇠미역
Agarum clathratum Dumortier

구멍갈파래
Ulva pertusa Kjellman

누운 청각
Codium coactum Okamura

외톨개모자반
Myagropsis myagroides Fensholt

● 조류 표본 자료(최창용)

3) 균류(버섯)의 채집과 보관

① 균류 채집은 까다롭지는 않으나 특성상 가치가 있는 표본을 채집하기 위해서는 세심한 주의가 필요하다. 특히, 육질의 균류는 채집 후에 부스러지거나 손상되는 것을 막기 위해 바닥이 평평한 통이나 상자에 담는다.

② 균류를 채집할 때는 비닐봉지나 신문지는 이용하지 않으며, 작거나 깨지기 쉬운 종류는 유산지에 싸서 작은 통에 따로따로 담는다.

③ 균류는 항상 최상의 상태에 있는 것을 채집하는 것이 중요하며, 가능한 경우 충분한 양을 채집한다. 버섯은 자루의 기부나 턱받이 등을 포함한 자실체 전체를 채집해야 한다.

느타리버섯

표고버섯

양송이버섯

④ 다른 생물이나 무생물에 기생하는 종류는 기주를 충분히 채집해서 동정에 도움을 줄 수 있도록 하고, 채집이 충분히 이루어지지 않은 지역에서는 기주식물의 완전한 확증표본을 채집한다.

TIP 버섯의 어원

'버슷'의 형태는 15세기부터 출현하였고, 18세기에 '버섯'의 형태가 출현하여, '버슷'과 '버섯'의 형태가 공존하다가 19세기부터는 '버섯'의 형태로만 쓰였다. '버슷'이 '버섯'의 형태가 된 것은 제1음절의 모음에 영향을 받아 제2음절의 모음이 동화된 것으로 보인다.

– 출처 : 국립국어원 21세기 세종계획 누리집

한편 서정범(2000) 「국어어원사전」에서는 '버섯'이 나무나 흙에서 나오는 것이기 때문에 초목류의 뜻을 지니는 말이 어원이 될 것이라고 보았고, '버섯'의 전 형태인 '버슷'의 어근은 '벗'이고, '벋'이 고형이며, '버슷'의 '벗(벋)'은 바지랑대(竿), 보(樑)와 어원이 동일한 말일 수 있다고 밝히고 있다.

⑤ 채집정보

㉠ 채집 : 서식지 형태, 같이 자라는 식물, 토양, 기주 등의 서식지정보가 특히 잘 기록되어야 한다. 또 조직이 약해 부스러지거나 상하기 쉽고, 채집한 버섯 표면의 섬세하고 연약한 부분이 없어지지 않도록 조심해서 다루어야 한다.

a. 땅에서 자라는 버섯 : 몸체를 잡고 이리저리 흔들면 쉽게 뽑히지만 만약 잘 뽑히지 않은 경우 아래쪽에 손가락을 집어넣은 후 손가락으로 버섯을 일으키듯이 채집한다.

b. 나무에서 자라는 버섯 : 칼이나 가위를 사용하여 뿌리 쪽에서 자르는 것이 훼손을 최소화하는 방법으로 나무의 껍질을 벗기지 않아 바람직하다.

㉡ 형상 : 전체 형태를 스케치하여 첨부하면 작품 제작에서 더욱 효과적으로 응용할 수 있다. 생식부(자실층)의 표면 상태(매끄러움, 주름짐, 톱니 모양, 구멍의 유무)를 기록하는데, 특히 버섯에 있어서 주름살의 형태는 매우 중요하다.

㉢ 크기 : 완전히 성숙한 표본의 크기를 측정한다.

㉣ 색깔 : 어린 자실체와 성숙한 자실체의 색깔, 상처난 부분에서 보이는 변색, 마른 부분, 유액의 색깔 등을 색상표와 견주어 자세히 묘사한다.

㉤ 표면묘사 : 비늘, 털, 끈적거림, 점액 등의 특징을 묘사하고, 자루 부분에 턱받이 등이 있는지 묘사한다. 이후 작품 제작에 유용할 뿐만 아니라 세밀화 작업을 할 경우 많은 도움이 된다.

㉥ 질감 : 육질이 두꺼운가, 얇은가, 잘 휘는지, 깨지는지, 섬유질인지, 육질인지, 목질인지를 기록하여 건조 작업에 편리하게 이용한다.

㉦ 냄새와 맛 : 생체에서만 나는 특수한 냄새가 있는 종은 그 냄새를 기록하고 매운맛, 쓴맛 등 맛도 기록한다. 맛을 볼 때에는 절대로 버섯을 삼켜서는 안 되며, 그 지역 버섯에 식견이 있는 전문 채집가의 도움을 받아 맛을 보고 기록하는 것이 안전하다.

㉧ 당일 내에 처리할 수 있는 양만큼만 채집하는 것이 바람직하다.

⑥ 건조

㉠ 균류는 가능한 채집 즉시 건조하는 것이 색깔과 형태를 보존하는 데 좋다.

㉡ 작은 것은 그대로 말리고 큰 것은 잘라서 말린다.

㉢ 40℃의 더운 공기를 계속 흘려서 건조시키며, 온도가 높아지면 버섯이 익을 수 있으므로 주의한다.

㉣ 저온에서는 붙어있던 곤충알이 부화하여 버섯을 섭취·훼손하는 경우가 있으므로 주의하고 햇볕에서 쉽게 잘 마르는 것은 햇볕을 이용한다.

㉤ 습도가 높은 지역에서는 비닐봉지와 건조제(실리카겔)를 이용해서 건조하면 편리하다.

최영옥 작품

박혜영 작품

⑦ 액침표본 제작

㉠ 액침표본은 건조표본으로는 원형보전이 어려운 것을 보충하여 주는 경우가 많이 있다.

㉡ 액침표본은 모균류의 버섯이나 이중모공버섯은 필요치 않고 박편버섯류에 필요하다.

㉢ 자실체(fruit-body)의 모양이 분류형질이 되는 남근버섯이나 새장버섯은 전체 자실체를 액침표본으로 제작·보관할 수 있다. 그러나 액침표본은 표본의 색깔을 우려내어 탈색시키는 것이 문제이며, 분류형질인 함유물질이 화학작용에 의하여 손상될 가능성을 피할 수 없다.

㉣ 액침표본은 권장할 만한 표본보관 방법은 아니며, 액침표본을 제작·보관하는 경우에는 그러한 화학작용으로 인하여 없어질 수 있는 색채 등의 특징을 미리 자세하게 기록하여 놓는 것이 좋다.

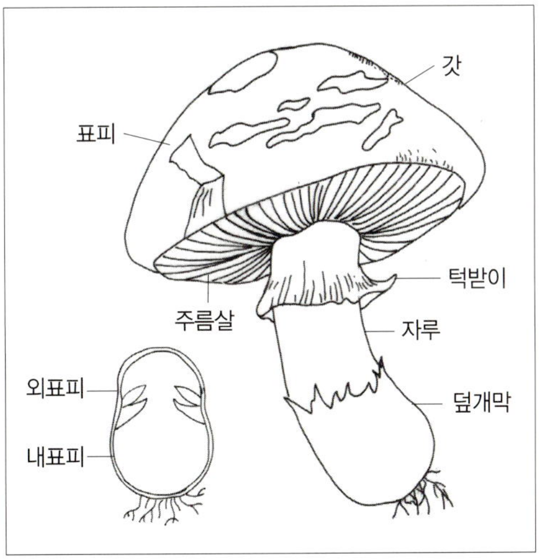

자실체의 형태와 단면(김소희)

ⓜ 액침 표본을 운반할 때는 유리병보다는 폴리에틸렌 백을 이용하거나 광염된 면 또는 모직 천으로 싸는 것이 좋다.

4) 절화, 분화 및 야생화의 채집

① 절화(切花)

㉠ 절화는 일반적으로 꽃가게에서 구입한 생화를 말한다.

㉡ 절화의 구입조건

a. 반드시 신선한 것을 고른다.

b. 절화의 꽃, 잎, 줄기의 어느 부분이든 상처나 병충해가 없는 것을 확인하고 구입한다.

c. 절화에 상처나 병충해가 있는 경우 저장하는 동안 에틸렌의 생성과 미생물의 번식으로 절화의 수명이 짧아진다.

d. 잎에 이물질이 있는지 확인하고 깨끗한 것으로 구입한다.

e. 꽃은 만개한 것보다는 집에서 개화할 수 있도록 덜 핀 꽃으로 구입한다.

f. 꽃냉장고에 보관된 꽃일지라도 그 기간이 오래된 경우 꽃색이 쉽게 변하므로 구입에 주의한다(압화용으로는 적합하지 않다).

㉢ 구입한 절화는 신속한 건조과정을 통하여 원색을 오래 유지할 수 있도록 한다.

㉣ 바로 작업이 어려운 경우 절화의 보존

a. 구입한 절화는 품질이 좋아야 일정기간 보존 후에도 작업이 가능하다.

b. 호흡작용을 최소화하여 수분의 증산작용을 막아 절화가 시들지 않도록 한다.

c. 신선도와 색의 유지를 위해 물속에 얼음조각이나 표백수를 첨가하여 보관하고, 햇빛이 잘 들지 않는 곳에 보관한 후 작업한다.

ⓜ 오래된 꽃이나 꽃꽂이 후 재활용하는 것은 바람직하지 못하다.

거베라

장미

심비디움

② 분화(盆花)

㉠ 화분에 심은 식물로 정원 또는 구입한 화분에서 핀 꽃을 분화라고 한다.

㉡ 분화 구입 요령

a. 식물의 건강 상태를 살펴보고 구입한다.

b. 꽃이 피는 식물의 경우 활짝 핀 분화보다는 꽃봉우리가 맺어져 있는 상태의 분화를 구입하여 건조한 다음, 압화를 제작하는 것이 바람직하다.

㉢ 분화를 채집할 때는 빛의 방향에 따른 꽃색에 차이가 있으므로 주의한다.

㉣ 너무 어린 잎을 따면 식물에게 좋지 않은 영향을 줄 수 있으므로 어느 정도 성숙한 잎을 채취하여 건조하는 것이 바람직하다.

㉤ 빛이 적거나 없는 곳에서 자란 식물의 경우 꽃색이 건조 후에 쉽게 변색된다. 반면 장시간 빛을 받은 식물 또한 꽃잎이 쉽게 노화되어 발색이 나쁘다.

㉥ 연한 잎과 묵은 잎 사이에 생겨난 잎과 꽃봉오리가 가장 아름답다. 따라서 작품을 만들 때 색의 농도 차이를 이용할 경우 농도에 맞는 꽃색의 재료를 골라 채집한다.

구근 베고니아

데이지

칼랑코에

③ 야생화(野生花)

㉠ 벌레, 가시 등을 주의해야 한다.

㉡ 채집 시 뿌리를 다치지 않게 하여 식물이 훼손되지 않도록 한다.

㉢ 채집시간이 너무 이르면 이슬이 맺거나 꽃의 수분이 증발하지 않아서 수분함량이 많아 건조시간이 길어지고 꽃잎 변색의 원인이 되므로 이슬이 마른 후에 채집하는 것이 바람직하다.

㉣ 햇빛이 강할 때 꽃을 채집한 경우 금방 꽃이 시들어 버리고, 꽃잎의 색이 옅어지므로 한낮에 채집하는 것은 피하는 것이 좋다,

㉤ 야생화를 채집할 때는 꽃줄기까지 잘라 채집하는 것이 좋다.

④ 채집 조건

㉠ 압화작품은 광범위한 식물을 대상으로 제작되고 있으나 그 중에서도 꽃은 가장 많은 비중을 차지하고 있으며 어떠한 화재(花材)를 선택하느냐에 따라 작품의 완성도에 큰 영향을 미친다.

㉡ 제철에 핀 꽃이 가장 아름답다. 따라서 시기를 놓치지 않고 채집한다.

㉢ 개화의 빈도수가 많은 꽃을 선택하여 채집한다.

㉣ 색이 선명하고 변화가 많은 꽃을 선택하여 채집한다.

㉤ 구조가 간단한 꽃, 꽃잎이 적은 꽃을 채집한다.

㉥ 크기가 중간 정도이거나 작은 꽃으로 채집한다. 너무 크고 두꺼운 꽃은 건조가 어렵고 많은 시간을 필요로 한다. 따라서 꼭 작품에 필요한 경우에만 채집한다.

㉦ 두께가 적당하고 수분함량이 적은 꽃을 선택하여 채집한다.

㉧ 색은 비교적 황색, 오렌지색, 남색, 자색, 홍색 등 쉽게 퇴색하지 않는 꽃을 채집한다.

㉨ 필요에 의하여 퇴색이 쉬운 꽃을 선택한 경우에는 채집하여 발색한 다음 건조한다.

구절초

매발톱꽃

알록제비꽃

4) 채소 채집

① 채집

㉠ 모든 종류의 채소는 압화의 소재로써 이용이 가능하다.

㉡ 채소의 종류에 따라 줄기, 잎, 뿌리, 꽃 등을 같이 혹은 따로 채집하여 다양하게 사용이 가능하다.

㉢ 채소는 수분을 함유하고 있는 부분이 다르기 때문에 채집과 건조하는 방법에서도 약간의 차이가 있다.

㉣ 채집한 채소는 일반적으로 절개하여 모든 부분을 사용한다. 필요에 따라서는 어느 한 부분만을 특정하여 사용하기도 한다.

㉤ 잎 채집 채소 : 상추, 배추, 시금치, 갓, 미나리, 양상추, 쑥갓, 아욱, 케일, 치커리 등을 채집하여 소재로 많이 이용하고 있다.

㉥ 뿌리 채집 채소 : 무, 도라지, 더덕, 죽순, 연근, 당근, 알타리무, 우엉 등을 소재로 주로 사용하고 있다.

② 압화재료로서 채소의 이로운 점

㉠ 주위에서 쉽게 구할 수 있다.

㉡ 일반 식물의 채집에 비하여 비용이 저렴하다.

㉢ 압화작품의 질적 다양성을 통한 특색 있는 작품을 제작할 수 있다.

㉣ 균일한 품질의 대량생산 공급이 가능하다.

㉤ 소재의 가공이 편리하다.

㉥ 압화 재료의 안정적인 공급이 가능하다.

㉦ 건조화에 비하여 저렴하기 때문에 작품의 상품화에서 가격 경쟁력이 있다.

㉧ 자연스러운 느낌을 표현하는 소재로 건조화보다 경쟁력이 있다.

㉨ 채소와 그 부산물을 소재로 가공하여 농가의 새로운 고소득원으로 개발할 수 있다.

㉩ 농가의 6차산업에 발맞추어 새로운 트렌드로 소재와 제품을 만들어 소득증대에 일조(一助)할 수 있다.

허혜숙 작품

(12) 라벨 작성

모든 계급의 식물분류군 이름은 국제식물명명규약(ICBN: International Code of Botanical Nomenclature)에 의하여 만들어지고 사용된다. 보통 학명, 특히 종명은 두 개의 단어로 이루어지며 이를 이명법(binomial)이라고 한다. 식물명의 첫 단어는 속명(genus)이며 대문자로 시작하고, 두 번째 단어는 종소명(specific epithet)으로 항상 소문자로 시작한다.

예 *Pinus densiflora* Siebold et Zucc.

(13) 완성 보관

1) 표본

① 온도와 습도

㉠ 종이의 보존을 위한 가장 이상적인 조건은 습도 55%, 온도 20~23℃이다.

㉡ 건조된 식물은 이보다는 약간 건조한 조건에 보관하는 것이 좋다.

㉢ 습도가 낮으면 곰팡이의 피해를 감소시킬 수 있으며 해충의 발생이나 증식을 예방할 수 있다.

㉣ 표본실은 가능하면 온도 20~23℃, 습도 40~60%를 유지하는 것이 좋다.

㉤ 기후에 따라 온도를 조절할 수 있는 항온 · 항습장치를 설치하는 것이 좋다.

㉥ 열대지방에서 제습기 설치가 어려운 경우에는 해발고가 높은 지역에 표본관을 설치하여 자연적인 감습 효과를 얻도록 해야 한다.

㉦ 열대지방에서 20~21℃ 이하의 온도는 사람들이 건물 밖으로 나갔을 때 너무 큰 온도차이 때문에 불쾌감을 느낄 수가 있기 때문에 좋지 않다.

② 환기

㉠ 표본이 표본실에 들어오기 전에 살충제에 의한 해충방제 처리가 된 경우, 그 표본에 처리된 살충제에 의한 표본실 내의 공기오염은 외부에서 오염된 공기가 유입되었을 때보다 훨씬 심각하다.

㉡ 공기정화 시스템은 외부 유입 공기의 정화뿐만이 아니라 표본관 이용자의 건강을 해치고 인접된 표본까지 오염시킬 우려가 있는 휘발성 살충제에 의한 표본실 내의 오염된 공기도 정화시킬 수 있어야 한다.

㉢ 살충제에 의하여 오염된 공기의 정화에 쓰이는 화학제재는 오염물질의 종류에 따라서 효과가 있는 것으로 신중하게 선택하여 사용하도록 한다.

㉣ 표본실 내에서 적정한 환기는 새로운 공기를 갈아 넣기 위하여 표본관 관리에 꼭 필요한 사항이다. 그러나 습하고 오염된 공기가 들어온다거나 너무 과다한 환기로 실내의 소독된 공기가 다 빠져나가서는 안 된다.

㉤ 표본실 내에 살충제나 살균제, 나프탈렌 같은 약제의 농도가 너무 높을 경우 별도의 방에서 작업하도록 한다.

㉥ 액침표본과 같이 폭발성 물질을 다루는 경우는 소독상자(cupboard)를 설치하여 그 안에서 표본 보관액을 다루도록 하고, 실내에는 알코올 등 폭발성 가스의 함유량을 측정할 수 있는 측정기를 설치하여 감시할 필요가 있다. 또 해충의 침입을 막기 위하여 창문과 내부 문에는 방충문과 방충망을 설치한다.

③ 자외선의 차단

㉠ 자외선을 포함하는 광선은 표본에 손상을 준다.

㉡ 자외선의 노출을 막는 가장 좋은 방법은 텅스텐램프나 형광램프 같은 본질적으로 자외선의 함량이 적은 전등을 선정하여야 한다.

㉢ 자외선의 함량이 높은 조명등이 설치된 경우에는 필터를 설치하여 자외선을 차단하여야 하는데, 튜브형 형광램프를 위한 필터가 있으며, 또 한 가지 방법은 티타늄 이산화색소로 제조된 백색페인트 도장 표면에 반사시키는 간접광(산광)을 이용하는 방법이 있다.

㉣ 자외선이 완전히 차단된 가시광선도 표본에 손상을 입힐 우려가 있으므로 작업이 끝난 표본은 지체하지 말고 표본장에 옮겨서 오랫동안 광선에 노출되는 것을 방지할 필요가 있다.

2) 압화

① 작품에 따라 보관방법이 다르다.

② 건조 상태를 유지할 수 있도록 한다.

③ 직사광선을 피하거나 차단하여 보관한다.

④ 공기 노출을 최소화할 수 있는 방법으로 작품을 제작하고 보존한다.

⑤ 일정한 온도에서 보관한다. 되도록이면 높은 고온은 피한다.

⑥ 습기가 높은 곳은 피하고 낮거나 제습기가 있는 곳에 보관한다.

⑦ 액자의 경우 탈산소제와 건조제를 필히 넣어 제작하고 보관한다.

TIP 압화을 보존할 수 있는 기간은 얼마일까?

초기 압화는 변색으로 오랜 기간 보존이 어려웠다. 그러나 연구를 통하여 작품에 사용되는 영구적이지 못한 화재(花材)의 변색을 방지하기 위한 다양한 방법과 노력으로 일반적인 건조의 경우 약 3~5년 정도 색의 보존이 가능하다. 식물의 종류에 따라 더 빠르게 변색되는 것도 있다. 새로운 변색 방지 기법을 통하여 변색의 기간을 연장하게 되었으며, 과학적 기법 접목을 통하여 압화작품과 화재의 색 보존은 최근 약 10년 이상으로 그 연한이 증가하였다.

7 압화 기술

(1) 누름

1) 돌누름(압엽법, 壓葉法)

① 중석압화법(重石壓化法), 중압법(重壓法)

㉠ 초기의 식물학자들은 보다 많은 연구를 위하여 직접 조사한 다음 식물표본을 제작하였다. 식물을 층으로 나누어 끼워 놓고 맨 위에 무거운 돌을 올려 무게의 압력으로 식물을 평평하게 하여 주름이 생기지 않도록 하면서 최대한 식물이 상하지 않도록 건조하여 표본을 제작하였다.

돌누름

㉡ 식물 또는 꽃잎 조직의 수분분압이 건조 종이의 조직분압보다 커서 식물 또는 꽃잎에 있는 수분이 종이 조직 속으로 스며드는 원리를 이용한 제작 기법이다.

㉢ 무거운 것을 올려 건조하는 것은 공기의 차단이 불가능하여, 변색과 건조시간이 오래 걸리는 단점이 있다. 변색을 방지하기 위해서는 흡습지를 자주 교체하여야만 좋은 품질의 식물을 건조할 수 있으나, 초기에는 흡습지나 건조제가 없어 변색된 식물을 이용하거나 쉽게 변색되지 않은 식물을 위주로 작품을 제작하였다.

㉣ 주로 잎사귀 종류나 클로버, 찔레꽃, 포피, 아네모네, 코스모스, 바이올렛, 팬지, 물망초, 용담 등의 꽃을 이용하여 작품을 제작하였다.

② 압엽표본(壓葉標本), 석엽표본(腊葉標本)

㉠ 오래되어 보지 않는 책 혹은 잡지, 신문지 등에 채집한 식물을 끼워 넣고, 여러 장을 포개어 무거운 물체를 얹어 무게에 의하여 식물체를 눌러 건조하는 방법이다.

㉡ 압엽표본 제작법

a. 채집한 식물을 신문지 사이에 끼운다. 단, 가지가 너무 많은 경우 알맞은 크기로 자르고, 잎이 너무 많으면 겹쳐져 건조에 어려움이 발생하므로 적당히 때어낸다.

b. 식물을 끼운 신문지, 흡습지, 송풍지를 교대로 쌓아 올린다.

c. 쌓아 올린 신문지 위에 두꺼운 책이나 무거운 물체를 올려 누른다.

d. 사이에 끼운 신문지, 흡습지, 송풍지는 1~2일에 한 번씩 교체하여 식물 자체에 있는 수분에 의한 부패를 방지한다.

e. 식물에 따라 잎이 두껍고 수분함량이 많은 경우 보통 7~10일이면 완성되지만, 15일 이상이 소요될 수도 있다.

f. 건조된 식물은 표본 혹은 작품으로 제작하여 보관하거나 보관함에 건조제와 함께 넣어 보관한다.

㉢ 주의 사항

a. 식물을 끼워 놓은 종이를 함부로 뒤집거나 펼치지 않도록 한다. 식물의 모양이 훼손될 가능성이 있기 때문이다.

b. 속신문지와 흡습지의 교체는 보통 처음 이틀 동안은 하루에 1~2회 또는 식물의 수분함량에 따라 2~3회로 자주 교체하는 경우도 있다, 사흘째에는 두 번, 다음 이틀 동안은 한 번씩 교체하며 건조한다.

c. 건조 작업은 1주일 정도 계속하는 것이 바람직하다.

2) 카펫누름

① 떡갈나무, 단풍나무, 너도밤나무 등의 잎, 양치류의 잎, 큰 잎 등을 장판이나 카펫 밑에 넣어 건조시키는 방법이다.

② 카펫 아래에 신문지 → 흡수지(흡습지) → 식물 → 흡수지(흡습지) → 신문지 순으로 놓고 카펫을 덮고 건조시킨다.

③ 건조기간은 약 1~2주일 정도로 길고, 식물이 쉽게 변색(갈색)하여 잘 이용하지 않는 방법이다.

3) 압판

① 압판을 이용하여 식물을 눌러 건조시키는 방법으로 압엽법과 유사하다.

② 주로 스펀지와 흡습지 및 레온지(습자지 대용)를 이용하여 식물을 압판 사이에 넣고 눌러 평면적으로 건조하는 방법이다.

③ 압판 제작법

㉠ 꽃배열지 위에 식물을 겹쳐지지 않게 배열하고 흡습지 및 레온지와 스펀지의 순으로 겹친 후 건조시트를 얹는다.

㉡ 과정을 반복하여 여러 겹을 만든 후 벨트나 끈으로 압착하여 고정한다.

㉢ 건조 완성한다.

건조 세트

프레스보드 세트

(2) 건조 기술

1) 자연건조(自然乾燥)

① 가장 간단하고 원시적이며 기본적인 건조방법이다.

② 식물체의 수분을 제거하는 방법으로 비용이 비교적 저렴하다.

③ 자연건조된 식물의 단점

㉠ 수축되어 쭈그러져 있다.

㉡ 변색으로 인하여 아름다운 색을 확인할 수 없다.

㉢ 건조기간이 길다.

㉣ 좋은 품질의 압화 소재를 완성하기는 어렵다.

④ 자연건조에 적합한 식물의 조건

㉠ 수분이 적은 식물로 건조 후 변형이 잘 안되는 식물

㉡ 색이 잘 변하지 않는 식물

㉢ 섬유소와 규산질이 많은 식물

㉣ 화경(花莖, 꽃줄기)이 작은 식물

㉤ 짧은 줄기를 가진 식물

⑤ 자연건조 조건

㉠ 장소 : 통풍이 잘되는 곳

㉡ 온도 : 서늘한 약 10℃ 이상

㉢ 습도 : 약 40~50%

㉣ 건조기간 : 그늘에서 3~4주 건조

⑥ 대표적으로 밀짚꽃, 별꽃, 스타티스, 아킬레아, 안개초, 아스틸베, 맨드라미, 장미, 델피늄 등이 있다.

밀짚꽃

스타티스

안개초

2) 열풍건조(熱風乾燥)

① 인공적으로 열풍건조기의 열풍이 물질이동의 매체로 작용하여 식물 표면의 수분을 증발시켜 건조시키는 방법이다.

② 주로 입체화 건조에 많이 사용하는 방법으로 대량 건조가 가능하며, 건조 시설이 필요하다.

③ 열풍건조는 60~80℃의 온도로 건조가 이루어진다. 그러나 압화의 경우 건조에 필요한 온도는 40℃로, 열풍건조기로 압화용 식물을 건조하는 경우 식물의 블랜칭(blanching)화 또는 식물 화상으로 인하여 변색되어 잘 사용하지 않는다.

④ 열풍건조기는 습기로 무거워진 흡습지를 대량 건조하는 데 많이 이용되는 방법이다.

3) 가열건조(加熱乾燥)

식물의 건조에 장시간이 필요한 단점을 보완하기 위한 건조 방법으로 열매체를 이용한다.

① 다리미 건조

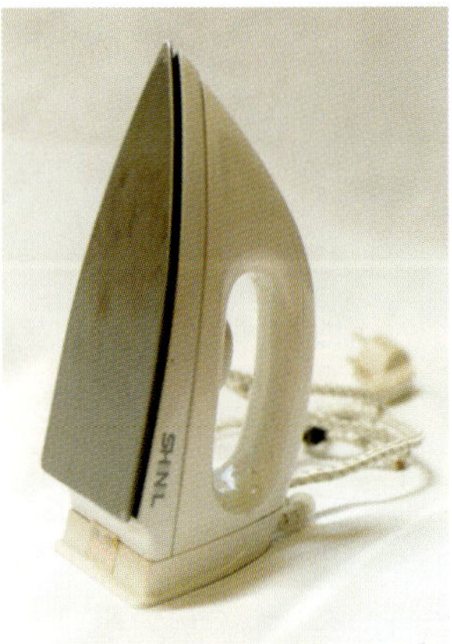

다리미

㉠ 다리미를 열매체로 이용하는 방법으로 작업대 위에 얇은 종이를 깔아 준비한다.

㉡ 다리미의 밑바닥 크기보다 작게 식물을 배열한 후에 그 위에 얇은 천을 덮어 다리미로 건조시키는 방법이다. 적정 온도와 시간은 140℃, 1분 정도이다.

㉢ 다리미를 사용하여 채집한 식물의 수분을 90% 정도 빠르게 증발시킨 후 완성단계에서 압력을 가하여 누름 건조시키는 방법이다.

㉣ 다리미로 누름을 할 때는 옷을 다리듯이 이리저리 이동하지 않고, 적당한 압력으로 눌러 건조한다.

㉤ 다리미를 이용한 1차 건조가 끝나면 건조식물의 모양을 잡아 책 사이에 끼우거나 꽃배열지에 넣어 무거운 물체로 압력을 가하여 식물을 건조시킨다. 약 하루 정도가 소요된다.

㉥ 다리미 건조법은 짧은 시간에 식물을 건조할 수 있는 장점이 있어 건조식물이 급하게 필요한 경우 사용하는 방법이다. 단, 너무 얇은 꽃이나 잎에는 사용하지 않는 것이 바람직하다.

㉦ 열을 이용하여 급하게 식물을 건조하는 경우 고온으로 인한 변색과 부스러짐 현상이 발생할 수 있으므로 주의한다. 또한 건조가 완성된 식물이 쉽게 변색되거나 부스러질 수 있음을 유의하여 열매체인 다리미의 온도를 잘 조정하도록 한다.

㉧ 스팀다리미는 사용하지 않는다.

② 전기식 건조

㉠ 건조기계를 열매체로 이용하는 방법으로 낮은 전기의 열로 약 6시간~최대 2일 정도 식물을 건조하여 작품에 사용할 수 있는 전기식 건조법이다.

㉡ 주로 꽃잎보다는 녹색의 잎을 건조하는 데 많이 사용하는 방법이다.

㉢ 건조방법은 스펀지 → 흡습지 → 식물(형태를 바로 잡는다.) → 흡습지의 순서로 과정을 반복하여 쌓은 후 뚜껑을 닫고 코드를 꽂은 후 건조 · 완성하여 보관함에 보관 후 작품에 이용한다.

③ 극초단파 건조

㉠ 극초단파인 마이크로웨이브를 이용하여 식물체를 건조하는 방법이다.

㉡ 1940년에 개발된 극초단파는 1947년에 전자레인지로 제작되었으나 고가의 제품으로 사용이 어려웠다.

ⓒ 우리나라에서는 1979년에 전자레인지가 제품으로 출시되었고, 1990년 이후 보급이 일반화되면서 식품에만 국한되지 않고 마이크로웨이브(microwave) 건조 효과를 이용하여 허브, 건조화, 압화 제조에도 이용되고 있다.

ⓔ 극초단파를 이용하는 경우 식물체의 색, 형태의 변화가 없다.

ⓗ 마이크로웨이브를 이용한 꽃의 건조에 적당한 온도와 시간은 약 60~75℃, 2~5분 정도이다. 단, 시간이 길어지면 심하게 변색한다.

ⓢ 전자레인지로 도자기판 혹은 다른 매체에 열을 가한 후 가열된 도자기판 등을 이용하여 건조하는 방법도 있으나 번거로움과 화상의 위험으로 잘 사용하지 않는다.

ⓞ 주의 사항

a. 전자레인지는 장시간 사용하지 않도록 한다.

b. 사용 시간이 길어지면 발열에 의하여 식물체의 변색 · 탈색이 심할 수 있다.

c. 식물체의 모양에 변형을 초래하게 된다.

d. 사용 시간은 약 1분 가열 후 30초 단위로 늘려 건조한다.

전자레인지 사용법

1. 채소를 전자레인지로 가열하는 경우 더 빠르고 간편하고 색도 선명하다. 방법은 채소를 깨끗이 씻어 물기가 있는 상태로 비닐 랩을 씌워 가열한다(약 100g당 1분 정도).
2. 마이크로파는 가늘거나 각이 진 곳에 집중되는 성질이 있다. 따라서 사각형 그릇의 경우 구석 부분만 데워지고 가운데는 가열되지 않는 경향이 있다. 그래서 사각보다는 둥근 그릇에 담아 가열하면 골고루 가열할 수 있다.
3. 전자레인지 속 내부 찌꺼기와 냄새 제거를 위하여 귤이나 레몬 껍질을 이용하면 좋다. 먼저 뚜껑 없는 그릇에 물을 담아 전자레인지에 넣고 2~3분간 가열한다. 수증기로 가득 찬 전자레인지 속을 행주를 이용하여 내부 찌꺼기를 닦아 제거한다(세제를 소량 사용해도 좋다, 단 세제를 완전히 제거하여야 한다). 냄새 제거를 위하여 레몬 조각(레몬, 귤, 오렌지 껍질, 홍차 등)을 넣은 물을 넣고 2~3분간 가열하면 잡냄새를 제거할 수 있다.

④ 가열기법 사용 시 주의 점

㉠ 열을 이용하여 건조한 식물의 경우 쉽게 변색되고, 본래의 색을 장기간 유지하기가 어려울 뿐만 아니라 연구를 목적으로 사용할 경우 식물의 조직과 엽액(葉腋) 형태 등의 관찰이 용이하지 못하다.

㉡ 압화작품의 소재로 열처리한 식물을 사용하는 경우 식물이 주는 자연미를 표현하는 데 한계가 있어 많이 사용하지 않는다. 그러나 알코올 처리 후 열처리한 식물은 변색되지 않고 오랫동안 색상이 유지된다.

㉢ 작품 제작에 있어 급하게 식물이 필요한 경우 알코올 처리 후 사용한다. 단, 과한 열로 인한 부스러짐과 변색, 두꺼운 식물의 경우 블랜칭(blanching, 데치기, 열처리)하면 익어 버릴 수 있으므로 주의한다.

㉣ 열매체를 이용하는 경우 충분히 냉각 후 건조된 상태에서 작품을 제작한다. 불충분한 건조식물로 작품을 제작한 경우 탈색과 부패로 인하여 작품의 가치가 급격히 하락하게 된다.

㉤ 열매체를 사용하는 경우 어린이 혹은 유아의 손이 닿지 않은 곳에서 작업한다.

㉥ 주로 평면적인 얇은 꽃과 잎사귀 종류, 스타티스, 루나리아 등에 사용할 수 있는 방법이다.

㉦ 특히 화재에 주의하며 작업을 실시한다.

4) 실리카겔(silica gel) 건조

① 실리카겔(silica gel)

㉠ 제2차 세계대전 이후(1950년 후반) 실리카겔(건조제)이 개발되어 자연건조나 압엽건조 등으로 쉽게 건조할 수 없었던 두꺼운 꽃과 잎의 건조에 이용되고 있다.

㉡ 휴대가 간편하여 식물을 채집 후 누름하여 상자에 과립 실리카겔을 넣어 빠른 건조를 유도하고, 자연색을 보존할 수 있는 건조방법으로 그 효과가 뛰어나다. 보통 4~5일 후에 완성된다.

㉢ 실리카겔은 거의 모든 종류의 식물을 가공 및 보존하는 데 사용되는 가장 이상적인 건조제로 상태가 좋은 식물일수록 건조 후의 모양과 색깔이 압화의 소재로서 훌륭하다.

㉣ 실리카겔의 입자는 $1mm^3$ 정도가 적당하다. 입자가 너무 큰 경우 흡습의 표면적이 작아져 단위 시간 내에 수분 흡수량이 적고, 반면 입자가 너무 작으면 식물 표면에 부착되어 제품의 품질을 하락시키게 된다.

㉤ 건조된 실리카겔은 강한 흡수력을 지닌 물질로 자기 무게의 40%까지 수분을 흡수할 수 있다.

㉥ 실리카겔은 보통 청색과 백색의 두 가지 제품이 있다. 청색 실리카겔은 수분의 흡수량이 증가하면 분홍색으로 변하여 실리카겔의 교체시기를 알 수 있어 편리하지만 백색에 비하여 가격이 비싸 두 가지를 혼합하여 사용한다.

ⓢ 실리카겔의 재사용 및 주의 사항

a. 흡습한 실리카겔은 130℃ 정도에서 가열하여 재사용이 가능하다.

b. 전자레인지를 이용하기도 한다.

c. 단, 재활용이 가능한 제품인지 확인하고 사용한다.

d. 가열된 실리카겔은 그 열을 계속 보온하는 작용이 있다.

e. 화상에 주의하며 반드시 보호구(장갑 등)를 착용하고 작업한다.

환원 후 환원 전

f. 작업장 주변에 어린이의 접근을 막고 작업을 실시한다.

g. 발암물질인 염화코발트 성분이 들어 있는 지시겔이 포함된 실리카겔은 절대 사용하지 않는다.

실리카겔(silica gel)

1. 무미(無味), 무색(無色) 또는 흰색의 단단한 고체로 수증기 · 물 등에 대한 흡착성이 강해서 탈수(脫水) · 건조 · 흡착제 등으로 쓰이는 대표적인 건조제이다.
2. 1919년에 화학 교수인 월터 패트릭(Walter A. Patrick)에 의해 특허로 등록되었다.
3. 이 제품은 제2차 세계대전 중 잔인한 가스실에서 방출된 가스와 증기를 흡수하기 위해 사용되었다.
4. 산업용 실리카겔의 경우 구두나 소파 같은 가죽제품의 곰팡이 발생을 방지하는 '다이메틸푸마레이트(DMF)'라는 화학물질을 첨가해서 항균 방습제로 쓰고 있는데, 디엠에프를 많이 쓴 가죽제품 때문에 피부염이나 홍반 같은 피부질환 사례가 발견되면서 2007년부터 유럽연합에서 규제를 시작했고, 2010년 우리나라에서도 1킬로그램에 0.1밀리그램을 넘지 않도록 규제입법을 했다.

   – 국립중앙과학관 자료, 최은정 교수(이화여대) 실험 기록
5. 실리카겔 활용법 : 옷장, 서랍장, 신발 냄새 제거, 앨범에 넣어 사진의 변질을 막아 오래 보관 가능, 귀금속 보관 등

② 매몰건조(埋沒乾燥, drying in desiccant)

㉠ 생화의 본 모습을 그대로 보존하고자 할 때 사용하는 건조 방법이다.

㉡ 압화 제작에 사용하는 방법은 아니다.

㉢ 흡수력이 강한 실리카겔 속에 식물을 그대로 매몰하여 건조하는 방법이다.

㉣ 건조 후 꽃의 수축과 형태의 변화가 적다.

㉤ 식물 색의 변화가 적어 좋은 품질의 건조화 제조에 이용된다.

① 식물재료

② 전처리

③ 식물 담기

④ 실리카겔 매립

⑤ 매립 완료

⑥ 랩 밀봉

⑦ 랩 제거

⑧ 실리카겔의 변색

⑨ 식물 꺼내기

● **실리카겔 매몰법 시연(이미자 작품)**

건조 전

건조 후

장미 매몰건조 전

장미 매몰건조 후

레칸 플라워(L'ecrin Flower)

레칸 플라워는 장시간 식물의 변색을 방지할 목적으로 건조한 입체 건조화이다.
프랑스어로 '보석함'이란 뜻을 지닌 '레칸(L'ecrin)'에 Flower를 더한 말로 보석상자에 있는 꽃 즉, 꽃의 빛나는 아름다움을 표현한 입체 꽃공예 예술이다.
자연의 색과 형태를 그대로 보존하여 식물의 아름다움을 추구하며, 제작방식이 간편하고 편리하다.

박무순 작품

성수진 작품

김경희 작품

김선미 작품

5) 건조매트 건조

① 건조매트를 사용하여 약 3~5일 건조하는 방법으로 압화 제작에 가장 많이 이용된다.

② 원리는 식물의 수분을 건조매트가 흡습하는 것이다.

③ 건조매트는 가볍고 휴대가 편리하여 야외채집에서 유용하게 사용할 수 있으며 다리미, 전자레인지 등을 이용하여 건조 후 재사용이 가능하다.

④ 수분이 많은 식물을 건조할 때는 건조매트를 자주(1일 2회 이상) 교체하면 수분을 빠르게 제거하여 선명한 색상의 좋은 식물재료를 얻을 수 있다.

⑤ 건조가 완성된 식물은 건조제를 넣고 밀봉하여 보관 · 사용한다.

6) 감압건조(減壓乾燥)

① 공기를 건조의 매체로 사용하는 방법으로 저압과 저온의 조건에서 식물을 건조시킨다.

② 일정량의 공기를 추출하여 진공상태로 만든 후, 밀폐용기에 건조하고자 하는 식물체를 넣고 수분을 증발 또는 승화시켜 건조하는 방법으로 대형 건조화 제조에 많이 사용한다.

③ 압화에서는 건조매트를 이용하여 누름한 식물을 비닐봉투나 지퍼팩에 넣고 공기를 추출하여 진공상태로 감압하여 보관하는 방법을 주로 이용하고 있다.

7) 액체건조(液體乾燥) – 글리세린 보존법(preserving in glycerine)

① 액체건조법은 글리세린(glycerine), 알코올(alcohol), 포르말린(formalin) 등의 수용액을 식물 속의 수분과 교환시킨 후 식물 속의 용액을 빠르게 증발시켜 건조하는 방법이다.

㉠ 알코올 건조법 : 건조소재를 알코올에 담갔다가 건조시키는 방법으로 건조의 속도가 빠르지만 비용이 많이 들고 소재에 따라 색소의 파괴가 일어나는 단점을 가지고 있다.

㉡ 포르말린 건조법 : 포르말린 용액이 식물의 수분을 대체하도록 하는 방법으로 글리세린으로 건조시킬 때보다 건조 속도가 빠르나 소재의 상품성은 낮다.

㉢ 글리세린 건조법 : 글리세린은 지방과 기름을 섞은 무색의 액체로 잎을 보존 · 가공하는 데 주로 사용한다.

② 글리세린과 물을 1 : 2의 비율로 혼합한 후에 꽃과 잎 등에 흡수시킨 다음 건조한다.

③ 글리세린의 장점

㉠ 다른 건조처리보다 건조 후의 탄성(유연)이 있다.

㉡ 보다 자연스러운 상태로 보존할 수 있다.

㉢ 살균제 첨가로 재사용이 가능하다.

④ 글리세린의 단점

㉠ 글리세린 처리는 꽃, 잎, 가지 등 모두에 적용이 가능하나 변색 때문에 주로 잎에 이용한다.

㉡ 줄기 도관에 스며들었던 액체가 흘러내릴 수 있다.

㉢ 실내의 온도가 높은 경우 흘러내릴 수도 있다.

⑤ 글리세린 처리 방법

㉠ 채집한 꽃에 바로 처리한다.

㉡ 절화의 줄기나 나뭇가지의 도관을 통하여 흡수시키는 방법과 용액에 담가서 흡수시키는 방법이 있다.

㉢ 물(40℃)과 글리세린을 1 : 2로 혼합한다.

㉣ 줄기는 통풍이 잘 되는 20~30℃의 실내에서 용액에 약 8㎝ 정도 침지한다.

㉤ 잎만 침지할 경우 용액 속에 푹 담근다.

㉥ 흡수 기간은 식물에 따라 다르다. 일반적으로 3~4일 정도에서 1주일 이상 걸리며, 대부분의 잎은 글리세린 흡수 후 건조시키면 갈색으로 변색되므로 수용성 녹색 염료를 글리세린 용액에 혼합 후 작업한다.

㉦ 흡수 후 건조시킨다. 건조기간은 1~2주일 정도이다.

㉧ 건조 후 방부제를 처리하면 수명을 더욱 연장시킬 수 있어 오래 보관이 가능하다.

글리세린(glycerine)

- 글리세린은 글리세롤이라고도 하며, 투명하고 끈적거리며 단맛이 난다.
- 1948년까지는 동식물의 지방과 기름으로 비누를 만드는 과정에서 부산물로 얻어졌지만, 지금은 프로필렌이나 당류를 써서 더 많이 합성하고 있다.
- 보통 95% 이상의 글리세롤을 포함한 상품을 글리세린이라 한다.
- 자동차 에나멜이나 옥외 페인트 등의 보호용 도장제를 만드는 고무나 수지의 기본 성분이며, 질산과 황산을 가하면 폭발성 물질인 니트로글리세린이 된다.
- 식품에서는 과자와 빵의 연화제, 쇼트닝의 가소제, 아이스크림의 안정제 등으로 쓰이는 모노글리세리드나 디글리세리드 유화제의 구성성분이기도 하다.
- 약품 · 화장품 업계에서는 글리세롤을 써서 스킨로션, 구강청정제, 기침약, 혈청, 백신, 좌약 등을 만든다.

6) 활성알루미늄(Active aluminium)

① 건조제의 일종인 활성알루미늄 또는 알루미늄은 강한 제습력을 가지고 있다.

② 특히 화초류를 건조할 때 매우 효과적이고, 식물의 자연색이 잘 보존되는 건조방법이다.

③ 활성알루미늄의 흡습력을 이용하여 밀폐된 용기에 식물과 함께 넣고 건조시킨다.

7) 생석회 종이판

① 생석회 종이판을 이용하여 건조하는 방법으로 자연색을 보존하는 데 효과적이다.

② 재료를 압판, 프레스(press)기 사이에 넣은 다음 생석회가 들어 있는 플라스틱 상자에 넣고 밀폐하여 건조시킨다.

(3) 과학기술의 응용

과학 기술의 꾸준한 발전은 압화작품 제작에 다양한 영향을 미치고 있다.

1) 코팅법

① 코팅필름 기술의 발달 - 코팅필름 기법 응용

㉠ 소품 제작에 많이 활용되는 방법이다.

㉡ 도포필름의 종류에 따라 다양한 연출이 가능하다.

㉢ 초보자에게 가장 적합한 제작 방법이다.

㉣ 작품의 수정이 용이하다.

㉤ 필름 부착 시 공기가 유입된 경우 식물의 변색에 유의한다.

김은경 작품

조미숙 작품

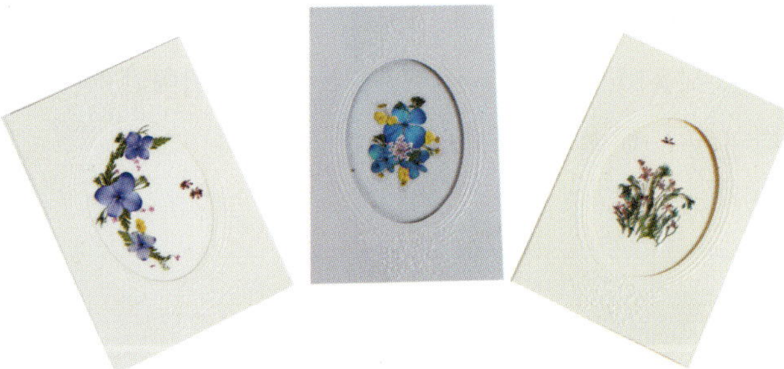

김은경 작품

권금희 작품

② 광반응 합성수지 기술의 발달 – UV(레진)코팅 기법 응용

㉠ 여러 번 도포하여 사용하는 방법으로 일본에서 시작하였다.

㉡ UV액을 도포 후 조사기를 이용하여 단시간(2~3분)에 작품을 완성할 수 있다.

㉢ 에폭시 기법과 함께 액세서리나 소품의 마감재로 사용하는 기법으로 체험 학습용으로 많이 이용되고 있다.

㉣ 대형 작품보다는 작은 소품용에 많이 적용하고 있다.

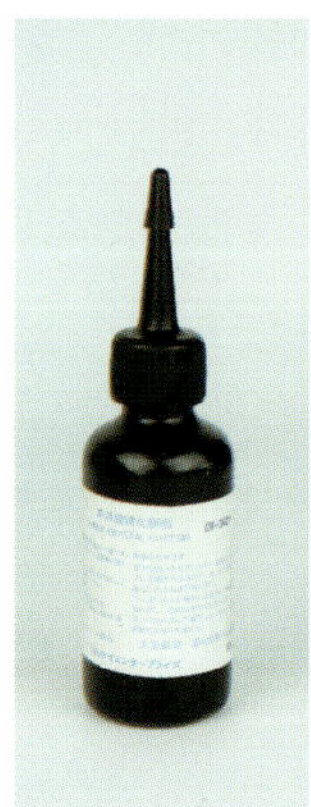

UV액

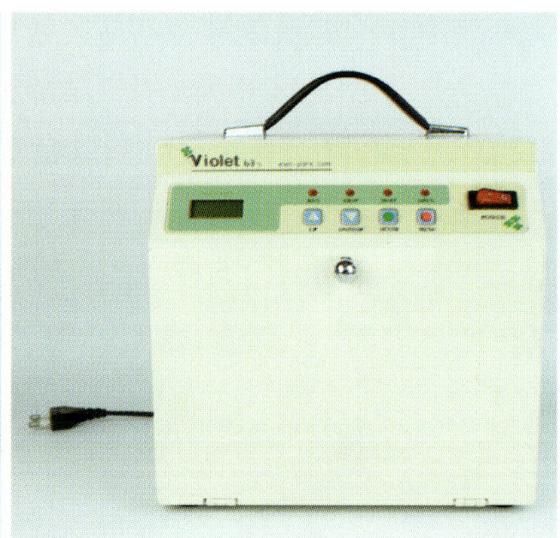

UV조사기

㉤ 작품 제작 시 주의사항

a. UV액을 도포할 때 기포가 발생할 수 있으므로 주의한다.

b. 기포는 이쑤시개로 제거한다.

c. 곡선 부위를 도포할 때는 UV액이 흐르거나 넘칠 수 있으므로 주의한다.

d. 곡선 부분은 붓을 사용하여 도포하는 것이 바람직하다.

e. UV조사기로 엷게 도포하여 반복적으로 경화작업을 실행할수록 표면을 매끄럽게 완성할 수 있다.

채명례 작품

권금희 작품

권금희 작품

조미숙 작품

③ 합성수지 기술의 발달(투명도, 저온 액상화) – MMA수지액 코팅 기법 응용(아크릴수지)

㉠ 투명도가 높고, 화색 변화를 최소화한 방법으로 중 · 대형 작품 제작이 가능하다.

허혜숙 작품

조미숙 작품

㉡ 대형 작품의 경우 거푸집을 제작하여 수작업만으로 해야 하는 까다로운 단점이 있다.

㉢ 수지액이 굳는 데 장시간을 필요로 하며, 작품에 따라 경화 시간이 다르다.

㉣ 경화 후 강도가 단단하여 건축소재, 가구 등의 제작에 사용되는 과학 응용기법이다.

㉤ 작품이 무거워 이동 시 많은 인력을 필요로 하며, 대표적으로 아크릴테이블을 들 수 있다.

④ 합성수지 기술의 발달(투명도, 저온 액상화) – 에폭시코팅 기법 응용

㉠ 작은 소품 코팅법으로 많이 이용하고 있다.

㉡ 일반적으로 체험학습에서 많이 이용되는 방법이다.

채명례 작품

조미숙 작품

권금희 작품

진유순 작품

㉢ 작품 제작에 어려움이 적다.

㉣ 가격이 저렴하다.

㉤ 단점은 굳는 데 오랜 시간이 걸린다(도포 후 약 24시간 이후 완전 경화한다).

㉥ 최근 3~6시간만에 경화되는 에폭시수지가 개발되어 사용되고 있다.

2) 레이저 절단기술의 발달 - 아크릴(MMA) 케스팅 기법 응용

① 레이저 기법을 이용한 다양한 형태의 작품 제작이 가능하다.

② 레이저 기계작업으로 대량 생산이 가능하다.

③ 오랜 시간이 경과되면 작품에 휨 현상이 발생하는 단점이 있다.

나비

행복나무

신정옥 작품

TIP UV 접착제(Light Cure Adhesive)는 접착제에 광개시제(Photo initiator)가 함유되어 특정 파장(200~400nm) 영역의 자외선(UV) 또는 가시광선(Visible)의 조사(照射)를 받는 경우 급속히 경화된다. UV 접착제는 기존 아크릴, 실리콘, 에폭시, 순간접착제, 우레탄 접착제를 기본 베이스에 광개시제를 추가하여 기존 접착제의 특징을 그대로 가지고 있다. 또한, 자외선을 투과시키는 유리나 플라스틱의 접착에서 최근에는 가열 경화, 혐기 경화, 2액 경화, 습기 경화 등의 복합 경화 기능을 가진 UV 접착제가 개발되어 응용 분야가 확대되고 있다.

3) 유리 접합법

① 광반응 합성수지 기술의 발달 – UV액 접합 기법 응용

㉠ UV액은 작업에 어려움이 적어 수작업이 가능하다.

㉡ 유리사이의 기포에 의한 공기층의 생성이 작품 제작의 단점으로 작용한다.

㉢ 변색으로 인하여 상품의 가치가 낮고 대량 생산이 불가능하다.

② 진공 처리기술의 발달 – 라미네이팅 프레스(laminating press) 접합 기법 응용

㉠ 기계를 이용하여 고압 · 고열로 공기층을 제거하여 접합하는 방법이다.

㉡ 라미네이팅 프레스 접합법으로 접합유리를 생산하게 되면서 압화작품의 대량 생산이 가능하게 되었다.

㉢ 작품의 크기에도 많은 변화를 가져다 주었다. 기존 20호(우리나라의 풍경화 20호 72.2㎝×53.0㎝) 크기의 작품에서 1.5×3m 이상 크기의 작품이 가능하게 되었다.

㉣ 유리의 투명도가 뛰어나 압화식물의 보다 아름답고 자연스러움을 강조한 작품의 제작이 가능해지고, 안전유리로 인증되면서 한층 안전성이 보장된 제품을 제작할 수 있게 되었다.

㉤ 작품이 무겁고, 위치가 한정적이며, 생활 이용 편의성이 낮다는 단점이 있다.

송혜정 작품

최영옥 작품

4) 프라스틱 표면 경화 기술의 발달 – P.E.T.G(Polyethylene Terephthalate Glycol, 패널) 응용

① 유리의 무거움과 단점을 보안하기 위하여 개발된 방법이다.

② 유리와 다르게 파절성(破節性)이 낮고, 유리보다 가볍다.

③ 열작업으로 강도가 높다.

④ 두께가 다양하여 여러 형태 작품의 제작이 가능하고 편리하다,

⑤ 대량 생산이 가능하다.

⑥ 열에 의한 1차 가공 후 유연성이 떨어지는 단점을 가지고 있다.

대구 상인역(계단)

영양군 야외벤치

신정옥 작품

8 화색 변화

자연계에는 다양한 종류의 화색(花色, 꽃색)이 존재하고 있다.

(1) 화색

① 식물 특유의 이미지는 다양한 화색을 통하여 전달되고, 화색은 관심과 시선을 집중하게 하며 또한 변화하기도 한다.

② 자연 상태에서 꽃이 피는 개화(開花) 현상은 인간의 삶에 중요한 의미를 가져다주며, 우리 곁에서 아름다움과 감상적인 생각들을 영위하게 해 준다. 그러나 식물이 꽃을 피운다는 것은 화려한 아름다움만을 보여주기 위한 것은 아니다. 개화를 통하여 다양한 화분 매개체(충)를 유인하여 개체수를 늘리기 위한 번식의 방법으로 꽃을 피우고 종자를 맺는다. 따라서 화색은 식물에게 있어 매우 중요하다.

③ 관상을 목적으로 하는 식물 특히, 화훼의 경우 꽃색은 생명이라 할 수 있으며, 꽃색은 품질평가의 결정적인 중요한 요인이다. 꽃색은 꽃잎에 함유된 색소의 종류와 상태에 따라 다양한 색으로 표현되고, 유사하거나 동일한 색소도 pH, 조색소 등에 의해 다르게 표현이 된다. 또한 서로 다른 색소에 의해서 동일한 꽃색이 나타나기도 한다.

④ 꽃뿐만 아니라 잎도 변화하는데 단풍잎의 경우 액포 안에 담긴 카로틴, 크산토필, 타닌과 같은 색소와 안토시아닌, 당분 등의 복합적인 작용에 의하여 엽록소에 의해 가려졌던 색들이 가을이 되면서 단풍 특유의 색을 만들어 보이게 된다.

⑤ 화색의 발현과 변화는 식물의 조직, 세포 내의 색소에 의한 것으로 많은 색소가 관여하고 있는데 플라보노이드류, 카로티노이드류, 베타레인류 및 클로로필 등의 종류가 있다.

⑥ 압화의 주요 소재인 식물과 특히 꽃은 압착과 건조 과정을 거치면서 본연의 색이 소실되거나 다른 색으로 바뀌는 화색의 변화 과정을 거친다. 때문에 식물의 특성과 생명감을 느낄 수 없게 된다.

⑦ 화색이 변화된 건조식물은 작품으로서의 가치 하락과 제품(상품)성이 떨어지는 원인으로 이어지게 된다.

⑧ 식물에 새로운 생동감을 부여하기 위하여 인위적으로 탈색 또는 착색, 발색을 통하여 화색을 새롭게 발현시킬 수 있다. 자연소재와 인공적인 소재를 동시에 접목, 활용하여 작품의 품격 향상과 상품성을 증대시켜 소득의 증가로 연결할 수 있다.

(2) 화색 변화의 원인

꽃의 색깔로 나타나는 화색소는 식물조직 내의 당과 무기물로부터 만들어지는 것으로 이러한 물질 생산을 좌우하는 환경조건도 화색에 크게 영향을 미친다. 화색 변화의 주요 원인은 온도, 엽록소, 광량(일광), 습도, 양분, pH 등이다.

1) 온도에 따른 화색의 변화

① 꽃은 온도가 높고, 낮음에 따라서도 화색이 변화하며 서로 다른 색을 만들어 내기도 한다.

② 대표적인 예로 고구마의 꽃과 라일락을 들 수 있다.

③ 보통 고구마의 꽃색은 자줏빛이지만, 온도가 2℃ 이하로 낮아지면 장미처럼 붉은빛이나 붉은 자줏빛으로 변하는 것을 볼 수 있고, 식물은 고온에서 안토시아닌(anthocyanin, 화청소, 化青素)를 만들지 않기 때문에 30℃가 넘는 온도에서 라일락은 흰색의 꽃을 피운다.

라일락(보라색)

라일락(흰색)

고구마

고구마꽃

중남미가 원산지인 아열대 식물 고구마는 일조량이 많고 기온이 높은 환경에서 개화하기 때문에 우리나라에서는 좀처럼 꽃을 피우지 않는 것으로 알려져 있다.

특히 북부지방에서는 "100년에 한번 길조를 알리기 위해 꽃을 피운다"는 말이 전해 내려올 정도로 고구마꽃이 희귀해 지난 1999년 북한의 평북 정주에서 고구마꽃이 피자 북한의 노동신문 등에서 '매우 상서로운 길조'로 소개한 바 있다.

그러나 최근 2~3년 사이에는 남부지방은 물론 충청도, 경기도, 강원도 등지에서 잇따라 고구마꽃이 발견되고 있어 전문가들은 지구온난화 현상에 의해 한반도의 기후가 아열대성을 띠면서 고구마 꽃이 피는 것으로 보고 있다.

광릉 국립수목원 박광호 식물분류학 박사는 "고구마꽃이 피는 데는 30~35℃의 높은 온도와 많은 일조량이 필요해 우리나라 기후에서는 잘 꽃을 피우지 않지만 최근 이상 고온현상이 지속되면서 고구마꽃의 개화가 잇따르는 것 같다"고 말했다.

출처 : 심언철 기자 press108@yna.co.kr(의정부, 연합뉴스)

2) 엽록소에 따른 화색의 변화

① 잎의 색 변화로는 단풍잎과 은행잎이 대표적이다.

② 단풍은 계절이 가을로 접어들면서 나뭇잎의 색깔이 노란색이나 갈색 또는 붉은색으로 바뀌는 화색의 변화를 관찰할 수 있다.

③ 여름철에 식물의 잎은 엽록소를 합성하기 위하여 녹색을 띤다. 반면 해가 짧아지고 기온이 낮아지는 가을이 되면 엽록소의 합성이 멈추고, 나무에 따라 각기 갖고 있는 색소들이 드러나면서 화색이 변화한다.

④ 은행나무의 잎은 엽록소가 파괴된 뒤 잎 속에 있던 카로티노이드(carotenoid)와 크산토필(xanthophyll) 색소가 나타나면서 엽록소의 푸른색에 가렸던 노란색이 나타나는 것이다.

⑤ 플라타너스 잎은 엽록소가 파괴된 잎 속에 타닌(tannin)이라는 갈색 색소가 나타나 잎이 갈색으로 변화한다.

⑥ 벚나무의 잎은 안토시아닌이 나타나면서 붉은색으로 변화한다.

은행잎(변색 전)

은행잎(변색 후)

단풍잎(변색 전)

단풍잎(변색 후)

3) 광량에 따른 화색의 변화

① 식물은 성장하면서 꽃을 피우고 대개는 꽃색이 변하지 않지만 소수의 식물은 색이 변화하는 경우도 있다.

② 대표적으로 나팔꽃은 아침에는 푸르스름한 자줏빛, 저녁에는 붉은 자줏빛으로 화색이 변화하는 것을 볼 수 있다.

나팔꽃(아침)

나팔꽃(저녁)

4) pH에 의한 화색의 변화

① 토양의 산도에 의해서도 화색을 변화시킬 수 있으며, 종류에 따라서도 차이가 큰데 수국이 대표적이다.

② 수국은 산성에서 청색(pH 5.15 이하), 중성~알칼리성(pH 6.25~6.89)에서 보라색~핑크색으로 화색이 변화한다.

수국(청색)

수국(적색)

5) 인위적(인공적)인 화색 변화

① 시간, 기온, 온도 등을 배재하고 인공적으로 화색을 변화시키는 것으로 보통 우리는 빨간색, 노란색, 흰색의 장미를 알고 있으나 현재는 다채로운 색깔의 인위적인 장미를 우리 주변에서 흔히 볼 수 있게 되었다.

② 대표적인 것이 파란색 장미이다. 장미에는 파란색 색소를 만드는 유전자가 없지만 과학의 힘으로 다른 꽃의 파란색 유전자인 블루진(blue gene)을 분리시킨 다음, 장미에 결합시켜 파란 장미(Blue Rose)가 탄생되었고 '불가능한 사랑'이라는 꽃말을 가지게 되었다.

장미(빨간색)

장미(파란색)

파란 장미의 비밀

그동안 유전인자를 바꾸는 기술이 발전하기 전에는 색소를 탄 물감을 이용했다.

예를 들면 흰꽃을 피우는 장미, 국화, 카네이션 등을 잘라 색소를 탄 물에 꽂으면 그 색소를 빨아들여 새로운 색깔의 꽃이 된다. 이와 같은 방법으로 꽃색으로 물들이는 일은 현대 화훼산업에서도 자주 쓰인다. 하지만 생명공학자들의 관심은 유전인자 자체를 바꾸는 데 있다.

꽃에서 파란색 효소의 합성을 이끌어내는 유전인자를 청색 유전자, 즉 블루진(blue gene)이라고 한다. 생명공학자들은 다른 종류의 파란 꽃에서 블루진을 분리시켜 장미 유전인자에 이식함으로써 파란색 유전자를 가진 효소를 배양해 내는 기술을 익혔다.

이 방법은 그동안 꿈으로만 여겨 왔던 파란색 장미를 실제로 길러낼 수 있는 길을 터놓았다. 이미 플라보노이드 내의 파란색 색소를 가진 효소를 몇몇 꽃에서 분리하는 데 성공하기도 했다. 파란 장미를 만들어내기 위한 색소 식물로는 페튜니아가 선택됐다.

식물 유전자를 이식하는 방법에는 두 가지가 있다.

첫째는 토양균을 매개체로 이용하는 방법이다.

청색 색소를 가진 토양균이 식물체에 침범하면 감염과 동시에 색소세포의 분열도 급속도로 함께 일어난다. 이때 숙주 식물체가 갖지 못한 색소세포도 함께 분열하게 된다. 다음 식물체에 이식된 토양균에서 종양을 일으키는 유전인자를 제거하고 필요한 토양균만을 선택하면 된다. 이 방법은 실패에서 오는 위험부담이 적어 식물체 전환에 널리 활용되고 있다.

두번째 방법으로는 세포 속의 유전자 합성법이다.

페튜니아의 세포 속 플라스미드(plasmid)에서 청색 색소를 분리해 토양균에 옮겨 심고 증식한다. 플라스미드는 염색체와는 별도로 자체 증식할 수 있는 세포 내의 작은 유전자 조직이다. 같은 방법으로 장미 염색체를 토양균에 이식한 다음 증식시켜 이번에는 페튜니아의 청색 색소 유전인자 부분을 잘라내 장미 유전자와 합성한다. 합성한 색소염색체는 토양균의 체내에서 자라게 되고 이 균을 장미의 뿌리에 이식시키면 장미는 파란색 꽃을 피운다.

이런 방법으로 과학자들은 최근 페튜니아에서 청색 색소를 결정짓는 플라보노이드 유전인자를 뽑아내는 데 성공했다. 그리고 그것을 장미 유전자에 접합해 새로운 합성장미를 길러냈다. 그 결과 파란 장미는 곧 우리 앞에 그 모습을 드러낼 전망이다.

그러나 앞으로 우리 정원에서 파란색 장미를 꽃 피우기 위해서는 조금 더 시간이 걸릴지도 모른다.

출처 : 오병훈(한국식물원협회 이사)

6) 화색 변화 예방법

① 쉽게 변색되지 않는 식물을 사용한다.

② 물리적, 화학적 방법을 이용하여 산소결합을 차단하여 예방한다.

③ 건조 시간과 온도와 습도 등의 조절을 통한 다양한 건조법을 이용하여 변색을 예방한다.

④ 건조가 완료된 식물체는 건조제, 탈산소제를 이용하여 밀봉하고, 빛을 차단하여 보관한다.

(3) 변색과 퇴색

1) 원인

① 변색의 주원인은 수분, 공기(산소), 빛(자외선)이다.

② 식물 본연의 색은 시간이 흐름에 따라 변색의 과정을 거쳐 색을 잃어 가는 퇴색에 이른다.

③ 일반적인 생화는 약산성이나, 건조과정을 거치면서 약알칼리성에 가까워지면서 변색된다.

④ 적색 계열(붉은색, 자주색) 꽃을 건조하는 경우 대부분 암갈색으로 변색된다.

⑤ 연보라색에서 청색으로 변색된다.

⑥ 분홍, 청색은 건조 과정에서 거의 변화가 없지만 시간이 일정기간 지나면 퇴색이 되는 경향이 있다.

⑦ 황색과 오렌지색은 건조제 속에서는 색을 유지하지만 꺼내면 쉽게 퇴색한다.

⑧ 잎은 압착과 건조 과정에서 색이 옅어지거나 진하게 된 다음 변색이 이루어진다.

⑨ 건조과정에서의 변화(변색)

㉠ 흡습지, 건조매트를 자주 교환하지 않은 경우

㉡ 누름(압착)의 무게가 적정하지 않은 경우

㉢ 작품 제작 시 너무 많은 양의 접착제를 사용한 경우 건조식물의 색이 변화(변색)한다.

2) 변색과 퇴색을 방지해야 하는 이유

① 고유의 색을 보존하여 압화소재의 특성을 유지하기 위해서이다.

② 식물 본래의 생동감을 느낄 수 있게 한다.

③ 압화작품의 완성도를 높여 가치를 상승시킨다.

④ 화훼류의 이용기간을 연장시키는 데 기여한다.

⑤ 생산자가 소득 증대 효과를 누릴 수 있다.

⑥ 압화산업의 경제적 상승 효과를 볼 수 있다.

(4) 탈색

① 일반적으로 탈색이라 함은 염색된 물건의 색을 이탈시켜 무색 또는 물색의 강도를 약화시키는 방법을 말한다.

② 압화에서 탈색은 식물 본래의 색을 흐리게 하거나 없애는 표백에 가까운 방법으로 이용되고 있다. 탈색은 보다 나은 착색을 위하여 실시하는 방법이다.

③ 방법으로는 우리 주변에서도 가장 흔히 볼 수 있는 과산화수소수를 이용하여 표백에 가까운 탈색을 한다. 과산화수소수는 과산화물로 약산성을 띠며, 보통 고농도로 존재하기 힘들며 물에 희석해 과산화수소수로 만들어 사용한다. 단, 극약이므로 섭취는 절대 불가능하여 사용 시 주의가 필요하다.

④ 대표적으로 탈색 후 염색하는 것으로는 양파와 옥수수 껍질, 연뿌리 등이 있다.

⑤ 양파를 편으로 혹은 원하는 디자인으로 자른 후 물과 과산화수소수를 10:1로 혼합한 용액에 침지하여 3~6개월 동안 약 20℃의 실내에서 숙성, 표백 후에 3~10일 동안 원하는 색상의 염액에 침지하여 착색을 실시한다. 착색이 끝난 양파는 압착(누름) 건조하여 완성한다.

⑥ 양파와 옥수수의 경우 일반섬유와 다르게 조직이 약하기 때문에 엽액(葉腋)이 파괴되지 않는 매염제*(과산화수소 H_2O_2, 명반)를 사용한다. 알칼리성 매염제는 발색은 좋지만 조직을 상하게 하므로 양파와 옥수수 껍질 염색 시에는 적합하지 않다.

⑦ 탈색은 작업이 어렵고, 번거로움과 효율성이 낮아 많이 사용하지 않는 방법이다.

TIP **매염제(媒染劑) : 전처리 없이 물들어지지 않는 경우에 사용하는 물질을 말한다.**
매염에 쓰는 물질에는 타닌계(tannin), 알루미늄 · 철 · 크롬 · 구리 · 백반 등의 수용성 금속 염류, 매염료 등이 있다.
알칼리성 매염제 : 대표적으로 흔히 잿물을 말하며, 생석회(산화칼슘,CaO), 소석회(수산화칼슘,Ca(H₂O)), 가성소다(수산화나트륨, NaOH) 등이 있다.

과산화수소수 활용법

① 과산화수소는 집을 청소하는 데 아주 큰 도움이 될 수 있다. 과산화수소(3% 농도)와 광천수를 동량 희석한 다음 스프레이를 이용하여 화장실, 조리대, 레인지 상단, 도마 및 기타 표면들의 소독에 아주 효과적으로 사용할 수 있다.

② 식기세척기를 청소하려면 세제통에 과산화수소를 살짝 뿌려주면 도움이 된다.

③ 과산화수소는 흰색 물건들에 뛰어난 표백제로 사용할 수도 있는데, 흰색 옷에 탄산음료, 레드와인, 피, 기타 얼룩 등을 제거할 수 있다. 피가 묻은 얼룩이라면, 얼룩에 과산화수소를 직접적으로 부은 다음 몇 분간 두었다가 잘 문지른 다음 헹궈내면 도움이 된다.

④ 특히 여름철 칫솔에 쌓인 바이러스와 박테리아를 완전히 죽이기 위해 과산화수소에 칫솔을 잠깐 적셔 놓으면 도움이 된다.

(5) 화색의 전환

① 압화는 식물(꽃)을 그대로 건조하여 사용하므로 장기간 그 아름다움을 유지할 수 없고, 빠른 변색과 퇴색으로 압화의 저변 확대에 있어 큰 어려움을 가지고 있었다.

② 화색의 발현에 대한 인간의 욕망은 다양한 방법을 개발, 이용하여 보다 화려하고 독특한 화색의 전환 및 색 보전을 야기했다.

③ 1996년 '절화염색법' 기법을 통하여 다양한 화색들이 등장하면서 압화는 새로운 전환점을 맞게 되었다.

④ 대표적인 화색 전환법에는 크게 발색법과 착색법이 있다.

(6) 발색법

① 발색(發色)이란 본연의 색이 변질되지 않도록 본래의 색을 유지하는 것이다.

② 발색법은 발색제(액)를 사용하여 본연의 색으로 환원시켜 본래의 색을 고정시키는 방법이다.

③ 발색 방법

㉠ 간접 발색법 : 식물체에 직접 발색 처리하지 않고, 붓으로 꽃종이 위에 발색제(액)를 바른 후 꽃종이를 식물 위에 올려 열(다리미)을 가하여 식물 고유의 색이 발현되도록 하는 방법이다.

㉡ 직접 발색법 : 붓을 이용하여 식물체에 직접 발색 처리하고 열(다리미)을 가하여 순간적으로 승화하여 기화된 발색액이 식물에 염착되어 고유의 색이 발현되도록 하는 방법으로 전사염색법이라고도 한다.

④ 실습

㉠ 재료 : 건조식물, 발색액, 팔레트, 스펀지, 꽃종이(습자지), 붓(넓적 붓), 다리미, 핀셋, 신문지, 비닐 등을 준비한다.

㉡ 발색에 좋은 꽃 : 수국, 장미, 코스모스, 물봉선, 지칭개, 꽃며느리밥풀꽃, 금낭화 등이 있다.

㉢ 간접법 실습 방법

a. 신문지 위에 스펀지를 깔고 다리미의 크기에 맞는 양의 식물(주로 꽃)을 올린다.

b. 쿠션지를 식물 위에 올려 덮어준다.

c. 비닐 위에 꽃종이를 펴고 그 위에 발색액이 묻은 붓으로 발라준다.

d. 다리미를 중온으로 설정한다.

e. 발색액이 스며있는 꽃종이를 b 위에 덮어준다.

f. 부서짐을 방지하기 위하여 다리미를 꽃 위에 살짝 얹는다는 느낌으로 10초간 열을 가한다.

g. 쿠션지를 때어내고 꽃이 본래의 색으로 돌아왔으면 완성(한 번으로 색이 나오지 않은 경우 여러 번 반복한다)된 것으로 본다.

㉣ 직접법 실습 방법

a. 팔레트홀에 발색액을 필요한 만큼 넣어 사용한다.

b. 납작 붓을 이용하여 식물에 직접 칠한다(바른다). 뭉퉁한 붓의 경우 발색액이 뭉칠 수 있으므로 주의한다.

c. 핀셋을 이용하여 꽃화지(습자지) 위에 식물을 올린다.

d. 발색이 끝난 식물 위에 다시 꽃화지를(약 3겹 정도) 올린다.

e. 중온의 다리미로 다린다. 강한 압력을 주면서 다리지 않도록 주의한다.

f. 습자지를 치우고 발색을 확인한다.

g. 착색이 불충분한 경우 재발색을 실시하고, 다리미로 다려 발색을 확인한다.

㉤ 주의사항

a. 스팀다리미 혹은 열판이 있는 다리미는 발색이 균일하게 이루어지지 않으므로 사용하지 않는 것이 바람직하다.

b. 발색제는 쉽게 휘발하는 특징이 있어 재료의 낭비를 줄이기 위하여 소량씩 사용하는 것이 바람직하다.

(7) 착색법

1) 착색

① 착색(着色)이란 일반적으로 물을 들이거나 색을 칠하여 색이 나타나게 하는 것을 말한다.

② 착색은 본래의 색을 고정시켜서 색의 변질을 최소화하거나, 식물에 제3의 색을 만들어 원래의 식물과 다른 느낌으로 유도하여 작품의 창의성과 독창성을 향상시키기 위하여 사용하는 방법이다.

③ 천연착색제로 사용되는 염료는 단가가 높고, 선명도가 떨어질 뿐만 아니라 종류의 제한이 있어 많이 이용되지 않고 있는 편이다. 반면, 19세기 중반부터 천연색소의 문제점을 개선한 합성색소들이 개발되면서 다양한 착색제들을 사용하고 있다.

④ 일반적인 천연염료로는 소목, 코치닐, 지치(자초), 오베자, 운지버섯, 밤껍질, 빈랑, 황백, 오죽, 쪽 등을 많이 사용하고 있다.

2) 착색법의 종류

① 착색법에는 내부, 외부 착색법이 있다.

② 내부 착색법은 식물체 내부로 색소를 침투시켜 착색하는 세포 내부 착색법이다.

③ 외부 착색법은 식물을 염색액에 침지하여 착색하는 식물 외부 착색법이다.

㉠ 세포 내부 착색법 : 물올림법

a. 절화 상태의 식물 일부분(물올림이 가능한 도관[물관]이 존재하는 줄기의 끝 등)을 착색용액에 담가 흡수된 용액에 의하여 식물에게 다양한 색상을 착색시키는 식물 염색법이다.

b. 세포 내부 착색법은 식물의 내부(도관)를 염색하는 방법으로 내부 착색법 또는 식물 도관 염색법으로 알려져 있다. 일반적으로는 염료용액을 빨아 올려서 착색한다 하여 물올림법으로 더 많이 알려져 있다.

c. 다양한 종류의 많은 식물에 응용할 수 있다.

d. 절화 즉, 줄기까지 있는 상태에서 착색하는 방법이다.

e. 식물의 물관에 의한 물올림 방법이다.

f. 여러 색상의 착색액을 이용 및 물올림하여 식물을 염색하는 방법이다.

g. 다양한 종류의 많은 식물에 응용할 수 있다.

㉡ 식물 외부 착색법 : 탈염색법

a. 탈색 후 착색제를 이용한 식물체(세포)의 변색을 유도하여 식물에 새로운 색을 입히는 방법으로 탈염색법이라고도 한다.

b. 대표적으로 양파와 옥수수 껍질, 연뿌리 등에 이용할 수 있다.

c. 탈색된 식물의 세포에 용액(착색액)을 침지시켜 착색 현상을 유도하는 방법이다.

3) 착색의 잇점

① 식물 색의 미화로 시각적 효과를 상승시킨다.

② 착색을 통하여 변색을 방지하고 색의 균일화를 이룰 수 있다.

③ 식물의 가치를 상승시킨다.

④ 작품의 구매 욕구를 상승시킨다.

4) 착색제(액)의 조건

① 인체에 무해하여야 한다.

② 미량으로도 사용 효과가 나타나야 한다.

③ 물리 · 화학적 변화에 안정하여야 한다.

5) 실습

① 세포 내부 착색법 : 물올림법

㉠ 식물이 착색액에 잘 스며들도록 전처리하여 준비한다.

ⓛ 다양한 색상의 착색액을 준비한다.

ⓒ 부재료(랙, 시험관. 휴지 등)를 준비한다.

ⓔ 여러 개의 시험관에 각기 다른 염료를 넣어 염색할 준비를 한다.

ⓜ 전처리가 끝난 식물을 여러 종류의 시험관에 넣고 물올림을 실시한다, 단, 1시간 이상 경과하지 않도록 한다. 물올림 시간이 길면 신선도가 하락할 수 있으므로 주의한다.

ⓑ 식물을 꺼낸다.

ⓢ 물올림이 끝난 식물은 건조매트를 이용하여 4~5일 건조하여 완성한다.

① 수국 준비

② 전처리

③ 전처리

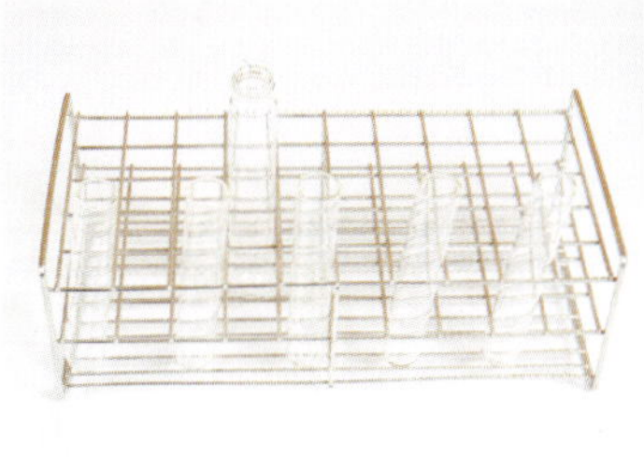
④ 랙과 튜브 준비

⑤ 착색액 준비

⑥ 수국 물올림

⑦ 착색 중

⑧ 착색 완료

● 수국의 세포 내부 착색법(물올림법) 시연(김순자 작품)

② 세포 외부 착색법

㉠ 옥수수 껍질을 절단하거나, 원래의 형태 그대로 또는 원하는 디자인으로 잘라 준비한다.

㉡ 준비된 옥수수 껍질을 탈색법을 이용하여 과산화수소에 담가 2~3일 동안 탈색, 표백을 유도한다.

㉢ 탈색이 끝난 옥수수 껍질을 꺼낸다.

㉣ 원하는 색상의 다양한 착색제 혹은 염색제를 준비하여 침지한다.

㉤ 준비된 염료(천연염료 또는 합성염료)의 염액에 1~3일 정도 침지하여 원하는 색으로 발현되었는지 확인한다.

㉥ 착색이 끝난 옥수수 껍질을 압착(누름) 건조시켜 완성한다.

양파

생쪽 염색

지치(자초) 염색

황백 염색

● 양파 천연염료 이용(신정옥 작품)

9 제작 기초

(1) 표본

1 기준 표본 제작

1) 표본의 대지작업

① 대지에 올리지 않은 건조된 표본은 관찰하기에는 좋으나 잘 부스러지기 때문에 이를 보호하기 위해 대지에 올려 고정한 표본은 영구적인 보관이 가능하다.

② 대지에 부착할 때 표본의 모든 부분을 최대한 관찰할 수 있도록 표본과 라벨을 잘 늘어놓는다.

③ 제작에 필요한 충분한 양과 라벨, 부속 채집물을 확인한다.

④ 표본의 질이 나쁘거나 생식기관이 없는 경우 보관과 폐기를 결정한다.

⑤ 생식기관이 없는 표본이라도 다음과 같은 경우에는 보관을 결정한다.

㉠ 잎과 꽃이 같은 철에 피지 않는 경우 : 일부 목본류(진달래)나 쇠뜨기속 식물, 일부 천남성류, 난초 및 일부 단자엽 식물이 해당된다.

㉡ 맹아(sucker) 등에서 나타나는 이형엽 등 변이의 확보 필요한 경우

㉢ 기록으로만 알려진 식물이 처음으로 발견, 채집된 경우에는 라벨에 표시하고 보관한다.

⑥ 작은 조각이나 부스러지기 쉬운 표본은 핀셋을 이용하거나 두꺼운 종이를 이용하여 들어올린다. 종이캡슐에는 연필로 채집번호를 기입하고 연약한 것은 따로 보관한다.

⑦ 여러 장의 대지에 표본을 고정하는 경우 라벨을 복사하거나 필수정보만을 기입하여 나머지 대지에 붙이고 붉은색의 고무도장을 찍어 표시한다. 표본에 첨부된 라벨이 빈약하면 새로 제작하여 붙이고, 원래의 라벨은 종이봉투에 넣어 보관한다.

⑧ 라벨의 크기가 큰 경우에는 필수정보만을 담은 라벨을 새로 제작하여 붙이고, 원래의 라벨은 접어서 종이봉투에 보관한다. 기준표본인 경우에는 기준 표본라벨을 사용한다.

⑨ 액침표본, 열매표본, 재감, 사진자료 등이 첨부되어 있을 경우 연계하여 확인할 수 있도록 하고 고무도장을 찍어 표시한다. 큰 열매가 표본에 붙어있는 경우는 따로 떼어내어 추가표본으로 만든다.

2) 표본의 배치

① 표본은 대지 위에서 모든 형질이 가장 잘 드러나도록 고려하여 배치한다.

② 라벨과 종이캡슐은 표본을 부착하기 전에 미리 적절한 위치를 선정한다.

③ 표본이나 캡슐, 라벨 등 부착물은 각각 적절한 위치와 부적절한 위치가 있으며 가장자리는 되도록 피하는 것이 좋다.

④ 표본을 고정하기 전에 먼저 가상의 가장자리를 선정하고 이 부분을 벗어나지 않도록 해야 하며, 또 속표지나 종표지 속에 표본을 쌓아 놓았을 때 왼쪽 가장자리가 더 많은 압력을 받는다는 것을 고려해야 한다.

⑤ 잘 눌러지지 않아서 쭈글쭈글한 표본은 대지에 고정하기 전에 불려서 다시 누른다. 우선 적절한 약품을 녹인 물에 하룻밤 동안 담그고 물에 헹군 후 생표본과 같은 방법으로 다시 눌러서 건조시키면 된다.

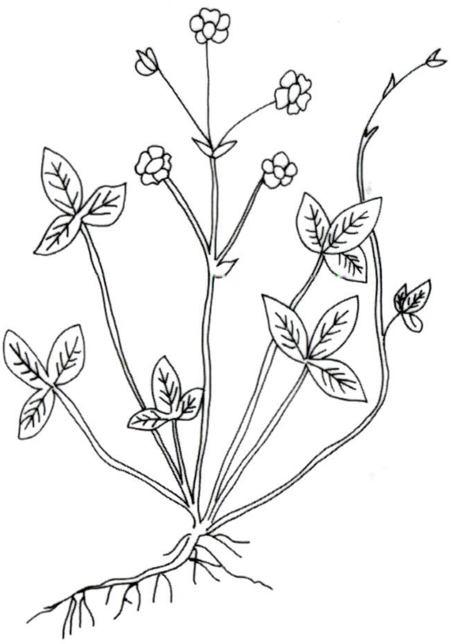

표본의 배열

⑥ 표본 배열 시 고려사항

㉠ 가능한 많은 형질을 관찰할 수 있는 쪽을 위로 향하게 배열한다.

㉡ 열매나 꽃을 가리고 있는 잎은 떼어내어 종이봉투에 보관한다.

㉢ 잎의 앞뒤가 다 보이도록 배열하고 필요하면 떼어내서 종이봉투에 보관한다.

㉣ 큰 잎이 한 장만 있는 표본은 일부를 잘라내어 뒤집어 놓거나 종이봉투에 보관하며, 꽃은 앞뒤가 다 보이도록 배열한다.

열매나 꽃을 가리는 잎은 떼어내어 종이봉투에 보관한다.

⑦ 덩어리로 뭉쳐 있는 표본은 하나씩 분리하여 부착하고 뿌리에 붙은 흙은 털어낸다.

⑧ 2개체 이상의 식물을 붙일 때는 한 방향으로 배열하고 크기가 큰 것, 무거운 것을 아래쪽에 둔다.

⑨ 작은 식물일 경우 수가 많으면 몇 개는 대지에 늘어놓고 나머지는 종이봉투에 보관한다. 수가 많지 않으면 전부 종이봉투에 보관한다.

⑩ 대지를 벗어나는 표본은 잘라서 정리한다. 가능하면 아랫부분의 가지를 잘라 대지에 맞추며 완전한 잎이 많이 있는 경우 잎을 잘라주거나 통째로 따서 종이봉투에 보관한다.

⑪ 위로 튀어나온 가시나 가지는 위쪽에 놓이는 다른 표본에 손상을 줄 수 있으므로 잘라낸다.

⑫ 깨지기 쉬운 부분은 속표지에 의해 상할 수 있으므로 왼쪽가장자리에 두지 않는다.

⑬ 표본은 세우는 것보다 사선으로 눕혀 배열하는 것이 더 많은 공간을 확보할 수 있고 라벨 뒤에 가려지는 부분을 없앨 수도 있다.

⑭ 길이가 긴 식물은 대지의 크기에 맞추어 적절한 부위에서 접는다.

⑮ 큰 꽃이 하나만 있는 표본은 꽃을 고정해서는 안 되며 투명한 셀로판지 등을 이용해서 창을 덮는다. 창은 위쪽만 고정하여 자세한 관찰을 필요로 할 때 들춰 볼 수 있도록 하고, 꽃이 떨어져 없어질 경우를 대비하여 꽃에 대한 정보를 기록하여 부착한다.

⑯ 부스러지기 쉬운 화서가 있는 표본은 표본 전체를 비닐봉투에 넣어 보관한다(벼과식물의 표본은 화서 전부를 대지에 고정시키지 않는다).

⑰ 라벨

㉠ 라벨을 붙일 자리는 맨 처음 생각하되 부착은 맨 나중에 한다.

㉡ 라벨을 붙이는 가장 좋은 위치는 오른쪽 아래 부분이며 이렇게 하는 것이 속표지를 오른쪽에서 열었을 때 보기가 쉽다.

㉢ 추가로 붙는 라벨은 원라벨의 위쪽에 붙이거나 아니면 최대한 가까운 곳에 붙인다.

㉣ 라벨의 전면에 접착제를 발라 대지에 완전히 부착하고, 표본이 커서 불가능한 경우는 윗부분만 붙인다.

㉤ 라벨이 표본의 두꺼운 부분이나 튀어나온 부분에 겹쳐지지 않도록 주의한다.

㉥ 라벨을 고정하기 전에 뒤쪽에 지도 혹은 추가적인 정보가 있는지 항상 확인하며, 이 경우 한쪽만을 고정한다.

㉦ 오른쪽 아래쪽에 라벨을 부착하기 불가능한 경우는 다른 자리를 찾아도 되고, 라벨이 큰 경우에는 접어서 종이봉투에 보관한다.

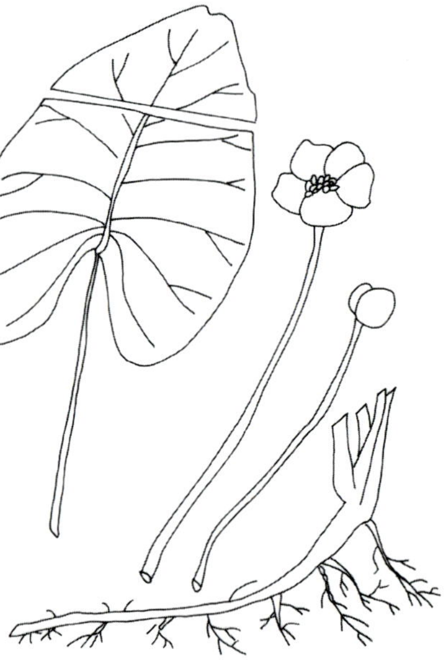

큰 잎이 1장만 있는 표본은 일부를 잘라 뒤집어 붙인다.

⑱ 종이봉투(paper capsules)

㉠ 떨어진 부스러기를 고려하여 크기를 결정한다.

㉡ 가능하면 오른쪽 가장자리에 붙이는 것이 좋으며, 왼쪽은 속표지의 부피를 증가시키고 표본을 파손하므로 피하는 것이 좋다.

㉢ 분류군에 따라서는 부피가 큰 봉투가 계속 쌓이는 경우가 있는데 이때는 위치를 바꿔가며 붙이는 것이 좋다.

㉣ 종자 등을 넣은 비닐봉지도 종이봉투에 넣어두며 떨어진 여분의 꽃이 많을 때는 봉투 속에 넣어두어 연구자가 활용할 수 있도록 한다.

⑲ 꼬리표 : 채집번호가 적힌 꼬리표로 보통 채집현장에서 부착되며 실로 식물에 연결되어 있다. 이것은 라벨 옆에 고정하거나 표본에 붙은 채로 보관한다.

표본의 대지 부착에 사용한 접착 방법의 발전사

1. 캐나다 자연사박물관의 경우 1800년대에는 생선뼈로 만든 접착제나 종이띠를 사용하였다.
2. 처음에 모든 표본은 대지 위에 식물체의 뒷면을 접착제로 붙였기 때문에 접착제가 마르면서 잎이 갈라지는 현상이 발생하였다.
3. 이것은 접착제가 건조하면 굳어서 부서지기 쉬운 상태로 되기 때문인 것으로 밝혀졌다. 따라서 그 후에는 접착제와 종이띠를 같이 사용하였다. 그러나 종이띠는 떨어지거나 다시 갈아주어야 되는 경우가 많기 때문에 점차 사용하지 않게 되었다.
4. 1900년대부터 1950년대까지는 아마섬유로 만든 테잎이 사용되었다.
5. 최근 조사 결과 린넨 테잎이 잘 견디는 것으로 나타났으며, 1900년대 초에는 린넨 테잎에 접착제로 젤라틴(정제된 아교)을 사용하였다.
6. 현재 판매되고 있는 린넨 테잎은 젤라틴과 전분을 섞어 만든 것이다. 그러나 이것은 젤라틴 테잎만큼 접착력이 좋지는 않았다.
7. 1950년부터 1970년대 초까지 아처(Archer)의 합성물로 알려진 접착제를 사용하였는데, 이것은 에틸셀룰로오즈, 메틸스티렌(styrene), 톨루엔, 메탄올의 합성물이다.
8. 이 합성물은 독성이 있어 작업자의 건강을 해칠 수 있다는 문제점 때문에 계속적인 사용이 이루어지지 않고 있다. 또 에틸셀룰로오즈를 포함하고 있어 색깔을 퇴색시키는 등의 작용이 있기 때문에 적절하지 않으며, 에틸셀룰로오즈보다는 메틸셀룰로오즈를 사용하는 것이 안전하다.
9. 아직도 아처의 합성물을 접착제로 사용하고 있는 표본관은 표본을 제작하는 과정, 특히 접착제가 마르는 동안은 필히 환기시설이 잘되어 있는 곳에서 실행되어야 한다.
10. 비닐아세테이트(PVA) 유액, 소위 백색 접착제로 불리는 것이 1970년대 초부터 일부 표본관에서 사용하여 왔고 오늘날까지도 사용하고 있다. 그러나 이것 또한 아처의 접착제보다 독성이 적으나 산을 방출하기 때문에 아주 적합한 접착제는 아니다.

3) 표본 대지 고정

표본을 대지에 고정하는 방법에는 실 혹은 접착 테잎으로 고정하는 방법과 접착제를 전면에 발라 고정하는 방법이 있다. 표본의 장기적인 보호측면에서는 전면접착법이 안전성이 있으나 처음 접착제 선정에 많은 고려가 필요하며 표본 활용에 불편한 점이 있다.

4) 표본의 대지부착 방법

① 끈 고정법(끈매기)

㉠ 실 고정법

a. 목화실 혹은 아마실을 이용하여 줄기부분을 두 번 정도 감아 고정한다.

b. 매듭은 대지의 뒤에서 짓고 테이프 등을 붙여 아래에 있는 표본에 걸려 풀리지 않도록 한다.

㉡ 테이프 고정법

a. 테이프 고정 방법은 고정은 확실하게 하고 관찰은 최대한 보장하는 것에 그 목적이 있다.

b. 아라비아고무풀이 묻어 있는 린넨 테이프를 이용하는데, 약한 부분은 폭이 좁은 테이프를 사용하고 두꺼운 가지 등은 넓은 테이프를 이용하여 고정한다.

c. 테이프에 의해 꽃이나 작은 화서 같은 중요한 부분이 가려지지 않도록 한다. 그러나 벼과식물 같이 화서가 긴 것은 화서의 아래쪽에 테이프로 고정하고, 화서의 적절한 위치(대개 2/3 지점)에 가로질러 한 번 더 고정한다.

d. 잎을 가로질러 테이프를 붙이는 경우에는 테이프의 양쪽 끝부분만 대지에 고정하고, 잎부분은 자유롭게 움직일 수 있도록 남겨 놓는다.

㉢ 끈 고정법의 장점과 단점

a. 장점

- 표본의 뒷면을 관찰하기 쉽다.
- 표본에서 시료를 채취하기 쉽다.
- 열처리나 초저온 냉동처리에 영향을 받지 않는다.

b. 단점

- 운송 중에 표본이 움직이므로 파손될 가능성이 있다.
- 불법적으로 시료를 채취할 가능성이 많다.
- 표본을 고정하는 데 상대적으로 작업량이 많아, 많은 전문 인력을 필요로 한다.

② 전면 접착법

㉠ 표본의 뒷면에 접착제를 칠해 표본을 대지에 완전히 고정하는 방법이다.

㉡ 수용성의 목공 접착제, 도서관용 접착제, 라텍스 접착제를 사용하지만 최근에는 쉽게 떼어낼 수 있는 PVA나 메틸셀룰로오즈를 선호한다.

㉢ 가끔 얇은 꽃잎이나 잎이 접착체에 포함된 물기를 흡수하여 말리는 경우가 있는데 이를 피하기 위해서는 줄기에만 풀칠을 하는 것이 좋다. 특히 초저온 냉동고에서 처리하는 표본은 반드시 이 방법을 쓴다.

㉣ 대지에 고정된 표본을 받았을 때는 표본관의 기준에 맞는 대지를 이용하여 다시 제작할 수 있다.

㉤ 테이프로 고정된 표본은 쉽게 분리할 수 있으며, 라벨은 대지와 함께 도려내거나 떼어낸다. 셀로판테이프로 고정한 표본은 손상되지 않도록 주의하면서 분리한다.

㉥ 접착제로 고정한 표본은 뗄 수 있으면 떼어내고, 불가능한 경우에는 표본을 오려낸다.

㉦ 전면 접착법 장점과 단점

a. 장점

- 운송 중이라도 표본이 대지에 완전히 고정되어 있어 파손의 위험이 없다.
- 불법적인 시료채취가 불가능하다.

b. 단점

- 초저온 처리에 접착제의 수축으로 표본이 손상 받을 우려가 있다.
- 수용성 접착제를 사용한 경우만 표본 뒷면의 관찰이 가능하다.
- 해부나 다른 연구를 위한 모든 시료를 미리 종이봉투에 보관해야 한다.
- 부피가 큰 부분은 따로 끈으로 고정해야 한다.

③ 아치 고정법(Archer method) : Archer(1950)가 개발한 방법으로 가는 노즐이 달린 용기에 담긴 점도가 높은 플라스틱 접착제를 표본의 군데군데 뿌려 대지에 고정하는 방법이다.

④ 수생식물의 부착

㉠ 수용성 접착제를 이용하는 경우 표본이 접착제로부터 수분을 흡수하게 되면 모양이 망가질 뿐만 아니라 다루기가 불편하며 대지에 부착하는 것도 어렵게 된다.

㉡ 이러한 이유 때문에 수분흡수가 잘 되는 수생식물은 라텍스 접착제를 이용한다.

㉢ 수생식물의 표본은 퇴색이 잘된다.

㉣ 수생식물의 부착 작업요령

a. 대지에 표본을 조심스럽게 배열한다.

b. 밀랍지나 투명종이로 덮는다.

c. 표본이 움직이지 않도록 하면서 전체를 뒤집는다.

d. 순서는 위에서부터 대지 – 표본 – 투명지(밀랍지)의 순으로 작업한다.

e. 대지를 들어내고 표본에 접착제를 바른다.

f. 대지를 다시 원래의 자리에 놓는다.

g. 다시 뒤집는다.

h. 표본이 대지에 완전히 붙도록 투명지를 문질러 준 다음 조심스럽게 떼어낸다.

i. 잘 붙지 않은 부분은 접착제를 덧칠하여 완전히 붙도록 작업한다.

2 교육 실습용 표본 제작

1) 실습 표본 제작(초등학생용)

① 선행요건

㉠ 교과 과목에 실려 있는 식물을 기준으로 한다.

㉡ 식물의 관찰이 쉬운 봄 또는 초여름에 생장단계별로 채집한다.

㉢ 식물에 대한 이해를 돕기 위한 것으로 표본 제작에 있어 어렵지 않는 식물을 선정한다.

㉣ 채집한 식물을 모아 표본으로 제작한다.

② 표본 제작의 목적

㉠ 표본을 통하여 계절에 관계없이 식물을 관찰할 수 있다.

㉡ 완성된 표본을 통하여 분류학상의 중요한 특징들을 학습할 수 있다.

㉢ 이동이 용이하여 휴대가 편리하고 손쉽게 활용할 수 있도록 표본을 제작한다.

2) 표본 제작 작업 순서

① 채집 식물 대상 선정

② 식물 채집

③ 채집식물 건조(건조매트 이용)

④ 건조된 식물 분류

⑤ 표본의 제작

㉠ 준비물

a. 건조식물, 대지 & B4 크기의 색지, 얇은 색지 & 습자지, 접착제(풀, 테이프)

b. 표본키트를 사용하여 제작하면 보다 편리하게 표본을 제작할 수 있다.

㉡ B4색지의 앞면에는 식물의 국명을 표기하고, 뒷면에 레이블을 작성하고 아래에 분류학상 특징들을 식물도감을 참조하여 기재한다.

a. 레이블표시 - 크기 : 가로 9㎝, 세로6㎝

– 표기사항 : 학명(이명법), 국명, 과명, 채집 장소, 채집 일시 등을 기록한다.

<table>
<tr><td rowspan="5">표본라벨</td><td>학　명</td><td></td></tr>
<tr><td>국　명</td><td></td></tr>
<tr><td>과　명</td><td></td></tr>
<tr><td>채집 장소</td><td></td></tr>
<tr><td>채집 일시</td><td></td></tr>
<tr><td>개화기</td><td colspan="2"></td></tr>
<tr><td>특징</td><td colspan="2"></td></tr>
<tr><td>꽃색</td><td colspan="2"></td></tr>
<tr><td>높이</td><td colspan="2"></td></tr>
</table>

ⓒ 식물을 동정한다.

a. 전문적인 지식이 필요하므로 선생님과 같이 검색표를 이용하여 동정한다.

b. 효과적인 동정과 흥미를 유도하기 위하여 화색별로 역할을 분담하여 건조식물을 분류한다.

ⓔ 화색별로 분류된 식물을 접착제를 이용하여 부착한다.

ⓜ 저온으로 코팅 처리하여 표본을 완성한다. 단, 코팅 처리 중 화색이 변할 수 있으므로 주의한다.

ⓑ 완성된 표본을 비교하여 토론한다.

3) 초등학교 교과 식물 목록

초등학교 교과서에 나오는 식물은 무궁화, 민들레, 개나리, 갯버들, 버드나무, 나팔꽃, 목련, 벚나무, 쑥, 제비꽃, 진달래, 해바라기, 가지, 고추, 도라지, 백일홍, 봉숭아, 엉겅퀴, 오이, 채송화, 토마토, 호박, 수박, 옥수수, 참외, 대추나무, 밤나무, 배나무, 국화, 단풍나무, 도토리, 참나무, 밤나무, 벼, 억새, 코스모스, 감나무(씨, 열매), 깨(참깨, 들깨), 단풍나무, 도토리, 무, 배추, 보리, 벼(쌀, 찹쌀), 소나무(솔씨, 솔방울), 은행나무(열매), 조, 콩, 팥, 플라타너스, 호두나무(호두), 은행나무, 장미, 엉겅퀴, 쑥, 플라타너스, 메꽃, 사철나무, 졸참나무, 참나무, 상수리나무, 전나무, 조릿대, 대나무, 토끼풀, 밀, 머루, 홍단풍, 측백나무, 동백나무, 떡갈나무, 아까시나무, 참깨, 찔레, 패랭이꽃, 낙엽송, 강아지풀, 맨드라미, 채송화, 칡, 뱀딸기, 시금치, 버섯, 사과나무, 인삼, 싸리, 콩, 조(좁쌀), 귤나무 등 약 100~120종 이상이다.

(2) 압화 제작 실습

1) 과채류 압화 소재 제작 실습

① 과채류를 일정한 두께로 절단 또는 속을 파내고 일부 수분을 제거 후 압착 건조하여 압화 소재로 제작한다.

② 주의사항

㉠ 과채류의 입체적인 모양을 살리도록 주의하여 건조한다.

㉡ 수분함량이 높은 과채류는 휴지 또는 솜 등을 이용하여 수분을 미리 제거하고 건조하는 것이 바람직하다.

㉢ 수분함량이 높은 과채류 건조 시 건조매트를 약 1~2일 동안은 자주 교체(최대 1일 약 3~5회)하여 과채류의 부패와 갈변을 방지하여야 선명한 색상의 압화소재를 얻을 수 있다.

㉣ 딸기의 경우 과숙과보다 미숙과를 택하여 작업하는 것이 유리하다.

㉤ 가지는 색상이 선명하고 형태가 바른 것을 선택하여 작업하는 것이 바람직하다.

㉥ 과채류의 특성을 바로 알고 그 특성에 맞는 방법을 선택하여 압화 소재로 가공 · 제작하여 만든다.

㉦ 압축 시 전 면적이 균일하게 중량감이 전해지도록 압축한다.

③ 제작 실습

㉠ 재료 및 도구 : 압판(프레스보드) 세트, 건조매트, 꽃배열지, 비닐봉투(지퍼백), 키친타월(휴지) 또는 솜, 꽃가위, 핀셋, 칼, 매쉬, 과채류 등

㉡ 실습 과정

a. 과채류의 분할 · 절단 : 과채류의 육질과 수분함량을 고려하여 건조에 최적화된 두께로 분할 · 절단한다.

b. 수분 제거 : 절단된 과채류는 휴지와 솜을 이용하여 건조 전 표면의 수분을 제거한다. 단, 수분함량이 높은 과채류의 경우 반복적으로 수분 제거 작업을 한다.

c. 결속 : 압판(프레스보드) → 건조 쿠션 → 꽃배열지 → 과채류 → 매쉬 → 건조 쿠션 → 압판 등의 순서로 결속한다.

d. 밀봉 : 압축된 압판 세트 전체를 비닐봉투에 이중으로 밀봉한다.

e. 압축 : 결속된 과채류를 무거운 중량물로 눌러 압축한다.

f. 건조매트 교체 : 과채류의 수분함량에 따라 교체하는 회수와 일수는 다르다.

g. 건조 : 건조 기간은 과채류의 수분함량에 따라 차이가 있으며 일반적으로 3~5일, 길게는 일주일 정도의 시간이 소요된다.

h. 보관 : 건조된 과채류 소재는 보관봉투에 보관하여 흡습에 대비한다.

① 과채류 준비

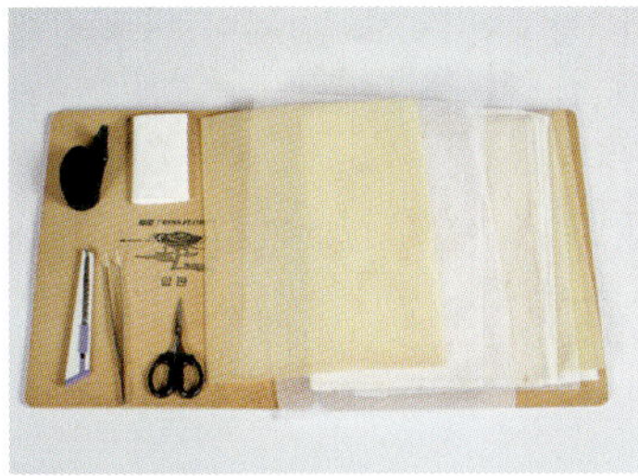

② 건조도구 준비

③ 겹치지 않도록 주의

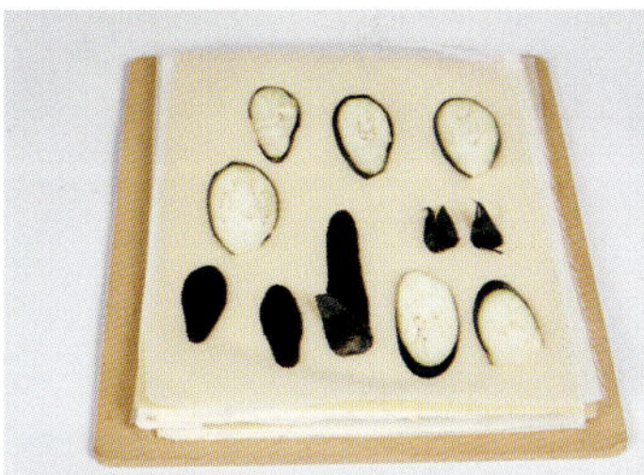

④ 배열 완료

⑤ 흡습지

⑥ 스펀지

⑦ 흡습지

⑧ 연근

⑨ 흡습지

⑩ 스펀지

⑪ 압판

⑫ 결속

⑬ 누름(압착) 시작

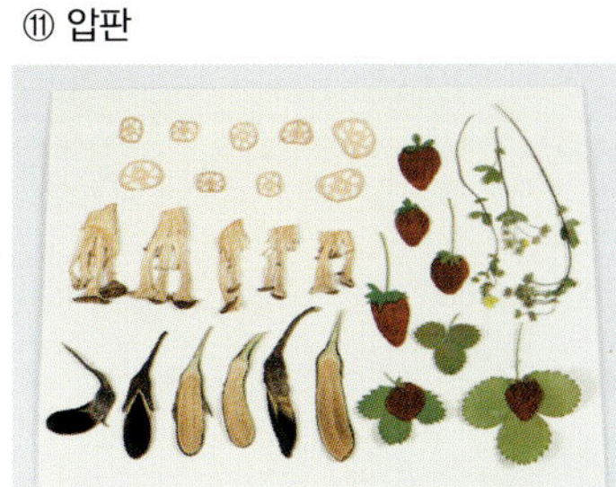

⑭ 완성

● **과채류 압화 소재 제작 시연(조미숙 작품)**

㉢ 딸기

a. 분할 · 절단 : 딸기를 1/3로 분할 · 절단한다.

b. 속 제거 : 속(과육)을 제거한다.

a. 수분 제거: 키친타월을 이용하여 수분 제거 작업을 반복한다.

① 분할 · 절단

② 속 제거

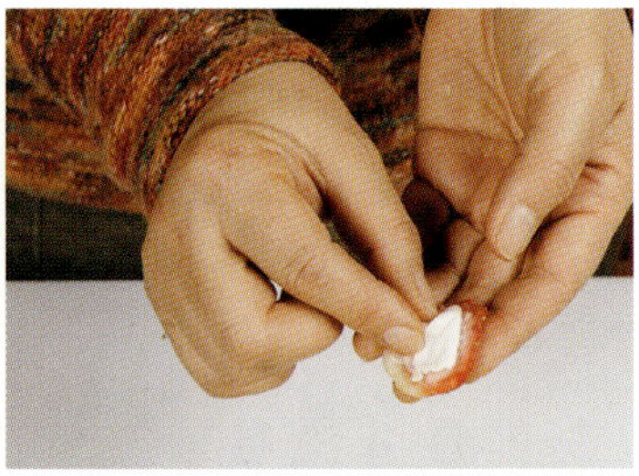
③ 수분 제거

허혜숙 작품

김경숙 작품

2) 필름 코팅 기법 – 액자 제작 실습

액자, 바구니, 엽서, 수첩 등 아주 손쉽게 누구나 간단히 할 수 있는 방법이다.

① 도구 및 재료 : 액자세트, 꽃가위, 핀셋, 필름지, 압화용풀, 풍선초(풍선덩굴), 벚나무 잎, 여뀌, 공조팝, 나무수국 등

② 주의사항

㉠ 식물 소재를 많이 사용하여 디자인하는 경우 필름 마감이 어려워지므로 주의한다.

㉡ 식물을 부착할 때 디자인이 흐트러지지 않도록 주의한다.

㉢ 식물재료가 손상되지 않도록 소량 사용한다.

㉣ 압화용 풀의 사용량이 많이 경우 식물 특히, 꽃의 변색을 유발하므로 주의한다.

㉤ 덩어리진 압화용 풀의 경우 식물의 훼손을 촉진하므로 사용에 주의한다.

ⓑ 공기의 유입으로 기포가 발생할 수 있으므로 필름 마감 부착 시 주의가 필요하다.

ⓢ 필름지로 작품을 마감할 때 손에 묻지 않도록 주의한다. 묻은 경우 손자국으로 인하여 작품의 완성도가 떨어진다.

③ 제작 실습

㉠ 배경지 준비 : 배경지를 액자마트지의 크기에 맞게 절단하여 준비한다.

㉡ 디자인 : 준비된 식물재료를 이용하여 디자인한다.

㉢ 고정 : 압화용 풀을 이용하여 고정한다.

㉣ 필름지 부착 : 디자인한 배경지 상부에 필름지를 붙여준다.

㉤ 정리 : 필름지 끝부분을 매끄럽게 정리하여 마감한다.

㉥ 액자 완성 : 작품을 액자에 넣어 마무리한다.

④ 작품 제작의 팁

㉠ 정전기 방지를 위해 떼어낸 밑면에 반대로 붙여 작품에 덮으면 된다.

㉡ 배경지가 없는 경우 파스텔로 다양한 색상을 연출하여 작품을 제작할 수도 있다.

① 재료

② 배경지 준비

③ 디자인

④ 부착

⑤ 부착 완료

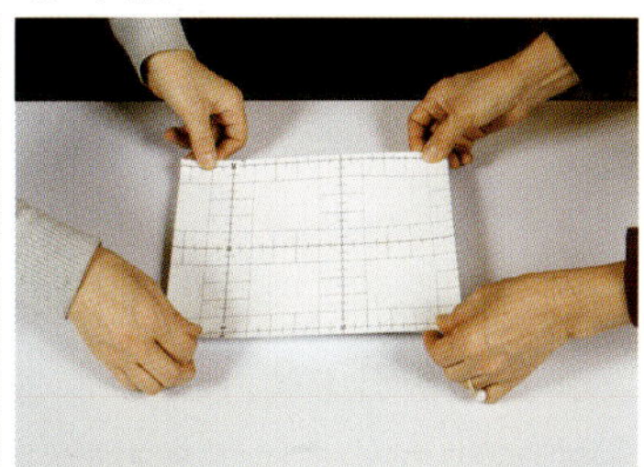

⑥ 필름지 부착

⑦ 필름지 정리

⑧ 액자 넣기

⑨ 완성

● 비닐코팅 접합법 시연(김순자 작품)

3) 표본 압화 제작 실습

① 도구 및 재료

㉠ 도구 : 레진, 건조제, 빨대, 핀셋, 꽃가위, 실리카겔, 호일(알루미늄), 바탕지, 부직포, 액자, 공기펌프기 등

㉡ 식물 재료 : 산자고

② 주의 사항

㉠ 지나치게 두꺼운 소재의 경우 공기추출법 작업 중 호일이 파손될 수 있으므로 주의한다.

㉡ 레진이 고르게 도포되지 않는 경우 작품에 스며들 수 있으므로 주의한다.

㉢ 고르게 도포하기 위해 플라스틱 숟가락 등의 도구로 실리콘에 강한 압력을 가하는 경우 유리가 파손될 수 있으므로 주의한다.

㉣ 마지막 공기 제거 작업은 빨대를 제거하고 재빠르게 남은 공기를 추출하고 밀봉하도록 한다. 작업의 속도가 느린 경우 다시 공기가 유입되어 재작업을 실시해야 하므로 주의한다.

③ 제작 실습 - 공기추출법

㉠ 바탕지 준비 : 바탕지 하부에 부직포를 깔아 준비한다. 바탕지의 크기는 액자마트지의 각 가장자리면 1㎝ 내측으로 잘라 준비한다.

㉡ 디자인 : 준비된 바탕지 상부에 식물재료를 이용하여 원하는 디자인을 한다(흐트러지지 않기 위해 일부 부위에 압화용 접착제로 부착하여 고정한다).

㉢ 호일 준비 : 액자의 뒷판, 유리사이즈와 동일하게 잘라 준비한다.

㉣ 건조제, 탈산소제 배치 : 호일지는 덜 반짝거리는 면을 상부로 하여 건조제와 탈산소제를 배치하되, 겹쳐지지 않도록 거리를 두어 배치한다.

㉤ 배경지와 결합 : 건조제와 탈산소제가 배치된 상부에 식물재료를 이용하여 디자인한 배경지(부직포 포함)를 배치한다.

㉥ 레진 도포 : 배치한 배경지 바깥부분의 호일에 레진을 둘러 발라준다.

㉦ 유리 덮기 : 유리를 덮어 레진을 고르게 펴지도록 눌러준다.

㉧ 공기 추출 준비 : 유리, 바탕지, 부직포, 호일의 순으로 깔린 작품의 부직포와 호일 사이의 모서리 부분에 빨대를 삽입하여 준비한다.

㉨ 공기 추출(제거) : 빨대를 이용하여 공기펌프기로 내부의 공기를 추출하여 압착시킨다.

㉩ 빨대 제거 : 공기 추출이 완료되어 압착되면 빨대를 제거한다.

㉪ 마무리 : 빨대가 제거된 모서리를 이용하여 최종적으로 작품 뒷판 내의 공기를 제거한다.

㉫ 레진 접착 : 도구(작은 플라스틱 스푼)를 이용하여 레진이 발라진 경계부를 조심히 밀어 기포를 제거하고 유리와의 접착을 강화시킨다(3시간 경과 후 공기 압착을 반드시 확인하여 작품의

완성도를 높여준다).

㉲ 액자 삽입 : 완성된 액자에 삽입하고, 뒷판 호일을 보호하도록 비닐쿠션지(신문지 등)를 넣어 완료한다.

※ 마감은 공기추출법, 코팅법, 바니시법, 아크릴수지법, 유리접합법 등 다양한 방법을 이용하여 표본을 제작할 수 있다.

① 재료 및 도구

② 바탕지 준비

③ 디자인

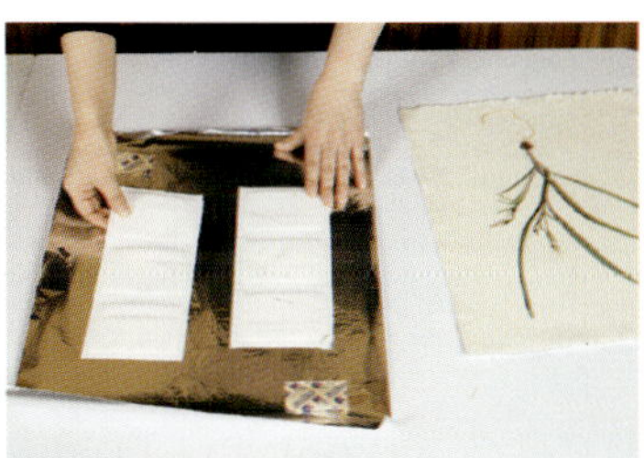

④ 건조제

⑤ 배경지와 결합

⑥ 레진 작업

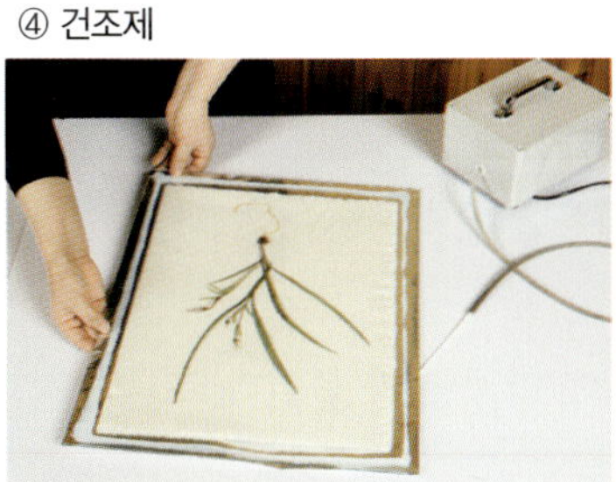

⑦ 레진 도포

⑧ 공기 추출 준비

⑨ 공기 추출

⑩ 마무리 1

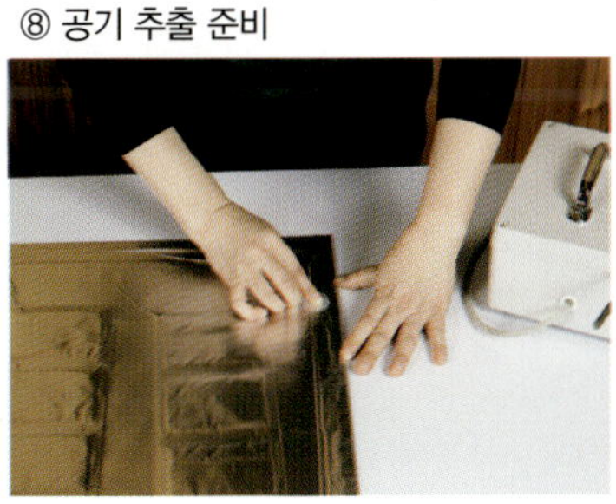

⑪ 마무리 2

⑫ 마무리 3

⑬ 액자 삽입 1

⑭ 액자 삽입 2

⑮ 완성

● 공기추출법을 이용한 압화 표본 제작 시연(배선아 작품)

4) 에폭시 기법 – 명함케이스 제작 실습

① 도구 및 재료

㉠ 도구 : 명함프레임(케이스), 알루미늄판, 명판, 경화제, 수지, 붓, 핀셋 등

㉡ 식물 : 다양한 압화용 식물 소재 가능

② 주의 사항

㉠ 에폭시를 명판에 부을 때 한쪽으로 몰려 두께가 다르게 되지 않도록 골고루 도포한다. 이때 이쑤시개, 붓을 이용하면 작업을 수월하게 진행할 수 있다.

㉡ 에폭시 건조 시 이물질이 들어가지 않도록 유의하여 건조한다.

㉢ 건조 전에 접촉하면 작품에 찍힘이 발생할 수 있으므로 2일 이상의 건조시간이 지난 뒤 접촉하도록 한다.

㉣ 건조 장소에 따라 먼지와 기포 등이 발생할 수 있으므로 주의하며 건조한다.

㉤ 에폭시는 경화 용도와 경화 시간에 따라 다양하게 제작하여 사용한다.

③ 실습 방법

㉠ 명판 접착 : 알루미늄판에 원하는 바탕의 명판(배경지)을 크기에 맞게 잘라 붙인다.

㉡ 디자인 : 준비된 배경지에 식물재료를 디자인한다.

㉢ 식물 접착 : 압화용 접착제를 이용하여 준비된 식물을 부착한다.

㉣ 에폭시 고정액 제작 : 경화제와 수지를 2 : 1 또는 아크릴수지 1 : 경화제 1의 비율로 혼합하여 마감처리를 위한 고정액을 충분히 섞어 준비한다.

㉤ 에폭시 고정액 바르기 : 디자인 배경지에 디자인한 식물재료가 충분히 고정·마감되도록 도포한다.

㉥ 건조 : ㉤을 건조하여 완성한다. 식물재료와 작품에 따라 건조시간은 상이하며, 대부분 2~3일 정도 소요된다.

① 도구 및 재료

② 배경지

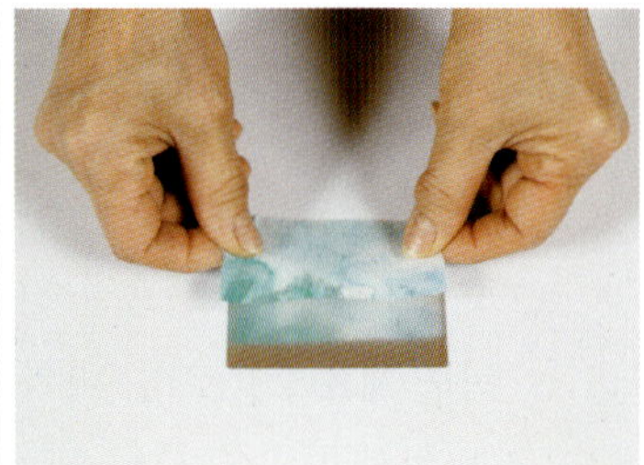
③ 배경지 부착

④ 디자인하기

⑤ 접착제 바르기

⑥ 식물 부착

⑦ 경화제 처리

⑧ 수지 처리

⑨ 혼합

⑩ 에폭시 고정액 도포

⑪ 명판 부착

⑫ 완성

● 에폭시 기법을 이용한 명함케이스 제작 시연(채명례, 신정옥 작품)

5) 직접법

① 단면 유리직접법 - 액자 제작 실습

㉠ 도구 및 재료

a. 도구 : 액자세트, 호일스티커, 투명시트 1장, 실리카겔(건조제), 탈산제 등

b. 식물 재료 : 클로버, 마가렛, 조팝, 가시여뀌 등

㉡ 주의 사항

a. 파스텔 파우더를 이용한 꽃의 경우 변색에 유의하여야 한다.

b. 알루미늄 테이프형 호일로 모든 면을 도포하여 빈틈이 없도록 한다.

a. 접착필름을 이용하여 마무리할 때 공기층이 생기지 않도록 유의한다.

b. 공기의 유입으로 변색하므로 주의한다.

㉢ 실습 방법

a. 바탕지에 디자인을 구상한다.

b. 작품에 이용할 꽃을 선택한다.

- 착색 혹은 발색된 꽃을 사용한다.
- 파스텔 파우더(가루, 분말)를 도포하여 착색된 꽃으로 작품을 구상한다.

c. 바탕지에 구상한 디자인으로 식물을 올려 압화용 접착제로 식물을 부착한다.

d. 완성된 바탕지 뒷면에 건조제와 탈산소제를 넣어 흡습을 방지한다.

e. 접착필름으로 직접 접합하여 마무리한다.

f. 액자에 넣어 작품을 마무리한다.

조미숙 작품

박정숙 작품

② 한지 직접법 - 한지 스탠드 제작 실습

㉠ 준비물

a. 도구 : 스탠드, 한지 접착 시트, 레진, 다리미

b. 식물 : 작약, 수국, 양귀비, 소국, 풍선초 등

㉡ 실습 방법

a. 스탠드의 배경색과 사용할 소재의 색을 고려하여 디자인한다.

b. 꽃의 전체적인 어울림을 고려하여 디자인한다.

c. 디자인된 스탠드에 한지를 이용하여 고정하고 작품을 마무리한다.

㉢ 작품의 팁

a. 바탕색은 파스텔과 물감을 이용하여 작품의 디자인에 어울리는 색을 직접 선택할 수 있다.

b. 완성된 스탠드에 실리콘 레진을 도포하여 변색을 방지하며, 색상이 선명해진다.

오분희 작품

백진주 작품

③ 파라핀 직접법 제작 실습

평범한 초를 자연소재로 장식하여 양초의 격을 상승시키는 기법으로, 한지마감보다 자연스러운 코팅기법이다.

㉠ 도구 및 재료

a. 도구 : 핫플레이트, 비커, 접착제, 파라핀, 양초, 이쑤시개 등

b. 식물 재료 : 누름꽃

㉡ 주의 사항

a. 양초에 잘 밀착되도록 접착제를 꼼꼼히 작업한다.

b. 가열도구 사용에 주의한다.

c. 피부에 닿지 않도록 화상에 주의하며, 장갑 등의 보호장구를 착용하고 작업한다.

d. 고형의 파라핀을 녹여 표면을 코팅하므로 양초의 끝까지 담길 수 있는 양만큼 녹여서 준비한다.

e. 파라핀 액화 시 고온(200℃ 이상)에서 백색연기가 발생하므로 통풍이 잘 되는 곳에서 작업하여 연기로 인한 피해를 방지한다.

f. 침지 시 액화된 파리핀이 고루 도포되도록 한다.

g. 고온에서 도포 작업을 실시하는 경우 소재의 색과 형태가 변형될 수 있으므로 주의한다.

h. 파라핀의 종류에 따라 다소 차이는 있으나 일반적으로 40~60℃ 정도의 온도에서 코팅하는 것이 바람직하다.

i. 매끈한 코팅을 위하여 파라핀을 약 100℃의 온도에서 액화시킨 후 40℃로 낮아졌을 때 도포 작업을 빠르게 실시하는 것이 좋은 작품을 제작할 수 있다.

j. 액화 파라핀에 양초를 경화시킬 때 식물재료의 접착 상태를 확인하고 미흡한 경우 다시 실시한다.

㉢ 실습

a. 디자인 : 양초 둘레에 꽃을 디자인한다.

b. 식물 접착 : 압화용풀을 이용하여 식물을 접착한다.

c. 파라핀 액화 : 비커 속에 고체 파라핀을 가열하여 액화시킨다.

d. 침지 : 파라핀 액화액에 디자인이 완성된 양초를 침지한다.

e. 경화 : 양초를 꺼내어 경화시킨다.

f. 완성 : 겉표면의 파라핀이 완전히 경화되면 작품이 완성된 것이다.

① 도구 및 재료

② 디자인하기

③ 파라핀에 침지

④ 경화 및 완성

● 파라핀 기법을 이용한 압화 양초 제작 시연(이동은 작품)

이동은 작품

이미자 작품

6) 바니시 기법 제작 실습

① 도구 및 재료 : 매직, 바니시(유광, 무광), 공예용풀, 이쑤시개, 핀셋, 붓(작품 크기 대비), 작약

② 실습방법

㉠ 디자인 : 나무판 상부에 식물재료(작약)를 디자인한다.

㉡ 초벌 : 식물체의 경계부에서 중앙으로 붓을 이용하여 바니시를 바른다.

㉢ 재벌 : 마른 작품 위에 바니시를 덧입혀준다.

㉣ 건조 : 자연건조한다. 단, 식물의 두께와 상태에 따라 건조시간은 상이하며, 대부분 1~2일 이상의 시간이 소요된다.

㉤ 완성 : 건조 상태를 확인하고, 마무리하여 작품을 완성한다.

① 도구 및 재료

② 디자인하기

③ 1차 바니시 바르기

④ 2차 바니시 바르기

⑤ 건조

⑥ 완성

● 바니시 기법을 이용한 압화 액자 제작 시연(오분이, 이미자 작품)

권유숙 작품

7) UV기법 – 와인잔 제작 실습

① 재료 및 도구 : 와인잔, UV조사기, UV액, 공예용풀, 핀셋, 이쑤시개, 루모라고사리, 조팝 등

② 실습방법

㉠ 디자인 : 와인잔의 바닥에 디자인한다.

㉡ 고정 : 디자인한 핑크 조팝꽃과 루모라고사리 잎을 공예용풀을 이용하여 와인잔에 고정한다.

㉢ 건조 : 공예용풀이 건조되도록 기다린다.

㉣ 경화 : UV조사기에 넣어 2~3분 가량 경화시킨다.

㉤ 완성 : 완성된 바닥면과 컵을 결합시켜 작품을 완성한다.

① 도구 및 재료

② 디자인

③ UV액

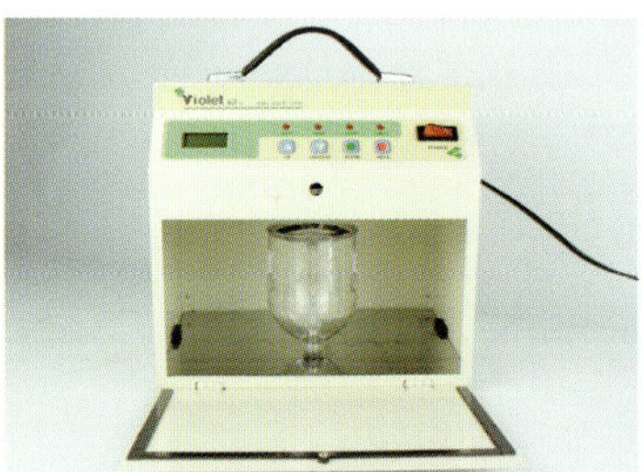

④ UV조사

⑤ UV조사 후

⑥ 완성

● UV기법을 이용한 압화 와인잔 제작 시연(김경희 작품)

신현숙 작품

8) 공기 추출법 제작 실습

① 풍경화

㉠ 도구 및 재료

a. 도구 : 액자, 바탕지(한지, 펠트지[부직포]), 공기추출기, 실리콘, 실리카겔, 탈산제, 호일, 신문지(또는 얇은 하드보드지), 파스텔, 아크릴물감 등

b. 식물 재료 : 압화용 다양한 식물 소재

㉡ 실습 방법

a. 바탕지를 준비한다.

b. 파스텔을 이용하여 바탕지를 원하는 색상으로 만든다.

c. 바탕지에 압화를 올려 풍경 디자인을 완성하고 부착한다.

d. 호일 위에 탈산제와 실리카겔을 넣는다.

e. d 위에 부직포를 올린다.

f. 완성된 풍경 바탕지를 올린다.

g. 호일 가장자리 사면에 실리콘을 바르고, 유리를 덮어 눌러 접착시킨다.

h. 한쪽 귀퉁이를 이용하여 공기추출기 호스를 넣어 공기를 서서히 빼낸다.

i. 액자 안에 마트지, 유리 순으로 넣고 얇은 하드보드지를 대어 마지막 판을 삽입하여 액자를 완성한다.

㉢ 주의 사항

a. 원근감을 주기 위해 망사천 혹은 오간지를 사용하여도 좋다.

b. 실리콘 작업 시 과다 사용하는 경우 식물에 침투될 수 있으므로 유의한다.

c. 실리콘 작업 시 통풍과 환기가 잘된 곳에서 작업한다.

한규안 작품

박형순 작품

② 엽채화

㉠ 준비물

a. 도구 : 액자, 알미늄 호일, 부직포, 진공펌프, 실리카겔, 탈산제

b. 식물 : 상추, 딸기, 가지, 오이, 버섯. 옥수수껍질, 낙엽, 단풍 등 다양한 소재 사용 가능

㉡ 실습 방법

a. 건조된 채소의 잎과 꽃을 이용하여 디자인을 구상한다.

b. 채소 잎을 바탕지로 표현하고, 옥수수 잎 또는 낙엽으로 바구니를 디자인한다.

c. 바구니와 배경지에 빛의 방향에 따라 목탄 또는 연필로 소재의 명암을 준다.

d. 디자인을 마무리하고 부착한다.

e. 공기추출법으로 마무리한다.

권미숙 작품

지길영 작품

9) 유리접합 기법 – 새장액자 제작 실습

① 준비물

㉠ 도구 : 라미네이팅 기계(열압축), EVA필름, 철재 새장 세트, 강화유리(2장)

㉡ 식물 : 아디안텀, 넉줄 고사리 등

② 주의 사항

㉠ 양면에서 볼 수 있으므로 각 면을 고려하여 디자인한다.

㉡ 열압축 과정에서 식물체가 흔들려 디자인이 흐트러질 수 있으므로 지나치게 작은 식물 소재의 사용을 고려하여 제작한다.

㉢ 소재가 두껍게 중첩되지 않도록 주의한다.

③ 실습 방법

㉠ 강화유리를 깨끗이 세척 후 건조하여 준비한다.

㉡ 한 개의 강화유리에 EVA필름을 올리고 식물을 배치한다.

㉢ ㉡ 위에 EVA필름을 덮는다.

㉣ 나머지 강화유리를 덮은 뒤 가장자리 전체를 테이프로 봉합한다.

㉤ 라미네이팅 기계에 삽입하여 90℃ 이하로 열압축하여 완성한다.

㉥ ㉤을 새장 프레임에 고정하여 작품을 완성한다.

① 도구 준비

② 식물 준비

③ 강화유리 준비

④ EVA필름 올리기

⑤ 식물 배치

⑥ EVA필름 올리기

⑦ 강화유리 올리기

⑧ 고정하기

⑨ 테이프 봉합하기

⑩ 열압축 준비

⑪ 압축 완료

⑫ 작품 완성

● **유리접합 기법을 이용한 압화 새장액자 제작 시연(신정옥 작품)**

10) 압화 작품 제작 시 유의사항

① 습도가 낮은 곳에서 작품을 제작한다.

㉠ 비가 오는 날 특히, 여름철 장마기간 동안 높은 습도에서 제작하는 경우 곰팡이 혹은 유충에 의한 손상과 흡습으로 변색이 빠르게 진행되므로 주의한다.

㉡ 습도가 높은 날 작업하는 경우 화재(花材)를 보관함에서 미리 꺼내지 않고, 전반적인 작업 준비를 마친 후 꺼내 사용하여 흡습에 대한 피해를 최소화한다.

② 접착제를 화재에 따라 조절하여 사용한다.

㉠ 굵은 줄기 건조식물 혹은 목본류, 무거운 꽃(해바라기)은 강력한 접착제를 사용한다.

㉡ 꽃잎이 얇거나 작은 꽃에는 접착제를 소량 사용하여 작품을 제작한다. 접착제의 양이 많으면 꽃이 마르지 않고 변색될 수 있다.

㉢ 작은 꽃은 스프레이형 접착제를 사용하여 제작한다.

③ 아름답게 건조되고 잘 보관된 화재를 사용한다.

㉠ 바르게 건조된 것도 보관 중에 꽃잎이 떨어지거나 변색되면 작품으로 제작 시 완성도가 낮고, 상품성이 하락된다.

㉡ 잘 보관된 화재로 작품을 제작한다.

Chapter 02

압화재료학

1 식물 분류

(1) 식물학적 분류

1) 식물학적 분류 개요

- 식물학적 분류란 모든 식물들을 어떠한 기준에 따라 무리를 지어 체계적으로 구분하는 것으로 이는 상호간 유연관계에 따라 멀고, 가까움으로 분류한 관계이다.
- 분류의 기준은 형태적, 생리적, 생활사 및 생태적, 분자생물학적 특성 등이다(형태학적, 생물학적, 계통발생학적 종으로 구분한다).
- 린네의 이명법에 의해 계(界), 문(門), 강(綱), 목(目), 과(科), 속(屬), 종(種), 변종(變種), 품종(品種), 클론(clone) 등으로 분류하였으며, 학명의 명명 방식을 확립하였다.

① 형태학적 분류

㉮ 형태(모양)를 보고 분류하는 가장 고전적인 방법이다.

㉯ 육안으로 확인이 가능한 꽃, 가지, 열매 등으로 분류하는 방법으로 흔히 화기의 구조를 중심으로 분류한다.

꽃

가지

열매

② 생물(지리)학적 분류

㉮ 생리적으로 유사하고 교배가 가능한 무리로 분류한다.

㉯ 지각변동으로 인하여 대륙이 떨어졌다는 이론을 기본으로, 같은 종에서 출발하였으나 다른 환경에서 진화됨을 통한 근연관계를 해결할 수 있다.

③ 계통발생학적 분류

개체군의 형태, DNA 염기서열, 아미노산서열 등 분자생물학적 근거를 통한 진화의 역사를 간주하여 분류한다.

④ 해부학적 분류

식물의 구조 등을 관찰하는 것이 기준이 되는 분류법으로 양치식물의 분류에 자주 이용한다.

⑤ 화분학적 분류

㉮ 개체간에도 화분(꽃가루)이 다를 수 있으므로 분류 기준이 가능하다.

㉯ 주사전자현미경(Scanning Electron Microscope : SEM)을 사용하여 분류한다.

⑥ 세포학적 분류

㉮ 세포의 특징(배수체의 유연관계)이 분류 기준이다.

㉯ 투사전자현미경(Transmission Electron Microscope, TEM)을 사용하여 분류한다.

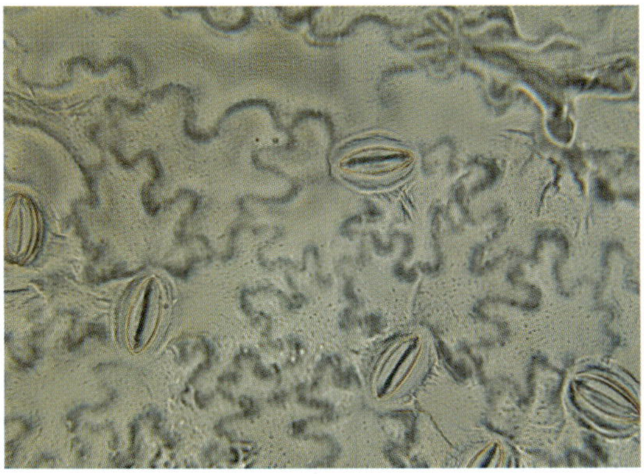

장미의 기공

장미의 물관

⑦ 생리학적 분류

㉮ 생화학적 경로 및 신진대사 체계의 유연관계를 알아내는 분류 방법이다.

㉯ 광합성의 CO_2 고정과 환원 등을 이용한 분류 방법으로 C_3, C_4, CAM식물로 분류한다.

⑧ 화학적 분류

식물의 화학적 분류방법으로 단백질, DNA, RNA 등의 대분자군과 알칼로이드, 아미노산, 색소의 화청소, 플라보노이드 등의 소분자군으로 분류한다.

2) 식물의 분류체계(린네, Carl von Linnè)

- 분류되는 무리를 모두 분류군으로 칭하며, 종은 가장 기본적인 분류군이다.
- 종(種)이 모여 속(屬), 과(科), 목(目), 강(綱), 문(門), 계(界)와 같이 상위계급을 이룬다.
- 분류군에 따라 주범주로만 충분치 못할 경우, 어두에 아(亞, sub-), 혹은 상(上, super-)을 붙여 분류한다.
- 그 외 추가 세분을 위해 품종(品種, forma), 열(列, series), 족(族, tribe) 등의 계급을 추가하기도 한다.
- 속(屬)보다 높은 분류계급의 경우, 어미를 일정하게 정하여 이름만으로도 어느 계급에 속하는지 알 수 있게 한다.
- 계급의 순서는 아래 수지도에 표현되는 것과 같이 바뀔 수 없으며, 같은 계급의 서로 다른 분류군은 서로 중첩될 수 없다.

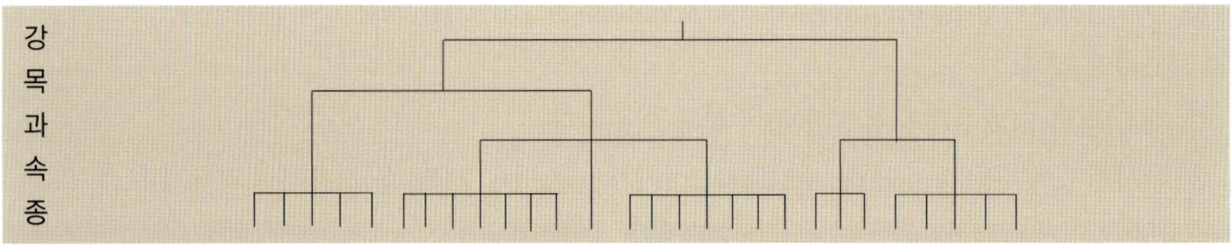

분류계급을 나타내는 수지도

① 계(Kingdom)

㉮ 가장 큰 단위

㉯ 생물은 동물계, 식물계, 진균계, 원핵생물계, 원생생물계의 다섯계로 분류된다.

종 류	내 용
동물계	자발적으로 움직일 수 있는 생명체(소화)
식물계	광합성작용을 하는 모든 식물(광합성)
진균계	식물과 유사형태이나 스스로 광합성이 불가능한 균(흡수)
원생생물계	핵이 존재하는 단세포동물로 원핵생물보다 구조 복잡
원핵생물계	핵이 존재하지 않아 조건만 조성되면 단기간 내 많은 증식과 번식이 가능 지구상에서 가장 오래된 원시생물체 세균계와 고세균계로 분리

② 문(Division)

식물의 엽록소 내용, 핵의 독립성 등 형태적 유사생물의 구분으로 식물은 12개의 문으로 나눈다.

1. 비관속수생식물(nonvascular aquatic plants) : 조류(algae)
2. 비관속육상식물(nonvascular land plants) : 선태류(bryophytes)
3. 관속식물(vacular plants)
   가. 관속포자식물(seedless vascular plants)
      비종자관속식물(spore bearing vascular plants) : 양치류(pteridophytes)
   나. 종자식물(seed plants) : 피자식물(flowering plants), 나자식물(non-flowering seed plants)

종 류		내 용(현존하는 총수)
녹조류	녹조식물문(Chlorophyta)	3,800
	윤조식물문(Charophyta)	4,000~8,000
선태식물	우산이끼문(Marchantiophyta)	6,000~8,000
	각태식물문(Anthocerotophyta)	100~200
	선태식물문(Bryophyta)	12,000
양치식물	양치식물문(Pteridophyta)	1,200
	석송문(Lycopodiophyta)	11,000
종자식물	소철문(Cycadophyta)	160
	은행나무문(Ginkgophyta)	1
	구과식물문(Pinophyta)	630
	피자식물문(Magnoliophyta)	70
	마황문(Gnetophyta)	258,650

녹조류

양치식물

소철

은행나무

구과식물(전나무)

피자식물(명자나무)

③ 강(Class)

㉮ 문을 토대로 더욱 세부적(뚜렷한 공통점)으로 분류된다.

㉯ 일반적으로 단자엽식물강, 쌍자엽식물강 등으로 분류될 수 있다.

④ 목(Order)

–강보다는 작고 –과보다는 큰 단계로, 위아래로 상과, 아과, 하과 등을 두기도 한다.

⑤ 과(Family)

유사한 형태로 나뉘는 가장 상위의 단위로 국화과, 벼과, 소나무과 등 일반적으로 사용하는 분류의 단위이다.

⑥ 속(Genus)

유전적으로 유사한 개체끼리의 묶음으로 학명의 첫 단어이며, 보통 생물의 이름을 말한다.

⑦ 종(Species)

㉮ 식물의 개체를 의미하는 단위로 종 자체의 이름 즉, 학명을 가지며 발견자의 이름, 발견지, 특징 등을 따는 경우가 많다.

㉯ 종은 아종, 품종, 변종 등으로 나누기도 한다.

분류계급	학명의 어미	실 예
Kingdom(계 : 界)		Plantae (식물 : 植物)
Subkingdom (아계 : 亞界)	–bionta	
Division (문 : 門)	–phyta	Magnoliophyta(피자식물문 : 被子植物門)
Subdivision(아문 : 亞門)	–phytina	
Class(강 : 綱)	–opsida, –atae	Magnoliopsidae(쌍자엽식물강)
Subclass (아강 : 亞綱)	–idae	Rosidae(장미아강)
Superorder(상목 : 上目)	–ae, –anae	
Order (목 : 目)	–ales	Rosales(장미목)
Suborder(아목 : 亞目)	–ineae	Rosineae(장미아목)
Family (과 : 科)	–aceae	Rosaceae(장미과)
Subfamily(아과 : 亞科)	–oideae	Rosoideae(장미아과)
Tribe(족 : 族)	–eae	Roseae(장미족)
Subtribe(아족 : 亞族)	–inae	
Genus (속 : 屬)		*Spiraea*(조팝나무속)
Subgenus(아속 : 亞屬)		
Section(절 : 節)		
Subsection(아절 : 亞節)		
Series(열 : 列)		
Subseries(아열 : 亞列)		
Species (종 : 種)		*S. prunifolia*(조팝나무)

3) 학명(원예명 표기법)

- 식물의 이름은 학명, 국명, 외국명, 향명 등으로 불리고 있다.
  - 학명 : 국제식물명명규약 기준 —— 정명
  - 국명 : 우리나라에서 쓰이는 이름 —— 이명
  - 외국명 : 각 국가별로 표기되는 이름 —— 이명
  - 향명 : 각 지방에서 사투리 등으로 오랜시간 동안 불려지는 이름 —— 이명
- 학명이란 생물의 명칭 중 세계 공용으로 쓰이는 명칭을 규약에 따라 지정한 것으로 속명, 과명 등의 상위 분류군에 대한 정보를 얻을 수 있다.
- 학명의 표기는 국제식물명명규약에 따라 이명법을 적용하며, 1753년 출판된 린네의 「식물의 종(Species plantarum)」을 기준으로 우선권을 규정하고 있고, 한 식물에는 한 개의 정명(학명)만 있음을 명시하고 있다.
- 1867년 파리에서 개체된 제1회 국제식물학회에서 전 세계의 식물학자들은 식물의 학명을 정하는 데 기준이 되는 명명규약을 채택하고 이를 파리코드(Paris code)라 하였으며, 그 후 지속적으로 회의를 개최하면서 명명규약을 검토, 수정해오고 있다.

① 종의 하부단위

㉮ 아종 : 형태나 지리적 분포의 차이로 분류(subsp., spp.)

㉯ 변종 : 돌연변이종(var.)

㉰ 품종 : 인위적으로 계량종(for.)

㉱ 재배종 : 별도의 국제규약이 정하는 절차에 의해 명명(cv. 혹은 ' ', " ")

② 종의 보통명 명명 동기 및 유래

㉮ 보통명은 각 나라마다 모국어로 국민들이 쉽게 이용할 수 있도록 지어 내려오는 식물명으로 사람의 오감(시각, 촉각, 미각, 후각, 청각) 등에 의해 유래되어 이해하기 쉽고 기억하기 쉬우며, 속명, 향명 등을 통칭한다.

㉯ 따라서 같은 종일지라도 나라별, 종족에 따라 다르게 불릴 수 있어 공신력이 없다.

쑥부쟁이

쑥부쟁이 단양쑥부쟁이	*Aster* *Aster*	*yomena* *altaicus*	var.	uchiyamae	MAKINO KITAMURA
국명	속명	종명	하부단위 (아종, 변종, 품종, 재배종)		명명자

국제식물명명규약

명명규약은 1부에서는 원칙, 2부에서는 규약과 권고 사항, 3부에서는 규약 수정에 관한 규정과 부록 등으로 구성되어 있다.

1. 지정 목적
   ① 모든 식물의 이름에 안전성을 부여하고, 주어진 분류계급의 분류군의 이름은 하나의 이름만 갖도록 한다.
   ② 학명의 정확성 유지
   ③ 사용되는 모든 학명의 선취권을 지정하는 것을 목적

2. 6가지 기본원칙
   ① 식물명명규약은 동물명명규약과 독립적이다.
   ② 특정한 분류군을 명명하는 것은 명명상의 기준표본이라는 수단을 통해서 이루어진다.
   ③ 분류군의 명명은 출판의 선취권에 기초한다.
   ④ 각 분류군은 규칙에 의해 가장 먼저 정해진 단 하나의 정명을 가진다(일부 예외 존재).
   ⑤ 학명은 라틴어화 되어야 한다.
   ⑥ 식물명명규약은 특별한 제한이 없는 한 소급력이 있다.

3. 식물의 이름 변경 조건
   ① 규약에 비추어 옳게 사용되고 있지 않은 이름을 발견하였을 때(명명법상의 변화)
   ② 분류군의 통합, 분리, 이전 등의 분류학적 변화가 생겼을 때(분류학적 변화)
   ③ 어떤 분류군의 이름이 다른 분류군의 이름으로 잘못 부여된 사실을 알아냈을 때 등

(2) 용도에 의한 분류

1) 화훼원예

- 화훼는 꽃과 풀을 의미한다.
- 꽃과 함께 녹색의 잎을 보고 즐기는 관상식물을 총칭한다.
- 아름다운 열매나 줄기도 함께 감상의 대상이 된다.
- 따라서 채소나 과수에 비해 종류가 다양하며, 분류 방식도 다양하다.

① 분식용

㉮ 화분에 심어서 이용하는 식물을 의미하며, 배치되는 실내 · 외 환경조건에 따라 생육조건이 상이한 식물이 이용된다.

㉯ 꽃을 감상하기 위한 식물(분화용 식물)과 잎을 감상하기 위한 식물로 나누고, 대부분 키가 낮은 식물(1년초, 숙근초, 구근류 등의 초화류)과 꽃이 아름다운 식물을 이용한다.

㉰ 국내에서 가장 인기가 있는 분화는 난류로, 꽃수가 적당하고, 꽃색이 선명할 뿐 아니라 모양이 아름다워 실내 · 외에서 관리 및 감상한다.

㉱ 잎을 감상하는 분식용 식물로는 관엽식물, 다육식물, 방향성식물, 식충식물 등이 있으며 실내 정화식물의 인기가 증가하고 있다.

㉲ 난, 철쭉, 카네이션, 거베라, 선인장, 포인세티아, 관음죽, 고무나무 등이 있다.

② 절화용

㉮ 잘라서 꽃꽂이 등에 사용하는 식물로 절엽류, 절지류 등도 포함한다.

㉯ 꽃의 형태가 아름답고, 꽃색이 화려하며, 절화의 수명이 길어 수송이 용이한 조건을 만족하여야 한다.

a. 절화용 : 꽃의 형태가 아름답고, 색이 화려하며, 화경이 길고, 수명이 긴 특징을 가진 수종으로 다발의 형태로 이용된다. 장미, 국화, 카네이션이 가장 중요한 절화이며 숙근안개초, 나리 등도 많이 이용되고 있다.

b. 절지용 : 꽃의 가지나 나뭇가지가 주 소재로 이용되며, 최근에는 자연적인 장식용으로 덩굴성 나뭇가지의 사용이 증가하고 있다. 골격 혹은 종 · 횡의 선을 표현하는 소재로 공간을 메우는 역할을 한다. 또한 산야에서 채취, 판매되는 경우가 대부분으로 자생식물이 많으며, 다래덩굴, 청미래덩굴, 삼지닥나무, 정금나무 등이 많이 이용된다.

c. 절엽용 : 배경적인 요소를 위해 값이 싸고 연중 생산되는 관엽식물의 이용이 높으며, 아스파라거스류, 고사리류, 엽란, 아이비, 몬스테라, 드라세나, 아레카야자 등이 대표적이다,

③ 화단용, 정원용

㉮ 화단 및 정원에 심어 관상하는 식물로 실내 · 외 정원 등 공간에 따라 이용 수종의 차이가 있다.

㉯ 목본, 관목, 초본식물 등 다양한 식물의 이용이 가능하며, 자생식물을 포함한 온대지방의 수입종 또한 도입이 가능하다.

㉰ 비비추, 원추리, 맨드라미, 백일홍, 팬지 등이 있다.

분식용(포인세티아)

절화용(거베라)

화단 · 정원용(백일홍)

2) 채소(菜蔬)원예

- 채소는 원칙적으로 신선한 상태로 이용되며, 주로 간식 또는 부식으로 쓰이는 수목 이외의 재배식물이다.
- 세계적으로 이용되고 있는 채소는 약 450종이며, 그 가운데에서 우리나라에 소개된 채소는 47과 275종이지만, 80여 종이 알려져 있고, 시장에서 판매되는 채소는 50여 종에 불과하다.
- 원예적 분류, 식물학적 분류, 생태적 분류에 따라 구분된다.

① 원예적 분류(이용부위에 따른 분류)

㉮ 엽경채류 : 엽경채류는 잎과 줄기를 이용하는 채소이다. 엽채류(배추, 시금치 등), 화채류(콜리플라워, 브로콜리 등), 경채류(아스파라거스, 죽순 등), 인경채류(마늘, 양파 등)으로 세분하여 구분한다.

㉯ 근채류 : 근채류는 뿌리나 지하경(지하줄기) 등 비대한 저장기관을 이용하는 채소이다. 직근류(무, 당근, 우엉 등), 괴근류(고구마, 마 등), 괴경류(감자, 토란 등), 근경류(생강, 연근, 고추냉이 등) 등이 있다.

㉰ 과채류 : 가지과(토마토, 고추, 가지 등), 박과(수박, 참외, 멜론, 오이, 호박 등), 콩과(풋대콩, 완두 등), 그 외 딸기, 옥수수 등이 포함된다.

② 식물학적 분류

㉮ 포자균류 : 송이버섯과(양송이, 느타리 등)

㉯ 단자엽식물 : 벼과(죽순, 단옥수수 등), 백합과(마늘, 양파 등), 생강과(생강, 양하 등), 마과(마 등)

㉰ 쌍자엽식물 : 배추과(배추, 갓, 무 등), 명아주과(비트, 시금치 등), 미나리과(당근, 파슬리 등), 박과(오이, 호박 등), 가지과(고추, 감자 등), 국화과(상추, 쑥갓 등), 콩과(완두, 강낭콩 등), 그 외 딸기, 아욱, 고구마 등

경채류(아스파라거스)

근채류(당근)

과채류(멜론)

③ 생태적 분류

㉮ 온도 환경 : 호온성 채소(25℃ 내외), 호냉성 채소(17~20℃)

㉯ 광 환경 : 양성 채소(강한 광선), 음성 채소(그늘)

㉰ 일장 반응 : 장일성 채소, 중성 채소, 단일성 채소

㉱ 토양 환경 : 토양수분, 토양산도, 내염성

3) 과수(果樹)원예

- 과수는 생식하거나 가공하여 먹을 수 있는 열매를 생산하는 나무이다.
- 주로 목본식물이지만 일부의 초본식물이 포함된다.
- 세계적으로 재배되고 있는 과수의 종류는 다양하지만 우리나라에서 판매되는 과수는 37과 235종에 불과하며, 그 중 약 40여 종이 재배되고 있고, 그 중에서 보편적으로 식용되는 과수는 10여 종에 불과하다.

① 인과류(준인과류)

㉮ 과심이 존재한다.

㉯ 사과, 배, 모과, (귤) 등

② 핵과류

㉮ 딱딱한 핵(씨앗)이 존재한다.

㉯ 복숭아, 자두 등

③ 각과류(견과류)

㉮ 딱딱한 껍질로 덮여 있다.

㉯ 밤, 호두, 아몬드 등

④ 장과류

㉮ 액즙이 많고 과립이 덩어리져 있다.

㉯ 포도 등

인과류(사과)

핵과류(복숭아)

각과류(호두)

장과류(포도)

(3) 원예학적 분류

1) 1~2년 초화류

① 1년초

㉮ 1년초란 종자를 파종한 당년에 꽃을 피우며 열매를 맺고 고사(枯死)하는 생활사를 가진 식물의 종류를 일컫는데 흔히 한해살이식물(an annual plant, 一年生植物)이라고 한다.

- 춘파1년초 : 봄에 파종하여 가을이나 그 이전에 꽃을 피우고 열매를 맺는 종류(맨드라미, 채송화, 나팔꽃, 봉선화 등)
- 추파1년초 : 가을에 파종하여 이듬해 꽃을 피우는 식물의 종류(데이지, 팬지, 프리뮬러 등)

② 2년초

㉮ 2년초란 종자를 파종한 후 싹이 터서 한해 겨울을 넘긴 이듬해에 꽃을 피우고 열매를 맺는 식물을 말한다.

㉯ 흔히 두해살이식물(biennial plant, 二年生植物)이라고 한다,

㉰ 종류로는 석죽, 종꽃, 접시꽃 등이 있다.

춘파1년초(맨드라미)

추파1년초(프리뮬러)

2년초(접시꽃)

2) 숙근초화류

숙근초화류는 종자를 파종한 후 발아되어 뿌리나 줄기가 여러 해 동안 살아남아서 매년 꽃을 피우며 열매를 맺는 다년초를 말한다. 흔히 다년생 초화류 또는 숙근초라 부른다.

① 노지초화류

㉮ 겨울철의 추위에도 강해 노지에서도 잘 견딘다.

㉯ 구절초, 벌개미취, 작약, 국화, 루드베키아, 옥잠화, 비비추, 원추리 등

② 온실숙근초

㉮ 추위에 견디는 힘이 약하여 비닐하우스나 온실에서 겨울을 넘길 수 있다.

㉯ 군자란, 칼랑코에, 제라늄, 극락조화, 안스리움, 거베라, 카네이션 등

루드베키아

군자란

제라늄

3) 구근초화류

구근초화류란 식물기관의 일부인 줄기 또는 뿌리의 일부분이나 배축 등이 비대해져 알뿌리모양으로 변형된 것을 말한다.

① 식재시기에 따른 분류

㉮ 춘식구근(봄심기 구근)

- 추위가 완전히 지나고 서리가 내릴 염려가 없는 봄철에 심는 구근류이다.
- 글라디올러스, 칸나, 달리아 등

㉯ 추식구근(가을심기 구근)

- 9월과 10월 사이 가을철에 심는 구근류로 겨울 동안 저온처리에 의한 휴면타파가 이루어진 후 꽃을 피우는 종류를 말한다.
- 튤립, 히아신스, 크로커스, 수선화 등

② 구근의 형태에 따른 분류

㉮ 인경(鱗經, bulb)

- 줄기가 변형된 저장기관으로 여러 쪽의 인편이 모여서 하나의 알뿌리를 형성하는 식물이다.
- 인경 사이에 눈이 발달하여 번식에 이용할 수 있다.
- 튤립, 아마릴리스, 히아신스, 백합, 나리류, 수선화 등

㉯ 구경(球莖, corm)

- 줄기와 뿌리가 만나는 부분(기부: 基部)이 변형되어 마디를 가진 줄기조직을 형성한다.
- 글라디올러스, 프리지어, 크로커스, 시클라멘 등

㉰ 근경(根莖, rhizome)

- 땅속에 있는 (지하)줄기가 비대해져서 양분과 수분이 저장되는 기관으로 활용되며, 줄기 내 절간부에서 뿌리가 쉽게 발달한다.
- 꽃창포, 칸나, 꽃생강 등

㉣ 괴경(塊莖, tuber, 덩이줄기)

- 땅속에 있는 줄기의 선단부가 양분 저장에 따라 비대해져서 알뿌리모양으로 된 식물이다.
- 칼라, 칼라디움, 아네모네 등

㉤ 괴근(塊根, tuberous root)

- 뿌리가 비대해져서 알뿌리의 모양을 하고 있는 식물이다.
- 달리아, 라넌큘러스, 글로리오사 등

인경(튤립)

인경(아마릴리스)

구경(프리지어)

근경(꽃창포)

괴경(칼라)

괴근(달리아)

4) 관엽식물

① 아름다운 잎을 관상의 대상으로 하는 식물을 말한다.

② 관엽식물은 음지나 반음지 조건에서 잘자라는 식물로 열대 및 아열대성의 온실관엽식물과 노지 관엽식물로 구분된다.

③ 필로덴드론, 디펜바키아, 몬스테라, 고무나무류, 야자류 등

필로덴드론

디펜바키아

몬스테라

5) 화목류

① 꽃을 보는 목적으로 식재하는 식물을 말한다.

② 교목과 관목, 덩굴성으로 구분되며, 이는 상록성과 낙엽성식물로 구분된다.

③ 붉은병꽃나무, 개나리, 진달래, 덩굴장미, 가시나무, 배롱나무 등

붉은병꽃나무

진달래

배롱나무

6) 특수식물

① 난과식물

㉮ 단자엽식물에 속하며 원산지에 따라 동양란과 서양란으로, 생장습성에 따라 땅에 뿌리를 내리고 사는 지생란, 나무 혹은 바위 등에 붙어 자라는 착생란으로 구분된다.

㉯ 한란, 준란, 심비디움, 덴드로비움, 풍란 등

② 식충식물

㉮ 산성토양에서 벌레를 잡아 영양을 섭취하는 식물로, 벌레잡이 기관의 관상적 가치가 높다. 대부분 열대 원산으로 최근 국내 분식용으로서 이용도가 증가하고 있다.

㉯ 끈끈이주걱, 통발, 파리잡이풀, 네펜데스 등

③ 다육식물

㉮ 고온, 건조지역 등 사막이나 극가뭄지역에서 증산을 최소화하고. 수분 요구 시 효율적으로 이용하기 위해 수분을 저장하고 있기 때문에 붙여진 이름으로 선인장 등이 포함된다.

㉯ 돌나물, 알로에, 용설란, 게발선인장, 금호, 부채선인장 등

한란

끈끈이주걱

돌나물

라운키에르의 생활형

1. 개념

① 생활형이란 생물이 오랫동안 환경의 영향을 받아 만들어낸 생활양식을 말한다.

② 특히 라운키에르가 제시한 생활형은 식물이 환경에 적응하여 나타내는 생활양식을 특성에 따라 구분한 것으로 생장형, 영양형으로 부르기도 한다.

③ 가장 유용하게 사용되는 생활형으로 겨울눈의 위치를 기준으로 구분한 것이다.

2. 겨울눈의 위치에 따른 생활형 구분

① 지상형 : 겨울눈이 지상에서 25㎝ 이상에 위치한 식물을 말한다. 지상식물은 주로 열대지역에 분포하며 위도가 높아질수록 감소한다. 교목 및 관목, 덩굴식물 등

② 지표형 : 겨울눈이 지표면과 25㎝ 사이에 위치한 식물을 말한다. 지표식물은 주로 고도와 위도가 높은 지역에 주로 분포한다. 토끼풀, 덩굴성 관목, 수상 지의류 등

③ 반지중형 : 겨울눈이 지표면에 접하여 있는 식물로 주로 추운지역에 사는 두해살이 및 여러해살이풀이며, 지면의 온도나 기온이 상승하면 지표면 부분이 크게 생장한다. 달맞이꽃, 미역취, 다년생 벼과식물, 금계국 등 2년생 식물 등

④ 지중형 : 불리한 기후조건에서 오래 견딜 수 있도록 눈이 흙속에 묻혀 있거나 양분이 저장된 뿌리줄기나 비늘줄기가 있는 식물을 말한다. 튤립, 고사리, 얼레지, 대부분의 구근류

⑤ 수생형 : 습지나 연못 등 물이 있는 지역에서 생활하는 식물로 겨울눈은 물속에서 보온된다. 수생식물은 정수식물, 부엽식물, 부유식물, 침수식물로 구분할 수 있다. 갈대, 물억새, 수련, 연, 가래 등

⑥ 일년생형 : 기후가 좋을 때 꽃을 피우고 씨를 만들며, 불리한 조건에서는 종자로 살아남는 식물을 말한다. 코스모스, 망초, 돼지풀, 상추 등

출처 : http://hp.brs.nihon-u.ac.jp

(4) 형태적 분류

1) 꽃의 형태학

① 피자식물에 있어 꽃은 생식구조이며, 꽃은 잎이 변형된 특수한 부속체를 지니도록 특별하게 변형된 구조이다.

② 꽃의 구조

㉮ 화피 : 색을 나타내는 구조

㉯ 웅예군(수술) : 화분 생산 구조

㉰ 자예군(암술, 심피) : 배주 생산 구조

③ 꽃의 3구조를 모두 갖춘 경우 완전화(갖춘꽃)라 하며, 한 가지라도 빠진 경우 불완전화(안갖춘꽃)라고 한다.

④ 웅예군과 자예군의 존재 여부로 양성화(완전화), 단성화(불완전화[수꽃, 암꽃])로 구분된다.

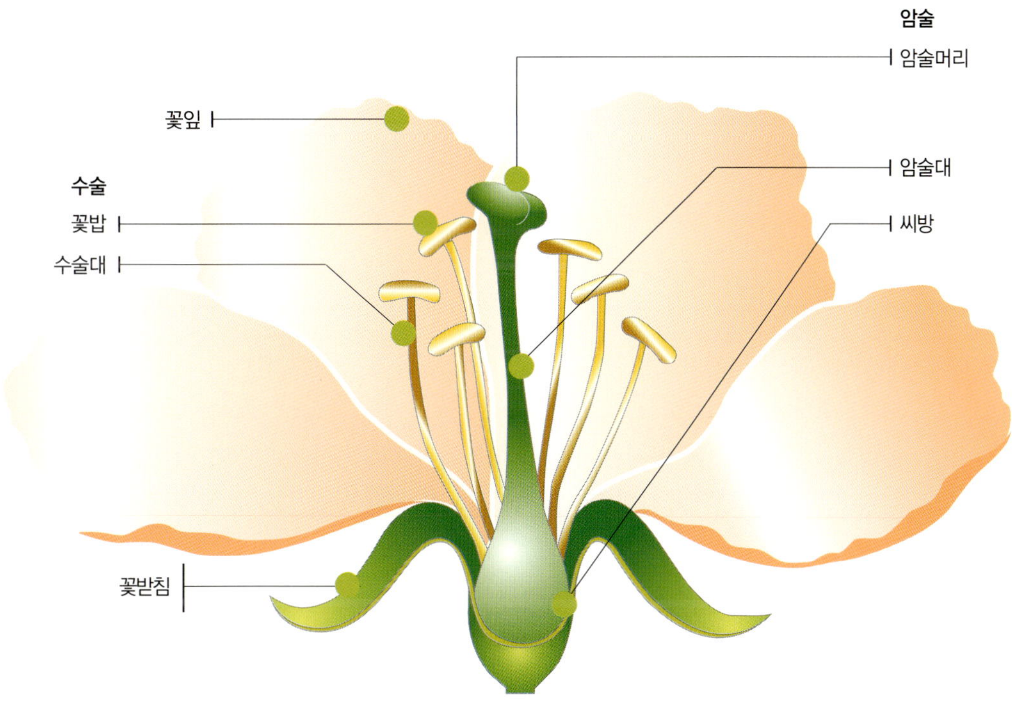

● 꽃의 일반적인 구조

① 꽃의 모양

㉮ 꽃의 비대칭성

㉠ 좌우상칭형, 부정제화관

a. 단 1개의 대칭면을 중심으로 꽃의 형태가 형성된다.

b. 좌우대칭한 형태를 형성한다.

㉡ 방사상칭형, 정제화관

a. 2개 또는 그 이상의 대칭면으로 형태가 형성되는 방사상칭형이다.

b. 여러 개의 대칭면으로 균형적인 형태를 형성한다.

㉢ 비상칭형

a. 대칭면이 존재하지 않고 꽃의 형태가 형성된다.

b. 대칭적이지 않고, 불규칙적인 형태이다.

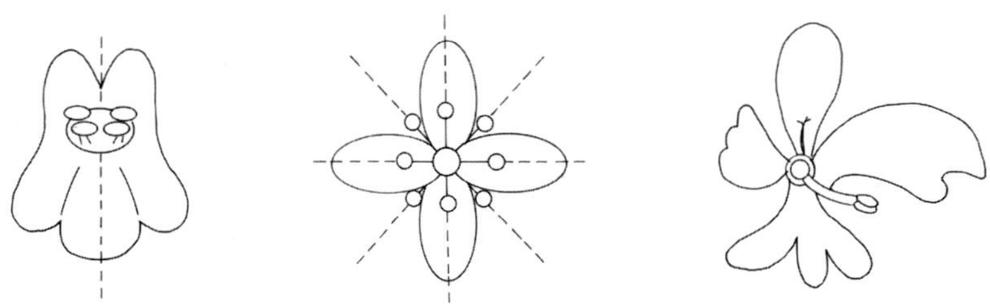

좌우상칭형　　방사상칭형　　비상칭형

㉯ 화관의 형태 : 화관이란 꽃받침의 안쪽에 있으며 꽃잎이 모인 것으로 통상 아름답게 보이는 부분이다.

㉠ 폭형(바퀴 모양) : 바퀴, 원반 모양, 짧은 판통에 넓은 판인이 직각으로 달린 화관. 분단나무, 봄맞이, 지치과

㉡ 방사상칭형 : 모양과 크기가 같은 꽃잎들이 규칙적으로 방사상 배열을 한 꽃부리. 장미과

㉢ 십자화형(십자 모양) : 정제화관 중 십자화과의 꽃과 같이 십자 혹은 X 모양의 화관

㉣ 왕관형(왕관 모양) : 수선화속

㉤ 종형(종 모양) : 초롱꽃

㉥ 호형(단지 모양) : 위가 좁아지고 아랫부분이 부풀어 항아리 모양으로 된 화관. 은방울꽃

㉦ 분형(화분 모양) : 기화판통에 화판 가장자리는 폭상. 분꽃, 누리장나무

㉧ 누두형(깔때기 모양) : 나팔꽃

㉨ 투구형(헬멧 모양) : 갈래꽃의 일종으로 윗쪽 꽃잎이 위로 불쑥 튀어나와 전체적으로 투구 모양으로 보이는 꽃. 투구꽃

㉫ 관형(대롱 모양) : 화판통은 길지만 화판 가장자리는 짧은 원주상화관. 국화과의 관상화

㉬ 철면형(돌출 모양) : 꽃받침 부근이 불룩 나온 화관. 물봉선속

㉭ 구개형(덮개 모양) : 입천장과 같이 생긴 덮개 모양을 한 화관

㉮ 가면형(탈 모양) : 순형화관과 비슷하나, 하순(下脣)이 판통을 막은 화관. 금어초, 개불알꽃, 주름잎

㉯ 접형(나비 모양) : 콩과식물의 대표적인 화관

㉠ 낭형(복주머니 모양) : 개불알꽃속, 금낭화

㉡ 순형(입술 모양) : 입술처럼 생긴 화관. 난과식물, 샐비어, 꿀풀과

㉢ 설형(혀 모양) : 암술과 수술을 받치고 있는 꽃잎이 혀의 모양을 하는 화관. 민들레속

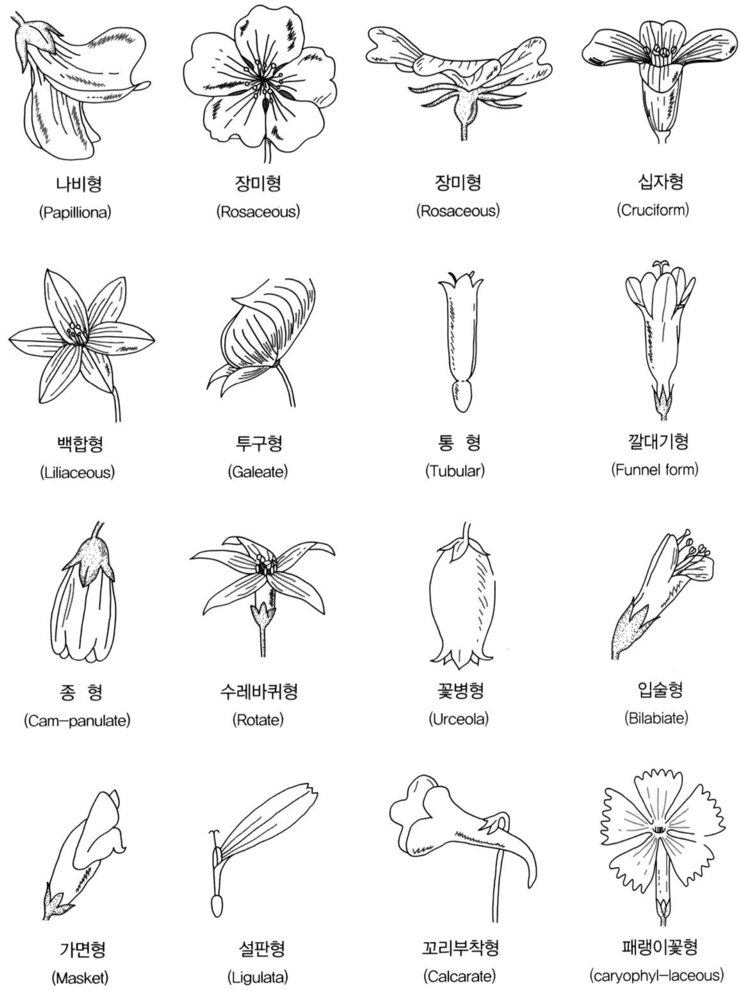

● 꽃의 화관

② 꽃의 배열(화서, 花序) : 꽃의 배열 상태(화서의 유형, 위치)는 식물 분류(동정) 및 계통적 유연 관계 파악에 매우 중요하다.

㉮ 유한화서

㉠ 화서의 주축 끝에 꽃이 달리는 경우이다.

㉡ 정단화(가장 꼭대기)로부터 시작하여 아래쪽으로 개화한다.

㉯ 무한화서

㉠ 화서의 측면, 일부분만 꽃이 달리는 경우이다.

㉡ 대개 화서의 아랫부분부터 개화하여 위로 번진다.

㉰ 취산화서(고른 우산살 송이 모양 꽃차례)

㉠ 분지는 대개 대생을 이루고, 측면가지는 3개를 한 단위로 꽃이 구성된다.

㉡ 안목상 취산화서, 권산상 취산화서의 경우 특히 단위가 되는 3개의 꽃 중 하나가 퇴화되어 한쪽 방향으로 말리는 형태로 구분된다.

㉱ 총상화서(송이 꽃차례)

㉠ 분지하지 않은 화축에 소화경이 발달한 꽃들이 배열된 형태이다.

㉲ 수상화서(이삭꽃차례)

㉠ 총상화서와 유사하다.

㉡ 각 꽃은 소화경이 거의 생략 혹은 매우 짧게 발달하여 줄기에 인접하여 발달한 형태이다.

㉳ 산방화서(고른 꽃차례)

㉠ 화경의 끝이 거의 동일한 길이로 자라서 꽃의 중앙을 향해 개화하는 형태이다.

㉴ 원추화서(고깔 꽃차례)

㉠ 복총상화서라고도 하며, 총상화서로 발달한 소화경이 여러번 갈라져 전체적으로 원뿔형을 이루는 형태이다.

㉵ 두상화서(머리 모양 꽃차례)

㉠ 화경이 퇴화되어 줄기의 정점에 많은 꽃들이 밀생하는 유형으로 한 개의 꽃으로 보이나 여러 개의 꽃으로 구성된 경우이다.

㉡ 유한화서나 무한화서 꽃들의 밀생으로 형성된다.

㉶ 산형화서(우산 모양 꽃차례)

㉠ 화서 끝부분에 한 점으로 소화경이 같은 길이로 꽃을 달고 있는 형태로 반원(구)형을 이룬다.

㉡ 대부분 무한화서이나, 때로는 유한화서인 경우도 있다.

㉶ 육수화서(살찐 대 꽃차례)

㉠ 육질의 화축에 꽃자루가 없이 작고 많은 꽃이 밀집한 형태이다.

㉷ 미상화서(꼬리 모양 꽃차례)

㉠ 총상화서로 발달한 화경의 끝이 아래를 향해 늘어진 형태이다.

㉸ 배상화서(잔 모양 꽃차례)

㉠ 수술과 암술을 잔 안에 품고 있는 형태이다.

TIP 화축 : 꽃을 받치고 있는 줄기

소화경 : 꽃차례에서 각각의 꽃을 받치고 있는 자루(꽃이 달리는 짧은 가지, 꽃자루)로 열매가 달리면 열매자루라 한다.

화경 : 하나의 꽃이 화축에 피어 있을 때 꽃대와 연결되는 자루(짧은가지) 부분(꽃자루, 꽃꼭지)

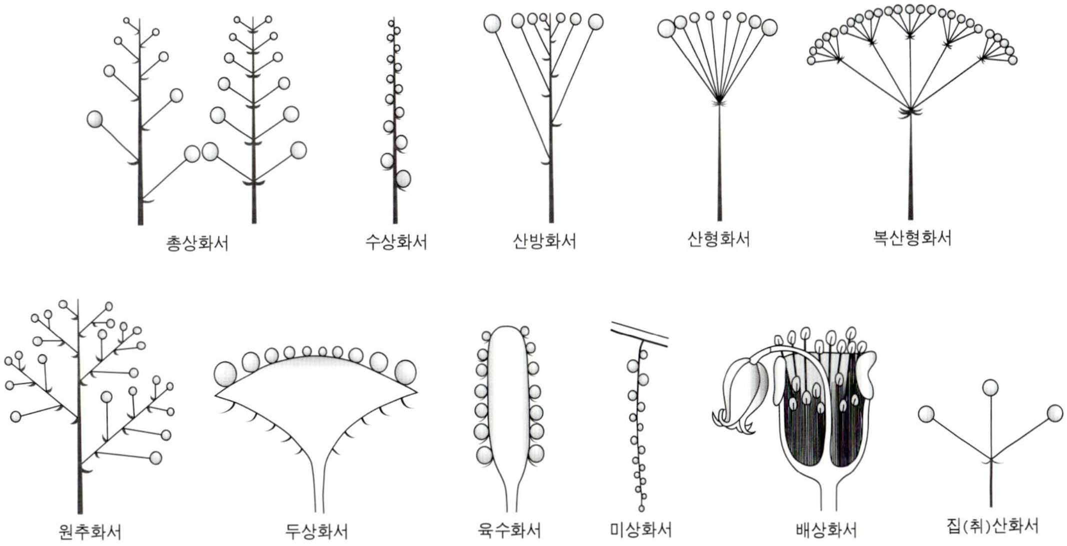

● 꽃의 화서

2) 잎의 형태학

잎은 대부분 식물의 광합성을 담당하는 기관으로 엽병(葉柄), 엽신(葉身), 탁엽(托葉)으로 나누어지며 세 부분을 모두 갖춘 잎을 완전엽, 한 부분이라도 갖추지 않은 잎을 불완전엽이라고 한다.

- 엽병 : 줄기와 엽신을 연결하는 부분으로 단자엽식물은 거의 아랫부분이 겹쳐지거나 합쳐진 엽초로 넓게 감싸는 구조를 이룬다. 화본과식물과 생강과의 경우는 엽초나 엽신의 부위에 설엽이 형성되어 있다.

● 엽신 : 엽맥(주맥과 측면)으로 이루어져 있으며, 날카로운 엽침으로 변형되어 보호하는 기능 또는 수분 저장(다육식물), 덩굴손과 같이 감아오르기 위한 기관(덩굴성식물), 곤충잡이(식충식물), 은신처 제공의 역할을 하는 등 다양한 형태로 변형된다.
● 탁엽 : 엽병 하부 또는 그 위에 위치한 한 개 혹은 쌍으로 위치한 부속체로 잎, 인엽, 덩굴손, 엽침, 선모의 형태로 대부분 어린 잎을 보호하는 기능을 담당한다.

① 잎의 구조

㉮ 단엽

㉠ 한 개의 엽신으로 이루어진 잎

㉯ 복엽

㉠ 두 개 이상의 엽신으로 이루어진 잎

㉡ 복엽의 작은 잎을 소엽(小葉, leaflet)이라 하고, 소엽을 지탱하는 주맥은 엽병의 연장선으로 총엽병(總葉柄)이라고 한다.

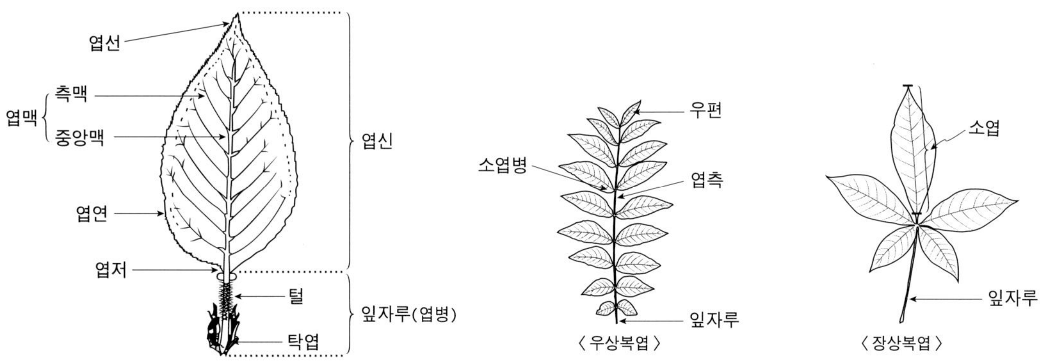

난 엽　　　　복 엽

② 잎의 배열(엽서, 葉序)

㉮ 호생, 어긋나기

㉠ 잎이 줄기의 마디마다 하나씩 붙는 엽서로 보통 줄기를 따라 나선상으로 배열한다.

㉯ 대생, 마주나기

㉠ 잎이 줄기의 마디마다 두 개씩 쌍으로 마주 붙는 엽서로 2방향 대생(우상복엽)하는 경우와 교호대생(대생하는 잎이 90°로 돌려가며 나선형 배열)으로 구분된다.

㉰ 윤생, 돌려나기

㉠ 식물의 한마디에 세 개 또는 그 이상의 여러 잎이 돌려 붙는 엽서를 말한다.

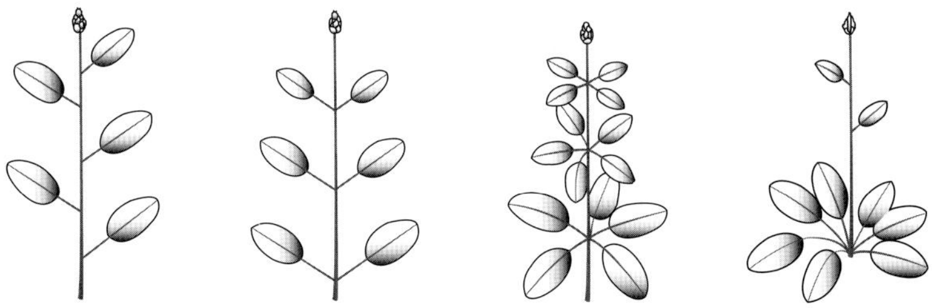

③ 잎의 맥상(엽맥, 葉脈)

㉮ 엽맥은 엽신 속에 있는 유관속이 차지하는 자리를 말하며, 이 중 가운데 부분에 가장 두꺼운 것을 주맥(1차맥)이라 하고, 이로부터 갈라지는 맥을 2차맥, 3차맥이라고 한다.

㉯ 사다리 모양 또는 망상의 유형을 가진다.

㉠ 우상맥 : 주맥을 따라서 마치 빗살 또는 깃털처럼 우상의 2차맥이 갈라지는 구조이다.

㉡ 망상맥 : 주맥으로부터 연속해서 가지를 쳐서 세분되고 마침내 서로 얽히게 되어서 망상으로 생긴 엽맥을 말한다(복숭아나무, 느티나무).

㉢ 횡맥 : 주맥에서 나온 측맥이 평행으로 달리는 엽맥을 말한다.

㉣ 장상맥 : 여러 개의 주맥이 마치 손가락이 갈라지는 것처럼 방사상으로 엽신의 기저 부위 또는 거의 밑부분에서부터 갈라진 엽맥을 말한다(단풍나무류).

㉤ 차상맥 : 한가닥의 유관속이 두 가닥으로 연속적으로 갈라는 엽맥을 말한다(은행나무).

㉥ 평행맥 : 엽저에서 잎 끝까지 거의 평행으로 달리는 맥을 말한다(옥수수).

㉦ 단맥 : 침과 같이 단 한가닥의 유관속으로 된 맥을 말한다(소나무).

④ 잎의 모양

㉮ 잎의 외형은 엽신의 엽두, 엽저, 중간 부위, 여러 부위 중 어느 부위가 넓은지에 따라 구분된다.

㉯ 대칭형과 비대칭형이 있다.

느티나무 잎

⑤ 잎의 거치(천열, 부천열, 엽연[가장자리])

㉮ 잎의 가장자리에 있는 톱니 모양의 거친 부분을 거치라고 한다.

㉯ 거치의 유형은 엽맥의 유형, 거치 맥, 거치의 모양(각도 등), 거치의 선단 등에 의해 결정된다.

⑥ 잎의 특수기능

㉮ 덩굴손

㉠ 지지작용을 하기 위하여 변형된 잎의 일종으로 이들 식물의 광합성은 기부에 위치한 탁엽에서 이루어진다.

㉡ 호박, 오이, 완두 등

㉯ 탁엽

㉠ 잎자루의 밑에 조그만 잎의 형태로 형성된 것을 말하며, 광합성 및 가시로의 변형에 따른 방어작용을 할 뿐만 아니라 덩굴손의 역할을 하기도 한다.

㉡ 갈퀴아재비속, 스위트피, 대극속, 아까시나무, 시계꽃 등

㉰ 가시

㉠ 잎이 변형되어 보호작용을 담당하는 구조로 물공급원이 되거나 초식동물로부터의 보호를 담당하기도 한다.

㉡ 선인장

㉱ 눈비늘(芽鱗)

㉠ 눈비늘은 휴면을 하는 다년생식물의 겨울아(눈)을 보호하는 단단하고 질긴 왁스층을 가진 잎이다.

㉡ 목련, 동백 등

오이의 덩굴손

시계꽃

선인장

㉤ 포엽

㉠ 꽃의 아래쪽 꽃자루에 형성되어 꽃을 보호하는 작용을 하며 이러한 포엽에 둘러쌓인 꽃의 경우 꽃잎이 발달하지 않는다(우리가 흔히 포엽을 꽃잎으로 착각한다).

㉡ 안스리움, 수국, 층층나무속, 극락조화 등

㉥ 다즙성잎

㉠ 흔히 사막에 분포하는 식물의 경우 수분을 빼앗기지 않기 위하여 두껍고 육질성이며, 부피에 비해 좁은 표면적으로 이루어진다.

㉡ 돌나물과, 석류풀과, 쇠비름과 등

㉦ 저장엽 : 영양물질을 저장하기 위해 관상잎의 하부에 겹겹이 붙어 있으며, 비늘잎이다.

㉧ 화분 모양의 잎

㉠ 로제트형으로 형성되며, 그 내부로 떨어지는 빗물이나 흙 등을 받아 모으며 착생식물, 곤충에게 양분을 제공한다.

㉡ 디쉬디아속(개미식물, 상호진화)

㉨ 포충엽

㉠ 식충식물의 곤충을 잡는 잎으로 동물의 유인, 포획 및 흡수를 위해 변형된 것이다.

㉡ 포충엽은 곤충을 잡기 위해 운동 가능 여부에 따라 능동형과 수동형으로 나뉘며, 수동 포충엽을 가진 식물은 주머니형의 포충엽(낭상엽)을 가지고 있다.

㉢ 벌레잡이제비꽃속, 끈끈이주걱속, 파리지옥풀, 통발속, 벌레잡이통풀속, 달링토니아속, 사라세니아속 등

㉩ 생식을 위해 변형된 잎

㉠ 모엽(母葉)의 가장자리에 소식물체들이 발달됨에 따라 이후 모엽에서 떨어져 새로운 개체로 발달하는 무성생식을 한다.

㉡ 베고니아속, 돌나물속, 칼랑코에속 등

㉪ 자엽 : 떡잎이라고 하며, 종자의 배에 있는 잎으로 양분저장의 기능을 담당한다.

㉫ 전출엽 : 곁눈에서 처음 나오는 잎으로 곁눈을 보호하는 기능을 담당한다.

안스리움

쇠비름

벌레잡이통풀

3) 열매의 형태학

- 열매는 자방과 주변의 구조들이 서로 합하여 성숙한 것을 말한다.
- 열매의 크기, 재질, 형태, 열개 방법, 해부 등 열매는 매우 다양하여 엄격한 기준으로 분류하기에는 지속적인 진화가 이루어지고 있으며, 꽃의 부속구조가 열매의 기능을 담당하기도 한다.
- 가장 널리 이용되는 Grey(1877)의 전통 열매 분류체계를 채택하여 과피의 재질, 과피가 열리는 유형, 열매의 모양, 크기, 심피와 배주의 수 등을 바탕으로 구분한다.
- 열매의 분류는 일련의 정의된 검색표에 위해서 제시되었으며 교육용, 식물상 조사 시 유용하게 사용된다(이상태 외 7, 2005).

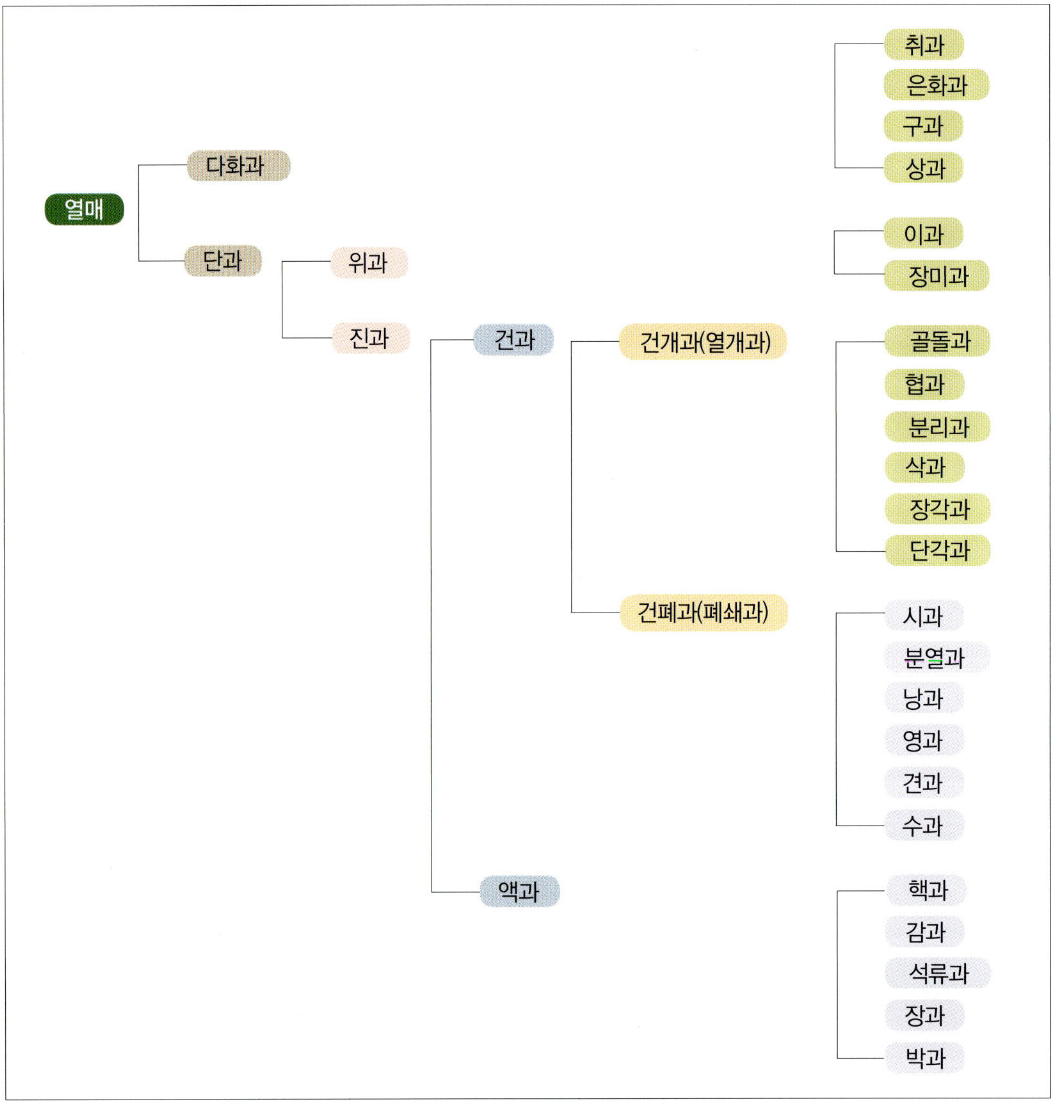

① 꽃차례, 꽃, 암술형태에 따른 분류

㉮ 단과 : 한 개의 꽃에 한 개의 열매가 맺힌다.

㉠ 위과(이과, 장미과), 진과(건질과, 육질과) : 과피의 외부는 부드럽고 중앙 부위는 종이처럼 얇거나 연골질의 비열개성 열매를 말한다.

㉯ 다화과(복합과) : 자성기(암술)가 동일한 여러 개의 꽃으로 구성된다.

㉠ 구과(방울열매) : 과축 둘레의 비늘조각이 씨를 감싸는 열매를 말한다. 소나무, 삼나무 등이 속한다.

㉡ 취과 : 꽃턱 위에 씨방이 발달하고, 하나의 자성기 내 여러 개의 심피로 구성된다. 개구리자리, 복수초, 줄딸기 등이 속한다.

㉰ 집합과 : 다수의 꽃에서 성숙한 열매가 조밀하게 모여 마치 1개의 열매처럼 보인다.

② 과피의 성질에 따른 분류

㉮ 건과 : 익으면 과피가 말라서 목질 또는 혁질(革質)이 되는 과실을 말한다.

㉠ 열(개)과 : 열매가 벌어지는 과실을 말한다.

a. 골돌과 : 건조한 열매로 내부에 여러 개의 씨가 들어 있으며, 횡적으로 열리며, 종자는 가종피 혹은 육질성의 종피를 가진다. 모데미풀, 큰꿩의비름, 투구꽃, 흰진범 등이 속한다.

b. 삭과(삭열매) : 여러 개의 자성기로부터 형성된 건조한 열매로 여러 방향으로 열개하여 종자를 뿌린다. 노루발, 쇠별꽃, 야고, 큰까치수영 등이 속한다.

c. 협과 : 꼬투리로 열리는 콩과식물의 열매(단심피로부터 발달된 건과, 2개의 봉선으로 열리는 열매) 등을 말한다. 광릉갈퀴, 나비나물, 칡, 활량나물 등이 속한다.

d. 분리과 : 협과의 일종으로 열매의 사이가 잘록하며, 십자화과 과실이 여기에 속한다.

e. 장각과 : 종자가 달린 외부와 그 외 부분으로 나뉜다.

㉡ 폐과 : 열매가 벌어지지 않는다.

a. 견과(각과, 굳은 열매) : 두꺼운 껍질로 한 개의 종자를 싸고 있고, 크고 마른 비열개성 열매를 말한다. 마름 등이 속한다.

b. 수과(장미과, 여윈 열매) : 한 개의 종자를 얇은 종피가 밀착하고 있어 전체가 한 개의 종자처럼 보이며, 건조하고 열개하지 않는 작은 열매를 말한다. 고마리, 짚신나물 등이 속한다.

c. 영과(곡과) : 1개의 종자를 막질의 과피가 종피와 밀착하여 떨어지지 않는 작고 열개하지 않는 열매를 말한다. 벼이삭(대부분의 화본과 식물) 등이 속한다.

d. 시과(날개열매) : 날개가 달린 건폐과(단풍나무)의 열매를 말한다.

e. 분열과 : 건과 혹은 육질성 열매로 성숙과는 1개의 종자를 가진 부분으로 나뉜다.

f. 낭과 : 작고, 건조한 비열개성 열매로, 종자는 막으로 쌓여 쉽게 분리된다.

g. 폐협과(비열개성 협과) : 다수의 종자를 가진 건조하고 비열개성의 열매를 말한다.

㉯ 액과 : 익어도 건조하지 않고 연한 과피를 유지하는 과실을 말하며, 다육과라고도 한다.

㉠ 장과(물과실) : 1개 또는 여러 개의 종자를 갖는 열개하지 않는 열매로 과육 부분에 수분이 많으며, 단단한 씨가 들어있는 열매를 말한다. 둥근잎천남성, 애기나리 등이 속한다.

㉡ 핵과 : 외부는 다소 부드럽고, 가운데는 딱딱한 후막조직이 종자를 둘러싸고 있고, 육질의 과피는 열리지 않는 열매를 말한다. 딱총나무, 작살나무 등이 속한다.

㉢ 열개 핵과 : 서서히 쉽게 열개하는 바깥 껍질과 내부는 견과처럼 단단한 후막조직으로 둘러 쌓인 1개 이상의 종자를 가진 열매를 말한다

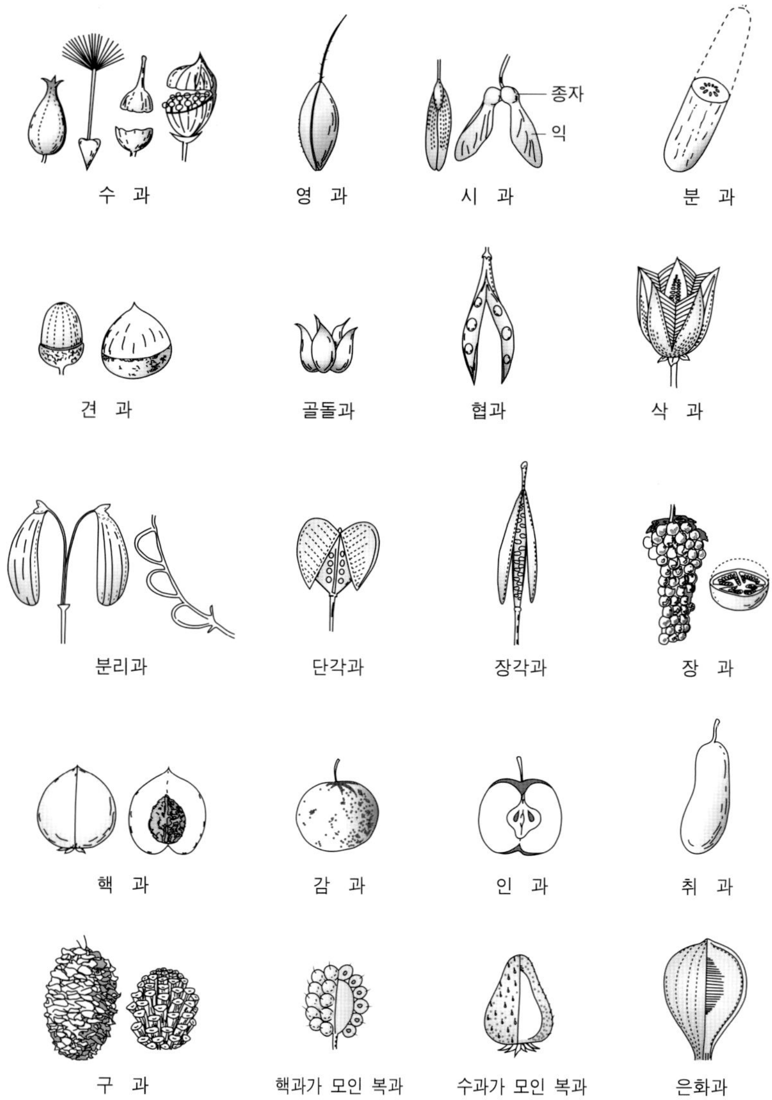

● 열매의 종류

열매 검색표

1. 열매는 1개의 꽃이 성숙하여 됨 2
1. 열매는 여러 개의 꽃이 모여서 하나를 이룸 .... 다화과
3번으로 가고, 검색표는 각각의 단위에 기초함
2. 1개의 열매(심피 1개 또는 여러 개 그리고 구별됨) .... 단과
2. 여러 개의 구별되는 열매(심피 여러 개, 각각 구별됨) .... 취과
3번으로 가고, 검색표는 각각의 단위에 기초함
3. 열매는 익어도 열개되지 않는다(폐과) 4
3. 열매는 익으면 열개되거나 찢어진다(개과) 13
4. 열매는 다육질성(적어도 부분적으로) 5
4. 열매는 건조(건과) 5
5. 열매의 조직은 어느 정도 동질성(종자 부위 제외), 전반적으로 다육질성 .... 장과
5. 열매를 구성하는 조직 이질성 6
6. 열매의 외과피는 견고하고, 딱딱하며 또는 혁질이다; 내과피는 부드러운 육질로 구성됨 .... 장과
6. 열매의 외과피는 부드럽다; 내과피는 지질, 연골질 또는 단단하다 7
7. 열매의 중앙 부위에 1개 또는 그 이상의 종자가 단단한 후막조직의 구조로 싸여짐 :
자방하위 또는 자방상위 .... 핵과
7. 열매의 중앙 부위는 지질 또는 연골질의 구조가 종자를 감싸고 있음; 자방하위 .... 이과
8. 열매는 여러 개 또는 다수의 종자를 가짐 .... 폐협과
8. 열매는 보통 1개의 종자를 가짐 9
9. 열매에 날개가 있음 .... 시과
9. 열매에 날개가 없음 10
10. 과피는 두텁고 딱딱한 후막조직으로 된 목질이다; 크기 대체로 크다 .... 견과
10. 과피는 얇고, 막질이다; 크기는 다소 작다 11
11. 과피는 종자(종피)와 느슨하게 융합되어 있거나 분리되어 있다 .... 낭과
11. 과피는 종자(종피)와 견고하게 밀착하여 융합되어 있다 12
12. 과피는 종자에 견고하게 밀착되어 있지만, 종자로부터는 분리됨 .... 수과
12. 과피는 종자와 이합되어 밀착되어 있음 .... 영과
13. 열매는 1개의 심피로부터 구성된다 14
13. 열매는 여러 개의 자성기로부터 구성된다 16

14. 열매는 1개의 봉선을 따라 열린다 .... 골돌과

14. 열매는 2개의 봉선을 따라 열리거나 횡선에 따라 열린다 15

15. 2개의 봉선이 종적으로 열린다 .... 협과

15. 봉선은 횡적으로 1개의 종자를 가진 여러 조각으로 나누어진다 .... 분리과

16. 열매는 초기부터 점차로 찢어지는 건조/섬유질부터 혁질 또는 다육질의 외과피를 가지며, 중앙 부위는 종자를 단단한 후막조직이 감싼다 .... 열개 핵과

16. 열매는 종자를 둘러싼 단단한 후막조직이 없으며, 찢어져 열리거나 1개의 종자를 지닌 조각으로 분리된다 17

17. 열매는 1개/몇 개의 종자를 가진 조각으로 나뉜다(분과) .... 분열과

18. 열매는 종자가 붙었던 가장자리 주변의 남아있는 부분으로부터 2개의 자방실과 2개의 막으로 나누어진다 .... 장각과

18. 열매는 1개부터 여러 개의 자방실로 나누어지며, 만일 2개의 자방실의 경우 얇은 격막은 영속적으로 남지 못한다 .... 삭과(19번으로 감)

19. 열매는 포주열개 방식인 횡적으로 열리고, 끝 부분은 뚜껑처럼 열리게 된다 .... 횡열개 삭과

19. 열매는 포주열개의 방식으로 열리지 않는다 20

20. 열매는 구멍, 덮개 모양, 치아 모양으로 벌어진다 21

20. 열매는 종적으로 또는 불규칙적으로 벌어진다 22

21. 열매는 정단의 연속적인 치간 모양으로 열린다 .... 치상개열 삭과

21. 열매는 끝이나 밑에 구멍이 터져 벌어진다 .... 포공개열 삭과

22. 열매는 불규칙적으로 벌어진다 .... 부정열개 삭과

22. 열매는 종적으로 갈라져 터진다 23

23. 격벽(자방실 사이의 격리막)으로부터 판막이 부서지면서 터짐 .... 포축개열 삭과

23. 격벽(적어도 일부분)에 붙은 판막이 남아 있음 24

24. 열매는 심피실 격벽을 따라 터짐 .... 포간개열 삭과

24. 열매는 자방실과 격벽 사이, 즉 배봉선을 따라서 터짐 .... 포배개열 삭과

4) 줄기의 형태학

- 줄기는 잎과 액아를 지탱하는 기둥에 해당하며, 잎에서 광합성한 결과물을 이동시키는 역할을 담당하는 기관이다.
- 간혹 줄기가 광합성, 수분이나 양분저장, 감는 역할(덩굴성 혹은 감는줄기), 식물보호의 기능을 하기도 한다.

① 외부형태

㉮ 초본 줄기

㉠ 초본식물은 목재부를 형성하지 않는 종자식물을 말하는 것으로 1년~여러 해 동안 자라는 다년생식물로 구분한다.

㉡ 줄기에서 잎이 자라는 부분(마디)과 마디와 마디의 연결 부위(마디 사이, 절간)가 반복되어 형성한다.

㉢ 분열조직(눈)은 형성 위치에 따라 끝눈(정아), 겨드랑이눈(액아), 곁눈(측아)이라고 한다.

㉣ 초본식물은 한해식물과 다년생식물로 나누는데, 한해식물은 대부분 지상경을 가지고 있어 그 해에 시들어 죽으나, 지하경을 가지는 다년생식물의 뿌리는 죽지 않고 여러 해를 산다.

㉯ 목본 줄기

㉠ 동면하는 곁눈을 겨울눈(동아, 휴면아)이라고 하며, 코르크 및 눈비늘로 쌓여 겨울을 난다. 잎, 꽃 또는 줄기로 발달하고, 겨울에 모든 잎이 떨어지고 난 자리에 생기는 흔적은 엽흔, 관속흔이라고 한다.

㉡ 봄에 생기는 눈은 꽃눈, 잎눈으로 겨울눈과 같이 눈비늘 등이 형성되지 않고 즉시 생장을 한다.

② 내부형태

㉮ 표피조직 : 줄기의 가장 외곽부를 덮고 있는 조직으로 둘러쌓여 있으며, 때로는 털이 있는 투명한 표피조직을 이루고 있다.

㉯ 피층조직 : 쌍자엽식물의 표피와 유관속조직 사이에 얇은 세포벽을 갖는 유세포들로 이루어져 있다.

㉰ 수

㉠ 대부분의 구과식물, 쌍자엽식물에서 줄기 중앙에 유세포로 구성된 기본조직을 일컫는다.

㉡ 이 부분은 물질을 저장하기 위해 느슨한 배열로 세포들이 구성되며, 생장과정 중 발생하는 스트레스로 인하여 세포가 파괴되어 마디 사이 줄기 속이 비기도 하나, 마디에 분포하는 수는 그대로 격막을 형성한다.

㉢ 쌍자엽식물 줄기에서는 기본조직 전체에 퍼진 유관속으로 수의 식별이 힘들며, 단자엽식물의 경우, 피층과 수의 구별이 어려워 단순히 기본조직이라고 한다.

㉣ 유관속조직

㉠ 일반적으로 쌍자엽식물의 유관속은 기본조직 내 환상으로 배열되어 있으며, 단자엽식물은 기본조직 전체적으로 퍼져있다.

㉡ 1기 물 · 체관부 사이의 분열조직 상태의 세포를 전형성층이라고 하며, 2기생장을 일으키는 측채분열조직 중 하나인 유관속형성층으로 발달한다.

㉢ 단자엽식물은 이러한 유관속형성층을 형성하지 않으며 이는 식물분류의 중요한 특징이다.

㉤ 중심주 : 1기식물체의 주축에서 피층으로 둘러쌓인 중심부분으로 주축의 가운데 있는 유관속(물관부와 체관부)계를 의미한다.

㉠ 원생중심주 : 가운에 물관부가 위치하고 체관부가 그 외곽을 둘러싸며, 수는 발달하지 않아, 유관속의 가운데가 채워진 원기둥 모양으로 관찰된다. 단순중심주, 방사중심주, 습곡중심주 등으로 세분화된다.

㉡ 관상중심주 : 물관부가 체관부에 의해 둘러쌓이고, 가운데 수가 발달하여 관모양으로 관찰된다. 외사관상중심주, 양사관상중심주로 세분화된다.

㉢ 망상중심주 : 양사관상중심주를 형성하는 줄기의 짧은 마디사이로 마디부위에서 위아래의 엽극이 중첩되면서 유관속에 구멍이 뚫린 것 같은 그물구조를 형성하며, 분주들은 환상으로 배열된다. 고사리속, 미역고사리속 등 많은 고사리식물에서 관찰된다.

㉣ 진정중심주 : 분리된 관상중심주(외사 또는 양사관상중심주)가 병립유관속 또는 복병립유관속을 이루며 환상으로 배열되는 구조로 쇠뜨기속 식물과 많은 나자, 피자식물에서 관찰된다.

㉤ 부제중심주 : 외사관상중심주가 여러개로 분리되어 줄기 전체에 산재되어 피층과 수를 구별할 수 없으며 많은 단자엽식물에서 관찰된다.

TIP 중심주의 진화

원생중심주(단순중심주) ⇒ 방사중심주 ⇒ 배복중심주
⇒ 외사관상중심주 ⇒ 양사관상중심주 ⇒ 망상중심주
⇒ 외사관상중심주 ⇒ 진정중심주 ⇒ 부제중심주

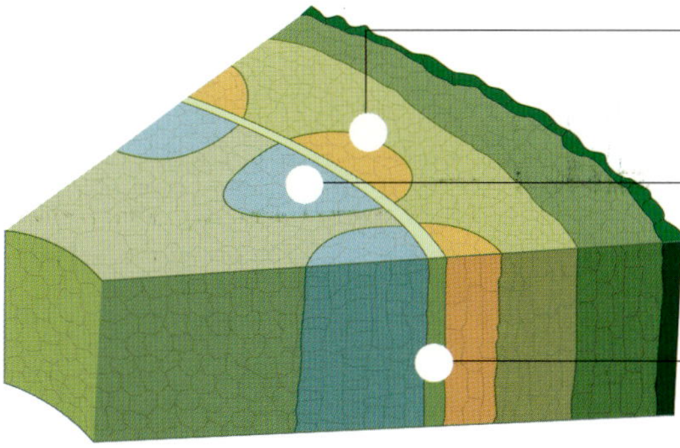

● 줄기의 구조

③ 줄기의 특수기능

㉮ 식물의 줄기는 잎의 지탱(태양광 노출, 수집 원활), 광합성(명아주과, 통통마디속식물), 물질 저장(녹말, 물) 및 수송 등의 기능을 한다.

㉠ 땅 위로 자라는 줄기

a. 포복경 : 기는 줄기

- 지표면을 따라 수평으로 자라는 줄기로 마디에 있는 눈은 영양생식을 한다.
- 포복경은 다른 줄기에 비해 적정환경을 찾아내는 능력이 탁월하여 적당한 서식지에 이르면 절간에서 잎과 뿌리가 생성되어 새로운 식물체가 형성된다.
- 우산잔디, 왕바랭이속, 거미식물속 식물 등에서 관찰된다.

b. 덩굴손 : 감는 줄기

- 물체를 둘둘 감아 자신을 지탱하는 줄기로 담쟁이덩굴속, 포도속 식물 등에서 관찰된다.

c. 엽상경

- 광합성을 위해 잎모양과 유사하게 변형된 줄기로 아스파라거스, 청미래덩굴, 일부 선인장, 에피덴드론속 난초 등에서 관찰된다.

딸기의 포복경

포도의 덩굴손

아스파라거스

d. 경침

- 줄기에 형성된 가지가 변형되어 줄기와 잎 사이에 생긴 가시 형태의 줄기로 갈매나무, 산사나무, 주엽나무, 탱자나무 등에서 관찰된다.
- 줄기의 표피와 피층 일부가 돌출 생장된 가시(피침)의 경우 제거가 손쉬우면 장미와 음나무가시가 해당한다.
- 잎이 변형되어 생긴 가시(엽침)는 줄기의 열발산 및 초식동물을 쫓아내는 기능을 하며 선인장, 아까시나무가 해당한다.

e. 다즙성줄기

- 다량의 물을 저장하는 선인장과 같이 사막 분포 식물에서 흔히 관찰된다.

ⓛ 땅속으로 자라는 줄기

a. 근경(根莖) : 땅속줄기

- 땅속에서 수평으로 자라는 줄기로 전형적으로 짧은 마디와 인경(비늘잎)을 가지고 있고, 겨울을 지나는 동안 봄에 사용할 영양분을 저장하고 있으며 비교적 깊게 위치하여 제거가 어렵다.
- 개밀속, 베고니아속, 붓꽃속, 칸나속, 대나무속 식물 및 생강 등

b. 인경(鱗莖) : 비늘줄기

- 식물은 영양분(녹말)을 자체 내에 저장하며, 잎 또는 줄기에 저장하느냐에 따라 모양이 다르게 생성된다.
- 인경(비늘줄기)의 경우는 엄밀히 줄기가 아닌 짧은 슈트(어린싹)이며, 인엽(鱗葉, 육질성 비늘잎)으로 덮여 있다.
- 인경은 작고 짧은 원반형의 모양으로 변형된 잎이 붙어있으며, 하부에 뿌리(부정근*)가 자란다.
- 추운 겨울을 땅속에서 살아나기 위해 필수적인 요소로 중요하다.
- 양파, 마늘, 백합, 히아신스, 튤립 등

TIP **부정근 : 뿌리를 제외한 부분에서 생겨난 뿌리로, 막뿌리라고도 한다. 양치식물이나 외떡잎식물에서는 일반적으로 원뿌리의 생육이 활발하지 않아 줄기에서 수염뿌리의 형태로 발달한다(뿌리와의 차이는 그 모양이 뿌리처럼 생겼으나, 잎이 돋아나거나 중심주가 존재하는 것으로 분류할 수 있다).**

c. 구경(球莖) : 알줄기

- 구경은 땅속에서 얇은 막과 같은 잎으로 둘러쌓인 육질성의 둥근 줄기를 말한다.
- 줄기는 수직으로 곧게 자라며 영양분을 중앙에 보관하고 이듬해 개화 시 이용한다.
- 시클라멘속, 샤프란속, 글라디올러스속 등

d. 괴경(塊莖) : 덩이줄기

- 괴경(덩이줄기)은 지속적인 생장을 위해 영양분저장을 위한 줄기의 팽창 부위로 지하부에 형성되나 그 생장기간은 짧다.
- 대표적인 예로 감자가 있으며, 감자는 지상부의 잎이 달리는 줄기(지상경)와 땅속에서 자라는 줄기(지하경)인 괴경으로 이루어져 있다.
- 괴경은 녹말을 저장하는 짧은 줄기로 아주 작은 곁눈(싹)을 비늘잎이 싸고 있는 마디이다.

튤립

수선화

크로커스

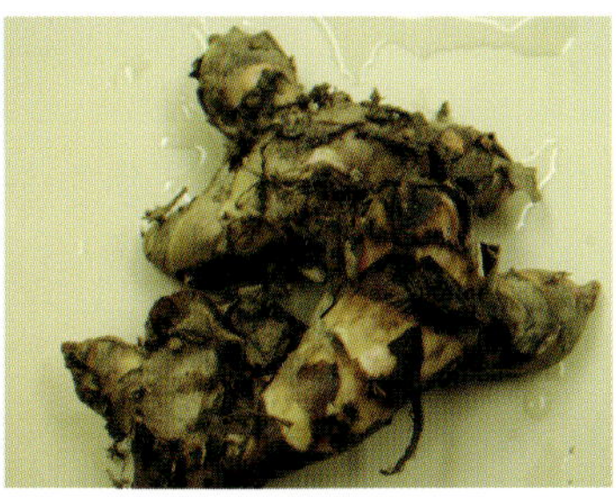
칸나

달리아

나리

● 땅속으로 자라는 줄기

2 버섯 분류

(1) 버섯의 생물학적 특성 및 분류학적 위치

1) 버섯의 생물학적 특성

① 버섯은 진핵생물로서 핵과 미토콘드리아, 액포 등이 있으며, 식물과 달리 엽록체를 가지고 있지 않다.

② 버섯은 분류학상으로 진균류에 위치하며 대부분 담자균류에 속하나 일부는 자낭균류(안장버섯, 곰보버섯, 동충하초)에서 볼 수 있다.

③ 버섯은 미세하고 실같은 균사로 되어 있다. 균사는 정단생장을 하고, 이러한 수많은 균사의 집합체를 균사체라 하며, 이들이 모여서 자실체(버섯)를 형성한다.

④ 버섯의 균사에는 세포벽이 있어서 세균이나 동물의 세포와 다르다. 반면에 세포벽의 조성분 중에 셀롤로오스는 없고 키틴과 글루칸을 가지고 있다는 점과 엽록소가 없다는 점에서 식물과 다르다.

⑤ 버섯은 미생물로써 엽록소가 없어 식물체처럼 태양에너지를 고정(광합성)할 능력이 없으므로 다른 영양체를 포식하여 생활에 필요한 에너지를 얻는다(기생생활).

⑥ 버섯균은 유기물을 분해하여 양분을 흡수하므로 영양 섭취 방법에 따라 사물기생(대부분의 버섯 종류), 활물기생(뽕나무버섯류, 해면버섯류), 공생(송이, 능이, 광대버섯, 외대버섯, 그물버섯, 무당버섯 등)의 3가지로 구분한다.

⑦ 버섯은 엽록소가 없기 때문에 세포막을 통하여 가용성 양분을 외부로부터 흡수한다.

⑧ 버섯은 무성생식과 유성생식으로 번식하며 다양한 포자를 형성한다.

종 류	내 용
사물기생	식물이 다른 생물의 죽은 몸이나 배설물 등에 붙어서 양분을 섭취하며 살아가는 생활 방식
활물기생	식물이 살아있는 다른 생물의 체표나 체내에 붙어서 양분을 섭취하며 살아가는 생활 방식
공생	서로 이익을 주고받으며 함께 살아가는 생활 방식

2) 분류학적 위치

① 고등생물계는 식물계, 동물계, 균계로 구분되는데, 버섯은 균계에 속한다.

② 버섯 분류의 기본 단위는 종이다. 계 〉 문 〉 강 〉 목 〉 과 〉 속 〉 종

- 버섯 분류의 단계 어미 : 문(-mycota), 강(-mycetes), 목(-ales), 과(-aceae), 속(규정 없음), 종(규정 없음)

③ 느타리버섯의 분류는 균계〉담자균문〉동담자균강〉주름버섯목〉느타리과〉느타리속〉느타리종이다.

④ 학명은 속명과 종명, 명명자를 순서대로 나열하는 것을 원칙으로 한다.
느타리버섯의 학명 : *Pleurotus ostreatus* (Jacq. : Fr.) Kummer

⑤ 버섯은 담자균류 및 자낭균류 중에서 유성포자를 형성하는 자실체가 육안으로 확실히 식별할 수 있을 정도의 크기를 가지고 있는 것을 말한다.

⑥ 세계적으로 15,000여 종 이상의 버섯이 알려져 있으나 대부분이 담자균문의 담자균강에 소속되어 있고, 일부 버섯은 자낭균문에 속해 있다.

- 목이는 이담자균류에 속하며, 대부분의 식용버섯은 동담자균강의 주름버섯목과 민주름버섯목에 속한다.

3) 담자기의 형태

① 담자기는 담자균류 중에서 핵융합과 감수분열을 하고, 그후에 담자포자를 외생으로 형성하는 곤봉모양의 미세 구조를 말한다.

② 이러한 담자기는 1개의 실로 되어 있는 단실담자기와 4개의 실로 구분되는 다실담자기가 있다. 단실담자균류는 1개의 담자기에 4개의 포자를 형성한다.

㉠ 단실담자기 : 대부분의 재배되는 식용버섯, 붉은목이버섯, 송이버섯

㉡ 다실담자기 : 목이버섯, 흰목이버섯

버섯은 각 뒷면에 있는 주름살의 유무에 따라 주름살이 있으면 주름버섯목, 영지 · 구름버섯 · 복령처럼 주름살이 없으면 민주름버섯목으로 구분한다.

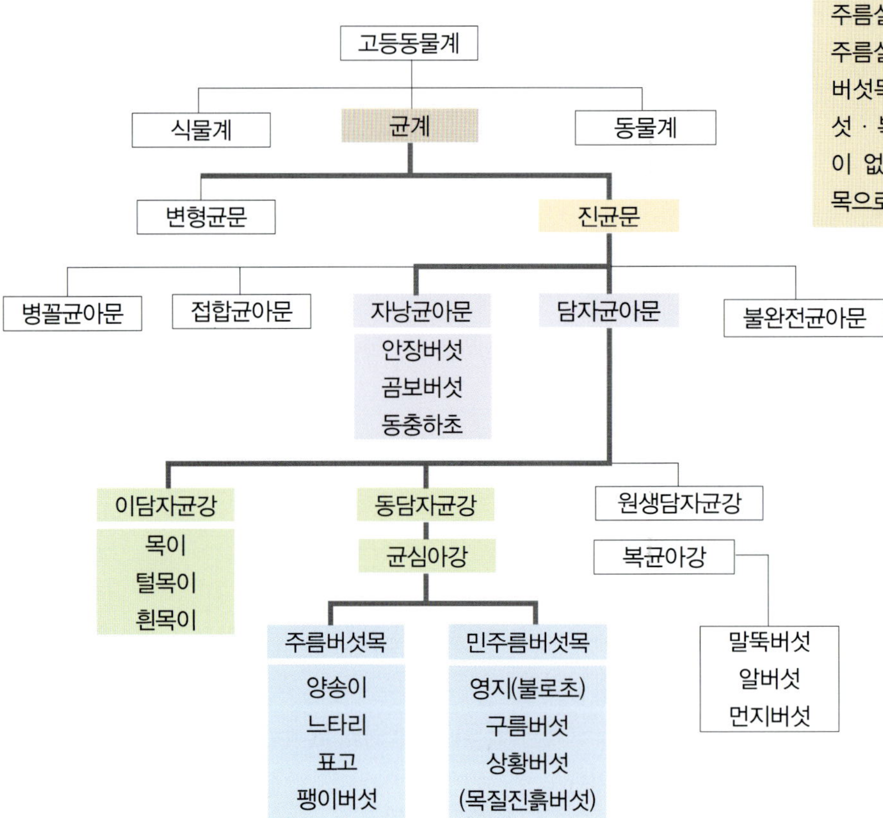

● 버섯의 분류체계

(2) 버섯의 생활사

1) 버섯의 생활사

① 버섯의 생활주기는 크게 자웅동주성과 자웅이주성에 따라 구분한다.

종 류	내 용
자웅동주성	● 암포자와 수포자가 하나의 담자기에 생성되어 암수가 구별되지 않음 ● 교배하지 않아도 임성을 가짐 ● 풀버섯과 양송이가 대표적
자웅이주성	● 암포자와 수포자가 각각 다른 담자기에 있어서 암수가 구별되는 성질 ● 반드시 유전적으로 서로 다른 균주 간에 교배되어야 임성을 가짐 ● 느타리, 영지, 표고 등 많은 종류의 버섯

② 버섯의 생활사는 9단계로(자웅이주성 버섯) 이루어져 있으며 다음의 과정으로 다시 생활주기가 반복된다.

발 아 → 동형핵균사(1차 균사) → 원형질융합 → 이형핵균사(2차 균사) → 자실체 → 담자기 → 핵융합 → 감수분열 → 담자포자 → 발 아

③ 발아한 균사는 단핵균사체라 하고, 이 단핵균사(1차균사)는 방사상으로 성장하며 서로 엉키는데 이를 균총이라 한다.

④ 서로 다른 이성의 단핵균사체는 균사가 생장하여 서로 근접하면 상대 균사 쪽을 향해 성장 또는 분지를 내어 접촉한다.

⑤ 균사융합이 이루어지면 그 다음에 1개의 핵이 상대방의 균사 내로 이동하여 2개의 서로 다른 핵을 가지는데 이 과정을 복핵화라고 한다.

⑥ 복핵균사는 생장하여 세포분열을 한다.

⑦ 분열이 완료되면 균사의 중앙부로 2개의 핵이 이동하여 2핵균사(2차균사)로 되며 이렇게 하여 생긴 복합균사체는 환경조건이 알맞으면 뭉쳐져서 자실체인 버섯으로 발달할 수 있는 균사괴를 형성한다.

⑧ 이러한 균사괴를 원기라 하고, 이 원기가 발달하여 눈에 띄게 커져서 자실체를 형성하게 된다.

⑨ 담자기가 성숙되면서 담자기 내에서 이질핵 간의 핵융합이 일어나며, 일시적으로 이배체 상태가 된다. 버섯은 대부분 반수체(n)이므로 이배체(2n)가 되는 것이다.

2) 버섯의 형태

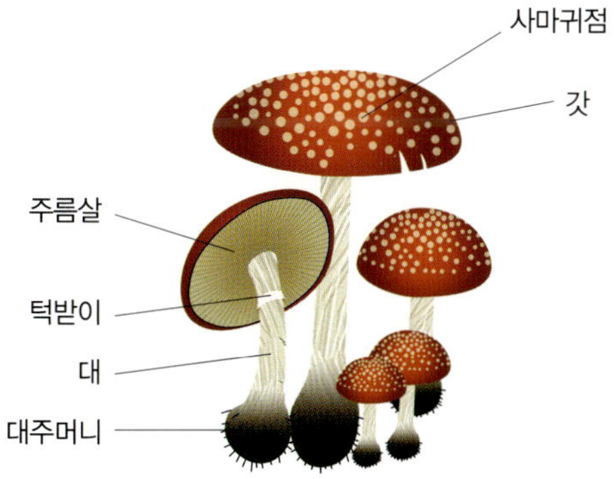

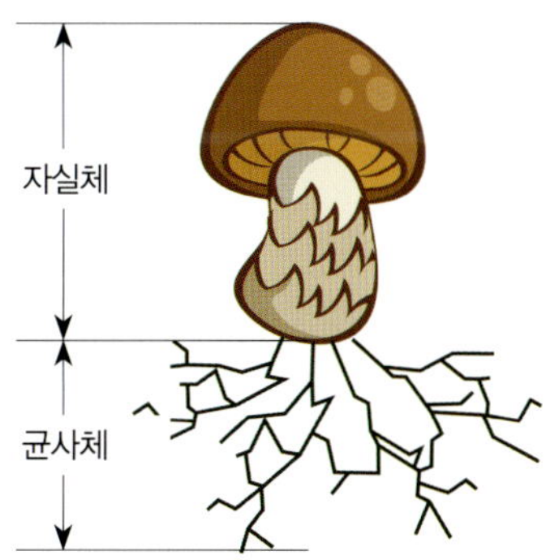

① 버섯은 영양기관인 균사체(菌絲體)와 번식(생식)기관인 포자(胞子)를 지닌 자실체(字實體)로 구성되어 있다. 균사는 배지로부터 영양분을 섭취하며 자실체를 지탱하는 역할을 한다.

② 초기에는 솜털 모양의 가는 실 같은 균사가 부식토 또는 고목 속에서 생육하다 적당한 환경이 되면 버섯 모양의 자실체를 형성한다.

③ 자실체는 종류에 따라 공 모양, 방망이 모양, 우산 모양, 부채 모양 등 형태가 다양하며, 종이나 속에 따라 고유의 형태를 가진다.

④ 대부분 우산 모양인 갓과 이것을 받들고 있는 대로 구성되어 있고 갓 뒷면에 있는 주름 사이에 포자가 존재한다.

⑤ 버섯의 번식은 주름 사이에 있는 씨앗인 포자가 외부로 날아가 퍼지면 그 곳에서 다시 균사로 성장한다.

(3) 버섯의 생리 생태

① 모든 생물은 생체 내의 복잡한 산화, 환원반응 등을 통해 유기물을 분해하고 활용하면서 에너지를 얻고, 필수적으로 호흡하며 생명 유지 및 생장을 위해 에너지를 이용한다.

② 여러 경로를 통해 이루어지는 호흡대사는 생장을 위해 자유에너지를 취하기도 하지만, 각종의 유기물합성의 재료가 되는 유기산을 각 반응과정에서 생성하게 된다.

③ 균사생장에 관여하는 모든 반응은 화학반응을 촉매로 하는 효소작용에 의해서 일어나기 때문에 많은 요인이 관련되어 있다.

1) 온도

① 온도는 버섯의 발아 및 생장에 큰 영향을 미치는 요인이다.

② 온도의 상승으로 효소반응이 활발해지고 균사의 생장속도가 빨라지게 되는데 일반적으로 20~30℃에서 최고치에 달한다.

③ 그러나 그 이상의 온도로 상승하면 생장속도가 급격히 저하되고, 35~40℃에서는 생장이 정지되는데 이를 최고온도라고 한다.

④ 고온에 배양하면 균사의 신장이 높아짐에 따라 호흡량이 과도하게 증가되기 때문에 균체 내 저장물질이 축적되기 어려우며, 균사가 쉽게 노화되어 사멸되기 쉬워진다.

⑤ 실제 재배에서는 균사호흡에 의해 발생되는 열이 많아서 배양기 내는 외부환경보다 2~3℃ 정도 고온이 되므로 이론적 최적 온도(20~30℃)보다 낮은 실온에서 배양하는 것이 보통이다.

⑥ 균사생장에 적합한 온도와 원기형성 및 버섯생장에 적합한 온도의 범위는 다르나 일반적으로 담자균류에 있어서의 자실체 형성 시 낮은 온도가 보통이다.

2) pH

① 균사는 물을 촉매제로 영양기질과 접하고 있으며, 이 용액에서 영양분을 흡수하므로 용액의 물리화학적 상태는 균사의 생활에 큰 영향을 미친다.

② 마그네슘(Mg)과 인(P) 이온은 pH가 낮을 때 용액 내 분리되며, pH가 높을 때 불용성의 염이 생성된다.

③ 철(Fe), 칼슘(Ca), 아연(Zn)도 마찬가지로 높은 pH에서 불용성의 염이 된다.

④ 따라서 버섯의 균사는 대부분의 경우 pH 5~7인 약산성에서 생장이 촉진된다.

⑤ 균사는 생장하면서 용액 내 영양물질을 흡수하기도 하고, 불필요한 폐기물을 분비하므로 배지의 성분이 변하게 되고 그 결과 pH도 변화한다.

3) 수분 및 습도

① 물은 분자의 자유에너지로 인하여 확산되며, 확산의 방향 및 속도는 그 물질의 농도나 경사에 의해 결정되고, 확산을 통해 용액 중으로 이동할 수 있다.

② 따라서 균사는 모관수를 이용하며 입자표면의 흡착수는 이용할 수 없으며, 배양기 내 상대습도가 95~100%인 경우 생육이 양호하고, 80~85%로 저하하면 균사생장이 지연된다.

③ 배지의 수분함량이 75%를 넘으면 과잉수분에 따른 혐기상태로 균사의 생장이 저하된다.

4) 빛

① 균류는 대부분 광합성이 불가하며 일광에 의해 살균이 된다.

② 담자균의 버섯원기 형성에는 빛의 요구파장이 다르며, 버섯의 원기형성과 발육에 중요한 파장의 빛은 청색이며 그 외 녹색, 황색, 오렌지색도 다소 유효하다.

5) 가스

① 일반적으로 균사 생장 시 화학물질을 배출하며, 그 중 휘발성물질 또한 포함되므로 통기가 원활하지 않을 때에는 버섯대의 신장은 빠르나, 갓의 생장이 저해된다.

② 기형의 버섯이 되는 주원인은 대부분 이산화탄소이며, 버섯발생 시 적정 이산화탄소 농도는 0.3% 이하가 적당하다.

〈버섯의 적정 환경〉

요 인	종 류	내 용
온도	영양생장(균사)	23~25℃ (8~27℃)
	생식생장(버섯)	15~20℃(8~23℃)
pH	영양생장	5~7(약산성)
	생식생장	
습도	영양생장(균사배양)	70%
	생식생장(원기-수확)	90% ⇒ 80%
환기	영양생장	0.2~0.3%(2,000ppm)
	생식생장	0.08%(800ppm)
광	영양생장	암배양
	생식생장	암배양

(4) 버섯의 발생 생태

① 단생 : 홀로 발생

② 산생 : 흩어져 발생

③ 군생 : 무리지어 발생

④ 속생 : 뭉쳐서 발생

⑤ 복생 : 겹쳐서 발생

⑥ 균륜 : 동심원상으로 발생

3 조류 분류

(1) 조류의 생물학적 특성

1) 조류의 정의

① 조류는 식물과 같이 산소를 발생하며 광합성을 하는 생물 중에서 선태식물과 양치식물 그리고 종자식물을 제외한 나머지라고 할 수 있다.

② 수중(공기 중에 노출된 돌담, 나무줄기 표면을 포함)에서 생육하는 구조가 간단한 생물이라고 할 수도 있다.

③ 이와 같이 조류는 서로 다른 다양한 생물의 결합체이다.

2) 조류의 분류

① 색깔에 따른 분류

㉮ 녹조류(green algae)

㉠ 가장 얕은 수심에 주로 서식하는 녹색을 띠는 조류이다.

㉡ 육상식물과 계통적으로 연결(혹은 육상식물의 조상군[윤조류])되는 무리이다.

㉢ 파래, 해캄 등

녹조류	육상식물
• 단세포성의 생식기관을 지님 • 생활사 중 수정란이 배라는 형태로 모체 내에 머물지 않는 즉, 배를 가지고 있지 않음	• 다세포성의 유성생식기간을 지님 • 생활사 중 배를 가지는 유배식물

㉯ 갈조류(brown algae)

㉠ 홍조류보다는 조금 얕은 수심에 사는 갈색을 띠는 조류로 대부분 단세포로 생활한다.

㉡ 식물성플랑크톤에 많이 포함된다.

㉰ 홍조류(red algae)

㉠ 가장 깊은 물속에서도 생육가능한 홍색을 띠는 조류이다.

㉡ 포자에 운동성이 없다.

㉢ 김, 우뭇가사리 등

② 생육환경에 따른 분류

㉮ 기중조류(aerial algae) : 돌, 나무줄기 등 공기 중에 노출된 생물체 표면에 생육하는 조류

㉯ 토양조류(soil algae) : 토양 속에서 생육하는 조류

㉰ 빙설조류(cryoalgae) : 눈과 얼음 속에서 생육하는 조류

㉱ 공생조류(symbiotic algae) : 지의류와 산호충 등의 체내에서 서로 공생하며 생육하는 조류

㉲ 담수조류(freshwater algae), 해조류(marine algae)

㉠ 수중에서 생육하는 조류로 담수에서 생육하는 조류는 담수조류, 해수에 서식하면 해조류라고 구분한다.

㉡ 대형 조류의 대부분은 해산으로, 미세조류와 함께 공존하며, 식물성플랑크톤으로 부유생활을 한다.

③ 해조류 수직분포의 다양성

㉮ 보색적응설

㉠ 조체 색과 광합성 관계

a. 보색적응설이란 바다 속 장파장인 적색 빛은 얕은 곳에서 흡수되고 녹색 빛이 가장 깊은 곳까지 도달한다는 사실을 토대로, 녹조류는 얕은 곳에 홍조류는 깊은 곳에 그리고 갈조류는 그 중간 깊이에 분포한다.

b. 조체의 색과 보색관계에 있는 파장의 빛에 대해 보색관계의 색소를 합성하여 광합성에 가장 유효하다.

- 녹조류에는 적색 빛
- 갈조류에서는 청색 빛과 청록색 빛
- 홍조류에는 녹색 빛

㉯ 심해산 녹조류의 분포

㉠ 보색적응성에 따라 대부분의 녹조류는 얕은 곳에서 생육하나, 깊은 곳에서도 생육하는 종류도 확인되었다.

㉡ 540mm 부근에서 특징적인 흡수대가 있으며 시포나크산틴(siphonaxanthin), 시포네인(siphonain), 프라시노크산틴(prasinoxanthin)과 같은 보조 색소가 해당 광파장 부위의 깊은 곳에 도달하는 녹색광에 대응하게 한다.

㉰ 조간대의 해조류

㉠ 조간대에서 해조류의 수직분포를 결정하는 첫번째 요인은 빛의 질보다 간조이다.

㉡ 간조 시 노출에 견디는 정도, 간조의 노출 선호정도에 따라 상이하다.

㉢ 이와 같이 조간대의 해조류는 간조와 깊은 관계가 있다고 생각되지만, 단순 군락을 만드는 경향이 있어서 만조와 간조의 높이에 따라서 명료한 성층 구조(대상분포)를 보이고 있다.

(2) 조류의 이용

1) 알긴산의 원료

① 갈조류

② 알긴산은 2종류의 우론산 중합처로 제품은 백색무취의 분말이다.

③ 알긴산의 나트륨염은 물에 녹으면 점도가 높기 때문에 직물과 나염 등의 호료, 아이스크림, 잼, 치즈 등의 안정제, 세제, 치약, 화장품, 약품 등의 첨가제와 배합제 그리고 치아의 주형제 등으로 널리 이용되고 있다.

2) 한천의 원료

① 홍조류

② 한천의 주성분은 다당류인 갈락탄으로 물에 불용성이지만, 80℃ 이상의 더운 물에 녹아 끈기가 있는 용액이 되며, 30℃ 부근 이하에서 응고하는 성질이 있다.

③ 원조를 끓인 후 응고시킨 것이 우무이며, 이것을 적당한 크기로 잘라 동결, 해동을 반복하여 건조시킨 것이 한천이다.

④ 한천은 세균배지로 이용되며 잼, 양갱 등의 안정제, 약품, 화장품 등의 배합제, 식육 캔의 충전제 그리고 치아의 주형제 등 그 용도가 다양하다.

⑤ 우무는 그대로 식용한다.

3) 카라기난의 원료

① 홍조류

② 카라기난은 황산화 갈락탄을 주성분으로 하는 황산다당류로 끈기가 강하기 때문에 아이스크림과 초콜릿 밀크 등의 안정제, 샤벳과 푸딩 등의 첨가제를 비롯하여 다양한 식품 공업에 이용된다.

③ 또한 약품, 화장품, 도료, 잉크 등의 첨가제나 배합제, 작물용의 호료 등에도 사용된다.

4) 구충제

① 홍조류

② 구충의 유효성분은 *Digenea simplex*에서는 가이닌산이라는 아미노산의 일종이다.

③ *Chondria armata*도 동일하게 아미노산의 일종인 도모익산이며, 구충효과는 *D. simplex*보다 월등하게 좋다.

④ 이들 두 종은 산호초 해역에 분포한다.

5) 건강식품

① 남조류, 녹조류

② 모두 미세조류로 기업에 의해 대량 배양되고 있다.

③ Spirulina와 chlorella는 단백질이 풍부하며 식물섬유가 풍부한 건강식품으로, Dunaliella의 β-카로틴은 특정 암과 심장혈관 장해를 일으키는 활성산소의 항산화제 역할이 있다고 하여 최근에 주목받고 있다.

4 압화 재료 식물

(1) 초본식물

1) 봄

① 붉은색

할미꽃(미나리아재비과)

학명 : *Pulsatilla koreana*

특징 : 양지의 풀밭에서 자라는 여러해살이풀로 특히 무덤가에 많이 난다. 열매가 긴 흰털로 덮여 있는 것이 할머니 머리 모양이다. 종 모양의 적자색 꽃이 고개를 숙이고 핀다.

개화시기 : 4월경 솜털을 뒤집어 쓴 잎과 꽃줄기가 무더기로 나와서 비스듬히 퍼진다.

압화이용 : 전 부위

교과과정 : 초4

금낭화(현호색과)

학명 : *Dicentra spectabilis*

특징 : 산지의 돌밭이나 계곡에서 자라는 여러해살이풀이다. 꽃잎은 4개가 모여 편평한 심장형으로 꽃의 모양이 여자들 옷에 매달리는 주머니를 닮아 며느리 주머니라고 부르기도 한다. 말려서 타박상이나 종기치료제로 사용한다.

개화시기 : 5~6월에 휘어진 줄기 끝에 주머니 모양의 납작한 붉은색 꽃이 조롱조롱 매달린다.

압화이용 : 꽃

자운영(콩과)

학명 : *Astragalus sinicus*

특징 : 중국 원산의 두해살이풀로 경작되던 식물체가 퍼져 나가 노지에서 저절로 자란다. 꽃에 꿀이 많아 꿀벌이 많이 모이며, 뿌리에 뿌리혹박테리아가 생겨서 땅을 기름지게 만드므로 경작지에 심어 풋거름으로 쓴다.

개화시기 : 4~5월 잎겨드랑이에 자란 꽃대 끝에 나비 모양의 붉은색 꽃이 둥글게 모여 피며, 간혹 흰꽃이 피기도 한다.

압화이용 : 지상부

교과과정 : 고등과정

제비꽃(제비꽃과)

학명 : *Viola mandshurica*

특징 : 들판의 양지에서 흔하게 자라는 여러해살이풀로 잎은 뿌리에서 바로 옆으로 비스듬히 퍼진다. 열매는 삭과로 익으면 3쪽으로 갈라져서 씨가 튕겨져 나온다. 제비가 올 때쯤 개화하여 제비꽃이라 한다.

개화시기 : 4~5월에 뿌리잎 사이에서 꽃줄기가 모여나와 자주색 꽃이 옆을 향해 핀다.

압화이용 : 지상부

교과과정 : 초1, 초3

앵초(앵초과)

학명 : *Primula sieboldi*

특징 : 산기슭의 습지나 냇가에서 자라는 여러해살이풀이다. 꽃부리는 5갈래로 깊게 갈라져 수평으로 퍼지고 꽃을 위에서 바라보면 꽃 모양이 벚꽃같이 보인다 하여 앵초(櫻草)라 한다.

개화시기 : 4~5월에 잎 사이에서 자란 15~40㎝의 꽃줄기 끝이 우산살 모양으로 갈라져 끝에 붉은 자주색 꽃이 달린다.

압화이용 : 지상부

교과과정 : 중등과정

갯메꽃(메꽃과)

학명 : *Calystegia soldanella*

특징 : 바닷가 모래땅에서 자라는 여러해살이풀로 줄기는 가지가 갈라져 땅 위로 뻗거나 다른 물체를 감고 올라간다. 꽃잎에는 5개의 희미한 줄무늬가 있으며, 둥근 삭과 열매는 꽃받침으로 싸여 있고 속에 검은씨가 들어 있다.

개화시기 : 5~6월에 잎겨드랑이에서 길게 나온 꽃자루 끝에 나팔 모양의 분홍색 꽃이 핀다.

압화이용 : 잎, 줄기(꽃잎이 너무 얇아 파쇄, press 과정 시 황변으로 인하여 선호도가 낮다.)

꽃마리(지치과)

학명 : *Trigonotis peduncularis*

특징 : 들이나 밭에서 흔히 자라는 두해살이풀로 달걀형 또는 타원형의 뿌리잎은 잎자루가 길고 뭉쳐난다. 꽃이삭이 태엽처럼 말려 있기 때문에 꽃마리라고 한다. 이른 봄에 뿌리잎을 캐서 나물로 먹는다.

개화시기 : 4~6월에 줄기 윗부분의 총상꽃차례가 태엽처럼 말려 있다가 풀어지면서 차례로 연한 남색꽃이 핀다.

압화이용 : 꽃

미치광이풀(가지과)

학명 : *Scopolia japonica*

특징 : 깊은 산의 숲속에서 자라는 여러해살이풀로 독성이 매우 강해 잘못 먹으며 미치광이가 된다고 하여 미치광이풀(혹은 독뿌리풀)이라고도 한다. 누른빛의 꽃이 피는 것을 노랑미치광이풀(*Scopolia lutescens*)이라고 한다.

개화시기 : 4~5월에 윗부분의 잎겨드랑이에 종 모양의 꽃이 1개씩 매달리며 겉이 짙은 자주색이다.

압화이용 : 지상부(독성 강함, 장갑 착용, 별도 보관 및 이용재료의 재사용방지 등 압화재료로 선호도가 낮다.)

얼레지(백합과)

학명 : *Erythronium japonicum*

특징 : 비교적 높은 산 숲속에서 자라는 여러해살이풀로 땅속 깊이 들어 있는 길쭉한 흰색 비늘줄기에서 2개의 잎이 나와 수평으로 퍼진다. 타원형 잎 표면에 자주색의 얼룩무늬가 있어 얼레지라고 한다. 꽃이 피면 뒤로 말리며, 밤이 되면 꽃잎이 오므라든다. 봄에 돋는 잎을 나물로 먹는다. 흰꽃이 피는 것을 흰얼레지(for. *album*)라고 한다.

개화시기 : 4월에 꽃줄기 끝에 홍자색 꽃이 밑을 향해 핀다.

압화이용 : 꽃, 줄기, 잎

붓꽃(붓꽃과)

학명 : *Iris sanguinea*

특징 : 산과 들의 풀밭에서 무리지어 자라는 여러해살이 풀로 꽃봉오리의 모습이 붓과 닮아서 붓꽃이라고 한다. 둥근 뿌리줄기가 옆으로 자란다. 잎은 밑부분이 줄기를 감싼다. 세모진 타원형의 열매는 익으면 끝부분이 갈라지면서 많은 밤색 씨들이 나온다. 흰꽃이 피는 것을 흰붓꽃(for. *albiflora*)이라고 한다.

개화시기 : 5~6월에 줄기 끝에 2~3개의 자주색 꽃이 핀다.

압화이용 : 지상부

교과과정 : 초3, 초4, 중등과정, 고등과정

② 노랑색

복수초(미나리아재비과)

학명 : *Adonis amurensis*

특징 : 깊은 산 숲속에서 자라는 여러해살이풀로 밑부분의 잎은 막질로서 줄기를 둘러싼다. 잎은 한낮에만 벌어지고, 밤에는 오므라든다. 꽃잎은 20~30개가 수평으로 퍼지고 수술이 많다.

개화시기 : 이른 봄에 줄기 끝에 한 송이의 노란색 꽃이 잎보다 먼저 핀다.

압화이용 : 식물 전체

교과과정 : 중등과정

애기똥풀(양귀비과)

학명 : *Chelidonium majus* var. *asiaticum*

특징 : 주변에서 흔히 자라는 두해살이풀로 줄기나 잎을 자르면 나오는 노란색 즙액이 아기 똥과 유사하여 애기똥풀이라고 한다. 애기똥풀 즙액에는 독이 있으며, 한방에서 식물체를 백굴채라고 하여 진통제로 사용한다.

개화시기 : 5~8월에 가지 끝에 노란색 꽃이 산형꽃차례로 핀다.

압화이용 : 지상부 특히 줄기의 진액은 휴지나 흡습지를 자주 교체해야 한다. 피부에 직접 접촉되지 않도록 유의한다.

교과과정 : 중등과정

피나물(양귀비과)

학명 : *Hylomecon vernale*

특징 : 산 속에서 자라는 여러해살이풀로 줄기를 자르면 황적색의 즙액이 나오기 때문에 피나물이라고 한다. 노랑색 꽃잎은 4장으로 광택이 있다. 봄에 돋는 어린순을 나물로 섭취하는데, 독성이 있어 물에 잘 우려내야 한다.

개화시기 : 4~5월에 줄기 윗부분의 잎겨드랑이에서 나온 꽃대에 1~3개의 노란색 꽃이 핀다.

압화이용 : 지상부

교과과정 : 중등과정

꽃다지(겨자과)

학명 : *Droba nemorosa* var. *hebecarpa*

특징 : 들에서 자라는 두해살이풀로 잎과 줄기에는 짧은 털이 빽빽이 나있다. 길쭉한 타원형 열매는 기다란 자루 끝에 달리며, 갈색의 씨를 씹으면 매운맛이 난다. 이른 봄에 뿌리잎을 캐어 나물이나 국거리로 섭취한다.

개화시기 : 4~5월에 줄기 윗부분의 총상꽃차례에 십자 모양의 노란색 꽃이 촘촘히 모여 피는데, 밑에서부터 피어 올라간다.

압화이용 : 꽃

교과과정 : 중등과정

돌나물(돌나물과)

학명 : *Sedum sarmentosum*

특징 : 산기슭의 바위틈이나 밭둑 등의 축축한 땅에서 자라는 여러해살이풀로 줄기는 15㎝ 정도로 처음에는 곧게 자라나 점차 땅위에 누어서 자란다. 긴 타원형의 잎은 끝이 뾰족하며, 보통 3개씩 돌려나는 다육질이다. 5개의 피침형 꽃잎은 끝이 뾰족하고 꽃받침보다 길다. 어린 줄기와 잎은 독특한 향기와 맛이 나서 나물(김치)로 섭취한다.

개화시기 : 5~6월에 줄기 끝의 취산꽃차례에 노란색 꽃이 모여 핀다.

압화이용 : 수분 함량이 높아 압화소재로 선호도가 낮다.

뱀딸기(장미과)

학명 : *Duchesnea chrysntha*

특징 : 풀숲이나 길가에서 자라는 여러해살이풀로 줄기는 옆으로 길게 뻗으며 마디에서 뿌리를 내리고, 줄기에는 긴털이 빽빽이 나있다. 딸기 모양의 둥근 열매는 딸기보다 맛이 없고 먹으면 배앓이를 한다.

개화시기 : 4~6월에 잎겨드랑이에서 나온 긴 꽃자루 끝에 1개의 노란색 꽃이 핀다.

압화이용 : 지상부

교과과정 : 초3

양지꽃(장미과)

학명 : *Poteneilla fragarioides* var. *major*

특징 : 산과 들의 풀밭에서 자라는 여러해살이풀로 뿌리에서 모여 난 뿌리잎과 줄기는 땅바닥에 방석처럼 펼쳐진다. 줄기의 전체에 털이 많이 나고, 뿌리잎은 깃꼴겹잎으로 끝쪽의 3개가 특히 크다. 꽃잎은 5장이며, 봄에 돋는 어린순을 나물로 먹는다.

개화시기 : 4~6월에 줄기 끝에서 갈라진 가지마다 노란색 꽃이 모여 핀다.

압화이용 : 지상부

민들레(국화과)

학명 : *Taraxacum mongolicum*

특징 : 양지의 풀밭에서 자라는 여러해살이풀로 잎이나 꽃줄기를 자르면 우유 같은 흰 즙액이 나온다. 흰솜털이 달린 씨는 여물면 동그란 공모양으로 벌어진 후 바람을 타고 멀리 날아가 퍼진다. 봄에 연한 잎을 나물로 먹는다.

개화시기 : 4~5월에 뿌리잎 사이에서 꽃줄기가 나와, 그 끝에 노란색 꽃송이가 하늘을 향해 핀다.

압화이용 : 지상부

교과과정 : 초등과정, 중등과정, 고등과정

③ 흰색

봄맞이(앵초과)

학명 : *Androsace umbellata*

특징 : 들, 산기슭의 양지바른 곳에서 자라는 한두해살이풀로 뿌리잎은 방석처럼 퍼지며, 반원형으로 세모꼴의 톱니가 있다. 잎색은 연하고, 퍼진털이 있다. 둥글 넓적한 삭과 열매는 익으면 윗부분이 5개로 갈라진다.

개화시기 : 4~5월에 잎 사이에서 여러 개의 가느다란 꽃줄기가 나와 10~20㎝ 높이로 산형꽃차례에 4~10개의 작은 흰색 꽃이 하늘을 보고 핀다.

압화이용 : 줄기, 꽃

④ 녹색

돌단풍(범의귀과)

학명 : *Aceriphyllum rossii*

특징 : 산의 개울가 바위틈에서 자라는 여러해살이풀로 손바닥 모양의 잎의 가장자리가 5~7개로 깊게 갈라지고 톱니가 있다. 잎의 모양이 단풍잎과 비슷하고 바위틈에서 자라 돌단풍이라고 한다. 어린잎을 나물로 먹는다.

개화시기 : 5~6월에 뿌리잎과 함께 꽃줄기가 나와 30㎝ 정도 높이로 곧게 취산꽃차례에 흰색 꽃송이를 만든다.

압화이용 : 지상부

토끼풀(콩과)

학명 : *Trifolium repens*

특징 : 들, 산의 풀밭에서 자라는 여러해살이풀로 흔히 클로버라고 불린다. 줄기는 땅바닥을 기며, 줄기 마디에서 뿌리를 내린다.

개화시기 : 6~7월에 잎겨드랑이에서 나온 긴 꽃대 끝에 나비 모양의 흰색 꽃이 공처럼 둥글게 모여 핀다.

압화이용 : 지상부

교과과정 : 초3

잔디(벼과)

학명 : *Zoysia japonica*

특징 : 양지쪽 풀밭에서 자라는 여러해살이풀로 뿌리줄기가 길게 옆으로 뻗고 마디마다 가는 수염뿌리를 내린다. 줄기에 어긋나는 칼 모양의 잎은 처음에는 양면에 털이 있으나 점차 없어진다.

개화시기 : 봄에 10~15㎝ 높이의 꽃줄기가 나와 그 끝에 꽃이삭이 달린다.

압화이용 : 지상부

교과과정 : 초5, 고등과정

2) 여름 · 가을

① 붉은색

패랭이꽃(석죽과)

학명 : *Dianthus sinensis*

특징 : 건조한 풀밭이나 냇가 모래땅에서 자라는 여러해살이풀로 석죽화라고도 한다. 뿌리에서 여러 대가 모여 윗부분에서 가지가 갈라지며, 줄기에 마주나는 칼 모양의 잎은 밑부분이 합쳐져서 줄기를 둘러싼다. 꽃의 생김새가 옛사람들의 패랭이 모자와 유사하여 패랭이꽃이라고 한다.

개화시기 : 6~8월에 가지 끝 5장의 붉은 꽃은 끝이 얕게 갈라지고 가운데는 짙은색 무늬가 있다

압화이용 : 줄기, 잎

교과과정 : 초3

연꽃(수련과)

학명 : *Nelumbo nucifera*

특징 : 연못이나 늪에서 자라는 여러해살이풀로 물 속 땅에서 뿌리줄기(연근)는 원통 모양으로 옆으로 길게 뻗으며, 잎자루는 물밖으로 나와 그 끝에 커다란 둥근잎이 달린다. 물뿌리개 꼭지 모양의 열매는 벌집처럼 구멍이 뚫려 있으며 구멍마다 검은 씨가 익는다.

개화시기 : 7~8월에 뿌리줄기에서 자란 긴 꽃자루 끝에 커다란 연분홍, 흰색 꽃이 핀다.

압화이용 : 식물 전체

교과과정 : 초3, 중등과정, 고등과정

오이풀(장미과)

학명 : *Sanguisorba officinalis*

특징 : 산과 들의 풀밭에서 자라는 여러해살이풀로 잎을 자르면 오이냄새가 나서 오이풀이라고 한다. 긴타원형의 작은 잎은 7~11개이고 가장자리가 톱니로 줄기에 어긋나는 잎은 뿌리잎과 생김새가 같으나, 위로 갈수록 크기가 작아진다. 간혹 흰꽃이 피는 흰오이풀도 있다.

개화시기 : 7~9월에 가지 끝마다 타원형의 검붉은색 꽃이삭이 달린다.

압화이용 : 줄기, 꽃

메꽃(메꽃과)

학명 : *Calystegia japonica*

특징 : 들에서 흔히 자라는 덩굴성 여러해살이풀로 하얀 뿌리줄기가 땅속으로 뻗으면서 군데군데 줄기가 나와 다른 물체에 감기며 오른다. 열매는 둥그스름하지만 보통 열매를 맺지 않는 것이 많다.

개화시기 : 6~8월에 잎겨드랑이에서 자란 긴 꽃자루 끝에 나팔 모양의 분홍색 꽃이 핀다.

압화이용 : 잎

교과과정 : 초3

익모초(꿀풀과)

학명 : *Leonurus sibiricus*

특징 : 들에서 자라는 두해살이풀로 네모진 줄기는 50~100㎝ 정도로 곧게 자라며 흰털이 있어 백록색이 돌고 가지가 많이 달린다. 줄기에 2장씩 마주나는 잎은 3갈래로 깊게 갈라진다. 한약재로 이용된다.

개화시기 : 7~8월에 줄기 윗부분의 잎겨드랑이마다 연한 홍자색 꽃이 층층이 돌려 가며 핀다.

압화이용 : 지상부

교과과정 : 고등과정

박하(꿀풀과)

학명 : *Mentha arvesis* var. *piperascens*

특징 : 습기가 있는 들판에서 자라는 여러해살이풀로 예전에 경작물로 키우던 것이 퍼져 나갔다. 줄기는 네모지고, 털이 있으며 잎표면에 있는 기름샘에서 특이한 향기가 나는 기름을 분비한다. 줄기에 마주나는 긴 타원형 잎은 끝이 뾰족하고 가장자리에 톱니가 있다. 사탕, 화장품, 설사약 등으로 이용된다.

개화시기 : 7~10월에 줄기와 가지 윗부분의 잎겨드랑이마다 연보라색 꽃이 촘촘히 돌려 가며 층층으로 달린다.

압화이용 : 꽃

도라지(초롱꽃과)

학명 : *platycodon grandiflorum*

특징 : 산과 들에서 자라는 여러해살이풀로 40~80㎝ 높이로 곧게 자라는 줄기를 자르면 우유 같은 흰 즙액이 나온다. 줄기에 어긋나는 긴 달걀형의 잎은 끝이 뾰족하다. 뿌리는 나물, 한약재로 사용된다.

개화시기 : 7~8월에 가지 끝에 보라색 또는 흰색 꽃이 피는데 꽃잎은 5개로 뒤로 젖혀진다.

압화이용 : 꽃

교과과정 : 초1, 중등과정, 고등과정

쑥부쟁이(국화과)

학명 : *Aster yomena*

특징 : 산과 들의 다소 습기가 있는 곳에서 자라는 여러해살이풀로 줄기는 녹색 바탕에 자줏빛이 돌며, 어긋나는 피침형 잎은 털이 없고 가장자리에 굵은 톱니가 있다. 꽃송이 가장자리에는 자주색 꽃잎을 가진 혀꽃이 한 줄로 빙둘러 나고, 가운데에는 노란색 통꽃이 빽빽이 들어차 있다.

개화시기 : 7~8월에 줄기와 가지 끝마다 두상화가 하늘을 보고 핀다.

압화이용 : 꽃, 줄기

교과과정 : 중등과정

엉겅퀴(국화과)

학명 : *Cirsium japonicum* var. *ussuriense*

특징 : 산과 들의 풀밭에서 자라는 여러해살이풀이다. 줄기와 잎에 털이 나있고, 어긋나는 기다란 잎은 새깃처럼 갈라지고 밑부분은 줄기를 감싼다. 누런 털이 달린 씨는 바람에 잘 날린다.

개화시기 : 6~8월에 줄기와 가지 끝에 붉은색꽃이 핀다.

압화이용 : 꽃, 줄기

교과과정 : 초1, 초3, 중등과정

부들(부들과)

학명 : *Typha orientalis*

특징 : 연못가나 습지에서 자라는 여러해살이풀로 뿌리줄기가 땅속에서 옆으로 뻗으며 무리지어 자란다. 잎이 부드럽고 부들부들해서 부들이라고 한다. 줄기 끝에는 수꽃이삭이 달리고 그 밑에 붙어서 둥근 원통형의 적갈색 암꽃이삭이 달린다. 씨가 여물면 꽃이삭은 갈색으로 부풀어 바람을 타고 퍼진다.

개화시기 : 6~7월에 암수한그루로 꽃이 핀다.

압화이용 : 잎, 어린 암꽃

교과과정 : 초3, 고등과정

참나리(백합과)

학명 : *Lilium tigrinum*

특징 : 산과 들의 풀밭에서 자라는 여러해살이풀로 땅속에 비늘줄기가 있다. 줄기에 어긋나 피침형 잎이 나고, 잎겨드랑이에 흑자색의 둥근 살눈이 생긴다. 뒤로 말리는 6장의 꽃잎은 겉에 흑자색 반점이 많이 있다.

개화시기 : 7~8월에 줄기 끝에 4~20개의 황적색 꽃이 밑에서부터 아래를 향해 핀다.

압화이용 : 꽃

교과과정 : 중등과정

② 노랑색

마타리(마타리과)

학명 : *Patrinia scabiosaefolia*

특징 : 산과 들의 풀밭에서 자라는 여러해살이풀로 잎은 마주나는 깃꼴겹잎으로 깊게 갈라지며, 가장자리에 톱니가 있다. 봄에 돋는 어린순을 나물로 먹는다.

개화시기 : 8~10월에 줄기와 가지 끝의 산방꽃차례에 자잘한 노란색 꽃이 촘촘히 모여 핀다.

압화이용 : 꽃, 줄기

교과과정 : 중등과정

산국(국화과)

학명 : *Chrysanthemum boreale*

특징 : 양지바른 풀밭에서 자라는 여러해살이풀로 줄기는 흰털이 있으며, 윗부분에서 가지가 많이 갈라진다. 어긋나는 긴 달걀형 잎은 깃꼴로 갈라지고, 긴 타원형으로 가장자리에 예리한 결각의 톱니가 있다. 향기가 나는 노란 꽃잎으로 술을 담거나 어린순을 나물로 먹는다.

개화시기 : 9~10월에 줄기 끝에서 갈라진 가지마다 노란 두상화가 촘촘히 모여 달린다.

압화이용 : 지상부

③ 흰색

수련(수련과)

학명 : *Nymphaea tetragona* var. *angusta*

특징 : 연못에서 자라는 여러해살이풀로 굵고 짧은 뿌리줄기에서 잎이 모여 나는 부엽식물이다. 잎자루가 길게 자라서 물 위에서 퍼지는 잎은 둥근 달걀형으로 밑부분이 화살촉 모양으로 깊게 갈라졌으며 두껍다. 잎의 앞면은 광택이 있고, 뒷면은 자줏빛을 띤다. 꽃은 낮에 피고 밤엔 오므라들기 때문에 잠자는 연꽃이라는 뜻으로 수련이라고 한다. 수련은 이집트의 국화이다.

개화시기 : 6~8월에 뿌리줄기에서 꽃줄기가 자라 물밖으로 나오고 그 끝에 흰색, 분홍색 꽃이 피는데 연꽃과 모양이 비슷하다.

압화이용 : 식물 전체

교과과정 : 고등과정

미나리(미나리과)

학명 : *Oenanthe javanica*

특징 : 습지에서 자라는 여러해살이풀로 20~50㎝ 높이로 자라고 둥근 줄기는 속이 비어 있다. 어긋나는 잎은 1~2회 깃꼴겹잎의 작은 달걀형으로 가장자리에 톱니가 있다. 줄기와 잎은 독특한 향기로 나물로 먹는다.

개화시기 : 7~9월에 윗부분의 잎과 마주나는 꽃대 끝에 산형꽃차례에 자잘한 흰색꽃이 둥글게 모여 달린다.

압화이용 : 잎, 뿌리

교과과정 : 고등과정

참취(국화과)

학명 : *Aster scaber*

특징 : 산에서 자라는 여러해살이풀로 뿌리잎은 심장형으로 잎자루가 길며, 가장자리에 굵은 톱니가 있고, 잎이 마를 때 꽃이 핀다. 어긋나는 잎은 뿌리잎과 비슷하며 잎자루에 날개가 있고 위로 올라갈수록 작아진다. 봄에 돋는 어린순을 취나물이라고 하며 나물로 먹는다.

개화시기 : 8~10월에 줄기 끝의 산방꽃차례에 흰색꽃이 모여 핀다.

압화이용 : 지상부

개망초(국화과)

학명 : *Erigeron annuus*

특징 : 길가나 빈터에서 강한 번식력으로 자라는 두해살이풀로 달걀형의 뿌리잎은 톱니와 긴 잎자루가 있다. 어긋나는 잎은 달걀형으로 가장자리에 톱니가 드문드문 있고, 잎자루에는 날개가 있다. 줄기와 잎 전체에 털이 나있다. 꽃송이 가장자리에는 가느다란 흰색 혀꽃이 돌려나고 가운데 노란색 통꽃이 촘촘히 박혀 있다.

개화시기 : 7~9월에 줄기와 가지 끝마다 하얀 꽃송이가 모여난다.

압화이용 : 지상부

톱풀(국화과)

학명 : *Achillea sibirica*

특징 : 산과 들의 풀밭에서 자라는 여러해살이풀로 땅속의 뿌리줄기가 옆으로 뻗으며, 윗부분에 털이 많고, 밑부분에 털이 없다. 잎은 양쪽 가장자리가 톱니처럼 규칙적으로 갈라져 톱풀이라고 한다. 총포는 동그란 종 모양이고, 혀꽃은 5~7개이다. 어린순은 나물, 약재로 이용한다.

개화시기 : 7~10월에 줄기 끝의 산방꽃차례에 흰색 꽃송이가 촘촘히 모여 달린다.

압화이용 : 꽃, 잎

구절초(국화과)

학명 : *Chrysanthemum zawadskii* var. *latilobum*

특징 : 산과 들에서 자라는 여러해살이풀로 땅속의 뿌리줄기는 옆으로 뻗으며, 줄기는 50㎝로 곧게 자란다. 뿌리잎은 달걀형으로 밑부분이 반듯하거나 심장저고, 잎몸은 깃꼴로 깊게 갈라진다. 처음 필 때는 담홍색이지만 차차 흰색으로 변한다. 줄기와 잎을 약재로 사용하며, 특히 9월 9일(음력)에 채취한 것이 약효가 좋다고 하여 구절초라고 이름이 붙였다.

개화시기 : 9~10월에 줄기나 가지 끝에 꽃이 한송이씩 하늘을 향해 핀다.

압화이용 : 지상부

교과과정 : 고등과정

해오라비난초(난초과)

학명 : *Habenaria radiata*

특징 : 양지쪽 습지에서 자라는 여러해살이풀로 밑부분에 1~2개의 칼집 모양의 잎이 있으며, 그 위에 3~5개의 잎이 달린다. 잎은 넓은 선형으로 비스듬히 서고, 잎술꽃잎은 3개로 갈라지는데 가운데 갈래조각은 선형이고 반달 모양의 옆갈래조각은 바깥쪽 가장자리가 잘게 갈라진다. 꽃의 모양이 날개를 활짝 편 해오라기같이 보여 해오라비난초라고 한다.

개화시기 : 7~8월에 줄기 끝에 1~2개의 흰색꽃이 핀다.

압화이용 : 줄기, 꽃

④ 녹색

명아주(명자주과)

학명 : *Chenopodium album* var. *centrorubrum*

특징 : 밭이나 공터에서 흔히 자라는 한해살이풀로 곧게 자라는 둥근줄기는 세로로 녹색줄이 있으며, 어긋나는 세모진 달걀형 잎은 가장자리에 물결모양의 톱니가 있다. 어린 줄기 중심부와 잎 뒷면에 붉은빛이 돈다. 나물로 먹거나 지팡이를 만들어 쓴다. 어린 줄기의 중심부가 흰빛이 도는 것을 흰명아주(*Chenopodium album*)라고 한다.

개화시기 : 6~8월에 줄기 끝의 원추꽃차례에 조그만 황록색 꽃이 촘촘히 모여 핀다.

압화이용 : 꽃, 잎

교과과정 : 초4, 초5

더덕(초롱꽃과)

학명 : *Codonopsis lanceolata*

특징 : 숲속에서 자라는 덩굴성 여러해살이풀로 줄기나 잎을 자르면 우유같은 흰즙액이 나온다. 어긋나는 짧은 피침형 또는 긴 타원형 잎이 가지 끝에서 4개의 잎이 모여난다. 꽃잎은 끝이 5개로 갈라지며 안쪽에 짙은 갈색 반점이 있다. 뿌리는 나물, 약재로 사용한다.

개화시기 : 8~9월에 짧은 가지 끝에 연녹색 종 모양의 꽃이 밑을 향해 핀다.

압화이용 : 꽃, 잎

갈대(벼과)

학명 : *Phrogmites communis*

특징 : 습지나 냇가에서 자라는 여러해살이풀로 땅속에서 길게 뻗는 뿌리줄기의 마디에서 노란색의 수염뿌리가 내린다. 털이 달린 씨앗은 바람을 타고 퍼진다. 지붕, 빗자루 등을 만들어 사용했다.

개화시기 : 9월에 줄기 끝에 수많은 자주색 꽃이 피어 전체적으로 원뿔 모양의 꽃이삭을 만든다.

압화이용 : 지상부

교과과정 : 초4, 고등과정

강아지풀(벼과)

학명 : *Setaria viridis*

특징 : 밭이나 길가에서 흔하게 자라는 한해살이풀로 가는 줄기는 뿌리에서 여러 대가 모여 40~70㎝로 곧게 선다. 바닷가에서 자라는 갯강아지풀은 작은 가지에 길로 억센 털이 빽빽이 나 작은 이삭이 뚜렷하지 않다.

개화시기 : 7~9월에 줄기 끝에 달리는 원통형 꽃이삭이 강아지 꼬리를 닮아서 강아지풀이라고 한다.

압화이용 : 지상부

교과과정 : 초3, 초4, 초5, 고등과정

억새(벼과)

학명 : *Miscanthus sinensis* var. *purpurascens*

특징 : 산과 들의 풀밭에서 자라는 여러해살이풀로 굵은 뿌리줄기가 땅속에서 옆으로 퍼지며 뭉쳐난다. 잎은 억세고 가장자리에 날카로운 톱니가 있다. 열매가 익으면 씨에 붙은 털이 부풀어 꽃이삭이 하얀 털뭉치처럼 피어 난다.

개화시기 : 9월에 줄기 끝에서 갈라지는 10여 개의 가지마다 자주색 꽃이 촘촘히 달린다.

압화이용 : 개화시작점에서 지상부

교과과정 : 초1, 초4, 중등과정

(2) 목본식물

1) 봄

① 붉은색

은사시나무(버드나무과)

학명 : *Populaus tomentinglandulosa*

특징 : 갈잎큰키나무(20m). 사시나무×은백양의 잡종으로 식재수종이다. 수피는 푸르스름한 은빛으로 껍질눈은 마름모꼴이나 변화가 심하다. 어긋나는 잎은 달걀형으로 가장자리에 불규칙한 톱니가 있고, 뒷면은 흰빛을 띤다. 열매이삭은 100개 정도의 열매가 모여 달린다. 은백양(*P. alva*)은 잎몸이 3~5 갈래로 갈라지며, 뒷면에 흰 솜털이 빽빽이 난다.

개화(결실)시기 : 4월(5월)

압화이용 : 잎

으름덩굴(으름덩굴과)

학명 : *Akebia quinata*

특징 : 갈잎덩굴나무(5~6m). 황해도 이남의 산과 들에서 자란다. 잎은 손꼴겹잎으로 작은 5장의 달걀형 잎이 어린가지에서는 어긋나고, 늙은 가지에서는 모여난다. 잎겨드랑이에서 나오는 짧은 꽃자루 끝에 자주색 수꽃이 모여 늘어지며, 암꽃은 수꽃보다 적지만 크기는 크다. 소세지 모양의 열매는 자갈색으로 익고, 흰색 속살은 섭취 가능하다.

개화(결실)시기 : 4~5월(9~10월)

압화이용 : 꽃, 덩굴줄기, 잎

자목련(목련과)

학명 : *Magnolia liliflora*

특징 : 갈잎큰키나무(15m). 잎보다 먼저 가지 끝마다 6장의 꽃잎이 임자색으로 피고, 꽃잎 안쪽은 연한 자주색으로 꽃잎은 잘 벌어지지 않는다. 잎은 마주나고 거꾸로 된 달걀형으로 끝이 뾰족하게 튀어나온다. 원통형 열매는 칸칸이 주홍색 씨가 들어있다. 자목련과 백목련 사이에 많은 교배종이 있으며 자주목련(*M. denudata* var. *purpurascens*)은 꽃잎의 겉이 홍자색이고 안쪽은 흰색이다.

개화(결실)시기 : 4월(9~10월)

압화이용 : 잎, 꽃(꽃의 경우 수분 함량이 높아 선호도가 낮다.)

장미(장미과)

학명 : *Rosa hydrida*

특징 : 갈잎떨기나무(1~2m). 관상용으로 15,000여 종의 품종이 존재한다. 장미는 줄기모양에 따라 크게 덩굴장미와 나무장미로 나눈다. 덩굴장미는 줄기가 보통 5m 안팎으로 뻗고, 나무장미는 1~2m 높이로 자란다. 장미의 줄기는 녹색을 띠고, 줄기와 가지에 날카로운 가시가 난다. 잎은 3~7개의 어긋나고 깃꼴겹잎으로 가장자리에 예리한 톱니가 있으며 끝이 뾰족하고, 뒷면은 흰빛을 띤다. 가늘고 긴 턱잎은 잎자루에 붙어 있으며 윗부분은 바늘처럼 뾰족하다. 꽃이 피는 시기와 기간은 품종마다 차이가 있으며, 봄부터 가을까지 볼 수 있는 장미는 주로 겹꽃이 많다.

개화(결실)시기 : 봄~가을(가을)

압화이용 : 꽃, 잎

교과과정 : 초3, 중등과정, 고등과정

족제비싸리(콩과)

학명 : *Amorpha fruticosa*

특징 : 갈잎떨기나무(3m). 산이나 강둑에 심으며, 수피는 회갈색~짙은 회색이고, 잔가지에 털이 있으나 점차 없어진다. 잎은 어긋나고 깃꼴겹잎으로 작은 잎은 11~25개의 달걀형(긴 타원형)으로 뒷면에 잔털이 약간 있다. 가지 끝의 수상꽃차례에 진한 보라색 꽃이 다닥다닥 달리는데 향기가 강하며 기름이 풍부하다. 작은 꼬투리열매는 약간 굽으며, 잎을 따거나 가지를 자르면 역겨운 냄새가 난다.

개화(결실)시기 : 5~6월(9월)

압화이용 : 꽃, 잎

단풍나무(단풍나무과)

학명 : *Acer palmatum*

특징 : 갈잎큰키나무(10m). 중부이남의 산에서 자라며 관상수로도 많이 식재한다. 수피는 옅은 회갈색으로 어린가지는 털이 없으며 녹색에서 홍자색으로 변한다. 꽃받침조각과 꽃잎은 각각 5개이고 수술은 8개이며 암술머리는 2개로 갈라진다. 긴 타원형의 날개를 가진 열매는 2개가 마주 붙은데 두 날개는 거의 수평으로 벌어져 바람에 의해 퍼진다. 화단이나 정원에서 기르는 단풍나무에는 여러 가지 품종이 있으며 그 중 1년 내낸 잎 색깔이 빨간 것을 홍단풍(cv. *Sanguineum*)이라고 한다.

개화(결실)시기 : 5월(9~10월)

압화이용 : 잎

교과과정 : 초등과정, 중등과정

동백나무(차나무과)

학명 : *Camelia japonica*

특징 : 늘푸른큰키나무(5~7m). 남부지방의 산과 들에서 자란다. 수피는 회갈색~황갈색으로 밋밋하며 연한 갈색의 가지는 털이 없다. 타원형의 잎은 두꺼운 가죽질로 광택이 있고, 끝이 뾰족하며 가장자리에 물결 모양의 잔톱니가 있다. 가지 끝이나 잎겨드랑이에 붉은색 꽃이 1송이씩 핀다. 5~7개의 꽃잎에 많은 수술이 붙어서 꽃잎과 함께 떨어진다. 꽃밥은 노란색이며 암술대는 3개로 갈라진다. 열매는 가을에 붉은색으로 익으면 3갈래로 갈라지면서 검은 갈색의 씨가 나온다. 옛날에는 씨에서 짠기름을 머릿기름으로 사용하였다.

개화(결실)시기 : 12~다음해 4월(가을)

압화이용 : 꽃

교과과정 : 초2, 초3, 초5, 중등과정

오동나무(현삼과)

학명 : *Paulownia coreana*

특징 : 갈잎큰키나무(10~15m). 식재수종으로 속성수이다. 잎은 마주나고 길이 15~23㎝, 너비 12~29㎝의 흔히 5각형으로 된다. 새순은 가장자리에 톱니가 있고 잎 앞면에는 털이 거의 없으나 뒷면에는 별모양의 털이 있다. 가지 끝의 원추꽃차례에 종 모양의 연보라색 꽃이 핀다. 꽃받침은 5개로 갈라지고 양면에 짙은 황적색 잔털이 빽빽이 있다. 달걀형 열매는 끝이 뾰족하고 갈색으로 익으면 2개로 쪼개지면서 납작한 타원형씨가 나온다. 가구나 악기의 재료로 사용한다.

개화(결실)시기 : 5~6월(10월)

압화이용 : 잎

교과과정 : 초6, 중등과정

② 노란색

왕버들(버드나무과)

학명 : *Salix chaenomeloides*

특징 : 갈잎큰키나무(10~20m). 습지나 냇가에서 자란다. 수피는 회갈색이고, 깊이 갈라지며 어린가지는 황록색이다. 어긋나는 잎은 (긴)타원형이고 턱잎은 귀모양이다. 암수딴그루로 잎과 함께 꽃이 피고, 잎겨드랑이에 달리는 긴 꽃이삭은 비스듬히 위를 향한다. 줄기가 굵고 몸집이 커서 웅장한 느낌이 들고 그늘이 좋아 정자나무로도 많이 심는다.

개화(결실)시기 : 4월(5월)

압화이용 : 꽃

갯버들(버드나무과)

학명 : *Salix gracilistyla*

특징 : 갈잎떨기나무(2~3m). 개울가에서 자라며 뿌리 근처에서 많은 가지가 나오고 어린가지에 부드러운 털이 빽빽이 나지만 점차 없어진다. 암수딴그루로 이른 봄에 잎보다 먼저 긴 꽃이삭이 맺히는데 흔히 버들강아지라고 부른다. 잎 앞면의 털은 없어지고 뒷면에 융단 같은 털이 빽빽하여 흰빛을 띤다. 열매는 긴 원통형이다.

개화(결실)시기 : 4월(5월)

압화이용 : 꽃

상수리나무(참나무과)

학명 : *Quercus acutissima*

특징 : 갈잎큰키나무(20~25m). 마을 근처 산기슭에서 자란다. 나무 껍질은 (검은)회갈색으로 불규칙하게 세로로 갈라진다. 잎은 어긋나고 긴 타원형의 피침형으로 가장자리에 예리한 톱니가 있다. 잎 앞면은 광택이 나고 뒷면에는 털이 있는 연녹색이다. 암수한그루로 잎과 함께 꽃이 피는데 노란색 수꽃이삭은 밑으로 늘어진다. 도토리 깍정이는 얇은 비늘조각으로 수북히 덮여 있으며 비늘조각 끝이 뒤로 젖혀진다.

개화(결실)시기 : 4~5월(다음해 10월)

압화이용 : 잎

교과과정 : 초3, 고등과정

졸참나무(참나무과)

학명 : *Quercus serrata*

특징 : 갈잎큰키나무(10~15m). 산에서 자라며 가지 끝에 겨울눈이 모여 나고 눈비늘 조각에 털이 있다. 1~2㎝의 잎자루에 잎은 어긋나고 거꾸로 된 달걀 모양으로 끝이 뾰족하고 가장자리의 톱니 끝이 다소 안으로 굽는다. 암수한그루로 잎과 함께 꽃이 피며 수꽃이삭은 어린가지 기부의 잎겨드랑이에서 밑으로 늘어지고 암꽃이삭은 어린가지 윗부분에 달린다. 도토리 열매는 긴 타원형으로 깍정이 겉면은 비늘조각이 기와처럼 포개져 있다.

개화(결실)시기 : 5월(9~10월)

압화이용 : 잎

교과과정 : 초3

참나무 잎 구분

갈참나무

졸참나무

후박나무(녹나무과)

학명 : *Machilus thunbergii*

특징 : 늘푸른큰키나무(15~20m). 울릉도 및 남쪽 바닷가의 산기슭에서 자란다. 나무껍질은 회색무늬가 있는 갈색으로 어린가지는 녹색을 띤다. 겨울눈은 30개 이상의 비늘조각으로 덮여있다. 잎은 가지 끝에 촘촘히 어긋나고, 앞면은 광택이 있는 밋밋한 형태이고 뒷면은 회녹색이다. 잎겨드랑이에서 자란 원추꽃차례에 작은 황록색 꽃이 모여 피며 둥근 열매는 흑자색으로 익는다.

개화(결실)시기 : 5~6월(7~8월)

압화이용 : 잎

황매화(장미과)

학명 : *Kerria japonica*

특징 : 갈잎떨기나무(1~2m). 중부 이남의 습한 곳에서 자란다. 어린가지는 털이 없는 녹색이며, 겨울눈은 적갈색 눈비늘조각이 싸여 있다. 어긋나는 잎은 긴타원형이며 끝이 길게 뾰족하고, 가장자리 결각모양의 겹톱니가 있다. 잎이 날 때 잔가지 끝마다 노란색 꽃이 피며 검은색으로 익는 열매에는 꽃받침이 남아 있다. 겹꽃이 피는 품종을 죽단화(for. *plena*)라고 한다.

개화(결실)시기 : 4~5월(8~9월)

압화이용 : 꽃, 잎

회양목(회양목과)

학명 : *Buxus microphylla* var. *koreana*

특징 : 늘푸른떨기나무(2~3m). 산에서 자라지만 흔히 정원수로 많이 심는다. 두터운 타원형의 잎은 마주나고 뒤로 젖혀진다. 잎 앞면은 광택이 있으며 잎자루에 털이 있고, 추운 겨울에는 잎이 붉은빛을 띤다. 자잘한 연노란색 꽃이 가지 끝, 잎겨드랑이에 모여 핀다. 도장재료로 사용된다.

개화(결실)시기 : 4~5월(9월)

압화이용 : 잎

교과과정 : 초2, 초6

느티나무(느릅나무과)

학명 : *Zelkova serrata*

특징 : 갈잎큰키나무(20~25m). 산기슭이나 마을 부근에서 자란다. 굵은 가지는 사방으로 갈라지며, 수피는 회백색(회갈색)으로 다소 밋밋하다. 어긋나는 잎은 긴 타원형으로 끝이 길게 뾰족하고 가장자리에 톱니가 있다. 느티나무는 수형이 아름다우며 잎이 많아 정자나무로 많이 심고 있다.

개화(결실)시기: 4~5월(10월)

압화이용 : 잎

교과과정 : 초6, 중등과정, 고등과정

감나무(감나무과)

학명 : *Diospyros kaki*

특징 : 갈잎큰키나무(10~14m). 중부이남에서 과일나무로 재배한다. 수피는 회(갈)색이며 세로로 불규칙하게 갈라진다. 어긋나는 잎은 두꺼운 가죽질이고 넓은 타원형으로 끝이 뾰족하고 가장자리가 밋밋하다. 암수한그루로 어린가지의 잎겨드랑이에 납작한 종 모양의 꽃자루 없는 꽃이 핀다. 암꽃은 1개씩 달리고, 수꽃은 몇 개씩 모여 달린다. 열매는 홍시, 곶감 등으로 먹으며 심재가 굳고 탄력이 있어 전통가구를 만드는 데 사용했다.

개화(결실)시기 : 5~6월(10월)

압화이용 : 잎

교과과정 : 초1, 초2, 초6, 중등과정, 고등과정

개나리(물푸레나무과)

학명 : *Forsythia koreana*

특징 : 갈잎떨기나무(3m). 특산식물로 양지 바른 산기슭에서 자란다. 줄기는 여러대가 모여 빽빽하게 자라기 때문에 산울타리로 많이 심는다. 가지는 둥글게 휘어져 끝이 밑으로 처지며 수피는 회갈색으로 껍질눈이 나타나며 줄기는 비어있다. 달걀형 열매는 끝이 뾰족하고 사마귀 같은 작은 돌기가 있으며 갈색으로 익고, 갈색씨는 둘레에 날개가 있다. 종자로 번식하나 휘묻이나 꺾꽂이도 가능하다.

개화(결실)시기 : 4월(9~10월)

압화이용 : 꽃잎의 조직이 약하고 수분이 많아 압화소재로의 선호도가 낮다.

교과과정 : 초1, 중등과정, 고등과정

③ 흰색

조팝나무(장미과)

학명 : *Spiraea prunifolia* for. *simpliciflora*

특징 : 갈잎떨기나무(1.5~2m). 산기슭이나 들에서 흔히 자라며 줄기는 무더기로 모여 난다. 가지는 밤색의 광택이 나고, 오래된 수피는 회색을 띤다. 어긋나는 잎은 (긴)타원형으로 끝이 뾰족하고 가장자리에 잔톱니가 있다. 지난해의 가지에 붙는 산형꽃차례는 자루가 없으며 4~6개의 흰색꽃이 핀다. 꽃이 핀모양이 튀긴 좁쌀을 붙인 것처럼 보이기 때문에 조팝나무(조밥나무)라고 한다. 어린순을 나물로 먹거나 꽃꽂이, 밀원식물로 이용한다.

개화(결실)시기: 4~5월(6월)

압화이용 : 꽃, 잎

교과과정 : 중등과정

국수나무(장미과)

학명 : *Stephanandra incisa*

특징 : 갈잎떨기나무(1~2m). 수피는 회갈색, 잔가지는 적갈(회)색으로 부드러운 털이 난다. 잎은 어긋나고 세모진 넓은 달걀형으로 가장자리 큰 톱니가 있으며, 뒷면 잎맥뒤에 털이 있다. 어린가지 끝의 원추꽃차례에 누른빛이 도는 흰색 꽃이 모여 핀다. 가지 중심의 수를 가는 막대로 밀면 국수가락처럼 밀려나와 국수나무라 한다.

개화(결실)시기 : 5월(9월)

압화이용 : 꽃, 잎

찔레꽃(장미과)

학명: *Rosa multiflora*

특징: 갈잎떨기나무(2m). 수피는 흑자색으며 줄기에 날카로운 가시가 많고 잎은 어긋나고 깃꼴겹잎이다. 작은 잎은 5~9개의 거꾸로된 달걀형으로 잔톱니가 있다. 턱잎에 빗살같은 톱니가 있고, 밑부분이 잎자루와 합쳐진다. 어린가지 끝에 원추꽃차례의 흰꽃이 피며, 가을에 붉은 열매가 익는다.

개화(결실)시기: 5월(9~11월)

압화이용: 꽃, 잎

교과과정: 초3, 중등과정, 고등과정

매실나무(장미과)

학명 : *Prunus mune*

특징 : 갈잎작은키나무(5m). 관상용이나 과일나무로 심는다. 수피는 짙은 회색으로 불규칙하게 갈라지며, 어린가지는 녹색이다. 잎겨드랑이에 1~3개씩 흰색이나 연분홍색 꽃이 잎보다 먼저 핀다. 둥근열매는 황색으로 익는데 신맛이 강하고 털로 덮인 열매살이 씨와 잘 떨어지지 않는다. 홍매실, 만첩홍매실, 만첩흰매실 등 여러 품종이 재배되고 있다.

개화(결실)시기 : 2~4월(7월)

압화이용 : 꽃

왕벚나무(장미과)

학명 : *Prunus yedoensis*

특징 : 갈잎큰키나무(10~15m). 공원수나 가로수 등으로 식재된다. 수피는 (짙은)회갈색이며 가로로 긴 껍질눈이 있고 노목은 세로로 껍질이 갈라진다. 겨울눈은 달걀형의 부드러운 털로 덮인 눈비늘조각으로 덮여 있다. 짧은 산방꽃차례의 흰색, 옅한 홍색의 꽃은 잎보다 먼저 3~6개의 꽃이 핀다. 잎은 어긋나고 거꾸로된 달걀형으로 길게 뾰족하고 겹톱니가 있다.

개화(결실)시기 : 4월(6~7월)

압화이용 : 꽃

꽃사과나무(장미과)

학명 : *Malus pumila*

특징 : 갈잎큰키나무(3~10m). 수피는 흑갈색이며 어긋나는 잎은 타원형이고 잔톱니가 있다. 어린잎은 털이 많으나 점차 사라지고, 짧은 가지에 흰색꽃 5~7개가 산형으로 달린다. 열매는 꽃받침이 자라서 붉은색으로 익는다. 꽃사과 열매는 사과보다 작으며 붉은색으로 익고 꽃받침자국이 남아 있다.

개화(결실)시기 : 4~5월(8~9월)

압화이용 : 꽃(열매)

교과과정 : 초등과정, 중등과정, 고등과정

탱자나무(운향과)

학명 : *Pomcirus trifoliata*

특징 : 갈잎떨기나무(3~4m). 경기도 이남의 들이나 산기슭에서 자란다. 수피는 회녹갈색이고, 어린가지는 녹색으로 날카롭고 단단한 가시가 어긋난다. 잎은 3출엽의 어긋나며 작은 잎은 가죽질로 톱니가 있다. 잎보다 먼저 흰꽃이 피며 둥근 장과열매는 노란색으로 털이 나서 귤과 구분되며, 한약재로 이용된다.

개화(결실)시기 : 5월(9~10월)

압화이용 : 꽃

쪽동백나무(때죽나무과)

학명 : *Styrax obassia*

특징 : 갈잎작은키나무(10m). 산에서 자라며, 수피는 흑회색으며 잔가지는 짙은 황적색으로 껍질이 벗겨진다. 겨울눈은 긴 달걀형으로 황갈색 털로 덮여 있다. 타원형의 잎은 어긋나며 잔톱니가 있고 뒷면은 흰빛이 돈다. 새로난 가지 끝에 총상꽃차례로 흰색꽃이 촘촘히 달려 밑을 향하고, 열매는 잔털로 덮인 달걀형으로 껍질이 불규칙하게 갈라진다.

개화(결실)시기 : 5~6월(9월)

압화이용 : 꽃

이팝나무(물푸레나무과)

학명 : *Chionanthus retusa*

특징 : 갈잎큰키나무(10m). 남부지역의 산골짜기에 자라며, 수피는 회갈색으로 불규칙하게 세로로 갈라져 벗겨진다. 겨울눈은 원뿔형으로 적갈색 눈비늘조각에 잔털이 있고, 잎은 타원형으로 마주난다. 어린가지 끝의 원추꽃차례에 4개의 가는 흰색꽃이 무더기로 모여 달린다. 조선시대에 쌀밥을 이밥이라고 했는데 꽃송이가 쌀밥 같아 이밥나무라 불렀다.

개화(결실)시기 : 4~6월(10~11월)

압화이용 : 꽃

마삭줄(협죽도과)

학명 : *Trachelospermum asiaticum*

특징 : 늘푸른덩굴나무(5m). 남부지방의 산과 들에서 자란다. 가지는 적갈색으로 털이 있고, 줄기에서 공기뿌리를 내려 다른 물체에 붙는다. 잎은 타원형으로 마주나고 앞면에 광택이 있고 뒷면은 연녹색이다. 가지 끝에 취산꽃차례에 흰색 꽃이 5개의 바람개비 모양으로 피고, 2개의 기다란 열매는 익으면 2개로 쪼개지며 털 달린 씨가 나온다.

개화(결실)시기 : 5~6월(9~11월)

압화이용 : 줄기, 잎

④ 녹색

느릅나무(느릅나무과)

학명 : *Ulmus davidiana* var. *japonica*

특징 : 갈잎큰키나무(20~30m). 산골짜기에서 자란다. 수피는 (진)회색이고, 세로로 불규칙하게 갈라진다. 잎이 돋기 전 취산꽃차례로 자잘한 황록색 꽃이 모여 핀다. 어긋나는 타원형의 잎은 끝이 뾰족하고 겹톱니가 있으며, 앞면은 거칠고 뒷면은 연녹색이다. 동글납작한 타원형 열매는 둘레에 날개가 있다.

개화(결실)시기 : 3~4월(5~6월)

압화이용 : 잎

교과과정 : 중등과정

뽕나무(뽕나무과)

학명 : *Morus alba*

특징 : 갈잎큰키나무(6~10m). 산기슭이나 마을 부근에서 자란다. 수피는 회갈색이고, 어긋나는 잎은 넓은 달걀형으로 잎몸이 3~5개로 갈라지기도 하며 거치가 있으며, 뒷면 잎맥에 잔털이 있다. 열매는 검게 익으며 뽕나무는 열매가 익은 후 암술대가 거의 보이지 않으며, 산뽕나무는 암술대가 남아 있다.

개화(결실)시기 : 5~6월(6월)

압화이용 : 잎

교과과정 : 중등과정, 고등과정

화살나무(노박덩굴과)

학명 : *Euinymus alatus*

특징 : 갈잎떨기나무(1~3m). 산에서 자라며 가지에 2~4줄의 날개가 있다. 잎은 마주나며 거꾸로된 달걀형이고 가장자리에 날카로운 잔톱니가 있다. 잎자루가 짧고, 잎겨드랑에의 취산꽃차례에 작은 2~3개의 황록색 꽃이 핀다. 붉은 타원형 열매는 껍질이 벌어지면서 주홍색 씨가 드러난다.

개화(결실)시기 : 5월(10~11월)

압화이용 : 잎

소나무(소나무과)

학명 : *Pinus densiflora*

특징 : 늘푸른바늘잎나무(25~35m). 산에서 흔히 자란다. 줄기 밑부분의 수피는 짙은 회갈색으로 세로로 깊게 갈라지며, 윗부분의 수피는 적갈색을 띤다. 어린순은 붉은 빛이 돈다. 기다란 바늘 모양의 8~9㎝의 잎이 2개씩 묶음으로 촘촘히 붙는다. 암수한그루로 달걀형의 자주색 암꽃이 새로 자란 가지 끝에 1~3개가 달리며 노란색 수꽃은 가지 밑부분에 여러 개가 촘촘히 모여 달린다. 열매(솔방울)은 달걀형으로 70~100개의 조각이 익으면 조각조각 벌어지면서 날개 달린 씨가 나온다. 타원형 씨는 흑갈색으로 날개는 연한 갈색 바탕에 흑갈색 줄이 있다. 목재는 건축재나 펄프재로 이용되며 꽃가구(송화가루)는 여러 음식에 넣어 먹는다. 줄기 밑 부분에서 굵은 가지가 갈라지는 것을 반송(for. *multicaulis*)이라고 한다.

개화(결실)시기 : 5월(9~10월)

압화이용 : 잎

교과과정 : 초등과정, 중등과정, 고등과정

노간주(측백나무과)

학명 : *Junierus rigida*

특징 : 늘푸른바늘잎나무(5~8m). 석회암지대에서 잘 자란다. 줄기는 곧게 자라며 수형은 길쭉한 원뿔 모양이고, 수피는 회갈색으로 세로로 얕게 갈라진다. 짧은 바늘잎은 길이 12~20㎜로 가지의 마디마다 3~4개씩 돌려난다. 잎은 단단하고 끝이 뾰족하며 앞면에 좁은 흰색 홈이 있다. 암수딴그루로 5월에 잎겨드랑이에 자잘한 꽃이 피며, 둥근 열매는 검게 익는다.

개화(결실)시기 : 5월(다음해 10월)

압화이용 : 꽃

2) 여름 · 가을

① 붉은색

수국(범의귀과)

학명 : *Hydrangea macrophylla* for. *otaksa*

특징 : 갈잎떨기나무(1m). 관상용으로 심어 기르며 겨울에 윗부분이 말라 죽는다. 잎은 넓은 달걀형으로 마주나며 거치가 있고 앞면은 짙은 녹색으로 광택이 있다. 가지 끝에 달린 산방꽃차례는 둥근 공 모양이며 꽃잎처럼 생긴 4~5개의 꽃받침조각은 연한 자주색에서 하늘색 이후 연한 홍색으로 변한다.

개화(결실)시기 : 6~7월

압화이용 : 꽃, 잎

꼬리조팝나무(장미과)

학명 : *Spiraea salicifolia*

특징 : 갈잎떨기나무(1~1.5m). 중부 이북의 산골짜기에서 자란다. 잔가지는 적갈색으로 모가 나있고, 어긋나는 피침형 잎은 거치가 있으며 뒷면 주맥을 따라 털이 있다. 줄기 끝의 커다란 원추꽃차례에 자잘한 연분홍색 꽃이 촘촘히 모여 달리며 꽃잎보다 긴 수술은 많고 붉은색이다.

개화(결실)시기 : 6~7월(9~10월)

압화이용 : 꽃, 잎

자귀나무(콩과)

학명 : *Albizzia julibrissin*

특징 : 갈잎작은키나무(3~5m). 산과 들에서 자라며 관상수로 심는다. 수피는 회갈색이며 수피에 눈이 많다. 잎은 어긋나고 작은 잎은 좌우가 같지 않은 긴 반타원형이다. 가지 끝에 15~20개의 꽃이 산형으로 달리며 기다란 분홍색 수술이 술처럼 모여 달린다. 밤이 되면 마주보는 잎이 포개져 잠을 자는 것과 같다 하여 자귀나무라는 이름이 붙었다.

개화(결실)시기 : 6~7월(9~10월)

압화이용 : 꽃

싸리(콩과)

학명 : *Lespedeza bicolor*

특징 : 갈잎떨기나무(2~3m). 산과 들에서 자란다. 어긋나는 3출엽의 잎은 거꾸로된 달걀형의 작은 잎으로 구성된다. 잎겨드랑이와 가지 끝의 총상꽃차례는 잎보다 길고, 나비 모양의 붉은색 꽃이 촘촘히 모여 핀다. 넓은 타원형의 꼬투리열매는 누운털이 약간 있으며 줄기를 이용해 싸리비, 소쿠리 등을 만든다.

개화(결실)시기 : 7~8월(10월)

압화이용 : 꽃, 줄기

교과과정 : 중등과정

무궁화(아욱과)

학명 : *Hibiscus syriacus*

특징 : 갈잎떨기나무(3~4m). 평안남도와 강원도이남에서 자라는 우리나라 국화로 정원수로 많이 식재된다. 잎은 어긋나며 마름모 모양의 달걀형으로 윗부분은 3가닥으로 얕게 갈라지며 밑부분에 3개의 큰 잎맥이 있다. 잎겨드랑이에 분홍색의 꽃이 한 송이씩 아침에 핀다. 수많은 꽃송이가 피고 지기를 계속 반복하여 무궁화(無窮花)라고 부른다. 분홍색 꽃잎은 5장이 밑부분에서 붙어 있고, 안쪽은 진한 홍색이다. 길게 뻗은 암수술대에 많은 수술이 붙고 끝의 암술머리는 5개로 갈라진다. 갈색의 삭과열매는 타원형이며 5갈래로 갈라진다.

개화(결실)시기 : 7~9월(9~10월)

압화이용 : 꽃

교과과정 : 초1, 초2, 초3, 중등과정, 고등과정

백리향(꿀풀과)

학명 : *Thymus quinquecostatus*

특징 : 갈잎떨기나무(3~15m). 높은 산꼭대기나 바닷가 바위틈에서 자라며 꽃향기가 좋아서 관상용으로 심기도 한다. 줄기는 땅 위로 퍼져나가며 마주나는 잎은 달걀형으로 가장자리에 털이 있고, 잎의 양면에 선점이 있으며 잎자루가 없다. 가지 윗부분의 잎겨드랑이에 입술 모양의 작은 홍자색 꽃이 2~4개씩 모여 핀다.

개화(결실)시기 : 6~7월(9월)

압화이용 : 꽃, 잎

② 노란색

가중나무(소태나무과)

학명: *Ailanthus altissima*

특징: 갈잎큰키나무(10~20m). 마을 부근에 심지만 산기슭에서 저절로 자라며, 오염에 강하고 병충해가 적어 가로수로 심는다. 가죽나무라고도 하고, 잎자국이 호랑이눈과 닮았다하여 호안수(虎眼樹)라고도 부른다. 수피는 회(갈)색이며 잔가지는 황, 적갈색이다. 어긋나는 잎은 깃꼴겹잎으로 작은 잎은 13~25개로 긴 달걀형이며, 밑부분에 1~2쌍의 둔한 톱니와 가장자리 털이 있다. 선점에서는 고약한 냄새가 나며 암수딴그루로 가지 끝의 커다란 원추꽃차례에 자잘한 연녹색 꽃이 모여 핀다. 시과 열매는 3~5개씩 달리며 피침형으로 얇고 날개 가운데 1개의 씨가 들어 있다.

개화(결실)시기: 6월(9월)

압화이용: 잎

붉나무(옻나무과)

학명 : *Rhus javanica* var. *roxburghii*

특징 : 갈잎작은키나무(7m). 산에서 자란다. 수피는 회갈색으로 잔가지는 털이 없는 황갈색이다. 겨울눈은 연한 황갈색 털로 덮여 있고, 어긋나는 잎은 깃꼴겹잎이며 잎자루 양쪽으로 날개가 있다. 작은잎은 달걀형의 7~13개로 끝이 뾰족하고 가장자리에 톱니가 있다. 작은잎 앞면에는 짧은 털이 있으며 뒷면에는 갈색 털이 있고, 암수딴그루로 가지 끝에 곧추서는 원추꽃차례의 황백색 꽃이 모여 핀다. 작은 포도송이 모양으로 모여 달리는 열매는 황갈색 잔털로 덮인 황적색이다. 열매는 익으면 짜고, 신 흰가루로 덮인다. 잎자루의 날개에 진딧물이 기생하여 커다란 혹과 같은 벌레집이 만들어지며 약재, 염료로 사용한다.

개화(결실)시기 : 8~9월(10월)

압화이용 : 잎

대추나무(갈매나무과)

학명 : *Zizyphus jujuba* var. *inermis*

특징 : 갈잎작은키나무(5~8m). 과실수로 심어 기른다. 수피는 회색이며 세로로 불규칙하게 갈라진다. 어긋나는 잎은 광택이 있는 달걀형으로 밑부분에서 3개의 큰 잎맥이 발달하고 둔한 톱니가 있다. 잎겨드랑이에 날카로운 가시가 나기도 하며, 2~3개의 황록색 꽃이 핀다. 붉은 갈색으로 익는 타원형의 둥근열매를 대추라고 하고 한약재, 음식으로 사용한다.

개화(결실)시기 : 6~7월(가을)

압화이용 : 잎

교과과정 : 초1, 초2, 초3, 중등과정

③ 흰색

으아리(미나리아재비과)

학명 : *Clematis mandshurica*

특징 : 갈잎덩굴나무(2m). 산기슭이나 숲 가장자리에서 자란다. 잎은 깃꼴겹잎으로 마주나고 긴 잎자루는 구부러져서 덩굴손과 같은 역할을 한다. 작은 잎은 5~7장이고, 달걀형으로 거치없이 끝이 뾰족하다. 줄기 끝이나 잎겨드랑이에서 나온 취산꽃차례에 흰색꽃이 피는데 꽃잎처럼 보이는 꽃받침조각이 4~5개로 씨는 달걀형이고, 암술대가 남아 있다.

개화(결실)시기 : 6~8월(9월)

압화이용 : 꽃, 잎

사위질빵(미나리아재비)

학명 : *Clematic apiifolia*

특징 : 갈잎덩굴나무(3m). 산과 들에서 흔히 자란다. 줄기는 연약하며 어린가지에 잔털이 있다. 3출엽의 마주나는 잎은 간혹 2회 3출엽도 있다. 긴 잎자루로 다른 물체를 감는다. 작은잎은 달걀형이며, 가장자리에 결각모양의 톱니가 있고, 뒷면의 잎맥 위에 잔털이 있다. 가지끝과 잎겨드랑이에 취산(원추)꽃차례에 흰색꽃이 모여 핀다. 타원형의 씨는 깃털 모양의 암술대가 남아 있다.

개화(결실)시기 : 8~9월(9~10월)

압화이용 : 꽃, 잎

다래(다래나무과)

학명 : *Actinidia arguta*

특징 : 갈잎덩굴나무(7m). 산에서 흔하게 자란다. 가지속의 수는 계단 모양의 갈색이며, 어린가지에 잔털이 있다. 어긋나는 잎은 타원형으로 두텁고 앞면에 광택이 있다. 잎에 바늘모양의 잔톱니가 있으며 잎자루에 누운털이 있다. 암수딴그루로 잎겨드랑이의 취산꽃차례에 3~10개의 흰꽃이 피며, 꽃밥은 흑자색이다. 열매는 둥근 달걀형이고, 황록색으로 익으며 맛이 좋다. 개다래(*A. polygama*)의 열매는 먹을 수 없다. 양다래(*A. chinensis*)는 잎의 끝이 오목하게 들어가고 열매 겉에 갈색 털이 빽빽이 나며 흔히 키위라고 한다.

개화(결실)시기 : 5~6월(10월)

압화이용 : 잎

교과과정 : 고등과정

팔손이(두릅나무과)

학명 : *Fatsia japonica*

특징 : 늘푸른떨기나무(2m). 남쪽 섬의 바닷가 숲속에서 자란다. 수피는 회갈색이고, 줄기는 곧게 선다. 어린잎의 뒷면과 꽃차례에 짙은 황적색 털이 있지만 점차 사라진다. 어긋나는 잎은 둥글며 잎몸이 7~9개로 갈라져서 손바닥 모양으로 되고 톱니가 있다. 큼직한 잎이 흔히 8개로 갈라져서 팔손이라는 이름이 붙었다. 가지 끝에 자잘한 흰색 꽃이 공처럼 둥글게 모인 산형꽃차례가 모여 커다란 원추꽃차례를 이룬다. 둥근 핵과 열매는 검은색으로 익고, 씨는 편평한 타원형이다.

개화(결실)시기 : 10~12월(다음해 4월)

압화이용 : 잎

교과과정 : 중등과정

④ 녹색

무화과(뽕나무과)	
	**학명** : *Ficus carica* **특징** : 갈잎떨기나무(2~4m). 남부지방에서 과일나무로 심어 기른다. 어긋나는 잎은 넓은 달걀형이며 잎몸이 3~5개로 끝이 둔하고 깊게 갈라지며 물결 모양의 거치가 있고 뒷면에 잔털이 있다. 암수딴그루로 잎겨드랑이에 달리는 열매 같은 꽃주머니 속에 꽃이 피어 보이지 않아 무화과라고 한다. 거꾸로 된 달걀형 열매는 가을에 흑자색으로 익어 날로 혹은 통조림으로 먹는다. **개화(결실)시기** : 봄~여름(9~10월) **압화이용** : 잎 **교과과정** : 중등과정

까마귀머루(포도과)	
	**학명** : *Vitis thunbergii* var. *sinuata* **특징** : 갈잎덩굴나무(2m). 중부이남의 양지에서 자란다. 어린 가지는 모서리가 나있으며 적갈색 솜털로 덮여 있다. 어긋나는 잎은 둥글며 잎몸이 3~5개로 깊게 갈라지고 밑부분은 심장저이며 뒷면에 회갈색 솜털이 촘촘히 난다. 잎과 마주나는 원추꽃차례의 자잘한 황록색 꽃이 모여 핀다. 꽃자루에서 덩굴손이 발달하며 작은 포도송이 모양의 열매는 자흑색으로 익는다. **개화(결실)시기** : 6월(9~10월) **압화이용** : 열매

담쟁이덩굴(포도과)	
	**학명** : *Parthenocissus tricuspidata* **특징** : 갈잎덩굴나무(10m 이상). 산과 들에서 자란다. 덩굴손이 변한 붙음뿌리로 다른 물체에 달라 붙는다. 어긋나는 잎은 넓은 달걀형으로 밑부분이 심장저이다. 잎몸이 3개로 갈라지기도 하며 불규칙한 톱니가 있다. 잎겨드랑이에서 자란 취산꽃차례에 자잘한 황록색 꽃이 모여 핀다. 둥근 장과열매는 검게 익는다. 차폐 효과로 많이 심는다. **개화(결실)시기** : 6~7월(9~10월) **압화이용** : 잎

(3) 채소

1) 잎 · (덩이)줄기채소

부추(백합과)

학명 : *Allium tuberosum*

특징 : 흔히 재배하는 다년초로 비늘줄기는 밑부분에 짧은 근경이 달리고 겉은 검은 황색빛이 도는 섬유로 덮인다. 잎은 선형으로 서며 잎 사이에서 편평한 꽃줄기 끝에 산형화서인 흰꽃이 달린다. 삭과는 도심장형이며 6개의 검은 종자가 나온다. 전초에서 특이한 냄새가 나며 화상치료 및 식용으로 먹는다.

개화시기 : 7~8월

압화이용 : 꽃

교과과정 : 초6, 중등과정, 고등과정

쑥갓(국화과)

학명 : *Chrysanthemum coronarium* var. *spatiosum*

특징 : 1년~2년초로 오랫동안 채소로 심어왔다. 전체적으로 털이 없으며 독특한 향기가 있다. 잎은 2회우상으로 호생하고 깊게 갈라지며, 잎자루가 없고 밑부분이 원줄기를 둘러싸며 다소 육질이다. 황색 또는 백색의 꽃은 가장자리에 설상화가 달리며, 중앙부에 양성의 관상화가 달린다. 수과는 3~4각주형이고 모서리가 다소 날개처럼 도드라지며 갈색이다.

개화시기 : 5월

압화이용 : 꽃, 잎

교과과정 : 초6

양파(백합과)

학명 : *alliu cepa*

특징 : 2년초로 비늘줄기는 구형이다. 안쪽의 것은 두껍고 층층이 겹쳐지며 매운맛이 강하고 자줏빛이 도는 갈색 건막질로 싸여있다. 꽃줄기는 원통형이고 잎은 속이 빈통같고, 녹색이며, 파 같지만 꽃이 필 때는 말라버린다. 꽃줄기 끝에서 큰 꽃차례가 자라고 자루가 있는 많은 꽃이 산형으로 달린다.

개화시기 : 9월

압화이용 : 줄기(비늘줄기)

교과과정 : 초5, 초6, 중등과정, 고등과정

2) 뿌리채소

우엉(국화과)

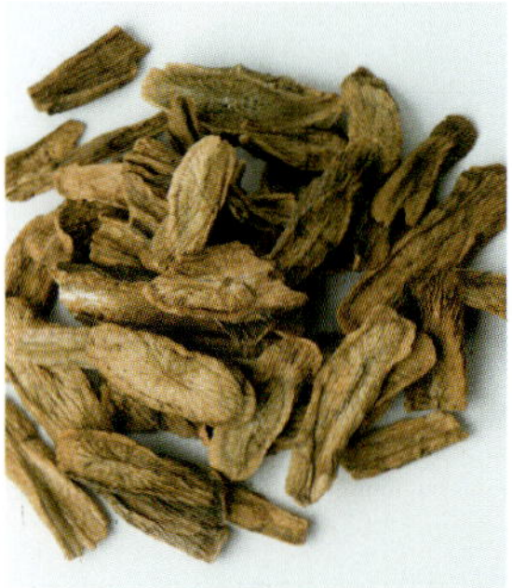

학명 : *arctium lappa*

특징 : 2년초로 뿌리는 길이 30~60㎝ 정도로 곧추 들어가고 뿌리에서 돋은 잎은 총생하며 잎자루가 길고 심장형이다. 잎의 표면은 짙은 녹색이며 뒷면은 흰털이 밀생하며 치아상의 거치가 있다. 두화는 원줄기와 가지 끝에 산방상으로 달리고 총포는 구형이며 포는 침형으로 끝이 갈고리 모양이다. 꽃은 검은 자줏빛이 돌고 관모는 갈색이다. 뿌리를 먹으며 이뇨, 발한제로 사용한다.

개화시기 : 7월

압화이용 : 뿌리껍질

교과과정 : 초4

3) 열매(곡식)채소

수수(벼과)

학명 : *Sorghum bicolor*

특징 : 원줄기는 속이 충실하고 마디가 있다. 잎은 끝이 처지고 큰 원추화서에 꽃이 많이 달리고 밑부분에 다발털이 있다. 첫 번째 포영은 딱딱하고 윗부분에 털이 있으며, 두 번째 포영은 얇고 털이 있다. 이삭이 밑으로 처지는 비수수(var. *hoki*)와 단수수(var. *dulciusculum*) 등도 때로 심는다.

개화시기 :

압화이용 : 열매

교과과정 : 초3, 중등과정

옥수수(벼과)

학명 : *Zea mays*

특징 : 1년초로 잎은 호생하며 길이가 1m로 표면에 털이 있으며 밑부분이 잎집으로 되어 원줄기를 감싸며 털이 없다. 큰 원추형의 꽃차례를 형성한다. 자화수는 윗부분의 잎겨드랑이에 달리고 많은 꽃이 꽃대축에 정렬하며, 암술대(옥수수수염)는 적갈색으로 꽃차례를 둘러싸고 있는 포영 밖으로 나와 밑으로 처진다. 화서축은 굵어지며 많은 영과가 황색 및 자줏빛이 돈다. 마른 암술대를 이뇨제로 사용한다.

개화시기 : 7~8월

압화이용 : 수염(열매)

교과과정 : 초등과정, 중등과정, 고등과정

가지(가지과)

학명 : *Solanum melongena*

특징 : 1년초이지만 열대지방에서는 다년초이다. 잎은 어긋나며, 타원형으로 다소 물결형으로 좌우대칭하지 않는다. 꽃은 자주색으로 마디 사이 중앙에서 소수의 꽃이 달리고 꽃받침잎이 뾰족하다. 열매는 대개 1개의 꽃자루 중에 밑부분의 것에서 열리며, 보통 흑자색이고 형태는 품종에 따라 다르다.

개화시기 : 6~9월

압화이용 : 꽃, 열매

교과과정 : 초1, 초2, 초3, 초6

토마토(가지과)

학명 : *Lycopersicon esculentum*

특징 : 1년초로 높이가 1m에 달하며 가지가 많이 갈라지고 땅에 닿는 부위에 뿌리가 내리며 부드러운 흰털이 밀생한다. 어긋나는 잎은 우상복엽으로 긴 타원형으로 끝이 뾰족하고 큰 결각상의 톱니가 있다. 마디 사이에서 꽃자루가 나와 황색꽃이 달린다. 열매는 장과로 편구형이고 적색으로 익는다.

개화시기 : 6~9월

압화이용 : 열매

교과과정 : 초1, 초2, 초6, 고등과정

수박(박과)

학명 : *Citrullus vulgaris*

특징 : 1년생 덩굴식물이다. 원줄기가 지상으로 뻗으면서 가지가 갈라지고 전체에 흰털과 마디에의 덩굴손이 있다. 꽃은 연한 황색으로 꽃받침과 더불어 5개로 갈라진다. 장과는 원형 또는 타원형으로 과육은 수분이 많고 달며 보통 적색이지만 황색, 백색도 있다.

개화시기 : 5~6월

압화이용 : 열매

교과과정 : 초1, 초2, 초5, 초6

오이(박과)

학명 : *Cucumis sativus*

특징 : 1년생의 덩굴식물이다. 덩굴손으로 감으면서 길게 뻗고 능선이 있으며 전체에 굵은 털이 있다. 어긋나는 잎은 손바닥 모양으로 얕게 갈라지고 가장자리에 톱니가 있으며 질이 거칠다. 꽃은 황색으로 주름이 지고 짧은 대가 있고 밑부분에 가시털이 달린 긴 씨방이 있다. 장과는 원주형으로 가시털이 있고 짙은 녹색으로 황갈색으로 익는다.

개화시기 : 5~6월

압화이용 : 열매

Chapter 03

압화디자인

1 압화디자인

디자인한다는 것은 단순히 조립, 배열 또는 편집하는 것이 아니라 재료의 특성에 대하여 잘 파악하고 이해하고 있으며, 총체적인 시각을 가지고 은유적으로 자유, 발달된 의식, 실재에 대한 관심, 향상된 힘, 실체적 기술을 함축하여 새로운 형태를 부여하거나 새롭게 탄생시키는 것을 말한다. 디자인은 시각적 즐거움과 그것이 지니는 메시지를 통하여 가치와 의미를 불어넣고 우리 삶의 질을 높이고, 사람을 행복하게 즐거움을 주는 일까지도 포함하는 것으로 사용 목적에 따라 조형작품이나 제품의 형태, 색상, 장식에 대한 계획 또는 도안하는 것까지도 포함된다.

(1) 압화디자인의 개념

1) 디자인의 유래

① 디자인이라는 용어는 프랑스어의 데생(Dessein, 소묘), 이탈리아어의 디세뇨오(Disegon, 의장 · 원안)와 함께 라틴어의 지시하다 · 표현하다 · 성취하다의 뜻을 가지고 있는 데지그나레(Designare)에서 그 유래를 찾아 볼 수 있다.

② 디자인 용어는 각자 다른 분야에서 다양한 의미로 해석 및 응용되고 있으며, 실질적으로 만져지는 물건을 창조하는 행위나 그 행위의 결과(유리그릇, 도자기, 나무장식품 등) 역시 디자인이라 할 수 있다.

2) 디자인의 의미

① 디자인의 의미는 시대에 따라 다르게 변화하여 왔으며, 현대에서의 디자인은 마음에 넣어 두는 것보다는 오히려 의도를 표명할 계획과 설계의 의미가 강하다.

② 정보화 사회의 현대에서는 아무리 좋은 것일지라도 사람들이 알지 못하면 불필요한 것이다. 이 때문에 디자인은 시각적으로 인상 깊게 하는 수단으로 항상 새로운 것을 요구하여 왔다.

③ 디자인의 미적 원리와 가장 깊은 관계에 있는 것은 균형 감각일 것이다. 지구상의 모든 것은 만유인력의 영향 하에 있고, 우리의 신체는 말할 것도 없이 나비 등의 곤충이나 동물 또는 꽃과 과일 등 식물의 대부분이 대칭의 형태를 하고 있다. 언뜻 보기에 복잡해 보이는 나무와 덩굴식물도 비대칭 균형에서 비례를 이루고 있다. 우리들은 지나치게 복잡한 변화 속에서는 질서를 요구하게 된다.

④ 특정한 형태와 면을 눈에 띠게 강조함으로써 우리들의 시각적 자극을 요구하기도 한다.

구본순 작품

⑤ 선명한 색채의 점이나 돌출된 것처럼 보이는 시각요소가 다른 안정된 모양과 색채를 지배하기도 하고, 크기의 대비에 따라서도 일부는 강조되기도 한다.

⑥ 디자인으로 이용하는 방법은 무수히 많은데 이것들의 원리에 적합한 재료와 조형 혹은 구성법을 새롭게 발견하고 조형적으로 재구성하여 통일과 감각을 재창조하는 것이 디자인의 의미이다.

3) 디자인의 정의

디자인은 그 대상이나 생산 기술의 변천에 따라 함께 변화되고, 사용하는 분야나 개인에 따라 차이가 있다.

① 특별한 목적을 위해 식물이나 꽃, 악세서리를 체계적으로 구성한 것이 디자인이다.

② 인간생활의 목적에 알맞고 실용적이며, 미적인 조형을 계획하고 이를 실행하는 과정과 그에 따른 결과가 디자인이다.

③ 목적을 달성하기 위하여 여러 조형 요소 가운데서 의도적으로 선택하여, 그것을 합리적으로 구성해서 유기적인 통일을 얻기 위한 창조 활동이며, 그 결과의 실체가 곧 디자인이다.

④ 인간 생활의 목적에 따라서 실용적, 미적조형을 계획하여 이것을 가시적으로 표시하는 것이 디자인이다.

⑤ 의도나 목적을 가지고 나열, 구축되거나 조직화된 것이 디자인이다.

⑥ 시스템이나 조형에 있어서 기능적, 구조적, 경제적, 인간공학적, 심미적 요구사항들에 관련된 처방을 준비하는 작업이 디자인이다.

4) 디자인의 구성 요소

① 압화는 관상 기간이 길고, 이용 장소와 형태가 다양하기 때문에 여러 관점에서 디자인을 종합, 검토하여야 한다.

② 작품을 제작 전에 세부적인 부분을 종합하고 용도와 목적에 맞게 표현하기 위한 요소가 충족되도록 준비한다.

③ 기초 디자인의 구성요소

㉠ 개념요소 – 점, 선, 면, 입체(양감)

a. 점(point) : 점은 면적이 없이 위치만 표시하는 것을 말하며, 점의 크기는 주변의 다른 형태와의 관계로 정해진다.

b. 선(line) : 선은 점이 이동하면서 남긴 자취로, 폭이 없고 위치와 방향만 가진다.

- 전체 디자인의 틀과 골격을 형성한다.
- 선의 개념은 움직임(이동)을 뜻하고 폭이 없고 위치와 방향만 가진다.
- 선은 크게 직선과 곡선으로 구분한다.

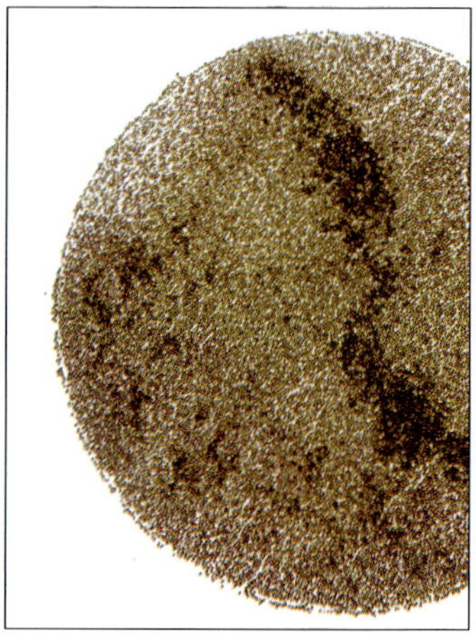

권유숙 작품

이손선 작품

최연실 작품

c. 면(plane) : 면은 공간을 구성하는 기본 단위이다.

박미숙 작품

서경숙 작품

d. 입체 : 3차원 공간에서 여러 개의 평면이나 곡선으로 둘러 쌓여서 이루어지는 부분 또는 공간이다.

최근옥 작품

신정옥 작품

㉡ 시각요소 – 형태, 크기, 색, 재질(질감)

a. 색(color)

– 디자인에서 가장 중요한 요소인 색은 어떤 사물이나 추상적인 개념을 떠오르게 하는 정서적 반응을 일으키는 기능이 강하며, 사람의 시선을 가장 쉽게 유도하는 디자인 요소이다.

– 빛이 반사, 분해, 투과, 굴절, 흡수될 때 우리의 눈에 감지되는 것이 색이다.

김태순 작품

㉢ 상관요소 – 위치, 방향, 공간, 중량감, 점위

a. 방향 – 방향에 따라 느낌이 달라진다.

㉣ 구조요소 – 정점, 모서리, 면, 길이, 넓이

5) 디자인의 구성(Lay out) 원리

① 구성(Lay out)이란 여러 요소를 하나로 조립하여 만드는 일 또는 결과로 재료를 독자적으로 조립 · 배열시키는 행위를 의미하며, 압화디자인에서 효과적인 조형의 표현은 각각 요소의 특성이 잘 조합되어 형태와 내용에서 구조적인 미와 질서를 독창적으로 표현할 수 있어야 한다. 이 효과를 상승시키기 위해서는 심미적 구성 원리와 적용이 실체로 표현되어야 하며 미감, 역학, 시각, 조형 심리적 측면에서 융합되어야 한다.

② 구성 계획(Lay out plan)은 미학상의 개념이지만 현재 많은 예술분야에서 사용되는 원칙은 조화, 비례, 균형, 리듬 등으로 압화작품의 제작에도 디자인의 기본원리 즉, Lay out이 다양하게 응용되고 있다.

6) 디자인의 구성 요소(Lay out Elements)

① 조화(harmony)

㉠ 작품의 주제에 적합한 형태, 크기, 색상, 질감 등과 같은 다양한 요소 또는 부분의 상호관계에서 서로 분리 · 배척하지 않고 통일된 미적 · 감각적으로 잘 어울릴 수 있도록 작품을 제작하는 것이 조화이다.

㉡ 조화는 압화 식물소재의 적절한 사용을 통하여 통일과 변화가 이루어졌다는 것을 의미하며, 통일감은 주제, 모양, 무늬, 크기를 반복하는 것은 물론 색채, 질감, 재료에서 조화를 이루도록 함으로써 기본적인 통일을 성취할 수 있다.

정아름성 작품

이지헌 작품

② 비례(proportion)

㉠ 모든 사물의 상대적인 크기와 양의 개념으로 일정하게 증가하거나 줄어드는 것을 표현한 것으로 부분과 부분 또는 전체의 수량적 관계를 비례라고 한다.

㉡ 압화에서 비례는 일반적인 구상 회화와 비슷하다. 몬드리안(Piot Mondrian)의 그림을 예로 들 수 있으며, 적극적인 비례 체계로 건축, 그래픽디자인 등에서 그 영향력이 확대되고 있다.

㉢ 비례는 많은 시행착오를 거친 후 '느낌'을 통해 얻어질 수 있는 것으로 어떤 비례가 최상의 것이라 단정할 수는 없으나, 작품을 통하여 얻고자 하는 결과에 따라 아주 다양한 비례를 구사함으로써 각기 다른 효과를 나타낼 수 있다.

이복남 작품

오세경 작품

③ 균형(balance)

㉠ 균형은 시각적 배분의 안정성으로 어느 한 쪽으로 치우치지 아니하고 고른 상태를 말한다.

㉡ 균형에는 두 가지 유형이 사용되고 있다. 첫 번째가 대칭적 균형으로 위험과 정형미를 느끼게 하고, 두 번째가 비대칭적 균형으로 수동적이기 보다 능동적이며, 시각적으로 동적인 느낌을 준다.

문영옥 작품

④ 리듬(rhythm)

㉠ 디자인에서 강약이 반복될 때의 규칙적인 흐름 등 다양한 방법으로 표현되고 있다.

㉡ 리듬은 꽃 또는 식물체를 디자인 전체적으로 관심의 중심점으로 향하게 하거나 관심의 중심선에 떨어져 나오는 시각적 형식이나 움직임을 말한다.

㉢ 리듬의 반복은 움직이는 느낌으로 활기차고 경쾌하며 시각적인 즐거움을 주는 작품을 제작할 수 있다.

신정옥 작품

이성순 작품

7) 좋은 디자인의 조건

① 합목적성(合目的性)

㉠ 실용성의 목적에 부합되는 것으로, 일정한 목적에 도달하는 데 적합한 행위를 말한다.

㉡ 합목적성은 디자인 제작 시 기본적인 기능성과 그에 따른 실용성을 말한다.

㉢ 디자인의 실제 목적에 알맞도록 이성적, 합리적, 객관적인 특징이 표출된 디자인을 좋은 디자인이라 할 수 있다.

㉣ 합목적성이란 대상의 본질을 기초로 하여 다양한 목적을 추구할 수 있고 또한 특정한 목적에 따라 좋은 디자인에 필요한 요소들의 비중을 조정해 나갈 수 있는 것을 말한다.

② 심미성(審美性)

㉠ 인간생활의 질적 수준을 향상시킨다는 차원에서 외형 장식뿐만 아니라 기능 그 자체와 유기적으로 결합된 형태, 색채, 재질의 아름다움을 말한다.

㉡ 합리적인 합목적성과는 반대되는 개념으로 주관적이며 감성적인 부분을 말한다.

㉢ 심미성은 시대와 국가와 민족에 따라 다른 미의식과 스타일 또는 색의 유행에 따른 공통적인 미의식이다. 즉, 미의식은 전통이나 유행, 대중의 기호에 바탕을 두고 객관적으로 추측해낸다.

㉣ 심미성은 기능성과 밀접한 상호 관계를 가지고 있으며 형태, 색채, 질감, 공간, 명암 등의 표현으로 성립된다.

③ 경제성(經濟性)

㉠ 심미성과 합목적성을 잘 조화시켜 한정된 비용으로 최상의 디자인을 창출하는 것이다.

㉡ 디자인과 경제성 즉, 시장가치는 뗄려야 뗄 수 없다. 타당한 예산에 알맞은 좋은 작품을 제작하여 소득을 최대화 시키는 것이 중요하다. 단, 좋은 작품을 제작하기 위해서는 좋은 재료와 기술 등 전체적인 계획이 필요하다.

④ 독창성(獨創性)

㉠ 독창성은 창의적인 발상에 의해 새롭게 탄생되고 제작된다.

㉡ 모든 디자인의 핵심은 창조이다. 항상 새롭고 차별화된 작품을 요구하기 때문에 욕구를 만족시킬 수 있는 창조적이고 이상적인 디자인을 추구해야 한다.

㉢ 독창성을 통한 다른 디자인과의 차별성, 주목성, 특징 등을 통하여 새로운 디자인을 개발하고 독창적인 작품을 제작하기 위하여 창조적 상상력을 키워야 한다.

⑤ 질서성(秩序性)

㉠ 합목적성, 심미성, 독창성, 경제성 등이 서로 조화롭게 유지되는 것을 말한다.

신정옥 작품

최수진 작품

㉡ "디자인은 질서이다"라는 말이 있듯이 모든 디자인의 조건 및 작품들을 유기적으로 접합하여 하나의 질서를 유지하게 하며 디자인이 각종 요소, 상호간의 통일성을 형성하는 것으로 이성적인 부분(합목적성, 경제성) 그리고 감성적인 부분(심미성, 독창성)의 조화를 이루어 작품을 제작하는 것이다.

장정희 작품

8) 디자인할 때 고려할 조건

① 기능 : 무엇 때문에 어떤 목적으로 어떠한 기능을 요구하는지를 생각하고 디자인한다.

② 재료 : 합목적성을 위한 각종 기구, 기술, 재료, 식물소재 등에 대한 고려가 필요하다.

③ 장소 : 작품을 생활 속의 사용 여부 혹은 장식, 전시용 등 활용의 목적과 장소를 고려하여 작품을 디자인한다.

④ 경제성 : 재료의 선택 시 경제적 손실 비용을 생각하고 디자인한다.

⑤ 형태와 심미성 : 심미성과 물리적 기능을 같이 충족시킬 수 있는 디자인을 고려하여 작품을 디자인한다.

⑥ 예술성 : 다양한 형태의 식물소재를 접목, 응용하여 새로운 디자인을 창안할 수 있도록 유도함으로써 예술성이 돋보이는 작품을 디자인한다.

9) 압화디자인의 한계성과 발전

① 압화작품은 주로 평면적인 디자인으로 색채와 표현에 한계성이 있다. 따라서 예술적 영역을 확장하여 회화적 · 추상적 색채표현을 통하여 평면적 이미지를 벗어나 공간, 시각, 촉각적 이미지를 확장 · 적용하여 압화의 한계성을 극복하여야 한다.

② 압화는 건조과정 중 화색이 변색되는 등 생화의 특성과 생명감을 제대로 전달할 수 없는 단점을 극복하기 위하여 새로운 기술과 기법을 개발하여 한계에 도전하고 있다. 또한, 압화는 작품 소재에도 국한됨이 없이 다양한 소재(자생식물, 채소와 그 부산물인 양파와 옥수수껍질, 섬유소재 등)를 사용하여 다양한 디자인의 새로운 제품들을 출시하고 있다.

③ 압화는 다양한 분야의 디자인과 융합하여 조형적인 작품 및 재구성 등을 통한 새로운 디자인의 가능성을 도출하고 표현 영역을 확대하여 압화디자인의 한계성을 극복하고자 노력하고 있다.

2 압화디자인의 조형원리

(1) 기본 요소

① 회화에서 작가의 감정이나 사상 등을 형이나 색 등을 이용하여 화면에 조화시켜 배치하는 것으로 점, 선, 면에 의한 형과 색이 면적과 서로 유기적인 관계를 가져야 하며, 조형의 원리에 따라 미적으로 배치되어야 한다.

② 압화의 구도는 플라워디자인과 유사하나 다소 다름을 인식하고 제작하여야 한다.

③ 평면 구도인 압화와 입체 구도인 플라워디자인의 근본적인 차이는 있으나, 최근 압화도 평면이 아닌 입체적으로 많이 제작되고 있다. 꽃을 붙이는 작업예술에서 설치미술과 건축소재, 실내인테리어 내장재 등 다양한 분야에 조형예술로써 응용되고 있다.

(2) 조형 원리

1) 구성

① 구성은 하나의 생명적인 유대감, 유기체적인 질서를 주기 위하여 조화를 이루면서 체계화하는 작업이다.

② 압화 즉, 꽃을 소재로 하는 디자인 조형원리에서의 구성은 작가의 디자인에 어울리는 공간과 시간, 장식 등 주변 환경과 목적에 알맞도록 이루어지게 하는 것이다.

2) 선, 윤곽

① 선은 점이 이동한 자취나 흔적이며, 두께나 폭이 없는 것으로 길이와 방향을 나타낸다.

② 선의 일반적인 예술적 정의는 하나의 움직임과 무안한 다양성, 선 특유의 역동적인 특성을 인정하는 것이다.

③ 압화에서 선은 시선이 움직이는 시각적인 길을 제공함으로써 중요한 역할을 담당하며, 전체적인 디자인을 통합하는 골격으로 작품의 감정적인 톤을 정한다.

④ 직선을 예로 들면 수평선은 고요함이나 안정감, 수직선은 활동적인 느낌과 위엄, 사선은 운동감이나 변화를 느끼게 한다. 또 곡선은 고상함과 부드러운 율동감, 섬세함 등의 감정적 효과를 유발시킨다.

⑤ 선을 이용한 압화디자인의 특징과 소재

㉠ 직선

a. 특징 : 일정한 방향으로 진행되는 선으로 남성적, 속도감, 단순함과 강한 느낌을 준다.

선의 종류	선의 특징(느낌)
수직선	희망, 상승, 권위, 엄숙함, 강직함, 긴장감, 숭고한 느낌을 준다.
수평선	평온, 평화, 정지, 무한함, 안정감, 정적인 느낌을 준다.
사선	동적, 방향감, 운동감, 속도감, 불안감, 활동감, 강한 표현을 나타낸다.

b. 소재의 종류 : 갯버들(버들강아지), 오이풀, 마타리, 층꽃나무, 숙근 안개초, 솔나물, 사철쑥, 좀작살나무, 여뀌 등은 수직적 느낌이 강한 식물이며 솔나물, 애기수영, 다닥 냉이 등은 수평적인 느낌을 살려 작품에 응용하는 경우가 많다.

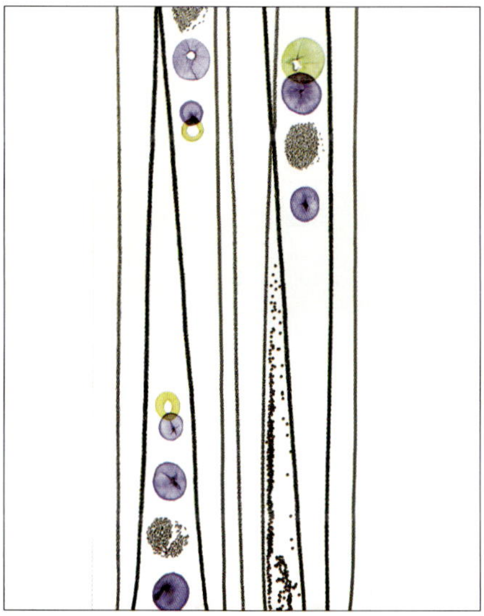

오연경 작품

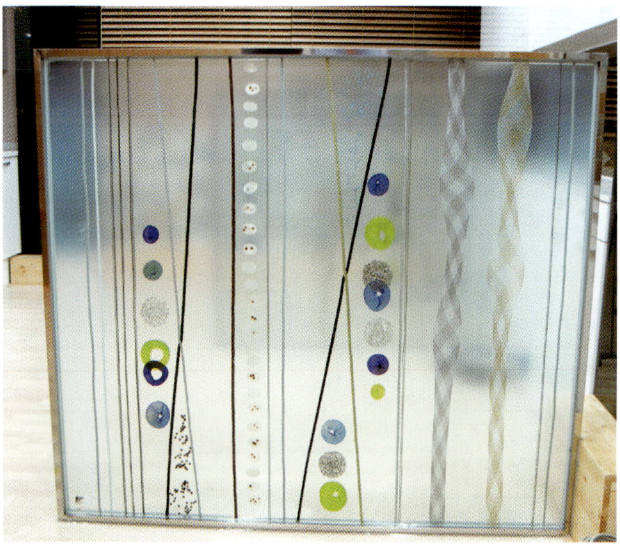

조귀선 작품

ⓛ 곡선

a. 특징 : 진행 방향의 변화로 생기는 선으로 온화함, 우아함과 섬세함, 여성스러움, 리듬감, 부드러운 느낌을 준다.

b. 소재 : 가는잎조팝나무, 트리안, 무릇, 담쟁이덩굴, 아이비, 칡덩굴, 나무뿌리 등 다양한 식물소재를 응용할 수 있다.

선의 종류	선의 특징(느낌)
가는 선	우아한 느낌을 준다.
굵은 선	힘 있는 느낌을 준다.
무기적인 선	직선과 사선 등으로 구성되는 기계적이고 기하학적인 곡선을 말한다. 기하곡선의 시각적 효과는 대단히 명확하고 이해가 빠르다.
유기적인 선	부드러우며 자유스러운 느낌을 준다.
자유곡선	아름답고 매력적이며, 자유분방하고 무질서한 느낌을 주며, 번거롭고 혼돈의 느낌도 있다.

김은주 작품

이지헌 작품

2) 점 또는 초점

① 점은 형태를 지각하는 최소의 단위로서 더 이상 나눌 수 없는 것으로 위치만을 나타내며, 크기나 방향은 존재하지 않는다.

② 초점은 작품을 보는 사람으로 하여금 지루함을 느끼지 않도록 주의를 집중시켜 어떠한 시각적 만족감을 제공하는 한 가지 방법으로 강조 즉, 초점을 통하여 작품에 주의를 집중시켜 시각적 만족감을 제공하여 작품을 더욱 깊이 볼 수 있도록 해준다.

이미자 작품

박후남 작품

③ 압화는 화초의 꽃술 부분과 잎, 꽃망울 등 모두 점으로 표현되며, 사람의 관심을 묶어두는 곳을 '관심의 중심점'이라고 말한다. 중심부에 있는 것을 중심점, 말단에 있는 것을 시각초점으로 화면 균형에 있어 중요한 요소이다.

④ 압화 구도에서 초점은 한 군데 또는 두세 개의 중심점을 조합하여 하나의 초점으로 집중하여 제작한다.

⑤ 초점은 주의를 끌지 않는 것일수록 집중하기 쉽지만 율동감과 변화가 적다. 반대로 초점이 너무 많으면 흥미 대신 혼돈, 산만해지기가 쉽다. 작품 제작에서 모든 것을 강조하면 결국 아무것도 강조되지 못한 무미건조한 작품이 되고 만다. 따라서, 압화식물을 배치할 때는 초점식물을 많이 배치하여 산만해지는 것에 유의한다.

⑥ 초점을 만들어 내기 위한 방법

㉠ 주된 선을 배치한다.

㉡ 가장 큰 꽃 또는 주 소재를 배치한다.

㉢ 식물 소재를 집중 배치한다.

㉣ 가장 어둡거나 가장 밝은 색상을 배치한다.

㉤ 강렬하게 대비되는 색상이나 질감을 배치한다.

㉥ 모양이 특이한 꽃을 배치한다.

⑦ 초점이 되는 압화소재로는 화려하거나 강렬한 색깔의 꽃, 흔히 볼 수 없는 귀한 꽃, 시선을 집중시킬 수 있는 크기의 꽃, 특이한 형태나 질감을 가진 꽃 등을 들 수 있다.

양정인 작품

이지헌 작품

⑧ 초점이 되는 압화용 식물들은 대체로 구하기 어렵거나 누름 건조가 어려운 성향이 있어 소량의 꽃으로도 전체를 압도하는 중요한 역할을 한다. 따라서 작품의 완성도를 높이기 위하여 다양한 초점식물이 필요하다.

⑨ 압화 제작에서 초점이 되는 꽃

초점의 소재	식물명
화려한 색의 꽃	작약, 해바라기, 크리스마스로즈, 모란, 아네모네, 금계국, 양귀비 등
건조나 구하기 어려운 꽃	공작선인장, 해오라비난초, 천남성, 물매화, 백합, 심비디움, 호접란 등
형태나 질감이 특이한 꽃	글로리오사, 등나무, 선더소니아, 흑종초, 시계꽃, 산딸나무, 할미꽃, 솔체꽃 등

해바라기

호접란

산딸나무

3) 평면, 투시

① 작품을 설계하는 데 투시법은 별로 이용되지 않지만 조경구도에서는 많이 이용된다. 압화는 회화와는 달리 꽃재료, 잎의 크기, 색의 제약을 받아 투시감을 마음껏 표현할 수 없다. 다만 평면구도에 쓰이는 기법은 압화식물(누름꽃)이 화면에 비교적 입체적으로 또는 생동감 있어 보이게 제작할 수 있다.

② 입체적으로 압화작품을 제작하는 방법

㉠ 농도가 다른 색채의 잎을 이용하여 입체감을 조성한다.

㉡ 꽃잎의 다른 층차 부분을 중첩시킴으로써 무성한 느낌과 입체감이 들게 한다.

㉢ 꽃잎을 다른 각도에 따라 가장자리를 접어 붙여 화면에 생동감을 부여할 수 있다.

㉣ 이 밖에 조경구도의 원칙을 이용하는 방법으로 원경은 짧고 옅은 소재를, 근경은 짙은 소재를 이용하여 입체감을 살린다.

박은진 작품

4) 형과 형태

① 형(形)은 바깥의 외곽을 한정 짓는 색상이나 명암의 변화에 의해, 혹은 둘러싸인 선에 의해 이루어지는 시각적으로 지각되는 영역으로, 형(形)은 곧 형태(形態)라고도 할 수 있다.

② 형태는 물체를 둘러싸고 있는 시지각의 영역이다. 또한 시각적인 반응으로 알 수 있는 감정적 요소로서 물체의 외형, 모양, 실루엣이라고도 한다.

③ 압화작품을 구성할 때 근본적으로 배치되는 형태로서의 공간을 의미한다. 또한 형은 선의 연장인 동시에 시지각(visual perception)에 있어서 색채나 명암, 질감보다 훨씬 직감적이고 우선적인 지각의 힘을 가진 조형요소이다.

박정숙 작품

④ 압화에서 형태는 꽃의 모양, 실루엣이라고 정의할 수 있으며, 간단한 원형이나 삼각형 혹은 여러 개의 곡선과 직선, 기하학적인 구도를 이용한 구상이 가능하고, 자신의 창의성을 표현할 수도 있다.

⑤ 기하학적 기본형의 특성과 상징

기하학적 기본형		특성	상징
삼각형	정삼각	대칭적 균형감	물체의 존재감, 중력감
	부등변삼각	안전감, 긴장감, 방향감	
	역삼각	불안전한 형태의 중력감	
사각형	수직형	공간적 깊이감	자연의 질서, 통일감, 균형
	수평형	횡적 확산감	
	수직+ 수평	통일감, 안정감, 균형감	
원형	복제적인 반복	동일한 원형 반복, 규칙적인 동세감	영원, 역동감, 정신세계의 완성
	계조적인 반복	원의 크기를 증대, 확장과 율동의 동세	
	복합원형	동일한 원형 중첩, 회전운동	

조미숙 작품

허혜숙 작품

⑥ 압화용 식물의 화형

화형	식 물 명
삼각형	족도리, 붓꽃, 심비디움
사각형	약모밀, 해오라비난초, 덴파레, 개나리
원형	마가렛, 해바라기, 거베라, 아네모네, 작약, 코스모스, 장미
종형	선더소니아, 용담, 금낭화, 천남성, 유스토마
별형	버베나, 나리, 수선화, 히아신스, 물매화, 클레마티스
덩어리형	공조팝나무, 톱꽃, 떡쑥, 알리썸

심비디움

개나리

거베라

금낭화

수선화

조팝나무

5) 공간

① 공간감은 그림이나 회화, 인쇄 같은 평면적인 예술 형태에 있어서 깊이를 주고자 하는 것이다.

② 압화 구도에서도 공간, 거리, 간격에 일정한 비례 배합이 있어야 한다. 또한 평면적 꽃예술로 크기에 의한 공간감이나 거리감을 표현할 수 있으며, 중첩을 이용한 깊이의 착각으로 검정색의 꽃 위에 회색의 꽃이 앞에 있으면 자동적으로 깊이감이 느껴지도록 표현할 수 있다.

③ 실제로 사물이 존재해야 할 부분에 공간을 비움으로써 혹은 마치 미완성으로 보이는 듯 과감히 생략함으로써 화면 속의 '여백(餘白)의 미(美)' 또는 '사물과 사물 사이의 간격'을 화면상의 빈 공간을 상상하게 하며 압화작품에 있어서 다시 한 번 집중하게 한다.

④ 공간적 여백은 말 그대로 생략된 표현에 그칠 수도 있으나 적절한 배치와 작가의 상상적 표현력으로 조형구도의 절제미, 과감한 조형 구성력 등을 발휘할 있는 화면상의 공간은 필수적이다.

⑤ 압화에 사용되는 식물소재는 전부 평면적이다. 따라서 평면소재를 사용하여 작품의 입체감과 원근감을 표현하려면 명도 대비를 통해 공간적인 거리감을 준다든지, 명도 변화를 통한 깊이감을 창출하여야 창의적인 좋은 작품을 제작할 수 있다.

⑥ 압화의 풍경작품 제작의 경우 명도가 낮은 식물을 원경에 사용하여 공간의 거리감을 주고, 근경에 높은 명도의 식물을 배치하여 강조함으로써 입체감을 만들어 압화의 작품성을 향상시킨다.

⑦ 제작 전에 작품의 전체 모양을 구상하고 소재의 크기, 디자인의 밀집도, 깊이의 정도 변화, 표현방식, 공간배치를 통하여 동일한 형태의 소재가 다양한 크기로 반복되거나 겹치는 소재를 다양한 기법을 이용하여 공간감과 깊이감이 있는 작품을 제작할 수 있다.

배정선 작품

조귀선 작품

6) 색채

① 색채는 색상, 명도, 채도로 구성되며, 압화작품은 대부분 단일 꽃과 잎으로 이루어진다. 이는 작품의 디자인이 아무리 뛰어날지라도 색상이 좋지 못하면 매력을 주지 못한다는 것으로 변색에 항상 주의하여야 한다. 따라서 색채 측면에서 중점 사항은 색상을 효과적으로 사용하여 표현하고자 하는 이미지와 색을 꽃(압화식물)으로 강조하여 표현하는 것이다.

② 자색 수선화를 표현할 때 어떤 색의 배색지 또는 배경지에 사용하여 표현할 것인가 하는 고민과 배색에 따라 다른 느낌을 가져올 수 있도록 작품을 제작할 것인가를 고려하여야 한다.

③ 색은 그 자체만으로 보게 되는 경우는 드물다. 일반적으로 색상은 더불어 나타나는데 그 시각적 차이에 쓸쓸함을 표현하려면 엷은 자색이나 회색에 가까운 색을 배경하여 제작하고, 따뜻한 표현을 하고자 하면 담황색의 배색지 또는 배경지를 사용함으로써 자색 수선화를 돋보이게 작품을 제작할 수 있다.

④ 명도가 높은 색(빨강, 오렌지, 노랑)은 따뜻하고 전진하는 듯하며 파랑, 초록 등은 후퇴하는 듯하다. 이처럼 색채의 공간적 특성을 이용하여, 전체 작품의 색과 조화되도록 배합하여 만들거나 적당한 배색지를 선택하여 작품을 제작한다.

⑤ 작품에 선명한 색을 강조하고자 하는 경우 꽃의 색과 배색지를 대비색 계열로 선택한다.

⑥ 평온한 작품의 표현은 조화색(調和色)이나 보색계열로 선택하여 작품을 표현하기도 한다.

⑦ 색채에서 중점은 이미지와 특색을 작품으로 표현하고자 하는 것으로 색의 두드러짐 여부, 작품의 품격 등 모두 색채의 배합에 주의를 기울여 사람의 시선을 유도하는 작품을 제작하도록 한다.

송혜정 작품

장정희 작품

7) 질감

① 질감은 물체가 보여주는 물리적인 생김새로 재질에 따라 다르게 느껴지는 독특한 느낌이며, 화면에서의 촉각적인 요소를 나타내는 말로 표면의 생김새를 말한다. 장미는 표면이 곱고 부드러우며 광택이 나지만, 백일초는 거칠고 울퉁불퉁한 질감을 가지고 있다.

② 압화에서 질감이란 식물의 꽃, 잎, 줄기, 뿌리, 수피 등 재질의 표면적 특징으로 우리의 시각과 촉각을 통하여 일반회화에서 느낄 수 없는 작품을 제작할 수 있다. 일반적으로 질감은 곱다, 중간이다, 거칠다의 3가지로 분류할 수 있으며 또한 촉각적, 시각적 질감으로도 표현이 가능하다.

㉠ 촉각적 질감

a. 고운 질감과 부드럽고 광택이 나는 표면은 우아하고 형식적인 느낌이다. 고운 질감의 압화용 식물 소재로는 버베나, 양귀비, 델피니움, 오르니소갈럼, 노루귀, 앵초, 애기나리, 당아욱, 범부채, 물매화, 익소라 등이 있다.

b. 거친 질감과 울퉁불퉁하거나 광택이 없는 표면은 비형식적인 느낌을 주기 때문에 가볍고 평범한 분위기에 적합하다. 주로 아게라텀, 서양톱풀, 해바라기, 미국자리공, 고마리, 꽃향유, 오이풀, 수피, 수태 등이 있다.

c. 거친 질감은 강하고 남성적으로 보이고, 고운 질감은 우아하고 여성적으로 보인다.

d. 촉각적 질감은 실제 손으로 만져서 느낄 수 있는 촉각을 통한 감각으로 식물의 꽃, 잎의 표면과 광택에서 오는 감촉의 다양함을 느낄 수 있는 작품을 제작하여 표현할 수 있다.

㉡ 시각적 질감 : 압화 예술의 한 특성으로써 다양한 식물이 가진 색과 질감을 통해 실제의 이미지를 보고 만나는 것 같은 느낌과 연상을 경험하게 되는 것을 말한다.

오분이 작품

구본순 작품

③ 압화에서는 담쟁이풀, 연꽃, 모란 등 관상이 어려운 꽃과 팬지, 아이리스 등 꽃잎 모양이 특별한 꽃도 질감이 좋다.

④ 배경재료나 액자의 틀을 다르게 하여 질감을 표현할 수 있다. 자연생태적인 작품에는 알루미늄의 틀을 사용하면 작품과의 괴리감을 느끼게 하지만 원목의 틀을 가진 액자를 이용하면 자연스러워 보이는 작품을 제작할 수 있다.

⑤ 압화를 장기간 싫증나지 않게 제작하기 위해서는 재료가 완벽해야 한다. 특히, 꽃색이 선명하고, 엄격한 구도를 통한 생동감 있는 작품을 제작하여 보는 이로 하여금 계속해서 작품을 바라볼 수 있도록 해야 한다.

이정자 작품

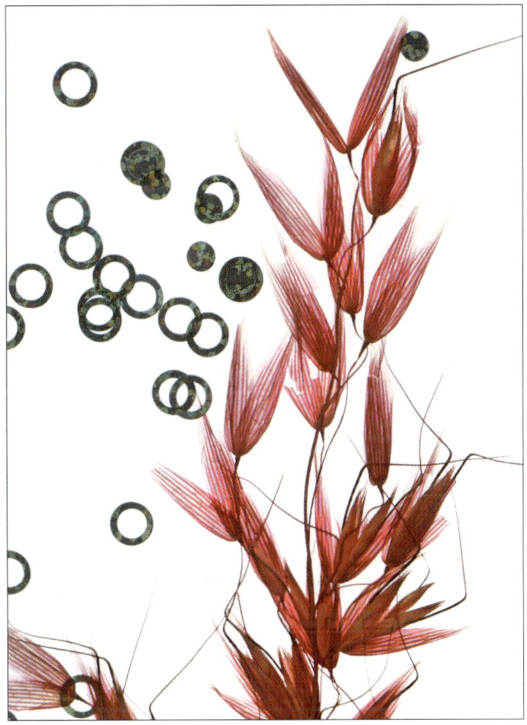

오연경 작품

8) 입체(양감)

① 입체는 회화에서 대상물의 실재감과 입체감을 포함한 무거움과 두꺼움의 느낌을 표현하는 것으로 선과 함께 압화작품에서 입체적 이미지는 중요한 요인이다.

② 카네이션, 국화, 장미와 같은 한 덩어리로 된 송이가 둥근 형태의 꽃은 자체가 입체감을 가지고 있어 작품의 구성에서 입체를 표현하는 데 효과적이다.

③ 해바라기, 작약, 달리아, 수국, 거베라 등 꽃이 크고 겹잎인 것이 많으면 좋지 않고, 입체감을 살리기 위해서는 꽃재료를 혼합하여 사용하는 것이 좋다.

④ 작품 제작에서 꽃의 양이 너무 적으면 싸늘한 느낌을 주고, 반면 너무 꽃이 많아 빽빽하면 혼란한 느낌을 주는 것으로 양감은 꽃의 양이 화면상에서 주는 중압감의 정도를 말하는 것이다.

구본순 작품

정숙희 작품

9) 색조

① 색조는 흔히 미술에서 색깔이 강하거나 약한 정도나 상태 또는 짙거나 옅은 정도나 상태를 나타내는 말로 간략하게 색의 명칭으로써 빨강, 노랑, 초록, 자주 등을 색조라고 할 수 있다.

② 눈으로 볼 수 있는 물체는 빛을 비추는 각도의 차이에 따른 색조와 명암이 있다.

③ 압화작품에 명암 기교를 이용하여 자연과 사물을 다양한 다른 색조로 표현할 뿐만 아니라 경쾌하고, 낭만적인 이미지를 만들 수 있으며, 작품에 새로운 생명력을 부여할 수 있다.

이동은 작품

이지헌 작품

10) 통일성과 조화

① 통일은 한 작품 속에 나누어진 선, 형, 색, 명암 등 여러 가지 요소들을 합쳐서 하나로 만들거나 뭉치게 하는 것이다.

② 여러 식물들이 어떤 조화나 단일성과 일치감을 암시하고 존재하고 있음을 느끼게 하는 것으로 작품 안에 정돈과 안정된 느낌을 주는 것이다. 통일성에서 중요한 것은 전체가 부분보다 드러나야 한다.

③ 조화는 두 가지 이상의 것이 어울리게 서로의 장점을 살려 나가는 것으로 융화, 어울림 등의 의미로 통일보다 감정적인 요소가 강하다.

④ 조화는 부분들 상호간의 성질이나 수량상의 통일 관계로 화합된 전체 외관을 성취하는 것을 의미하며 주제, 형태, 무늬, 크기, 색채, 질감, 재료와 같은 요소들이 일치된 질서 속에서 변화 균형을 이루고 있음을 뜻한다.

양정인 작품

서화원 작품

⑤ 초점과 지배적인 꽃을 두는 것도 통일성을 단순한 우연 이상의 어떤 시각적 연관성이 있는 것처럼 보이게 함으로써 각각 다른 종류의 꽃과 잎이 조화를 통하여 외향적 차이에도 불구하고 유사성을 가진 작품으로 제작할 수 있다.

⑥ 통일성의 방법

㉠ 근접 : 통일성을 이루어내는 가장 간단한 방법은 구성요소들을 서로 밀착시키는 것이다.

ⓛ 반복

a. 시각적 통일성을 사용되는 방법으로 반복이 있다.

b. 색, 질감 등을 반복적으로 사용함으로써 재미있는 구성을 만들 수 있다.

c. 변화와 대립이 없는 획일적 반복은 단조롭고 흥미를 잃기 쉽다.

d. 방향이나 크기, 질감, 색을 변화시켜 시각적 리듬을 제공한 다양한 반복은 강한 흥미와 만족감을 준다.

조인순 작품

박은진 작품

ⓒ 지배와 종속

a. 복잡한 구성에서 질서와 통일을 만들어 내기 위한 방식으로 지배와 종속이 있다.

b. 어떤 의미나 지각 효과에서 다른 요소들을 예속시키기 위한 지배적 요소에는 강한 형태나 크기, 강한 색, 중심위치 등을 들 수 있다.

⑦ 통일성이 있어야 질서가 잡히고, 혼란을 방지할 수 있으며, 작품의 어느 한 부분에서 다른 부분으로 자연스럽게 시선을 이동시켜 통일성을 얻는 데 도움이 된다. 그러나 변화가 없는 통일감은 미적 효과가 약하고 지루하여 흥미를 저해하므로 색, 모양, 방향, 질감 등의 대비를 통하여 작품의 완성도를 더욱 높이도록 한다.

정숙희 작품

11) 균형, 대칭

① 균형은 시각적 무게의 동등한 배분을 의미한다. 즉, 두 개 이상의 요소 사이에서 부분과 부분 또는 전체 사이에 시각상의 힘이 안정되어 있으면 보는 사람에게 안정감을 준다. 균형이 잡혀 있다는 것은 자연스럽다는 것을 의미하기도 한다. 반면, 규칙 또는 균형이 깨어져 있다는 것은 불안정하지만, 시각적 자극을 강하게 나타낼 수 있다.

② 압화작품에서 같은 크기의 꽃이라도 어두운 색상의 꽃은 밝은 색상의 꽃보다 무겁게 보이고, 마찬가지로 질감이 거친 꽃이나 소재는 같은 크기의 부드러운 질감의 소재보다 무겁게 보인다. 어두운 색상과 거친 질감의 꽃은 무거워 보이기 때문에 기부 부근에 배치하고, 밝은 색상에 질감이 부드러운 꽃은 꽃의 가장자리 부근에 배치하여 시각적인 균형을 유도하여 작품을 제작하는 것이 바람직하다.

③ 대칭은 위험과 정형미를 느끼게 하고, 동적인 느낌보다는 정적인 느낌으로 능동적이지 않고 수동적이며, 균형을 위하여 중심선의 상하 또는 좌우를 같게 배치한 화면 구성으로 정지감, 안전감, 장중함, 엄중함 등의 느낌을 준다.

④ 압화작품에서 디자인 요소들이 안정적으로 구성되어 전체적인 조화를 이룰 때 통일성이 나온다. 즉, 무게감, 시각적 흥미, 작품에 주어지는 힘의 강조가 동등하게 유지되어 안정성과 만족감을 느끼게 되는 경우로 예를 들면 어둡거나 거친 소재는 기부에 배치해야 시각적인 균형을 이루어 안정감을 가져온다.

⑤ 중앙축 양쪽의 무게가 같아 보이도록 꽃을 배치함으로서 실제적, 기계적 균형을 유도하여 좌우가 균등하고 상하가 일치하게 되면 딱딱한 느낌을 유발하게 되는 것에 유의하여 작품을 제작한다. 균형에는 대칭과 비대칭 두 가지의 유형이 있다.

최영옥 작품

박은혜 작품

㉠ 대칭적 균형

a. 중앙의 수직축을 중심으로 비슷한 구성요소 및 동일한 비중을 지닌 형태가 서로 마주 보도록 구성되어 있는 디자인을 말한다.

b. 대칭적 균형 디자인은 형식적 위엄과 강인성, 차분함을 느끼게 하는 반면 정적이고 수동적이며 단순하다.

㉡ 비대칭적 균형

a. 비정형적인 방법을 통해 생동적이고 개성적인 디자인을 만들 수 있다.

b. 무게에 의한 균형 : 압화작품에 있어서 실제적인 무게가 작용하는 것은 아니지만 시각적 무게가 느껴지는 경우가 많은데 크기나 색, 질감, 형태의 위치에 의해 영향을 받는다. 크고 단단한 형상이나 한색이 난색보다 더 무거워 보인다. 거친 질감의 형태가 매끄러운 형태보다 무거워 보이며, 중심점보다 위에 있는 것은 아래에 있는 것보다 가벼워 보인다.

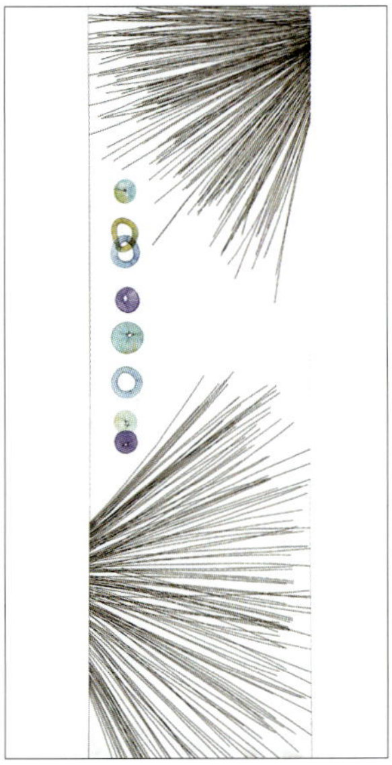

이혜진 작품

c. 대비에 의한 균형 : 색이나 형상, 시선의 방향 등에 의한 대립을 통한 합일로 조화로운 화면의 균형을 이루어 내는 경우를 의미한다.

d. 결정학적 균형 : 화면 전체에 동일한 특징을 계속 반복시키는 구성법으로 압화에서의 경우 화면 전체에 다양한 꽃과 식물을 이용하여 동일한 모티브를 반복적으로 장식하여 능동적인 흐름을 만들어내는 디자인의 기법을 말한다.

12) 규모와 비례

① 디자인 원리에서 규모와 비례의 의미를 명확하게 구분짓기는 어렵다. 압화에 있어 규모를 적용하는 방법에는 작품 자체의 크기를 생각하는 것과 작품 속에 있는 요소들의 크기를 살펴보는 것으로 대별해 볼 수 있다.

② 압화작품은 신선한 소재를 가능한 단축된 시간 내에 집약된 기술로 완성시켜야 하는 어려움 때문에 사전에 치밀한 구상과 준비가 필요하며, 일반회화에 비해 대작을 제작하는 데는 한계가 있다. 최근에는 과학기술의 발전으로 대작(1.5m×3m)들이 제작되고 있다.

신정옥 작품

③ 비례는 표현된 각 부분 상호간 또는 전체와 부분간이 양적으로 일정한 관계, 부분과 부분 또는 부분과 전체의 수량적 관계를 나타내는 말로 작품에서 비례가 어긋나면 압화작품 특유의 자연스러움을 잃게 된다.

④ 대중적으로 가장 많이 사용되는 1 : 1.618의 비례는 압화작품뿐만 아니라 미술, 공예, 건축 등과 액자, 책, 신용카드, 창문 등의 가로, 세로 비율에 적용되어 널리 활용되어 왔다.

⑤ 미학적 성질과 신비로운 힘을 가진 황금비라는 법칙은 수학적으로 존재하지는 않으나 심리학적으로 아름다움을 느낀다고 한다.

⑥ 압화디자인에서 비례의 원리는 단순한 수량적인 관계가 아닌 소재의 색, 형태, 질감 및 소재의 모습과 움직임이 만들어내는 전체적인 미학 속에서 조화를 느낄 수 있도록 제작되고 있다.

이성순 작품

13) 비율과 강조

① 비율은 배경 공간과 사용되는 소재의 무게에 따라 달라진다.

② 특정 부분에 변화를 주어 형태, 색, 크기 등을 전혀 다른 것으로 배치 · 배색함으로써 어느 한 부분을 강조하여 보는 사람으로 하여금 주의를 집중시켜 강한 긴장감과 함께 시선을 끌게 하는 것이다.

③ 강조는 작품의 전체적인 통일감을 구하기 위해 한 가지 특성을 강하게 표현하는 방법으로 색, 질감, 소재 종류, 움직임 등의 요소들을 결합시켜

김은경 작품

압화작품 내부의 질서를 잡는 것을 의미한다. 이때 특정의 색이나 질감, 형 또는 소재를 지배적으로 사용하면 좋은 디자인의 작품을 완성할 수 있다.

④ 압화소재의 특성만으로도 좋은 작품의 제작이 가능하다. 이는 식물의 형태나 질감만으로도 디자인에서의 강조 및 다양한 감각을 제공할 수 있기 때문이다.

14) 리듬

① 리듬은 형이나 색 등이 반복되어 느껴지는 운동감으로 압화작품에서의 생명력을 표현하기 위해 움직임의 느낌을 유발한다. 소재의 점, 선, 색, 명암과 구도의 비례 규율성으로 리듬을 구성하여 보는 이의 감정을 불러일으켜 시선이 작품의 초점과 바깥 가장자리로 원활하게 움직일 수 있도록 유도한다.

② 리듬을 유도하는 것은 색상, 선, 질감, 형태 등의 요소들을 반복적으로 나타내는 것을 말한다.

③ 조형작품에서 반복된 형태나 구조, 방사선 배열, 전진, 전이, 선의 연속과 단절에 의한 간격의 변화로 일어나는 시선의 시각적인 율동으로 다른 원리에 비해 동적인 질서와 생명감, 존재감이 가장 강하게 나타낼 수 있다.

④ 리듬은 각 요소와 부분 사이에서 규칙적 · 반복적으로 질서 있는 흐름이 연속될 때 생기는 것으로 비슷하거나 같은 선, 형, 색의 운동이나 구성에 의해 표현된다.

⑤ 리듬을 유발하기 위한 방법으로는 반복, 전진, 방사, 계조 등이 있다.

㉠ 반복(repetition)

이지헌 작품

최연실 작품

a. 반복은 리듬을 만들어 낼 수 있는 가장 쉬운 방법이며, 압화디자인에서 주된 색이나 강한 선, 지배적인 형태나 질감을 반복적으로 사용해서 시각적인 움직임을 유발시키는 가장 기본적인 방법이다.

b. 획일적인 반복은 단순하고 지루한 느낌을 줄 수 있기 때문에 같은 식물소재라도 크기나 색상, 채도, 방향 들을 다양하게 변화시켜 흥미로운 리듬을 만들어야 한다.

㉡ 전진(progression)

a. 전진은 형태, 선, 색 등이 점차적으로 증가하거나 감소하는 것을 말한다.

b. 작품소재의 크기나, 색상, 질감 등의 특징 가운데 한두 가지의 특징이나 꽃과 꽃 사이의 공간에 증(增), 감(減)의 변화를 주어 움직임을 만들어 낼 수도 있다.

㉢ 방사(radiation)

a. 모든 요소들이 중심점으로부터 원형을 이루거나, 전후좌우에 대칭선을 그어 그 중심점으로부터 일정한 거리에 소재를 배치하여 강한 통일성을 만들어 낼 수 있는 방법이다.

b. 사용되는 모든 재료는 한 점(초점 또는 원점)에서 퍼져 나가듯이 구성해야 한다.

㉣ 계조(gradation) 또는 전이(transition)

a. 일정한 질서를 가진 자연적 순서의 계열로 서로가 대조되는 양극단이 유사하거나 동등하게 조화를 이룬 일련의 단계로서 연결된 하나의 계속되는 순서를 말한다.

b. 압화디자인에서 계조는 소재의 크기, 색, 질감 등이 가진 특징이나 힘의 증감에 의해 경쾌한 리듬감을 부여하는 점증의 경우와 규칙적으로 변화하는 형의 반복으로서 연속적인 패턴의 느낌을 주는 점진의 경우가 있다.

c. 자연현상 중 물의 파문, 태양의 회전, 계절의 변화, 햇빛의 증감 등도 점진 효과로 압화 구성에 응용해 볼 수 있다.

15) 배경

① 압화작품은 유화나 수채화와는 달리 자연 그대로의 모습을 표현하는 것으로 자연상태를 표현할 때는 형형색색의 배경보다는 단순하고 소박한 배경이 더욱 아름답고, 본래 자연의 풍모를 더 잘 전달할 수 있다.

② 입체감을 살리기 위해서는 채색은 연하게 하고, 농도가 진한 것은 절대 피하는 것이 자연의 모습을 망가뜨리지 않는 것이다.

권금희 작품

16) 구상

① 압화는 건조된 식물소재로 작품을 제작하는 일부의 한계점을 극복하고 모든 자연을 구상하고 창의적인 표현을 통하여 소재의 제한을 넘어 자연의 아름다움을 표현한다.

② 강제적이고 무의미한 굴곡화면에 의미를 두지 않고, 다양한 소재를 융합 · 설계하여 추상(표현 주제가 무엇인지 알 수 없는 암호화되고 기호화된 표현방식)과 구상(주제와 대상이 자연물에서 존재하는 것)의 두 가지 표현법을 사용하여 압화작품을 단순한 꽃공예에서 예술작품으로 품격을 격상시킨다.

현정희 작품

정아름성 작품

3 압화디자인의 표현기법

(1) 식생적, 사실적 표현기법

① 자연환경의 특성과 소재의 자연성에 가장 근접한 모습을 작품 속에서 사실적으로 표현하는 것을 말한다.

② 소재의 특성을 살려 비대칭으로 자유롭게 표현하며, 인위적인 것보다는 자연스러운 스타일을 작품에 적용한 기법이다. 식물의 생태적인 모습이나 특성을 고려한 구성법이므로 원래의 자연적인 모습에서 어긋나지 않도록 사실적으로 표현하는 기법을 말한다.

허혜숙 작품

주지현 작품

③ 소재의 선택과 구성을 통해서 표현하고자 하는 환경과 계절감을 알 수 있으며 자연의 시정(詩情)을 느낄 수 있다. 일반적으로 자연 속에서의 모습과 화단에서 볼 수 있는 식물의 모습을 그대로 화면에 옮겨 압화작품으로 재현함으로써 계절적, 기간적, 공간적인 변화에 구애 받지 않고 자연을 그대로 감상할 수 있는 특징이 있다.

④ 표현에 있어서 식생적 또는 사실적 표현기법은 어떠한 것을 선택하여 작품을 제작할 것인가에 따라 꽃의 종류, 크기 등이 결정되는 구도를 가지고 있다. 구도는 가로형, 세로형, 정사각형, 원형, 부채형 등을 기본으로 하여 작가의 창의성을 더하여 작품이 제작되고 있다.

조인순 작품

조옥희 작품

⑤ 표현기법의 종류와 작품

㉠ 하수형(下垂形, 아래로 늘어지는 형 또는 경사지고 드리워진 형태)

㉡ 수평형(水平形)

㉢ 수직중앙형(垂直中央形)

㉣ 수직전후형(垂直前後形)

㉤ 경사상하형(傾斜上下形)

㉥ 대각형(對角形, 경사지고 직립형)

정아름성 작품

(2) 화훼장식디자인 표현기법

① 플라워디자인의 각 형태를 압화작품에 응용한 화형으로 평면디자인 압화에 부적합한 것도 있지만 플라워디자인을 공부한 사람이라면 쉽게 응용할 수 있고 친근한 구도의 표현 기법이다.

② 플라워디자인은 디자인한 작품이 돋보이고 시각적인 느낌을 유도할 수 있는 기법이다.

③ 각각의 식물소재가 가지고 있는 형태, 크기, 색, 재질 등의 구조를 이용하거나 새롭게 조합하여 압화미를 표현하는 기법으로 압화 작가의 생각과 창의성을 표출하여 작품을 제작할 수 있다.

④ 표현기법의 형태 : 효과적인 디자인을 위하여 다음과 같은 표현기법을 바로 알고 적절하게 활용하면 더욱 완성도가 높은 작품을 제작할 수 있다.

㉠ 직선적 형태 – 수직, L자형, 대칭 삼각형, 비대칭 삼각형, 역 T 삼각형 등이 있다.

㉡ 곡선적 형태 – 수평형, S자형, 초승달형, 부채형, 타원형 등이 있다.

㉢ 입체적 형태 – 반구형, 원형, 원추형 등이 있다.

(3) 생활용품 적용기법

① 인간의 미적욕구가 충족되도록 압화를 이용한 생활용품을 제작함으로써 예술성과 실용성을 겸할 수 있는 기법이다.

구본순 작품

최수진 작품

최영옥 작품

진유순 작품

장미숙 작품

주지현 작품

② 생활용품에 적용되는 예는 많으나 현재 와인 잔, 컵 받침, 블루투스, 시계, 전화기, 필통, 노트, 머리핀, 브로치, 액자, 열쇠고리, 머리장신구, 가죽가방, 앞치마, 선물상자, 카드, 전등갓, 양초 등 계속 새로운 제품들이 제작되고 있다.

권금희 작품

오분이 작품

장순희 작품

채명례 작품

(4) 오리엔탈(Oriental) 기법

① 오리엔탈은 동양의 문화를 나타내는 것으로 동양적인 여백의 미를 통하여 소박함을 강조하여 단순한 자연스러움을 표현하는 기법이다.

② 일반적으로 동양화의 이미지를 비교적 잘 전달할 수 있는 모란, 작약, 국화, 매화, 살구꽃, 난 등을 압화의 소재로 많이 이용하고 있다.

배선아 작품

정아름성 작품

(5) 유럽풍 또는 유러피언(European) 기법

① 유럽의 고전적인 스타일을 현대적으로 발전시켜 압화작품을 제작하는 기법이다.

임영옥 작품

정아름성 작품

② 전통적인 유러피안 기법, 자연을 표현하는 보태니컬 기법, 추상적이며 실험적인 기법 등을 이용한 디자인이 다양한 소재들과 어우러져 제작되고 있다.

조인순 작품

주순엽 작품

(6) 콜라주(Collage) 기법

① 콜라주는 프랑스어의 "풀로 붙인다"에서 유래되었으며, 가위를 사용하여 자르고 풀로 붙여 하나로 결합하는 것으로, 질(質)이 다른 여러 가지 헝겊, 비닐, 타일, 종이 등을 붙여 새롭게 구성하는 20세기에 등장한 독특한 시각예술 형태의 하나이다.

② 건조된 식물을 구상한 작품 디자인에 접목하기 위하여 꽃가위로 절단 · 재단하여 새롭게 재구성, 재조합, 재창조 할 수 있는 기법이다. 주로 꽃잎, 양파껍질, 낙엽, 옥수수껍질 등 다양한 소재를 사용하여 작품을 제작할 수 있다.

③ 콜라주 기법은 재료와 표현의 한계성을 극복하기 위해 등장한 미술의 한 장르로서 현대적 프레임에 많이 이용되고 있다. 즉, 기존의 방법으로서는 더 이상 작가 자신의 사고와 감성을 표현할 수 없다는 한계에서 각종 식물소재를 매체로 형상화하는 작업이다.

조인순 작품

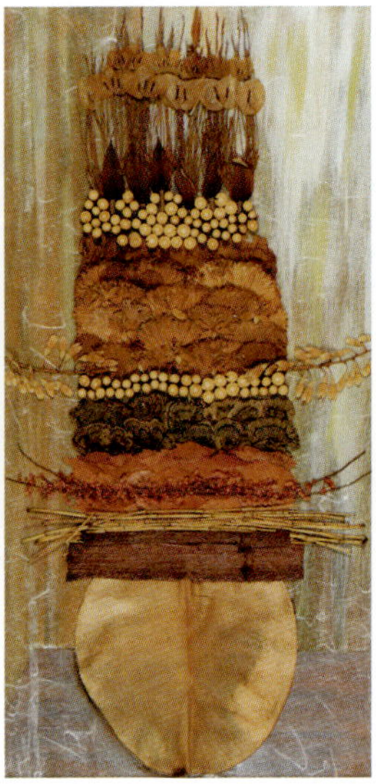
이미자 작품

정아름성 작품

허해숙 작품

(7) 모자이크(Mosaic) 기법

여러가지 색상의 새롭고 다채로운 재료(꽃, 섬유조각, 돌, 도자기, 타일, 유리, 패각, 나무 등)를 사용·접착하여 건축물의 벽면 혹은 파티션, 자동문 등에 압화를 접목시켜 장식적인 개념을 넘어 회화적인 표현을 통한 기능적 예술작품으로 새롭게 탄생시킬 수 있는 기법이다.

주순엽 작품

김순자 작품

(8) 데칼코마니(Decalcomanie) 기법 또는 전사 기법, 프로타주(Frottage) 기법

① 데칼코마니(decalcomanie)는 '복사하다, 전사(轉寫)하다'라는 뜻의 프랑스어 데갈케(decalquer)와 '편집(編輯)'이라는 뜻의 마닌(manie)의 합성어로 '전사법', '등사술'의 뜻을 지닌다.

② 1935년 도밍게즈(Oscar Dominguez : 1906~1958)가 최초로 발명해낸 데칼코마니는 무의식, 우연의 효과를 존중하는 미술 기법 중의 하나로 비합리적인 표현기법이다.

③ 프로타주는 '마찰, 문지르다'의 뜻을 지닌 프랑스어 포띠(frotter)에서 유래되었다.

④ 압화에서는 데칼코마니, 전사, 프로타주 각각의 기법을 응용하여 유리판이나 아트지, 배경지 등에 전사잉크를 칠하고 거기에 다른 종이나 배경지, 식물, 주로 나뭇잎을 덮어놓고 위에서 누르거나 문지른 다음, 떼어내어 새로운 형태의 무늬가 생기게 하는 기법으로 압화 스카프나 손수건, 옷 등의 작품을 만들 때 이용하는 기법이다. 쉽고 간편하여 체험학습에서 주로 이용하고 있다.

⑤ 전사 기법 제작 실습

㉠ 재료 및 도구 : 다리미, 신문지, 전사물감(잉크), 꽃가위, 칼, 핀셋, 각종 의류, 전사 색종이, 전사용지 등

㉡ 전사 식물소재 : 거베라, 카네이션, 델피니움, 숙근 안개초, 제니스타, 고사리 등

㉢ 제작 실습

a. 전사용지에 전사잉크를 사용하여 용지에 디자인한다.
b. 디자인된 전사용지를 디자인에 적당한 크기로 자른다.
c. 컵 받침용 천에 식물을 디자인한다.
d. c 위에 디자인된 전사용지를 올린다.
e. 전사용지 위에 신문지를 올리고 다리미를 이용하여 열을 가한다.
f. 다리미와 신문지를 걷어내고 작품을 완성한다.

① 재료 및 도구

② 전사용지 디자인

③ 전사용지 자르기

④ 천 위에 식물 디자인 1

⑤ 천 위에 식물 디자인 2

⑥ 천 위에 식물 디자인 3

⑦ 천 위에 식물 디자인 4

⑧ 열을 가함 1

⑨ 열을 가함 2

⑩ 용지와 신문지를 걷어냄 1

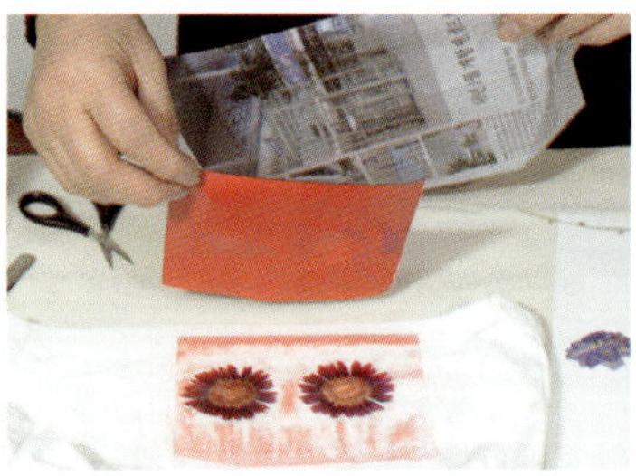
⑪ 용지와 신문지를 걷어냄 2

⑫ 용지와 신문지를 걷어냄 3

⑬ 완성 1

⑭ 완성 2

⑮ 완성 3

● **전사 시연(문정연, 최연실 작품)**

(9) 리스(Wreath) 기법

① 리스는 기원전 776년 고대 올림픽게임에서 마라톤 선수의 승리를 축하하고, 그의 헌신적인 행동에 대한 감사의 뜻으로 월계수 잎으로 월계관을 씌워준 것에서 시작하였다. 그 후 올림픽 경기지역이 바뀔 때마다 그 지역 특산의 나뭇가지로 만들었다.

② 꽃과 부소재를 이용하여 둥근 원 형태로 만든 꽃장식물로 흔히 화환 즉, 꽃 화(花), 돌린 환(環), 영어로는 리스(Wreath), 독일어로는 크라츠(krantz)라고 한다. 주로 크리스마스 장식, 장례식, 축하용으로 널리 이용되는 장식기법으로 리스는 목적과 개인적 기호, 구상하는 작품에 어울리는 소재를 선택하여 다양한 압화작품 제작에 이용한다.

조미숙 작품

문정연 작품

조인순 작품

(10) 코사지(Corsage) 기법

① 일반적으로 결혼식, 무도회, 공식행사, 주빈, 대표, 회장, 발표자 등에서 의복이나 신체를 꾸미는 꽃장식물을 총칭하여 코사지라고 한다.

② 코사지는 주로 생화나 건조화, 조화 위주로 제작되고 있으며, 압화를 소재로한 코사지는 대중적이지 않았으나, 과학기술의 발전과 새로운 기법을 통하여 여러 종류의 코사지 제품이 제작 · 판매되고 있다.

일반 코사지(이동은 작품)

압화 코사지(최연실 작품)

(11) 오브제(Object) 기법

① 오브제는 일반적으로 객체 또는 대상이라는 의미를 갖고 있다. 사전적 정의는 '보여지거나 만져지거나 다른 방법을 통해 인식되는 것' 또는 '그렇게 될 수 있는 것과 주제가 인지할 수 있는 물질적 또는 정신인 것'이다. 화훼디자인에서는 어떤 대상이 우연이나 필연인 효과에 따라서 작품의 소재가 될 때 그 대상이 가지고 있는 본래 용도나 의미를 벗어나 새로운 대상성을 갖고 예술작품으로 전환되는 경우를 오브제라고 한다.

최연실 작품

최수진 작품

주지현 작품

② '꽃 예술에 있어서 오브제'라는 개념은 유럽에서는 1960년 말에서 1970년대 초에 정착되었으며 열매, 꽃잎, 꽃수술, 줄기, 뿌리 등 식물이나 식물의 부분을 원래의 자연형태로부터 분리시켜 오브제적으로 표현하는 것에 그 중요성이 강조되었다.

③ 현대적 압화에서는 현대미술의 오브제 개념을 도입하여 재료에 대한 고정관념을 탈피하고 새로운 재료를 도입하였는데 꽃에만 국한되었던 압화의 소재를 나무껍질, 조릿대, 부직포, 깃털 등의 자연소재뿐만 아니라 여러 가지 재료를 폭넓게 사용하게 되었다.

(12) 색채 표현 기법

압화예술에 있어서 색은 매우 중요한 조형요소이며, 시각적 아름다움을 돋보이기 위한 장치이다. 인공적인 염료나 안료로 채색된 물체와 달리 자연소재인 식물이 가지는 고유의 색은 인간에게 미적 · 심리적 감성을 표현하는 역할을 가지고 있다. 압화는 풍부한 색채와 표현성을 통하여 사람의 마음과 감성을 치료하는 원예, 미술, 색채치료에 다양한 방식으로 응용되고 있다.

신정옥 작품

1) 염색 기법

① 천연염색, 화학염료, 아크릴물감 등을 이용하여 염색을 하는 것으로 특별한 기술을 필요로 한다.

② 초기에는 천연염색제를 사용하여 염색하였으나 천연염료의 한계성(고비용과 퇴색)으로 인하여 인공염료의 사용이 증가하고 있다.

③ 염색 기법은 작가가 작품 제작에 필요한 디자인과 배경을 만들 수 있어 다양한 효과를 낼 수 있다.

2) 스프레이(Spray) 기법

① 스프레이를 이용하여 바탕지 혹은 배경지를 직접 제작하는 기법이다.

② 분무기를 사용하여 물감을 뿌려 페인팅을 하는 방법보다 스프레이를 이용하여 배경지나 바탕지를 제작하는 것으로 건조속도가 빠르다. 따라서 작품제작 시간을 단축시킬 수 있으며, 빛과 그림자를 명확하게 표현할 수 있는 장점을 가지고 있다.

③ 바탕 외에도 바위나 나무, 돌의 명암이나 질감을 표현하거나 꽃이나 잎, 줄기에 사용하였을 경우에는 잎의 변색 방지 효과와 더불어 새로운 색채를 창조해 낼 수 있다. 단, 조형적 표현이 일률적이고 단순하기 때문에 자주 사용되지 않는 단점이 있다.

3) 염색지 기법

① 염색지는 일본에서 수입된 특수 화지로 특별히 바탕처리를 하고 사용할 수 있다.

② 초보자에게 적합하다.

③ 가격이 비싼 단점이 있다.

김순자 작품

4) 파스텔 기법

① 압화작품의 가장 기초적인 바탕을 처리할 때 사용되는 기법이다.

② 배경을 처리할 때 주로 사용하는 기법이지만, 바위나 나무, 돌의 그림자, 명암의 표현에도 응용되고 있다.

③ 다양한 색채표현 기법으로 가장 대중적이며 편리한 기법이다.

5) 락카 기법

① 작품의 바탕 처리 시 물감보다 건조 속도가 빠르고, 작품 제작시간이 단축되는 기법이다.

② 회화적 표현이 다른 기법에 비하여 어려워서 자주 사용되지 않는 단점이 있다.

③ 바탕 이외에도 바위나 나무의 표현이 가능하다.

④ 꽃이나 잎에 사용하였을 경우 잎의 변색을 방지하는 효과도 있다.

(13) 추상 및 창작 기법

① 전통과 관습에 얽매이지 않고 자유로운 창작을 통해 새로운 작품을 제작하여 새로운 화풍(畵風)을 탄생시킬 수 있는 기법이다.

② 채소 부산물을 이용한 새로운 창작 염색(착색)기법 – 양파 염색 실습

㉠ 양파를 자른다(디자인을 고려하여 양파의 편을 자른다).

㉡ 양파의 편을 탈색한다.

㉢ 양파의 편을 착색한다.

㉣ 착색된 양파의 편을 이용하여 창작 압화작품을 구상한다.

㉤ 작품을 제작하여 완성한다.

① 양파 통째 돌려 자르기

② 양파 원통 자르기

③ 양파 세로 자르기

④ 양파 4등분 자르기

⑤ 포인트 타일

● 양파편 제작 시연(신정옥 작품)

③ 양파 아크릴작품 제작 실습

㉠ 재료 및 도구 : 아크릴판, 압화 식물소재, 혼합제, 사포, 도장기구(롤러, 붓, 스프레이 중 하나, 아크릴)

㉡ 제작 방법

a. 압화 선정 및 하부 아크릴판에 압화 배치

- 양파 · 옥수수 껍질 외에 빛을 잘 투과할 수 있는 양귀비, 나리 등을 작품 주제에 따라 적절히 준비한다.
- 작품 주제에 적합한 평판 또는 원통형의 하부 아크릴판을 준비한다.
- 하부 아크릴판 표면에 압화소재를 배열한다. 원통형 작업은 움직이지 않게 고정시킨다.

b. 혼합 및 제조

- 스피롤탄 A부(주제)와 B부(경화제)를 2:1 비율로 교반기를 이용하여 잘 혼합하며, 도포 시 필요한 양만큼 준비한다(혼합 후 3시간 이내에 도포해야 한다). 스피롤탄 A부(주제) 대용으로 에포코트 프라이머(폴리아마이드에폭시)를 사용해도 된다. 이때 작업실의 환경 조건은 온도 15~35℃, 상대습도 50% 이하로 한다.

c. 1차 도포

- 압화와 아크릴판에 혼합제를 압화 높이만큼 도포하여 완전히 마를 때까지(약 12시간 정도) 작업실에서 자연 건조시킨다.

d. 2차 도포

- 에포코트 레진몰탈 A부(주제)와 B부(경화제)를 2:1 비율로 교반기를 이용하여 잘 혼합하여 도포에 적당한 양을 준비한다.
- 롤러, 붓, 스프레이 중 하나를 선택하여 원하는 두께로 도포한 후 12시간 이상 건조시켜 경화시킨다.

e. 상부 아크릴판 결합

- 2차 도포 위에 다시 에폭시수지(에포코트 레진몰탈 A부와 B부)를 2:1 비율로 혼합하여 필요한 높이를 맞추어 도포한다.
- 도포된 표면 위에 경질 투명 아크릴판을 접합한다.

f. 연마 : 건조 경화된 혼합제 표면의 거칠기 상태에 따라 적절히 연마한다.

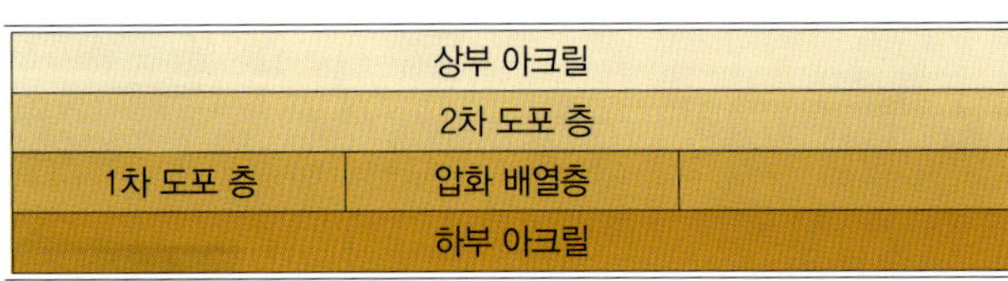

압화 아크릴 작품 제작의 기본 구조도
(평판형의 단면)

신정옥 작품

석미경 작품

TIP 아크릴의 특징

아크릴은 유럽에서부터 화훼장식 소재로 쓰이기 시작하였다. 투명성이 뛰어나 사물이나 꽃의 연속성, 투과성을 표현하고자 할 때 이용하며 종류가 다양하다. 단, 불에 약한 단점이 있으나 불을 적절히 잘 이용하는 경우 변형을 통하여 형태의 변형, 구부리기, 붙이기 등 다양한 작품의 연출이 가능하다.

유리

유리는 파손되기 쉬운 단점이 있으나 빛이 통과되는 투명성이 있고, 차갑고 무게를 가지는 것으로 아크릴에 비해 변질이 없다. 유리는 오브제적인 유리를 곁들여 투명함의 아름다움을 표현하기도 한다.

(14) 원근 기법

① 자연의 물상을 실제 눈에 보이는 것과 같은 거리감이 드러나게 하는 기법으로 사진이나 회화에서 평면적인 화면에 입체감이나 원근감을 갖게 하는 기법이다.

정경자 작품

정아름성 작품

② 미술에서 동양의 원근법은 먼 위치의 것은 작게, 가까운 것은 짙은 빛깔로 그리고, 먼 곳은 엷게 그려 원근의식을 나타낸다. 서양의 원근법은 그림 형식과 화면상의 위치관계로 가까운 것은 아래로, 먼 것은 위쪽으로 그리는 형식이다.

③ 선, 색채, 농담을 조절하여 원경, 중경, 근경의 느낌을 주어 원근감을 강조하는 기법으로 압화의 회화적 작품에 사용하여 자연스러움을 표현할 수 있다.

(15) 풍경화 기법

① 풍경화를 제작하기 위해서는 먼저 구도를 잡고 형과 색 등의 배치가 효과적으로 형성되어야 작품의 완성도가 높아진다.

② 압화의 풍경작품에서 공간감을 표현할 때 흔히 사용하는 자연소재의 중첩기법은 한계가 있다. 이때 화면의 바탕소재를 활용함으로써 그 효과를 보완할 수 있다.

③ 식물로 자연의 생명력과 생동감, 계절적 변화 등을 표현 및 연출하여 사실적 생동감을 표현할 수 있는 기법이다.

④ 일반적으로 수평 구도와 대각선 구도를 이용한 작품이 많이 제작되고 있다.

배선아 작품

㉠ 수평 구도 : 마음을 편안하게 하고 평화와 안정감과 넓은 느낌을 주는 구도로 들판이나 바다풍경 등으로 표현된다.

㉡ 수직 구도 : 상승감과 엄숙함, 경건함을 느끼게 하는 구도로 나무, 서 있는 사람, 숲 속, 고층 건물 등으로 표현된다.

㉢ 수평 · 수직 구도 : 견고한 짜임이 있는 구도로 숲 속 등에서 표현된다.

㉣ 대각선 구도 : 강한 원근감과 집중감을 주는 구도로 골목길, 가로수가 있는 풍경, 거리 풍경 등 풍경화에서 대표적으로 표현된다.

㉤ 호선 구도 : 완만하고 부드러운 원근감이 특징인 호선(弧線) 구도는 굽은 도로, 해안선, 호수가, 해변가 풍경 등에서 나타난다.

㉥ S-선(전광형, 電光形) 구도 : 강한 움직임과 원근감을 주는 구도로 산길, 산성 등에서 나타난다.

ⓢ 사선 구도 : 방향감과 속도감을 주는 구도로 비탈길 등에서 나타난다.

ⓞ 타원형/원형 구도 : 통일감, 견고한 느낌을 주는 구도로 주로 정물화에서 사용된다.

ⓙ 복합 구도 : 두 가지 이상의 구도가 혼합된 형태로 통일감과 탄탄함 등을 나타낸다.

⑤ 풍경화 압화작품은 액자 보관 방법과 액자 조립 방법 등에 따라 작품의 보존 기간이 달라질 수 있다.

⑥ 계절별 풍경화에 주로 이용되는 압화 식물 소재

계절	풍경화에 주로 이용되는 초점 압화 소재
봄	벚꽃, 금낭화, 할미꽃, 백선, 큰꽃으아리, 족도리, 산자고, 수선화, 냉이, 포도나무, 조팝나무, 이끼, 아디안텀, 마가렛, 유채꽃, 루모라고사리, 쉬땅나무, 산괴불주머니, 할미꽃, 황금편백, 가는잎조팝나무, 꼬리조팝나무, 살구꽃, 기린초, 양지꽃, 까치수염, 꽃갯질경이, 안개꽃, 떡쑥, 팬지, 다닥냉이, 꽃다지, 트리안, 매발톱, 사철쑥, 싸리나무, 미나리아재비, 단풍나무, 운지버섯, 쉬땅나무 등
여름	무릇, 약모밀, 쿠페아, 매발톱, 층꽃나무, 기생초, 편백. 아디안텀, 자작나무, 와소니아, 냉이, 다닥냉이, 고사리, 비단향나무, 포도나무, 무릇, 이끼, 솔나물, 산자고, 안개꽃, 수국, 층층이꽃, 쉬땅나무, 부처손 등
가을	물매화, 솔체꽃, 마타리, 여뀌, 고마리, 코스모스, 꽃향유, 기린초, 단풍나무, 아디안텀, 이끼, 황금편백, 포도나무, 루모라고사리, 측백나무, 갈대, 사철쑥, 물매화, 남천, 맨드라미, 노루오줌, 자작나무, 공작단풍나무, 솔체꽃, 까치수염 등
겨울	복수초, 에버라스팅, 포도나무, 백묘국, 이끼, 떡쑥, 자작나무, 노루오줌, 라이스플라워, 편백, 쉬땅나무, 가시여뀌, 복수초, 솜다리, 쑥, 감나무, 루모라고사리 등

권미숙 작품

김진숙 작품

(16) 소다 기법

1) 제작 실습

① 불에 잘 연소되지 않는 소다의 성질을 이용하여 제작하는 기법이다.

② 바탕지로 사용되는 한지 또는 삼베에 자연스러운 그을림을 유도하여 제작한다.

2) 주의 사항

① 한지와 삼베를 팽팽하게 마주잡고 작업을 실시한다.

② 그을림을 만드는 과정에서 화기로 인한 화상과 화재에 주의하며 작품을 제작한다.

③ 실리콘 작업 시 시화에 묻지 않도록 주의하며 작업한다.

이성미 작품

3) 시화화(詩花畵) 액자 제작 실습

① 재료 및 도구

㉠ 재료 및 도구 : 가위, 연필, 베이킹소다, 핀셋, 라이터, 액자세트, 호일스티커, 투명시트 1장, 실리카겔(건조제), 탈산제 등

㉡ 식물재료 : 물매화, 개구리밥, 꽃향유 등

② 주의사항

㉠ 화기를 다루는 작업을 수행함에 있어 화재와 환기에 주의한다.

㉡ 여백의 균형을 고려하여 디자인한다.

㉢ 소다 연소 작업 후 깔끔히 재를 제거하여 작품의 품격을 떨어뜨리지 않도록 한다.

③ 제작 실습

㉠ 액자의 규격에 맞게 제작된 종이에 시화 작업에 필요한 시(詩)를 준비한다.

㉡ 준비된 한지 또는 삼베에 시가 돋보이도록 디자인을 구상한다.

㉢ 소다 기법을 이용하기 위하여 연필을 사용하여 구상한 디자인을 그린다.

㉣ 디자인한 선 위에 준비된 소다를 한지 또는 삼베에 약 0.5㎝의 두께로 뿌린다.

㉤ 소다가 뿌려진 한지 또는 삼베를 마주잡고 라이터 혹은 촛불을 이용하여 안쪽을 태운다. 단, 화재 및 화상에 주의하여 작업을 실시한다.

ⓑ 소다 작업이 끝난 후 한지 또는 삼베의 그을린선을 아름답게 표현되도록 정리하고 부착한다.

ⓢ 정리가 끝난 ⓑ에 시(詩)가 적혀 있는 종이 또는 한지를 접착제(풀)를 이용하여 고정시킨다.

ⓞ ⓢ에 원하는 디자인으로 식물(잎)을 사용하여 1차 작업을 실행한다.

ⓙ 1차 작업 후 바깥쪽으로 나온 식물들을 가위를 이용해 자르고, 테두리를 마무리하고 배경지에 부착한다.

ⓒ 남은 식물을 이용하여 2차 디자인을 마무리한다.

ⓚ 2차 디자인이 끝난 후 알루미늄호일을 깔고 실리카겔과 탈산제를 올린다.

ⓣ 완성된 작품을 ⓚ 위에 올린 후 유리 마감을 위하여 실리콘 처리를 한다.

ⓟ 공기추출법으로 남아 있는 공기를 제거한다.

ⓗ 마감이 끝난 작품은 액자 틀에 넣어 시화화(詩花畫) 액자를 완성한다.

① 재료 및 도구 1

② 재료 및 도구 2

③ 식물재료

④ 배경지에 부착

⑤ 삼베 디자인

⑥ 소다 그리기 1

⑦ 소다 그리기 2

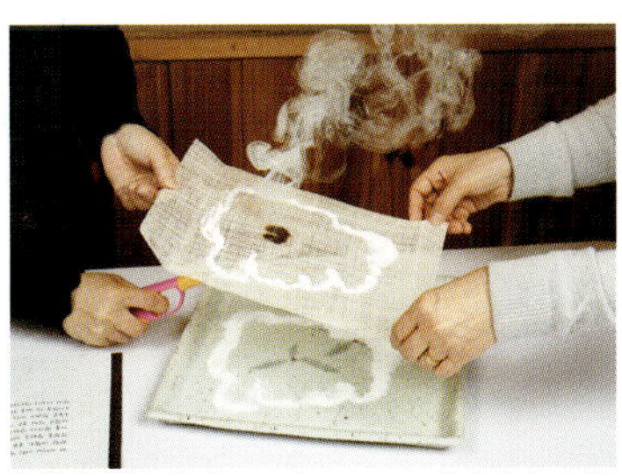
⑧ 소다 연소 1

⑨ 소다 연소 2

⑩ 정리 후 부착

⑪ 식물소재(잎) 부착 1

⑫ 식물소재(잎) 부착 2

⑬ 식물소재 마무리

⑭ 배경지에 부착

⑮ 2차 디자인 1

⑯ 2차 디자인 2

⑰ 실리카겔과 탈산제 마감

⑱ 시화 올리기

⑲ 실리콘 처리 마감 1

⑳ 실리콘 처리 마감 2

완성

● **시화화 액자 제작 시연(김경숙, 지길영 작품)**

(17) 형상 기법

① 형상화(形象化)는 어떤 방법이나 매체를 통하여 구체적이고 명확한 형상으로 나타내는 것을 말한다. 특히 어떤 소재를 예술적으로 재창조하는 것을 이른다.

② 압화식물 소재를 사용하여 사람, 동물, 곤충 등 다양한 모습들을 형상화하여 표현하는 기법이다. 특히, 소재가 가지고 있는 질감과 특징을 활용하여 작품에 형상화하여 나타내는 기법이다.

③ 일반적으로 표현하고자 하는 형상의 질감과 가장 근접한 압화 식물소재를 선택하여 작업하는 것이 용이하며, 작품의 완성도 또한 높다. 예 동물의 털 표현 : 박주가리 종자, 동물의 팔다리 · 몸통 표현 : 모시 잎, 식물가지, 씨앗

조미숙 작품

양정인 작품

이지선 작품

최선화 작품

정아름성 작품

④ 식물소재의 이해 능력에 따라 다양한 형태의 형상들을 제작할 수 있으며, 회화적 표현과 더불어 작품의 완성도를 높일 수 있다.

⑤ 작품의 제작함에 있어 형태의 전 · 후 표현이 바뀔 경우가 발생하므로 주의한다.

4 색채학

색채학이란 색채 현상의 본질을 밝히고 색과 인간생활과의 상호 관계를 연구하는 학문이다.

(1) 색이란

① 색이란 많은 의미를 함축하고 있으며, 사전에서 색은 "색을 느끼는 파장의 빛은 모두 태양광에 포함되며, 빛을 분광기에 걸면 파장마다 다른 스펙트럼이 나타난다"라고 설명되어 있다.

② 색이란 광원, 즉 빛에서 나오는 광선이 물체에 반사, 투과, 굴절, 흡수되어 우리 눈의 망막에 비췄을 때 시신경이 자극됨으로써 감각되는 것이다. 물체에 닿는 태양광선의 가시광선 중 일부는 흡수되고 일부는 반사되는데, 흡수되지 않고 반사된 것을 사람의 눈이 받아들이면 그 물체의 색으로서 비치는 것이다.

③ "색은 무엇인가?"하는 것은 인간의 지각현상에 관계되는 것으로 여러 현상으로 색은 물체의 존재를 지각시키는 시각의 근본이다. 색채는 생활의 조형, 예술의 조형을 가리지 않고 그 사회 생활상을 여실히 나타낸다.

④ 색채는 합리적인 세계이며 동시에 비합리적이기도 하고, 과학의 세계이며 비과학의 세계이기도 하다. 또한 이성에

오분희 작품

의하기도 하며 감성에 의하기도 한다. 여기에서 우리는 인간으로서 혹은 생활인으로서 색채를 보는 눈이 중요하게 된다. 따라서 결국은 물체의 존재를 지각시키는 시각의 근본을 색이라 할 수 있다. 이렇듯이 빛 – 눈 – 물체(시각 대상물)라는 과정을 거쳐서 색이 보여지는 것이며 이에 색을 정의한다면, "색이란 빛이 눈을 자극함으로써 생기는 시감각(視感覺)이다"라고 할 수 있다.

양정인 작품

주순엽 작품

(2) 색의 정의

색의 정의에 대해서 많은 색채학자들 사이에서 여러 논란이 있다. 색은 광학적인 현상이라는 물리학적 견해, 색은 물질이라는 화학적 입장에서의 견해와 색은 눈을 통한 감각과 지각현상이라는 생물학적 견해, 그리고 심리적인 것이라는 견해에 따른 차이를 보이고 있다.

① 물리학적 견해 : 색은 물체에 빛이 비추었을 때 스펙트럼(Spectrum)에 나타나는 7색 중에서 일부는 투과 · 흡수되고 남은 빛이 반사됨으로써 반사되는 빛의 성분(특성)에 따라 그 물체가 색을 지니게 된다는 견해로 색 자체는 빛이라는 주장이다. 시각을 통하여 사물을 지각할 수 있는 것은 빛이 있기 때문이며, 또 빛이 있기 때문에 사물을 인지할 수 있다고 보는 견해이다.

㉠ 색 지각의 3요소 : 빛, 물체, 시각(380~780nm 범위를 지각)

㉡ 색 지각에 변화를 가져오는 요인 : 물리적 양이 바뀔 때, 광원의 종류, 물체를 보는 방향이나 물체의 물리적 성질, 사람의 시각이나 물체와의 거리를 들 수 있다.

② 화학적 견해 : 백지 위에 나타난 안료나 도료 또는 염료 등의 질료(質料 : 형식을 갖춤으로써 비로소 일정한 것으로 되는 재료)에 의한 것이라는 견해이다.

박형순 작품

허혜숙 작품

③ 생물학적 견해 : 색채는 우리들의 망막(눈)에 의한 생리적인 상태의 것으로 보는 견해로 빛이 없는 꿈속에서의 보이는 색, 눈을 감았을 때 예기치도 않았지만 보이는 색, 어떤 색을 본 후에 이와 반대되는 색이 보이는 또 하나의 현상, 즉 백지 위에 적색의 작은 종이를 놓고 30초 가량 들여다 본 후에 시선을 옮겨 다른 백지 위를 보면 그곳에 적색에 반대되는 청록색이 나타나 보인다. 특히 이러한 현상을 보색잔상(補色殘像)이라고 하는데, 이는 다른 색에 있어서도 마찬가지의 현상이 나타난다. 이처럼 색에 대한 감각은 오르지 눈의 망막에 의한 생리적인 작용에 바탕을 둔 것이라는 견해이다.

④ 심리학적 견해 : 색은 우리의 눈 시각을 통하지 않고서는 색을 볼 수 없다는 일반론에 반하여, 인간의 정신기재의 작용과 상태에 의한다는 심리학적인 견해가 있다. 장시간 동안 앉아서 얘기하다가 나온 실내의 색을 새삼스럽게 상기하려면 어려운 경우가 있다. 그러나 실제로 그 방의 벽이나 천정 등의 색이 자기의 안구를 통하여 망막에 비쳐졌을 것임에 틀림없는 사실임에도 이를 쉽게 기억하거나 상기해내지 못한다는 사실은 이에 대한 의욕이나 동기를 불러일으키지 못하는 개인의 심리상태에 의거하는 지각의식을 중요시하지 않을 수 없다는 주장이다.

조미숙 작품

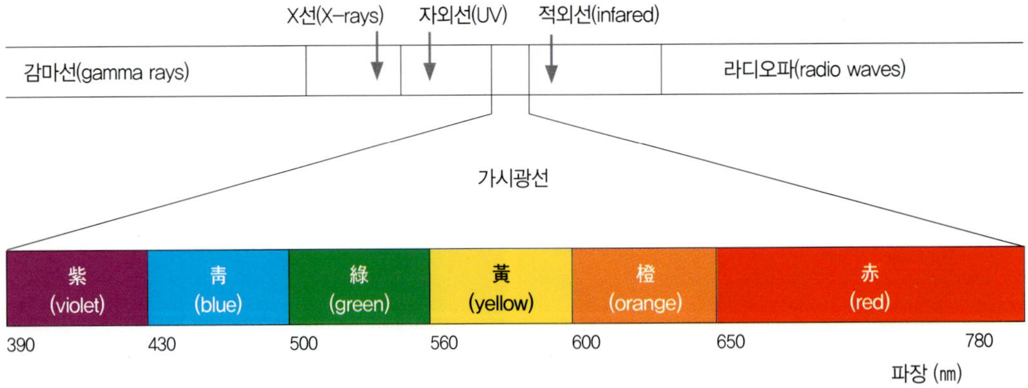

● 인간이 지각할 수 있는 가시광선

(3) 색의 특성(3요소, 속성)

① 모든 색은 성질과 특성을 달리하고 있어 구별된다. 예를 들면, 붉은 단풍에는 선명한 붉은 색도 있고 어두운 붉은색도 있으며 짙은색, 탁한색, 연한색 등 여러 가지로 나눌 수 있다.

② 색을 구별하는 데에 명칭이 있어야 하며, 색의 명암을 정하여야 하고 색 포화의 강 · 약을 표시하여야 한다. 즉, 우리가 색을 혼색해 보면 여러 가지 변화를 발견할 수 있다.

③ 빨간색에 검정색을 가하면 벽돌색으로 변하고, 빨강에 흰색을 가하면 핑크색으로 변한다. 이때 벽돌색은 핑크색보다 어두운 색이 되고 핑크색은 빨강보다 밝은 색이 된다, 이 두 색은 빨간색의 명암 정도에 따라 형성된 색이며 빨간색의 한 계통이라고 생각할 수 있다.

④ 색을 지각하고 표현하는 3가지 용어는 색상, 명도, 채도로 이것을 색의 3요소 혹은 색의 3속성이라고 한다. 각각의 특성은 빛의 물리적인 요소 즉, 색상은 빛의 파장에 의하여, 명도는 빛의 강도에 의하여, 채도는 빛의 순도에 의하여 결정된다.

⑤ 색상(Hue)

㉠ 유채색은 각기 색감과 성질을 달리하고 있다. 특히, 원색이나 순색은 그 특성을 우리가 뚜렷이 느끼게 된다. 색이 지닌 성질로 색을 구별하기 위한 명칭이다.

㉡ 성질이 비슷하다고 생각하는 색을 순서대로 둥글게 나열한 것을 색상환 또는 색환이라 부른다. 색상환은 순환에 의해 무리 없이 질서를 갖춘 것으로 학자에 따라 여러 가지 색상환으로 색채의 질서를 표현하고 있다.

㉢ 압화예술에 있어 색은 아주 중요한 조형요소이다. 인공적인 염료, 안료, 채색된 물체와 달리 자연소재인 식물이 가지는 고유의 색은 인간에게 미적 감흥 및 정신적, 심리적으로 영향을 미치기 때문이다.

⑥ 명도(Value)

㉠ 색의 밝고 어두운 정도에 나타내는 척도를 명도라고 한다(무채색과 유채색의 공통점은 명도를 가지고 있는 것이다).

㉡ 빛을 반사하는 양의 많고 적음을 나타낸다.

㉢ 백색을 더할수록 명도가 높아지고 흑색을 더할수록 명도는 낮아진다. 명도는 무채색을 모두 11단계로 구분하며 모든 빛깔은 명도를 기준으로 한다.

a. 명도 단계(명도 표준)

- 고명도 : 10도~7도(4단계)
- 중명도 : 6도~4도(3단계)
- 저명도 : 3도~0도(4단계)

㉣ 색의 3속성 중 우리의 눈은 명도에 가장 예민하고, 다음으로 색상, 채도의 순이다.

㉤ 압화디자인에서 명도를 높이려면 노란 색상의 꽃을 효과적으로 활용하여 온화하고 밝은 느낌의 작품을 디자인할 수 있고, 전체적인 작품의 명도를 낮추기 위해서는 파란 색상의 꽃을 사용하여 차분하고 지적인 느낌을 주는 작품을 제작할 수 있다.

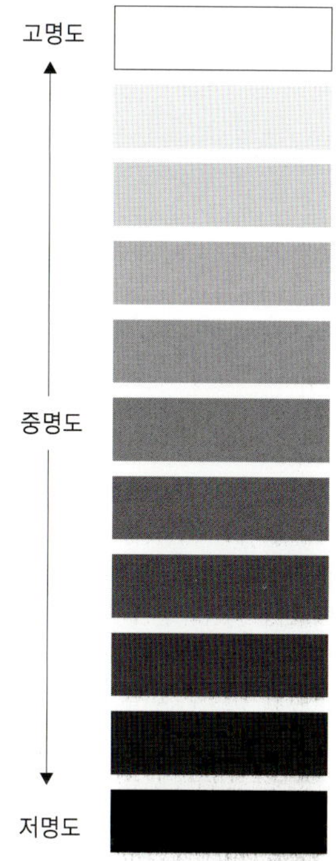

● 명도

허혜숙 작품

박영란 작품

⑦ 채도(Chroma)

㉠ 색의 맑은 정도와 탁함을 나타내는 기준이다.

㉡ 색의 선명도 즉, 색채의 강하고 약한 정도를 말한다.

㉢ 동일 계열의 색상 중 가장 채도가 높은 색을 순색(純色, full color)이라고 한다.

㉣ 채도는 색상과 명도에 비하여 혼돈하기 쉽고 이해가 어려운 성질의 색이다.

㉤ 색은 순색에 가까울수록 채도가 높으며, 다른 색상을 가하면 채도가 낮아진다. 따라서 색채 혼합을 할 때 여러 색을 섞으면 섞은 만큼 채도가 낮아지는 것이다. 압화용 식물을 염색하기 위하여 원하는 색을 제조하는 과정에서 3원색을 혼색하면 검정색이 되므로 주의가 필요하다.

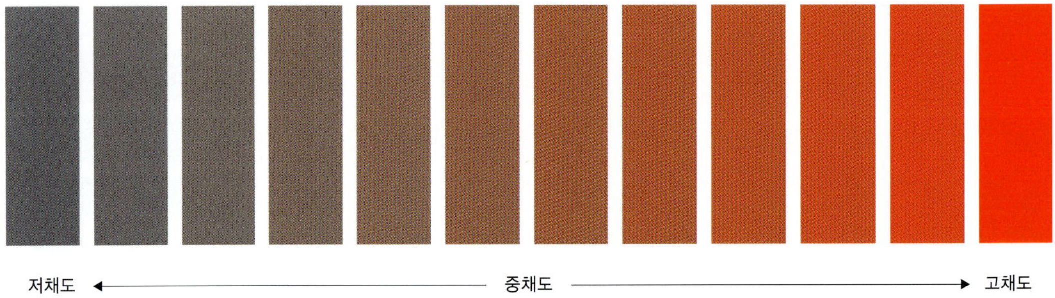

● 채도

(4) 색의 측정

색이란 빛이 우리 눈의 망막에 도달했을 때 생기는 지각으로 눈 뒤에는 3원색을 감지하는 수많은 감각기관들이 빛에 의해 작용이 촉발되어 전기신호를 만들어서 뇌로 보내고, 뇌는 색을 지각하게 되는 색을 측정하기 위한 방법으로 색차계(色差計)를 이용한다.

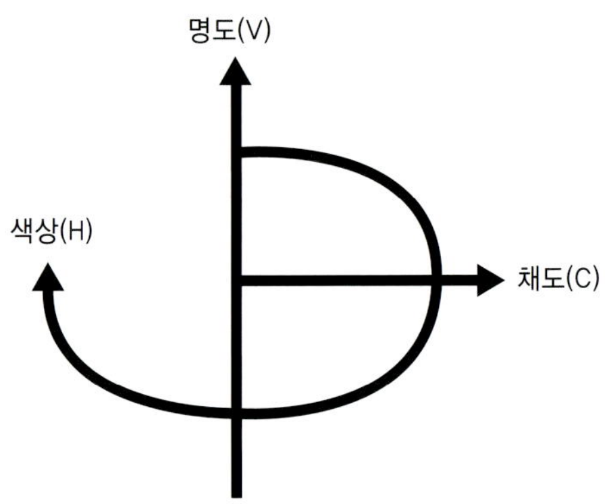

● 색입체의 원리

1) 색차계

① 색을 좀 더 쉽게 파악하고 편리하게 사용하기 위해서 만들어진 도구이다.

② 색차계 또는 색도계는 기본색인 빨강 · 녹색 · 파랑을 증감혼합해서 얻은 색과 측정하고자 하는 빛의 색을 비교하도록 만들어진 것으로 색차계는 색의 차이를 측정하고, 색도계는 색도를 측정하는 장비를 말한다.

2) 먼셀 색상환

① 먼셀 표색계는 미국의 화가이며 색채연구가인 먼셀(Albert Henry Munsell, 1858~1919)에 의해 창안되었다.

② 현재 세계적으로 가장 널리 사용되는 표준색표이다.

③ 우리나라에서도 1964년 한국산업규격(KS A0062)에서 채택하여 먼셀 표색계를 사용하게 되었다.

④ 먼셀 표색계는 5가지 주요색을 체계의 기본으로 하는 한편, 그 중간색으로 주황(Orange), 연두(Green Yellow), 청록(Blue Purple), 자주(Red Purple)의 5색을 가한 10색의 심리적 등간격으로 생각되는 색상환을 제작하여 색채 교육용으로 채택된 색체계(표색계)이다.

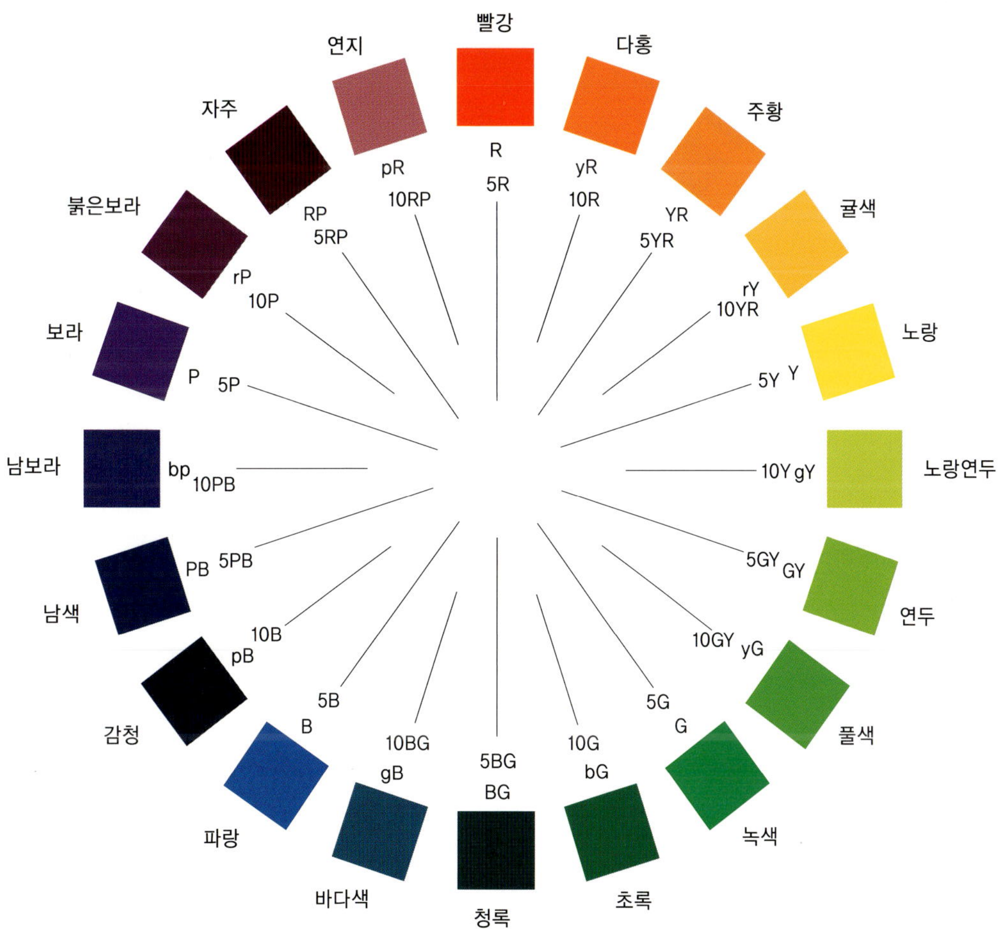

● 먼셀 색상환

3) 오스트발트 색상환

오스트발트는 현실에서 존재하지 않는 색까지 가정해 색의 완벽한 체계를 세우고자 했다.

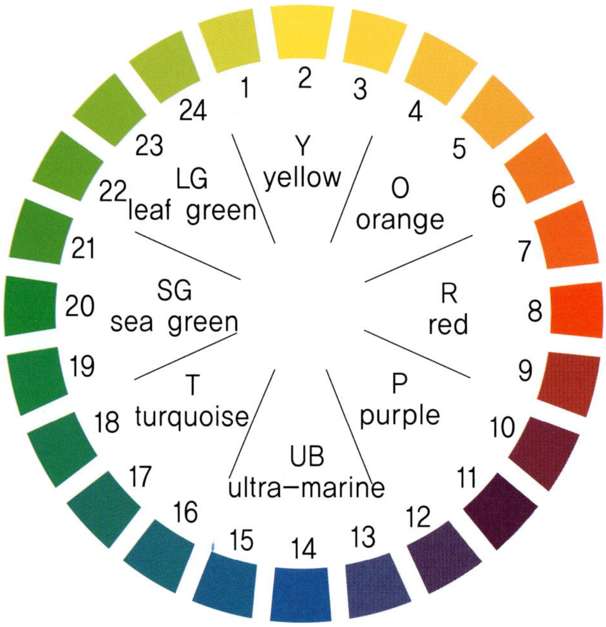

● 오스트발트 색상환

(5) 색과 빛

1) 색의 삼원색

빨강, 노랑, 파랑

2) 빛의 삼원색

빨강, 녹색, 파랑

3) 빛과 색의 혼합

색의 혼합은 빛을 섞는 것과 색료를 섞는 것으로 먼저 빛을 섞는 것은 서로 다른 각도에서 스팩트럼상을 혼합하여 섞을수록 명도가 높아지기 때문에 가산혼합이라 하고, 색료를 섞는 것은 물감이나 안료를 도화지나 팔레트 위에 섞거나 색을 겹쳐 혼합하는 것으로 혼합할수록 명도가 낮아지므로 감산혼합이라 한다.

① 가산혼합(가색 혼합, 색광혼합, 플러스혼합)

㉠ 혼합색이 원래의 색보다 명도가 높아지는 혼합방법으로 혼합할수록 밝아지고 흰색이 된다.

㉡ 서로 빛을 합하기 때문에 가색혼합이라 한다.

㉢ 색료와 마찬가지로 이들을 합치면 모든 색광을 만들 수 있다(예 무대 위의 조명).

㉣ 혼합하는 파장의 수가 많을수록 밝아지고, 채도는 낮아지는 성질이 있다.

㉤ 가산혼합의 결과 명도가 높아지는데 이는 빛이 혼합되면서 눈에 들어오는 빛의 양이 증가하기 때문이다.

② 감산혼합(감색혼합, 감법혼색, 색료혼합, 마이너스혼합)

㉠ 혼합색이 원래의 색보다 명도가 낮아지는 혼합방법으로 혼합할수록 어두워지고 검정이 된다.

㉡ 색이 혼합되면 될수록 어두워지면서 반사되는 빛의 파장이 감소하는 특징으로 혼합할수록 명도와 채도가 저하된다.

㉢ 3원색의 색을 서로 섞을수록 색감은 점점 짙어지고 원래의 색상보다 칙칙하고 어두워져서, 3원색을 모두 다 합치면 검정색에 가깝게 된다.

㉣ 대표적으로 그림물감과 인쇄잉크, 염료, 안료의 혼합 등이 있다.

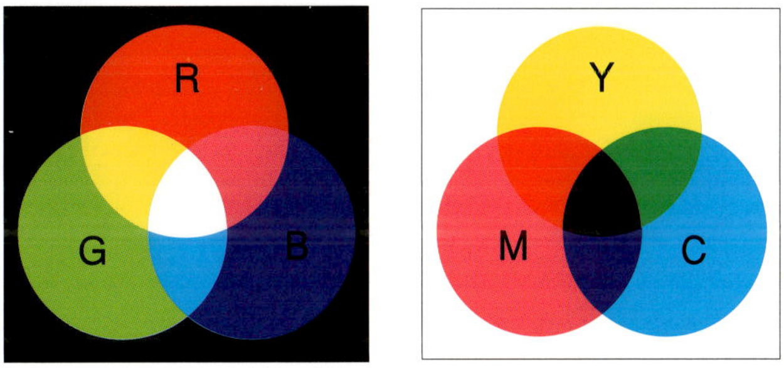

● **가산혼합과 감산혼합**

③ 중간혼합 : 두 가지 이상의 색을 혼합하여 생겨난 색의 밝기(명도)가 평균적인 밝기를 나타내는 것을 말한다.

㉠ 회전혼합

a. 시각적인 자극이 매우 빠르게 바뀌어 혼색되는 것처럼 보이는 것을 말한다.

b. 회전판에 일정한 면적비로 색을 붙이고 회전시켰을 때 새로운 색으로 변해 보이는 현상으로 이를 '회전색 원판의 혼색'이라고도 한다.

c. 혼합된 색의 명도는 혼합하려는 두 색의 중간 명도로 면적의 비율에 따라 다르다.

d. 혼합된 색의 채도는 채도가 강한 쪽보다도 약해진다.

e. 보색관계의 혼합은 중간 명도의 회색이 된다.

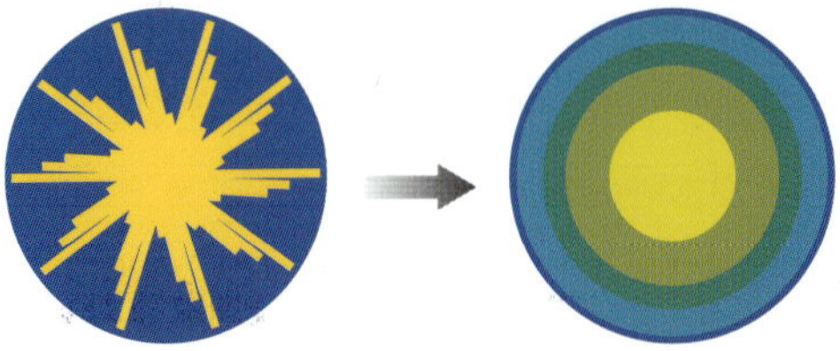

● 회전혼합

ⓛ 병치혼합

a. 혼합하려는 색료를 작은 면이나 작은 점들로 연달아 그리거나 찍은 후 일정한 거리를 두고 바라볼 때 생기는 시각상의 혼합 자극을 말한다.

b. 흔한 예로 '점묘법'은 수많은 점들이 멀리서 보면 혼입되어 고른색으로 보이는 것으로, 이는 여러 색이 조밀하게 병치되어 시각에 의해 중간 정도의 색으로 혼색되어 보이는 것이다.

(6) 색의 분류

색은 일반적으로 무채색과 유채색으로 나눈다.

1) 무채색

① 빛의 3원색인 빨강, 파랑, 녹색을 혼합하면 백광색이 되어 무색의 빛이 된다. 이는 완전한 어둠에서는 색을 전혀 느끼지 못하는 것으로 빛에서 흰색과 검정색이란 색은 현실에서 찾을 수 없다.

② 색감이 없는 무채색은 회색과 검정색 사이에 들어가 여러 톤의 회색 단계를 만들어 그 명암 차이에 의하여 차례대로 배열할 수 있다, 그러고, 물체에 닿아 반사하여 우리 눈에 보이는 흰색과 회색, 검정색은 색으로 존재하여 보이는 것으로 빨간색, 파란색 등과 같이 채도의 속성을 지니고 있지 않은 채도가 0인 상태를 무채색이라 부른다.

③ 무채색은 온도감에서 따뜻하지도 차갑지도 않은 중성색의 특징도 가지고 있다.

④ 흰색(White) : 어떤 물체를 볼 때, 광원에서 나온 빛이 물체에 투사되어 보이는 것이다. 이때 투사된 빛을 '산광'이라 하며, 이 산광이 완전히 반사될 때 백색이 생긴다. 그러나 산광이 반사될 때

최영옥 작품

일부가 흡수되기 때문에 약 20%의 회색이 섞여 있으며, 일반적으로 모조지, 신문지, 시험지, 켄트지 등이 있고 완전한 흰색이 아니다.

⑤ 회색(Gray) : 반사광의 일부를 분해하지 않고 흡수하여 나머지 빛을 반사하는 것으로 반사광이 많을수록 명도가 높아지며, 적을수록 명도는 낮아진다.

⑥ 검정색(Black) : 물체에 투과되는 빛이 100% 흡수되었을 때의 현상이다. 그러나 일반적으로 검정색은 소량의 광선을 반사(약 10% 정도)한다.

TIP **무채색은 물리적으로 보면 가시광선을 구성하는 스팩트럼에서 각 색의 반사율이 거의 평행선에 가까운 특징을 지니고 있으며, 그 반사율의 정도에 따라 밝기가 달라져 반사율이 약 85%인 경우가 흰색이고, 약 30% 정도는 회색, 약 3%가 검정색으로 반사를 많이 하면 할수록 밝은색으로 느껴지게 된다.**

2) 유채색

① 유채색은 무채색을 제외한 모든 색을 총칭한다.

② 일반적으로 무채색은 채도가 없는 색이고 유채색은 있다는 뜻으로, 그 종류는 무려 750만 종이나 되지만 실제로 눈으로 식별할 수 있는 색은 약 300여 종으로 일상생활에서 사용되어지는 색은 그보다 적은 약 50여 종에 불과하다.

(7) 색의 대비

① 캄캄한 곳에 빛을 비쳐 보면 이제까지 모이지 않던 여러가지 물체의 색이 아름답고 눈부시게 보이게 된다. 이러한 색은 항상 단독으로 보이는 것이 아니라 반드시 2색 이상이 동시에 보이기도하고, 어떤 색의 뒤에 다른 색이 계속해서 보이기도 한다.

② 이러한 현상 아래 어떠한 색이 먼저 본 색, 인접하는 색, 배경이 되는 색의 영향을 받아 본래의 색과 다르게 보이게 하는 망막의 생리적 시각 현상으로 눈의 착시에 의해 나타나는 것을 색채대비라고 한다.

③ 색채대비는 색상, 명도, 보색, 한색과 난색, 면적효과, 동시, 계속 등 성질을 다르게 한 특징이 있는 효과를 나타낸다.

정미숙 작품

1) 동시대비

① 인접한 두 가지의 색의 영향을 동시에 받아 망막에서 주어진 색에 대한 보색을 요구할 때 나타나는 시각적 착시현상이다.

② 동시대비에 의해 나타난 반응은 실제 존재하는 것이 아니라 인간이 보는 눈에서 생기는 변화현상이다.

③ 파란색과 흰색을 이용한 경우 동시대비의 결과로 파란색뿐만 아니라 그 보색인 노란색도 동시에 보이는 원리를 말한다.

신정옥 작품

2) 계시대비, 보색잔상

① 한 색을 일정시간 주목하다가 시선을 옮겨 다른 색을 본 경우 먼저 본 색의 영향으로 다음에 보는 색이 다르게 보이는 현상으로, 먼저 본 색과 나중에 보는 색이 시간적으로 계속해서 생기는 대비현상으로 계속대비라고도 한다.

② 일정시간 동안 한 가지 색을 지속적으로 보고 있으면 인간의 눈은 그 색에 대한 보색을 필요로 하는데 이러한 눈의 생리적 요구상황이 적합하지 않은 때 스스로 보색잔상이라는 현상을 만들게 된다. 흔히 텔레비전을 오래 본 후에 나타나는 증상으로, 실내의 흰 벽에 눈을 오래시간 동안 두게 되면 브라운관의 밝은 배경이 어둡고, 아나운서의 실루엣이 반대로 보이기도 한다. 보색잔상현상은 눈에서 일어나는 자연스러운 생리현상으로 인간 생활에서 중요하게 활용되고 있다.

③ 흰색의 바탕 위에 빨간색을 놓고 한참을 보다가 갑자기 빨간색을 없애버리면 그 자리에 빨간색의 보색인 녹색이 보이는 현상이 보색잔상이고 명암은 반대로 된다. 천을 고를 때 색의 분별하기 어려울 때는 무채색 중의 회색감의 색을 보고 고르면 계시대비 현상을 예방할 수 있다.

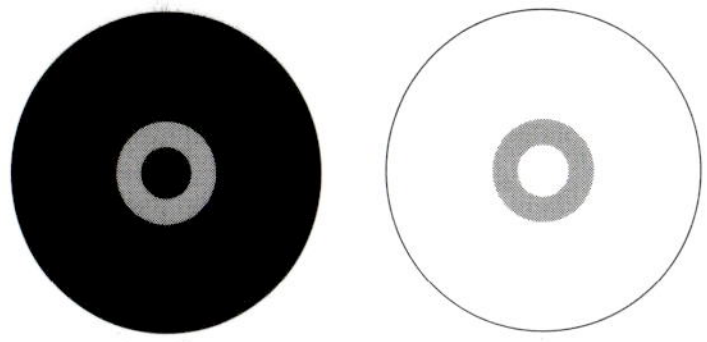

3) 색상대비

① 색상대비는 색상이 다른 두 색을 동시에 이웃하여 놓았을 때 두 색이 서로의 영향으로 색상 차가 나는 현상이다. 여러가지 대비 중 가장 단순한 대비로서 서로 다른 두 가지 색을 서로 대비했을 때 원래의 색보다 차이가 더욱 크게 느껴지는 것이다.

② 색상대비는 색상이 서로 다른 색끼리 배색되었을 때 각 색상은 색상환 둘레에서 반대 방향으로 기울어져 보이는 현상이라고 할 수 있다.

③ 적색 바탕에 명도와 채도가 동등한 자주색을 놓으면, 적색 바탕의 반대색인 청록빛 잔상이 자주색에 가해져서 자주색은 보라색 쪽으로 기울어져 보인다. 같은 방식으로 적색 바탕 위에 노란색을 놓으면 연두색으로 보인다던가, 파란색 바탕 위에 짙은 빨강을 놓은 경우, 회색과 같은 바탕 위에 빨강을 놓는 경우보다 덜 빨갛게 느껴진다.

정승숙 작품

박형순 작품

허혜숙 작품

④ 화면구성에 있어서 어떤 색이고 자유롭게 선택하고 대비시킬 수 있으나, 그 결합 방법에 따라서 주체의 효과가 달라질 수 있다.

⑤ 색상대비는 색상이 다른 3색 이상의 색을 화면 중에 칠해 넣고, 그 특징과 나타나는 효과를 조사하는 것이 목적이다.

4) 명도대비

① 명도대비는 한마디로 백색, 회색, 흑색의 조화라고 볼 수 있다.

② 명도가 다른 두 색이 서로의 영향으로 밝은 색은 더 밝게, 어두운 색은 더 어둡게 보이는 현상이다. 명도의 차가 클수록 대비현상이 강하게 일어난다.

정아름성 작품

③ 작품에서 서로 비슷한 명도로 이루어진 경우 고요하고 부드러운 느낌을 주는 반면에 색의 대비가 지나치게 강한 경우는 개성적이나 부자연스럽게 보일 수 있다. 단, 강렬하고 화려한 명도대비의 경우 초록색의 잎으로 보완하면 자연스런 조화를 이루기 쉽다. 또한 서로 상반되는 보색을 작품에 사용함으로써 선명한 색채 효과 및 변화감을 줄 수도 있다.

정아름성 작품

조인순 작품

5) 채도대비

① 채도가 다른 두 색이 배색되어 있을 때 채도가 높은 색이 더욱 선명하게 보이고, 채도가 낮은 색은 더욱 흐려 보인다. 채도가 높은 색의 중앙에 둔 채도가 낮은 색은 한층 채도가 낮은 것으로 보이고, 채도가 낮은 색의 중앙에 둔 높은 채도의 색은 채도가 높아져 보이며, 무채색 위에 둔 유채색은 훨씬 맑은 색으로 채도가 높아져 보인다.

② 순색의 채도를 낮추는 방법

㉠ 순색은 백색을 혼합하여 엷게 할 수 있다. 백색을 가하면 색감은 차가워진다.

㉡ 순색은 흑색을 혼합하여 채도를 약화시킬 수 있다.

㉢ 채도가 높은 색의 경우 회색을 혼합하는 단계에 따라 채도를 약화시킬 수 있다.

㉣ 순색은 그것에 대응하는 보색과의 혼합으로 채도를 약화시킬 수 있다.

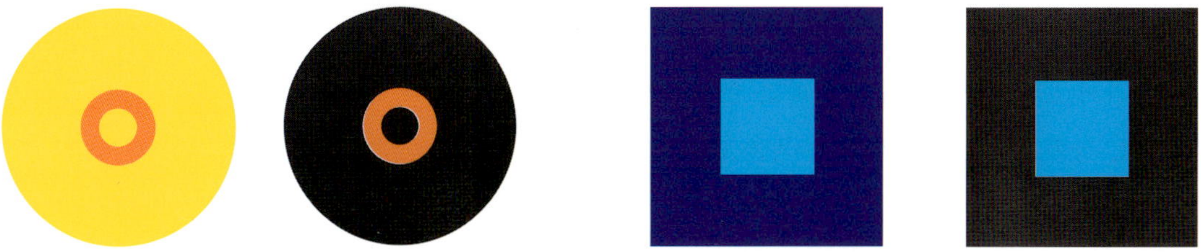

6) 연변대비

① 어떤 두 색이 맞붙어 있을 때 그 경계 언저리는 멀리 떨어져 있는 부분보다 색상, 명도, 채도 대비의 현상이 더 강하게 일어나는 현상을 연변대비라고 한다. 특히 보색관계에 있는 두 색을 접촉시키면 인접된 부분에 있어서의 상호 색은 현저한 변화를 일으켜 더욱 선명하게 보인다.

신정옥 작품

② 연변대비 현상은 무채색을 명도 단계별로 붙여서 배열하거나 또는 유채색을 색상별로 붙여서 배열하는 등, 같은 명도의 유채색을 채도 단계별로 붙여서 배열했을 때 잘 나타난다.

오세경 작품

박은혜 작품

7) 한난대비

① 시각적으로 차고 따뜻한 색에서 온도감에 의한 색의 대비를 한난대비라고 한다.

② 인간이 느끼는 색의 감정에 따라 연두, 녹색, 청록, 남색, 보라와 같은 색을 한색이라고 하고 노랑, 귤색, 주황, 다홍, 자

신정옥 작품

주 등과 같은 색을 난색이라고 분류한다.

③ 난색은 따뜻하고 건조하며 빛을 지니고 있고 자극적이고 무거우며 근거리의 느낌을 지니는 반면 한색은 차갑고 습하며 음지이며, 투명하고 안정적인 느낌을 지니고 있다.

④ 한난대비를 순수하게 작품 중에 표현하거나 채색하는 외에도 다른 보색대비와 면적대비와의 상관성을 갖게 하면서 전개해 나가면 전체의 효과를 한층 강하게 할 수 있다, 작품을 만드는 과정에 한 종류의 대비만을 고집하지 않고 각종 대비를 섞어 작품을 제작하는 것이 작품의 완성도를 높여준다.

김태순 작품

8) 보색대비

① 색상 중에서 서로 보색이 되는 색들끼리 나타나는 대비 효과로 보색끼리 이웃하여 놓았을 때 색상이 더 뚜렷해지면서 선명하게 보이는 대비 현상을 보색대비라 한다.

② 보색대비는 서로 대비시켰을 때 색은 자체의 색상보다 더욱 뚜렷해지고, 채도가 높아져 보인다.

③ 보색대비는 각각 독자적인 특징을 가지고 있다. 예로 노란색과 남색은 보색뿐만 아니라 명암대비까지 가지고 있으며, 빨간색과 청록색은 보색인 동시에 한난대비를 나타낸다.

④ 붉은 장미의 꽃송이와 녹색 잎과의 대비는 적색과 녹색의 혼합색으로 색역(色域)이 넓어지고 풍요로움을 느낄 수 있는 절호의 색으로 자연이 주는

신정옥 작품

보색관계는 눈의 평형상태를 갖게 한다. 보색관계는 결국 색역이 넓어지고 풍요로움을 주는 효과가 있다.

⑤ 보색대에 있는 2색을 혼합하여 색료(色料)를 만드는 경우 2색이 모두 개성을 잃게 되고, 회색과 흑색에 가깝게 된다. 따라서 압화용 식물염색을 위하여 색료를 제작할 때 주의가 필요하다.

9) 면적대비

① 색면의 넓이를 표현할 때 면적이라는 용어는 정확한 표현이라고 보기는 어려우나 분량을 의미하는 범위의 눈에 보이는 색의 면적, 물체의 표면적, 넓혀지는 색공간, 감정적인 넓이 등 어감이 넓고 막연한 감이 있다. 즉 "이 색의 분량이 많다"라고 하는 것은 면적뿐만 아니라 눈이 활동하는 자극이 강하다는 뜻도 된다. 감정적인 색량을 정확한 면적치로 옮겨 놓을 수 없으므로 분량이라고 하는 언어를 빌어 여러 가지 정감을 갖게 한 것이다.

김진숙 작품

② 일반적인 작품들은 기조색으로 넓은 면적을 덮고, 강조하는 좁은 면적에 악센트(accent : 강세) 컬러를 칠하는 방법을 자주 이용한다. 면적대비의 효과는 포인트가 정확한 것 외에도 감각적으로 세련되어 보이는 특징이 있다.

③ 면적 조화의 색환에 의하면, 눈에 띄기 쉬운 황색은 좁은 면적을 주고, 어두운 색의 자색이나 청색에 넓은 면적을 주면 조화롭다.

박미영 작품

(8) 색의 배색

1) 배색

① 배색이란 두 가지 이상의 색을 어떤 특별한 효과나 목적에 알맞게 조화되도록 만드는 것을 말한다.

② 배색은 표현하고자 하는 것의 전달방식으로 색의 배색을 어떻게 융합하였는지에 따라 작품의 미적 효과와 예술적 풍요로움을 느낄 수 있는 작품을 제작할 수 있다.

강혜숙 작품

2) 배색 원리

① 균형 : 배색에 있어서 전체적으로 통일감과 일체감이 이루어지도록 동일 톤 및 삼원색 등을 사용하여 작품을 계획하고 제작한다.

② 강조 : 대조적인 배색을 잘 조화시키는 것으로 인테리어 작품 제작에 많이 이용하는 방법이다.

③ 대조 : 반대색 또는 보색의 배색으로 눈에 띄는 배색 등을 사용하여 서로 잘 어울리도록 한다.

④ 점이 : 질서를 가지고 한 방향으로 점차 변화를 주는 배색이다.

⑤ 지배 : 배색 전체의 지배색을 말하며, 공통된 요소로 통일감과 융화를 만들어내는 배색이다.

3) 배색 방법

배색을 생각할 때, 색의 3속성 차이에 의한 배색, 즉 동일 유사 대조의 적당한 밸런스를 고려하여 배치하는 것이 기본이다.

① 색상을 이용한 배색

㉠ 동일 색상의 배색

a. 다른 색을 일체 섞지 않은 배색이다.

b. 전체적으로 융화감과 조화감, 통일감이 있는 배색이다.

c. 주로 명도와 채도의 변화에 따른 등색상의 배색이다.

d. 차분함, 시원함, 솔직함, 정적임, 간결함 등이다.

㉡ 유사(인접) 색상의 배색

a. 색상에 별 차이가 없기 때문에 부조화되기 쉽다.

b. 명도나 채도에 크게 변화를 주어서 대립된 요소의 배색을 하는 것이 바람직하다.

c. 협조적, 온화함, 화합적, 상냥함, 건전함 등이다.

㉢ 중간 색상의 배색

a. 색상환에서 중간에 해당하는 색상을 이용한 배색이다.

b. 명도와 채도에 변화를 주어 배색하는 게 바람직하다.

c. 융화적, 평온감 등이다.

㉣ 반대색(대조색)의 배색

a. 색상이 완전한 대립 관계이므로 뚜렷한 배색이 된다.

b. 색들을 고채도이면서 명도가 같은 위치에서 선택하면 조화되기 어렵다.

c. 명도와 채도에 변화를 주어 조화된 배색을 유도한다.

d. 강함, 똑똑함, 생생함, 동적임, 화려함 등이다.

㉤ 보색의 배색

a. 적색과 청록의 배색은 현란한 느낌을 주고 노란색과 남색의 배색은 뚜렷한 명도 차이 때문에 명쾌하고 뚜렷한 배색이 된다.

b. 명도와 채도를 이용하여 다양한 배색 효과를 얻을 수 있다.

● 보색대비표

ⓑ 난색계의 배색 : 특히 명도의 변화를 크게 한 배색으로 조화를 이루는 것이 바람직하다.

ⓢ 한색계의 배색 : 이 배색은 정적이기 때문에 차분한 효과를 얻을 수 있고, 특히 조용하고 침착한 환경에 효과적인 역할을 한다.

난색

한색

ⓞ 대조성 강조 배색 : 등색 상면에서의 무채색을 이용한 배색으로 눈에 띄는 배색이 된다.

ⓙ 분리배색 : 색상환에서의 분리배색으로, 무채색을 이용한 배색이다. 극단적인 강조배색이 특징이다.

ⓒ 3색과 4색의 배색 : 색상환에서 삼각형과 사각형을 이용한 배색으로, 색상환 안에서의 배색이다. 적당한 배색방법이 없을 때 사용하기 쉬운 배색으로 명도와 채도에 적절한 변화를 주어 배색하면 효과적이다.

② 명도를 이용한 배색 : 배색의 효과를 좌우하는 중요한 요소가 명도 차에 의한 변화로, 배색에서 채도를 같게 하고 명도에 변화를 줌으로써 쉽게 조화를 얻을 수 있다.

㉠ 고명도의 배색 : 전체적으로 경쾌한 느낌이다.

㉡ 중명도의 배색 : 부드럽고 명쾌한 느낌이다.

㉢ 저명도의 배색 : 우중충하고 침착한 느낌, 그리고 무게감이 있다.

③ 채도를 이용한 배색 : 배색의 좋고 나쁨은 채도의 선택에 있다고 할 만큼 채도는 배색의 조화를 좌우하는 중요한 요소이다.

㉠ 고채도의 배색 : 자극적이고 강하며, 산뜻하고 원색적이다.

㉡ 중채도의 배색 : 침착하나 약간 우중충한 느낌이다.

㉢ 저채도의 배색 : 우중충하고 약하다.

㉣ 저채도와 중채도의 배색 : 우중충하지만 침착하다.

㉤ 중채도와 고채도의 배색 : 다소 강하다.

㉥ 저채도와 고채도의 배색 : 산뜻하고 침착하다.

김태순 작품

4) 배색할 때의 유의점

① 합목적성에 적합해야 한다.

② 색의 배치나 면적을 고려해야 한다.

③ 압화재료의 재질과 형태를 고려하여 조화되도록 해야 한다.

④ 배색이 밝은 색 혹은 어두운 색인지 미리 계획해야 한다.

⑤ 배색이 잘 안될 때는 다음의 사항을 고려한다.

㉠ 색상이나 명도, 채도, 면적 등을 바꾸어 본다.

㉡ 대조되는 색을 놓아 본다.

㉢ 색과 색 사이에 다른 색을 넣어 본다.

(9) 색채디자인

작품의 형태, 형질, 기능 등을 검토하고 이미지에 따라 색채디자인을 선정하고, 색상의 비중과 범위를 정하여 색상을 조정 및 적용하고 디자인하여 작품을 제작한다.

송혜정 작품

신현숙 작품

(10) 색채디자인의 감정적 효과

1) 색채의 감정적 효과

① 경험을 통하여 색으로부터 받는 인상은 색채에 따라 다르며 그에 따른 감정도 다양하다.

② "색은 살아 있는 것이다" 혹은 "색에는 감정이 있다"라는 표현에서 보듯이 색채는 움직임과 어떠한 느낌, 기분을 연상하게 한다. 연상은 색채가 인간의 생리기관과 기능 그리고 자극과 그 외의 영향 및 감정, 정서에 영향을 미치기 때문이다.

③ 색이 우리의 감정이나 기분에 미치는 효과를 실생활에 이용하기도 하고, 또한 색과 감정과의 관련성을 이용하여 심리 테스트를 한다.

④ 시각 자극의 감정 효과는 색채뿐만 아니라 형태에 의해서도 영향을 받지만 형태보다는 색채 쪽이 보다 명확하게 감정과 관련되어 있다.

⑤ 색채와 감정과의 관계는 다소 개인차가 존재하지만, 어느 정도 보편성이 있다.

2) 색채와 온도감

색채는 온도감과 밀접하다. 예를 들어 색을 보거나 그 색에 둘러싸여 있거나 하면, 사람은 민감하게 색에 의한 온도를 느낄 수가 있다는 것이다. 일반적으로 적색으로 착색된 것은 따뜻하게 느끼고, 청색으로 착색된 것은 차갑게 느끼며, 명도에 의해서도 온도감을 느낄 수 있다. 높은 명도인 백색은 차갑게, 낮은 명도인 흑색은 따뜻하게 느낄 수 있고, 색채의 톤(명도+채도)에 따라서는 시원한 빨강이나 따뜻한 연두색도 표현이 가능하다.

① 난색(빨간색) : 불을 상징하는 빨간색은 따뜻한 느낌을 주는 색으로 난색이라고 하며 유채색에 있어서 빨강, 주황 계통이 있다. 난색은 따뜻함을 느끼게 하며 이들 색상은 팽창, 진출성이 있는 것으로서 생리적으로나 심리적으로 느긋함과 여유를 가진 색이다.

② 한색(파란색) : 바다라는 구체적 대상을 연상하게 하며, 청색 계통의 색으로 차갑게 느끼게 되며, 이러한 계통색을 한색이라고 한다. 한색은 청록, 청 등의 색상들로서 차가움을 느끼게 하고, 이들 색상은 수축, 후퇴성이 있으며 생리적 · 심리적으로 긴장감을 가진 색이다.

③ 중성색(녹색, 자색, 자주색, 연두색) : 녹색, 자색, 자주색, 연두색 등은 따뜻한 느낌을 주는 색과 차가운 느낌을 주는 색의 중간에 있는 색으로 난색과 한색, 어느 색에도 속하지 않는 중성색이다.

④ 예를 들어 오렌지색 음료와 청록색의 음료를 같은 온도로 맞추어 놓은 다음 각각 투명한 용기에 넣은 채로 손가락을 담그게 한 후 어느 쪽이 더 차가운가를 물어보면 대부분 청록색이 더 차가운 것으로 판단한다.

3) 색채와 중량감

① 밝은 색의 물건은 가볍게, 어두운 색의 물건은 무겁게 느끼는 반응으로 비교적 반응 확률이 높다. 쾌적성에 영향을 주며, 거대 건설공사나 다리 등을 세울 때 색채를 이용한다.

② 색의 중량감은 색의 3가지 속성인 색상, 명도, 채도 중에서 주로 명도(색의 밝기)에 기인하지만 색상이나 채도에서는 오렌지색 계열보다는 보라색 계열이 약간 무거워 보인다. 채도의 경우 같은 명도라면 채도가 높은 쪽(선명한)이 좀 더 가벼워 보이고, 채도가 낮은 색이 더 무거워 보인다. 즉, 순색에 가까운 빨간색보다는 밤색에 가까운 칙칙한 빨간색이 좀 더 중량감을 느끼게 한다.

③ 같은 종류의 금속이라도 무쇠처럼 구체적 대상에서 연상되는 명도가 낮은 색은 무거움을 느끼고, 알루미늄에서 연상되는 희고 명도가 높은 색은 가벼움을 느끼게 한다. 이와 같이 색채의 중량감은 색상보다는 명도에 의한 차이가 좀 더 확실하게 나타나는데 검정색은 흰색과 비교하여 거의 두 배 가까운 중량감을 느낀다.

4) 색채의 경연감(딱딱하고 부드러운 색의 느낌)

시각적 경험에 의해 딱딱하게 느껴지는 색과 부드럽게 느껴지는 색으로, 명도에 의한 무게감과 채도에 의한 강약감이 함께 작용한다. 경연감은 색상보다 톤에 따라 결정된다.

① 색의 채도 및 명도에 따라 : 밝고 채도가 낮은 색은 부드러운 느낌을 주고, 색상은 난색쪽이 부드러운 느낌을 준다.

② 중명도 이하에 따라 : 명도가 낮고 채도가 높은 색은 딱딱한 느낌을 주고, 색상은 한색쪽으로 기울어진 딱딱한 느낌을 준다.

5) 흥분과 안정

① 난색 계열의 고채도인 경우 심리적으로 흥분감을 유발하게 하고, 한색 계열은 저채도로써 심리적으로 안정되는 느낌을 준다고 한다.

② 압화작품의 제작에 미술의 원리를 접목하여 난색 계열의 소재로 밝고 선명한 색을 사용하여 흥분을 유도하고, 한색 계열의 식물을 소재로 채택하여 은은한 가라앉은 색조로 안정되고 차분한 느낌의 작품을 제작할 수 있다.

6) 화려함과 수수함

① 채도가 높을수록 화려하고, 낮을수록 점잖은 느낌을 준다.

② 화려함 : 채도, 명도, 색상의 순(이중 색상은 느낌을 나타내기에 비교적 약함), 빨간색, 노란색 계열

③ 수수 : 청색, 녹색, 브라운 계열

7) 색의 주목성

① 주목성은 색이 사람들의 시선을 끄는 힘으로 색의 형태와 면적, 연상 작용, 색의 3속성 등에 따라 달라지며 빨간색, 주황색, 노란색 등 고채도, 난색계의 색이 높다.

② 일반적으로 고명도, 고채도의 색과 또 한색보다 난색이 주목성이 높지만 주목성이 강한 색도 배경색에 의해 달라 보일 수 있다.

오분이 작품

8) 색채와 감정

색채	감정
빨간색	● 모든 색채 중에서 강한 채도로 자극적, 정열, 흥분, 애정, 혁명, 피, 분노, 더위, 열, 일출 등을 연상시킨다. ● 애정이 풍부하고 자유로우며 활동적이고 의욕적이다. 적극적이고 사회 규범 같은 것은 그리 마음에 두지 않고 건전한 적응력을 지닌다. ● 부정적으로는 공격 성향과 불안이 내재된 상황, 성적 흥분 상태, 죽음과 피의 이미지가 결부되어 나타나기도 한다.
파란색	● 항상 차갑고 수축적, 내성적, 신경계통을 연상시키며 감정의 억제, 체념과 침착한 마음으로 현실에 대응하는 심리를 반영한다. ● 선이나 형태를 그릴 때 파란색을 사용하는 것은 성격적으로 명랑하고 활동적이며 적응을 잘하며 정해진 규범을 잘 지키겠다는 의사표시이다. 반면, 파란색을 집중적으로 사용하는 경우는 매우 불안하고, 공포, 긴장된 상태를 표출하는 것을 알 수 있다.
노란색	● 색 중에서 가장 많은 광채를 주는 색으로, 일반적으로 사용하기 어렵고 특정 표시를 위하여 사용하는 경우가 많다. ● 노란색은 크게 보이는 팽창 효과를 가지고 있어서 교통 표지판이나 장애물, 도로중앙 분리선, 건설현장 등의 안전을 상징하는 중요한 색상으로 많이 이용되고 있다. ● 노란색은 유아성, 미숙성, 의존성, 응석부림의 심리를 반영한 색으로도 해석된다.
검은색	● 어둠의 힘을 대표하고 암울과 공포를 표현하는 대표색이다. ● 검은색은 정서 불안과 자기 억압을 반영하거나 엄격한 훈육, 권위적인, 결손, 결함 등에 대한 공포 표현으로 고독, 공격적인 성향 등을 나타내고자 할 때 주로 이용된다.
흰색	● 결백, 순수, 순결과 기쁨을 나타내는 색이다. ● 일반적으로 흰색은 천사, 검은색은 악마를 상징하며, 흰색은 긍정, 검은색은 부정을 상징한다.
초록색	● 중성적이며 능동적이기 보다는 수동적인 경향의 색이다. 인간에게 친밀한 색으로 안전, 진행, 구급 등을 상징한다. ● 식물 엽록소의 색으로 마음의 안정과 안식, 회복과 소생을 약속하는 색으로 인식되어 있다.
보라	● 무의식을 나타내는 색, 신비적, 인상적, 강압적, 위협적인 색이다. ● 일반적으로 보라를 좋아하는 사람은 섬세하고 뛰어난 취향을, 반면에 허영심이 많고 재능에 뛰어나며 예술, 철학, 발레 등 고상한 일을 즐기는 사람이 좋아한다.
주황	● 활력과 에너지가 강한 색으로 생생한 활력의 색이다. ● 일반적으로 주황을 좋아하는 사람은 건강이 넘치고 사회에 잘 적응하며, 사교성이 좋고 혼자 있기를 싫어하고 외향적인 성격을 지닌 사람들이 많다.
회색	● 보수적이고 조용하며 고요한 성질의 색이다. ● 황량함, 지루함, 수동성, 무생명의 분위기 등을 나타낸다.

9) 색채의 율동감

① 어느 정도 떨어져서 보면 같은 모양, 같은 크기의 색이라도 어떤 색은 앞으로 튀어나와 보이고 어떤 색은 뒤로 물러나 들어가 보인다. 이처럼 앞으로 튀어나와 보이는 색을 진출색, 뒤로 물러나 보이는 색을 후퇴색이라고 한다.

② 일반적으로 난색계는 진출색, 한색계는 후퇴색으로 밝은 색이 어두운 색보다 진출한다.

③ 색채의 원리를 잘 이해하여 작품에 접목시켜 여러 가지의 다양한 작품을 제작한다.

10) 색채와 소리

① 색채와 소리는 상당히 밀접한 관계를 가지고 있어 색채의 조건을 어떻게 바꾸느냐에 따라 시끄러운 채색, 조용한 채색을 통해 인간의 심성을 부드럽게 만들어 주거나 사납게 하거나, 차분하게 이야기 할 수 있는 교양을 불러 일으켜 줄 수도 있다.

② 원색에 가까운 대형장비는 도심에서 더욱 시끄럽게 느껴지며 주의를 산만하게 하여, 두통과 히스테리 증상을 동반하기도 하지만, 음악 선율을 색상에 비유해 보면, 통계적으로 대부분 무거운 음계는 어두운 색조를, 물방울 같은 맑고 높은 소리는 발랄한 노란색이나 경쾌한 원색들을 떠올리게 하고, 느린 음악은 대체로 파란색이 연상된다고 한다.

색과 소리의 연관

빨간색 : 큰, 트럼펫 소리
분홍색 : 부드러운, 은은한
주황색 : 큰 장조의
갈색 : 어두운, 우울한, 단조의
금색 : 화려한, 장조의
노란색 : 날카로운, 장조의
연두색 : 고음의, 단조의
녹색 : 잘 들리지 않는(뚜렷하지 않을 때), 날카로운(채도가 높을 때)
파란색 : 희미한, 플루트에서 바이올린까지의 소리에 해당
군청색 : 어두운, 깊은, 더욱 심한 단조의
밝은 자주색 : 약한, 차분한

출처 : 색채심리학연구소의 하인리히 프릴링의 실험(1980)

11) 색의 팽창과 수축

① 색에 따라 실제보다 커 보이는 색과 실제보다 작아 보이는 색이 있다. 커 보이는 색을 팽창색, 작아 보이는 색을 수축색이라고 한다.

② 팽창색은 진출색과 거의 같은 색상에 해당하며, 난색계의 색이나 밝은 색은 커 보인다.

③ 수축색은 후퇴색과 유사하며, 한색계의 색이나 어두운 색은 작아 보인다.

④ 특히 색의 팽창 · 수축의 정도는 명도에 크게 좌우되며, 밝은 색의 한색은 난색의 어두운 색보다 커 보인다.

⑤ 일반적으로 의상에서 보면 몸이 작은 사람이 어두운 색을 입으면 더 작아 보이고, 몸이 큰 사람이 밝은 색을 입으면 더 커 보이는 효과이다.

⑥ 작품 제작 시 어떤 색의 소재를 이용하여 작품을 제작하느냐에 따라 다르게 보일 수 있다.

12) 색채와 공간감

① 식물 소재의 색상을 어떻게 디자인하여 배치하느냐에 따라 공간감이 다르게 표현된다.

② 전진색과 후퇴색은 색채의 일반적인 속성을 이용하여 크게 보이게 하거나, 두드러져 보이게 하고자 할 때 색채의 진출 · 후퇴와 공간감에 따른 배려도 작품 제작에서 반드시 필요하다.

③ 전진색(빨간색, 노란색 등의 난색계, 채도가 높은 색), 후퇴색(청색, 청록색 등의 한색계, 어둡고 탁한 색)

(11) 색채의 선호도

① 일반 성인의 절반 가량이 "무슨 색을 좋아하십니까?"라는 질문에 '청색'이라고 답변한다는 연구 결과(미국, 캐나다, 유럽의 성인을 대상으로 실시한 실험)가 있다. 청색 다음으로 녹색(약 20%), 흰색과 빨간색이 각각 8% 정도의 순위를 차지한다고 한다. 어린이의 경우에는 연령, 지역에 따라 다소 차이는 있으나 빨강색과 노란색을 선호한다고 한다.

② 색의 선호도를 보면 서양인의 경우 청색이 거의 공통적이고, 스페인은 청색보다 빨간색을 선호하며, 브라질은 청색 다음으로

노정숙 작품

빨간색을 선호하고, 우리 한국인은 청색을 좋아하며, 다음으로 초록색, 보라색을 좋아한다는 연구 결과가 있다.

③ 많은 색채 연구가들은 개인별 색채 선호도에서 지역, 성별의 차이보다는 연령에 따른 선호가 가장 크다고 밝히고 있다. 이는 작품을 제작할 때 일방적인 나의 취향만을 고려하는 것이 아닌 작품구매자의 색 선호도를 알고 작품을 제작하는 것이 제품 구매에 영향을 미치게 한다.

(12) 한국의 색채

1) 오방색

① 동양사상의 기저를 이루는 것으로, 우주의 만물은 음양과 오행으로 이루어졌다는 사상에서 우리민족의 모든 분야에 많은 영향을 주었다.

② 이익(李瀷)의 「성호사설(星湖僿說)」에서는 중국에서 전해진 가장 오래된 기술서 「고공기(考工記)」의 오행에 따른 색상과 중간색의 생성을 해석하고 있는데, 여기에서 오방색의 색채관을 볼 수 있다.

③ 음양에서 음은 수동적이며 어둡고, 양은 능동적이며 밝게 나타내고 있다. 하늘과 땅, 낮과 밤, 생물과 무생물들을 인간과 서로 연결하여 모든 사물을 현상에 대입하여 해석하며 목(木), 화(化), 토(土), 금(金), 수(水)를 의미한다.

④ 오색을 방위(方位)에 맞추어 목은 청색(동쪽), 화는 적색(남쪽), 토는 황색(중앙), 금은 백색(서쪽), 수는 흑색(북쪽)으로 한 오방(五方)으로 정리하였다.

⑤ 오방 사이의 간색(間色)을 사용하여 10가지 기본색을 중히 여기며, 음양이 잘 조화되도록 오방정색(파란색, 빨간색, 노란색, 백색, 검정색) 또는 오방간색(초록색, 주황색, 벽색, 자색, 유황색)으로 정리하였다.

㉠ 정색 : 동 – 청, 서 – 백, 남 – 적, 북 – 흑, 중앙 – 황, 이중 청, 적, 황은 양의 색이고 흑과 백은 음의 색이다.

㉡ 간색 : 청(동방) 황(중앙) 사이 – 녹색, 청(동방) 백(서방) 사이 – 벽색, 적(남방) 백(서방) 사이 – 홍색, 흑(북방) 황(중앙) 사이 – 유황색, 흑(북방) 적(남방) 사이 – 자색, 모든 간색은 음의 색이다.

색	계절	오행	특징
청색 	봄	목 (木)	● 청색은 나무의 성질로 자라나는 것과 푸른 것, 위로 향하는 것으로 밖으로 넓어지는 특성을 가지고 있다. ● 청색은 희망의 색이며 생명과 젊음, 봄, 평화, 낙원, 신뢰를 상징하고 심신(心身)의 안식처를 의미한다. ● 청색은 만물이 생장하고 발육하는 봄(春)으로 오기(五氣)는 바람 풍(風)이며, 오방(五方)은 동(東)이다.
적색 	여름	화 (火)	● 적색의 특성은 온열, 상승의 성질을 뜻한다. ● 적색은 에너지와 젊음, 생명과 죽음, 열정과 사랑, 으뜸과 신성을 의미한다. ● 계절로는 여름(夏)이 적색에 속하고, 오기(五氣)는 더운 기운의 서(暑)이며, 오방에서는 남(南)에 속한다. ● 우리나라에서는 붉은 팥죽을 동짓날에 끓여 귀신을 물리친다고 여겼다.
황색 	환 절 기	토 (土)	● 황색의 특성은 땅에 농작물을 심고 거두는 작용을 뜻한다. ● 부와 권위, 행복과 명예, 지혜와 조화를 의미하는 색으로 우주의 중심으로 가장 고귀한 색으로 상징적 의미를 가지고 있다. ● 계절로는 늦은 여름이라 해서 장하(長夏)이며, 오방에서 중간에 있기 때문에 동양에서 노란색은 최고의 색으로 여겨지며 황제의 권위를 나타낸다.
백색 	가을	금 (金)	● 백색의 특성은 자유로운 변화라고 한다. ● 백색은 단단한 성질을 가지고 있으며, 어떤 색이든 덧입힐 수 있다는 면에서 완전한 색이자 절대적인 색을 의미한다. ● 백색은 대부분의 문화권에서 공통적으로 순결, 청결, 순수, 신성, 정직 등을 의미하며 깨끗한 색이다. ● 계절로는 가을로 추(秋)이며 방향은 서(西)이고, 가을은 오기(五氣) 중에서 건조에 속한다.
흑색 	겨울	수 (水)	● 흑색은 격조와 품위를 상징하며, 절제된 미와 신비롭고 고급스러운 권위를 의미한다. ● 문화권에 따라 아프리카나 게르만 민족에게는 상서로운 색이며, 남유럽에서는 공포 등을 상징하는 복합적인 의미를 가지고 있다. ● 계절로는 추운 겨울 동(冬)이고, 오기(五氣)에서는 한(寒)에 속하며, 방향은 추운 북(北)이다.

● 오방색과 음양오행의 관계

2) 일상생활의 전통 색채

① 우리나라의 전통 색채에 영향을 미친 요인으로는 음양오행 사상을 기초로 한 유교의 영향이 크다.

② 조선시대에 정신세계와 생활양식을 지배했던 유교는 인간적인 감정을 멀리하고 인격과 형식, 규범 등을 중요시하는 사상으로 주술적이거나 상징적인 의미 이외에 색을 사용하는 것은 천하고 품위 없는 것으로 여겼다.

③ 계급에 따라 의복 색의 금기사항이 많아, 서민들은 백색의 옷을 입을 수밖에 없었다.

④ 일상생활에서 색의 사용이 지나치게 금지된 데 대한 반발로 나타난 것이 화려한 색채를 사용하는 풍자적 기법의 민화, 보자기(조각보), 자수, 매듭 등이었다. 이러한 장식물이나 생활용품에서 사용된 원색적인 색채는 중성색으로 둘러싸인 일상의 무미건조한 환경에서 시각적 즐거움을 주는 역할을 했을 것으로 짐작된다.

⑤ 민화는 조선시대 양반들의 고상한 취미를 표현하던 수묵화와는 달리 서민들의 소박한 미감에 기초한 민예적 그림이다.

정아름성 작품

5 식물색채학

식물이 색을 나타내는 것은 식물세포에 색소를 가지고 있기 때문이다. 식물의 꽃과 잎은 왜, 무엇 때문에 색을 발현하고 각각의 색을 나타내고 있는가라는 것에 대하여 수많은 연구가 이루어지고 있다.

(1) 식물의 색채

① 식물의 색채가 가장 강하게 나타나는 부분은 꽃과 잎이다. 특히 꽃에 대한 인간의 욕구는 변색하지 않는 꽃, 시들지 않는 꽃, 지속적으로 볼 수 있는 꽃을 갈망하고 있으나 그러한 불멸의 꽃이 불가능하다는 것을 누구나 공감하고 있다. 하지만, 압화는 신의 영역과도 같은 부분에 도전하며 지속적으로 변색되지 않은 꽃을 만들기 위하여 식물 색채에 대한 정확한 이론을 파악하고 작품에 접목하여, 식물 본연의 색을 재현 및 발현하여 새로운 화색을 만들어 작품에 이용하였다.

② 식물의 색채는 식물의 조직, 세포 내의 색소에 의한 것으로 식물의 종류, 품종, 품질 등의 화색을 결정하는 요인이 되는 것이 다양하다. 식물의 색채 표현은 적, 황 등의 색상 외에 색의 밝기, 색의 짙은 정도로 나타내고 있다.

③ 꽃의 색깔로 나타나는 색채의 변화는 식물조직 내의 당과 무기물로부터 만들어지는 것으로써 이러한 물질 생산을 좌우하는 환경조건도 색채에 크게 영향을 미친다.

④ 식물의 품종에 따라서 색이 다른 것이 많고, 당연히 그것은 색소의 구성과 깊은 관계를 갖는다. 많은 화훼 품종군을 이용하여 식물의 색소를 분석하고 품종간의 색소 분포와 발현 화색과의 관계를 밝혀내기 위하여 생화학적인 연구가 꾸준히 진행되고 있다.

김태순 작품

식물의 색채

(2) 꽃의 색

① 색소를 형성하는 세포는 꽃잎 표면의 세포 안에 들어 있으나 때로는 융화되어 전 세포 내에 크게 퍼지기도 하고 때로는 세포의 일부분, 보통 꽃잎의 표면 아랫부분에 집중되어 있다.

② 꽃잎에 들어 있는 다양하고 화려한 색상은 가시광선 중에서 어떤 파장의 빛을 흡수 및 반사하느냐에 따라 달라지며, 그 양상에 따라 다양한 색깔을 띠게 되므로 이론적으로는 꽃잎은 무슨 색이든 모두 표현할 수 있다.

③ 빛은 꽃잎의 표면과 색소층을 투과하여 해면층 부분에서 역으로 되돌아오고, 다시 색소층과 표면을 통과하여 우리의 눈으로 들어온다. 우리가 보는 꽃색은 꽃잎의 색소층을 투과하는 스펙트럼이다.

④ 꽃은 본연의 자기 색을 지니고 있다. 그리고 다양한 종류의 색소가 있지만 크게 플라보노이드계, 카로티노이드계로 나눈다. 이들은 세포가 가지고 있는 수소이온 농도(pH) 수준, 유기물질의 농도, 철 · 구리 등 무기물질의 유무 등의 조건에 따라 다양한 색을 나타낸다. 플라보노이드계 색소는 꽃잎의 노란색을 나타내는 안정된 색소인 플라본과 빨간색, 보라색, 파란색을 나타내는 불안정한 색소인 안토시아닌계 색소로 나눌 수 있다.

권금희 작품

⑤ 색소물질은 액포라고 하는 세포소기관에 녹아 있다.

⑥ 국화, 해바라기, 장미, 아카시아, 코스모스 등 사람들은 다양한 색상의 많은 꽃들을 접하고 있고, 계절에 따라 아름다운 빛깔을 뽐내며 무수히 많은 꽃들이 피고 진다. 꽃의 다양한 색상은 꽃의 가치를 높여주며 동시에 수정을 도와주는 매개충(새, 곤충)을 유인하는 목적으로 화려한 색상을 발현하는 것이다.

(3) 잎의 색

① 엽록소는 일반적으로는 잎의 조직에 있으면서 광합성작용을 할 수 있도록 태양의 빛에너지를 흡수하는 작용을 하는 색소이지만 엽록소가 꽃잎에 있어 녹색을 띠는 꽃도 있다.

② 엽록소의 종류로는 클로로필 a, 클로로필 b, 클로로필 c, 클로로필 d 등이 있다. 그 중에서 대부분의 식물에는 클로로필 a, 클로로필 b가 존재하고, 하등식물인 갈조류에는 클로로필 a와 클로로필 c, 홍조류에는 클로로필 a와 클로로필 d가 존재한다.

③ 엽록체 중에 함유되어 있는 카로티노이드 색소와 공존하는 것이 많다. 글라디올러스, 거베라, 백일홍 등의 꽃 중에서 담록색 품종은 크산토필이 함유되어 있다.

글라디올러스

거베라

백일홍

④ 압화에서 자주 사용되는 여러 가지 형태와 색깔의 잎은 자연생태를 표현하는 데 필수적으로 작품에서 도안과 풍경을 나타낼 때도 많이 사용한다. 낙엽수(落葉樹)*의 잎은 비교적 얇고 연하고 크기 때문에 수분이 증발하기 쉬워서 추위에 견디기는 힘들지만 압화용으로 적합하다. 반면, 상록수(常綠樹)*의 잎은 잎의 면적이 작고 표면에 두꺼운 각질이 있거나 가는 털이 내부의 지방질을 보호하여 수분증발을 방지하기 때문에 소나무, 측백나무, 삼나무 등 상록수들은 압화의 재료로 적당하지 않다.

문정연 작품

TIP 낙엽수(落葉樹) : 가을에 잎이 떨어졌다가 봄에 새잎이 나는 나무 혹은 겨울에는 잎이 떨어져서 잎이 없는 나무를 말한다. 은행나무, 참나무, 느티나무, 단풍나무 등이 있다.

상록수(常綠樹) : 사철 내내 잎이 푸른나무 혹은 겨울에도 녹색의 잎이 있는 나무를 말한다. 소나무, 잣나무, 사철나무, 동백나무 등이 있다.

침엽수(針葉樹) : 잎이 바늘처럼 가늘고 길게 생긴 나무를 말한다. 소나무, 잣나무, 전나무, 향나무 등이 있다.

활엽수(闊葉樹) : 잎이 넓고 큰 나무를 말한다. 참나무, 느티나무, 단풍나무, 감나무 등이 있다.

교목(喬木) : 줄기가 곧고 굵으며 8m 이상 높이 자라고 위쪽에서 가지가 퍼지는 나무로 키가 큰 나무를 말한다. 참나무, 느티나무, 소나무, 잣나무 등이 있다.

관목(灌木) : 원줄기와 가지의 구별이 분명하지 않고 밑동에서 가지를 많이 치는 나무로 키가 작고 줄기가 여러 개 나서 자라는 나무를 말한다. 개나리, 진달래, 찔레나무, 조팝나무, 진달래, 앵두나무, 딸기나무 등이 있다.

소나무

전나무

향나무

● 교목

모란

개나리

무궁화

● 관목

⑤ 잎의 채취 시기

㉠ 잎이 위축되지 않았을 때로 오후에 태양이 기우는 때 채취하는 것이 적당하다. 반면, 한낮에 온도가 높아 잎의 수분 증발속도가 빠를 때 채취하면 수분을 잃게 되어 잎은 곧 위축된다.

㉡ 봄, 여름이 적당하고 겨울이 가장 이상적이다. 낙엽수는 봄, 여름에 가지와 잎이 무성할 때, 가을과 겨울에는 저장된 양분이 줄기와 가지로 이동하기 시작하며 엽록소의 변화가 일어난다.

⑥ 엽록소의 변화

㉠ 산에 의한 변화

a. 클로로필(chlorophyll. 녹색, 불용성) → 페오피틴(pheophytin, 녹갈색, 불용성) → 페오포비드(갈색, 수용성)

b. 식물조직 내의 산 또는 자가산화로 생긴 산에 의해 마그네슘이 유리되어 녹색을 잃게 되는 것으로 클로로필이 페오피틴으로, 녹색이 녹갈색으로 변화된다.

c. 배추김치를 담근 후 갈색을 띠는 것은 발효에 의해 생성된 젖산이나 초산이 클로로필에 작용하여 녹갈색의 페오피틴이 갈색의 페오포비드를 형성하기 때문이다.

㉡ 알칼리에 의한 변화

a. 클로르필(청록색, 불용성) → 클로로필리드(청록색, 수용성) → 클로로필린(청록색, 수용성)

b. 식물의 조직에 존재하는 클로로필레이스(chlorophyllase)에 알칼리를 첨가하면 클로로필이 클로로필리드로, 녹색이 선명한 청록색으로 변화된다.

c. 시금치를 데칠 때 소금을 첨가하면 시금치의 색이 더욱 선명해지는 현상을 들 수 있다.

㉢ 금속에 의한 변화

a. Mg(마그네슘)-클로로필(청록색, 불용성) → Cu(구리), 철(Fe)-클로로필(청록색, 불용성)

b. 클로로필은 구리나 철과 함께 가열하면 클로로필의 마그네슘이온이 이들 금속이온과 치환되어 안정한 청록색의 구리-클로로필, 또는 선명한 갈색의 철-클로로필을 형성하여 수용성염의 형태로 착색제로 이용되고 있다.

c. 완두콩 통조림의 색이 녹색을 유지하고 있는 원리이다. 완두콩 가공 시 변색을 억제하기 위해 소량의 황산구리를 사용하면 구리-클로로필을 형성하게 하여 짙은 청록색을 갖게 한다.

d. 금속 클로로필은 물에 녹지 않으므로 진한 알칼리로 가수분해한 후, 나트륨염으로 만들어 착색제로도 사용하고 있다.

무늬 제라늄

사철난

큰괭이밥

● 식물의 엽록소

(4) 식물색소의 종류

식물의 색소는 크게 클로로필계, 카로티노이드계, 플라보노이드계 등으로 나눌 수 있다.

1) 화학구조에 따른 식물색소의 분류

<table>
<tr><th>대분류</th><th>소분류</th><th>색조의 범위</th><th>식물</th></tr>
<tr><td rowspan="5">카로티노이드
(carotenoid, carotinoid)</td><td>카로틴(carotene)</td><td>황색 ~ 등색</td><td>녹색 잎</td></tr>
<tr><td>캅산틴(capsanthin)</td><td>붉은색</td><td>고추</td></tr>
<tr><td>크로세틴(crocetin)</td><td>노란색</td><td>사프란</td></tr>
<tr><td>로도크산틴(rhodoxanthin)</td><td></td><td></td></tr>
<tr><td>크산토필(xanthophyll)</td><td>황색 ~ 등색</td><td>치자, 팬지(황색),
옥수수(황색)</td></tr>
<tr><td>피롤(pyrrol)</td><td>클로로필(chlorophyll)</td><td>녹색</td><td>녹색 잎</td></tr>
<tr><td rowspan="7">플라보노이드
(flavonoid)</td><td>플라본(flavone)</td><td>황색 ~ 갈색</td><td>황금</td></tr>
<tr><td>이소플라본(isoflavone)</td><td></td><td>콩</td></tr>
<tr><td>플라보놀(flavonol)</td><td>황색 ~ 갈색</td><td>양파, 개나리</td></tr>
<tr><td>플라바놀(flavanol)
[카테킨 catechins]</td><td>흰색</td><td>무, 배추, 마늘, 양파,
죽순, 콩나물, 숙주</td></tr>
<tr><td>안토시아닌(anthocyanin)</td><td>적색 ~ 청색</td><td>대다수의 빨간색,
보라색 꽃</td></tr>
<tr><td>칼콘(chalcone)</td><td>적색 ~ 자색</td><td>홍화</td></tr>
<tr><td>오론(aurone)</td><td>황색 ~ 등색</td><td>달리아, 금어초(황
색), 카네이션(황색)</td></tr>
<tr><td rowspan="2">퀴논(quinone)</td><td>나프토퀴논
(naphthoquinone)</td><td>자색</td><td>지치(자초)</td></tr>
<tr><td>안토라퀴논(anthraquinone)</td><td>저색</td><td>꼭두서니, 코치닐</td></tr>
<tr><td>폴리페놀(polyphenol)</td><td>탄닌(tannin)</td><td>갈색 ~ 흑색</td><td>오베자</td></tr>
<tr><td>인돌(indol)</td><td>인디고(indigo)</td><td>자색 ~ 청색</td><td>쪽</td></tr>
<tr><td rowspan="4">기타</td><td>벤조피란(benzopyrane)</td><td>등색 ~ 자색</td><td>소목</td></tr>
<tr><td>이소퀴놀린(isoquinoline)</td><td>황색 ~ 갈색</td><td>황백, 매자(昧者)나
무</td></tr>
<tr><td>디케톤(diketone)</td><td>황색</td><td>울금</td></tr>
<tr><td>베타레인(betalains)</td><td>적색 ~ 등색</td><td>맨드라미, 채송화</td></tr>
</table>

2) 안토시아닌(anthocyanin, 화청소, 化青素, 보라색)

① 안토시아닌은 식물의 꽃, 과일, 잎줄기, 뿌리 세포의 액포(液胞)에 든 색소로 많은 식물에 함유되어 있다. 'anthos'는 라틴어로 '꽃', 'kyanos(cyanin)'는 '푸름'을 뜻한다.

② 안토시아닌은 보조 색소가 섞이면 안정성과 강도가 증가하여 사람의 눈으로 볼 수 있는 색깔로 변한다.

③ 꽃잎의 안토시아닌은 생명현상과는 관계가 없는 물질이며 꽃가루받이(수분, 受粉)를 위해 곤충이 꽃을 식별할 수 있게 하는 신호물질이다. 꽃가루받이가 끝나면 효소에 의해 분해되어 꽃색은 없어진다.

④ 식물의 종에 따라 잎, 꽃잎, 과실 등에 들어 있는 카로티노이드는 색소체(색소를 나타내는 원형질)이며, 식물의 종에 따라 노란색에서 오렌지색을 나타낸다.

⑤ 꽃이나 과일의 적색, 청색, 자색을 나타내는 수용성 색소로 딸기, 포도, 자두, 가지 등에 함유되어 있으며, 매우 불안정하므로 가공이나 저장 중에 색이 쉽게 퇴색되어 품질이 저하되므로 주의하여야 한다.

⑥ 안토시아닌 색소를 함유한 꽃잎에 금속이온을 처리하여 발색을 유도하면 선명한 색이 유지될 수 있다.

⑦ 안토시아닌은 세포의 수소이온농도(pH)에 따라 변하는 불안정한 무색의 색소이며, 절화나 압화 등에서는 쉽게 퇴색 · 분해된다.

⑧ 세포액 속에 용액 상태로 존재하며, 용액의 pH에 따라 구조와 색이 변한다.

㉠ pH에 의한 변화

a. 산성(pH 〈 3) : 꽃이나 과일의 붉은색(적색)

b. 중성(pH 7.0) : 보라색(자색)

c. 알칼리(pH 〉 8.5) : 파란색(청색)

d. 금속이온과 결합 : 청색(Fe), 회색 또는 갈색, 자색 (Sn), 녹색(Zn)으로 변한다.

e. 식물의 예 : 진달래, 철쭉처럼 붉은 꽃은 꽃잎의 세포액이 산성, 보라색인 제비꽃과 도라지꽃은 중성, 나팔꽃과 닭의장풀꽃은 알칼리성이다.

⑨ 압화의 퇴색은 오랫동안 강한 햇빛에 노출되어 색이 옅어지고, 높은 온도와 과다한 수분들이 색소(안토시아닌)를 파괴하여 발생한다.

⑩ 안토시아닌의 종류

㉠ 페라고니딘(palargonidin) : 적색, 오렌지색 등을 발색하고 제라늄 등의 화관(花冠)에 함유되어 있다.

㉡ 시아니딘(cyanidin) : 홍색, 홍자색, 도색 등을 발색하고 센토레아, 달리아 등의 화관에 많이 함유되어 있다.

㉢ 델피리딘(delpinidin) : 청색, 자색계의 화색을 발현하고 델피니움 등의 화관에 함유되어 있다.

㉣ 페오니딘(peonidin) : 홍자색을 나타내고 작약의 화관에 함유되어 있다.

㉤ 페튜니딘(petunidin) : 홍자색을 나타내는 화색으로 페튜니아의 화관에 함유되어 있다.

㉥ 말비딘(malvidin) : 적색, 홍자색을 발현하고 당아욱, 히비스커스의 화관에 많이 함유되어 있다.

페라고니딘(적색, 오렌지색)
제라늄

페오니딘(홍자색)
작약

델피리딘(청색, 자색계)
델피니움

시아니딘(홍색, 홍자색)
달리아

페튜니딘(홍자색)
페튜니아

말비딘(적색, 홍자색)
당아욱

동백

사랑초

호접란

● **안토시아닌 함유 꽃**

3) 안토크산틴(anthoxanthins, 안토잔틴, 화황소, 化黃素, 백색)

① 식물(양파, 연근, 우엉, 양배추 등)의 뿌리, 줄기, 잎 등에 존재하며 엷은 황색을 띠고, 밀감류의 껍질에 널리 분포하는 담황색 내지 황색의 색소이다.

② pH에 의한 변화

㉠ 산성 : 무색

㉡ 중성 : 담황색

㉢ 알칼리 : 노란색, 산화되면 갈색

㉣ 금속(철) : 갈색 또는 녹색으로 변한다.

③ 안토크산틴류에는 플라본(flavone[apigenine, luteolin]), 플라보놀(flavonol) 그리고 이소플라본, 플라반놀(flavanol[카테킨류, catechins]) 등이 있다.

4) 플라본(flavone, 황색)

① 플라본은 무색의 침상 결정(針狀結晶)이다.

② 자외선 영역의 빛에너지를 흡수하고 가시광선은 모두 반사한다.

③ 달리아, 코스모스의 꽃에 포함되어 있는 황색의 색소이다.

달리아

코스모스

노랑코스모스

● 플라본 함유 꽃

④ 흰색 꽃은 안토시아닌 등의 색소가 없는 돌연변이체로 흰색은 플라본에 의해 발현된다.

⑤ 플라본은 가시광선을 모두 반사하므로 꽃을 희게 보이도록 한다.

⑥ pH에 의한 변화

㉠ 산성 : 황색은 엷어진다.

㉡ 알칼리성 : 진해진다.

⑦ 플라본류나 안토시안류는 일반적으로 물에는 녹기 쉬우나, 벤젠이나 에테르에는 녹기 어렵다.

⑧ 플라본류는 당과 결합되어 있기 때문에 물에 쉽게 녹기 쉽다. 예로 야채를 삶으면 플라본류가 녹아 나와 황색을 띠게 된다.

⑨ 아피제닌(apigenine)은 각종 과일과 채소류에 함유되어 있는 플라보노이드 성분의 일종으로 사과, 콩, 브로콜리, 셀러리, 체리, 포도, 양파, 파슬리, 토마토, 차 등에 다량 함유되어 있다.

5) 플라보노이드(flavonoid, 노란색)

① 플라보노이드는 그리스어로 노란색을 의미하는 플라부스(flavus, 황색)에서 유래되었다. 플라본(flavone)을 기본 구조로 갖는 식물색소이며, 여러 부분에 함유되어 있는 노란색소 전체를 말한다.

② 플라보노이드는 식물의 잎, 꽃, 뿌리, 열매, 줄기 등에 많이 들어 있으며 특히 건조된 녹차 잎의 경우 플라보노이드가 30% 정도 함유되어 있다.

③ pH에 의한 변화

㉠ 산성에서는 안전하여 색이 더욱 선명해진다.

㉡ 강한 알칼리에서는 그 구조가 변하여 짙은 황색이나 갈색으로 변한다.

㉢ 구리(Cu)나 철(Fe) 등의 금속과 결합하여 흑갈색의 복합체를 형성한다.

㉣ 감자 등을 썰었을 때 칼에 닿은 자리가 청록색 또는 흑갈색으로 변색되는 것이 그 예이다.

④ 식물계에 넓게 분포되어 있으며 많은 꽃(장미, 금어초, 튤립, 백합 등)에 들어 있다. 백색, 크림색을 보이는 꽃은 대부분이 이 색소가 들어 있다.

장미　　백합　　튤립

● 플라보노이드 함유 꽃

⑤ 플라보노이드는 안토시안닌 색소와 공존하는 것이 많고, 그 종류도 대단히 많다.

㉠ 큐어세틴(quercetin) : 많은 식물에 함유되어 있고 담황색, 크림색, 백색을 발현하며 팬지, 스톡, 동백나무의 화관에 많이 함유되어 있다.

㉡ 캐임프레롤(kaempferol) : 백색, 크림색을 발현하고 장미, 델피니움 등에 함유되어 있다.

㉢ 미리세틴(myrjcetin) : 백색, 황갈색을 발현하고 소귀나무(*Myrica rubra*) 등에 함유되어 있다.

㉣ 큐어세타제틴(quercetagetin) : 플라본 색소로써 아프리칸매리골드의 화관에 많이 함유되어 있다.

㉤ 아피게틴(apigenin) : 백색, 크림색을 발현하고 달리아 황색화의 화관에 함유되어 있다.

㉥ 기타 : 루테오린(luteolin), 디오스메틴(diosmetin), 아카세틴(acacetin) 등 다수의 색소가 있다.

큐어세틴(스톡)

캐임프레롤(장미)

캐임프레롤(델피니움)

미리세틴(소귀나무)

큐어세타제틴(아프리칸매리골드)

아피게틴(달리아)

㉦ 플라보노이드에 의해 황색을 발현하는 꽃에는 프리지어, 금어초, 수선화, 카네이션, 칼라 등이 있다. 플라보노이드류 중에서 적색, 청색계인 안토시아닌은 변색이 심한 반면, 황색계는 매우 안정적이라는 논문 결과도 있다.

프리지어

수선화

칼라

● 플라보노이드에 의해 황색을 발현하는 꽃

⑥ 카로티노이드와 플라보노이드의 공존에 의해 황색을 발현하는 꽃으로는 해바라기, 거베라, 라넌쿨러스 등이 있다.

해바라기

거베라

라넌쿨러스

● 카로티노이드와 플라보노이드의 공존에 의해 황색을 발현하는 꽃

6) 카로티노이드(carotenoid – carotein류, 주황색)

① 대표적으로 당근 뿌리에 들어있는 카로티노이드는 주로 노란색에서 주황색, 다홍색을 나타내고, 적색을 나타내는 경우도 있다. 세포 중에 결정상으로 존재하며, 꽃뿐만 아니라 나뭇잎에는 녹색의 엽록소 외 고등식물에서부터 균류 및 조류에 이르기까지 식물체에 폭넓게 분포되어 있다.

② 카로티노이드는 물에 녹기 어렵고, 세포 내에 잡색체(雜色體)라고 불리는 작은 과립 속에 들어있다. 녹색식물이 성숙되는 과정에서 클로로필 색소가 점차 분해되면 나타나는데, 잘 익은 과일이나 가을 단풍이 그 현상에 의한 것으로 잎 속의 엽록체에는 클로로필과 함께 카로티노이드가 반드시 들어 있다.

③ 과일에서 보이는 노란색도 이 색소에 의한 것으로 카로티노이드는 빛을 흡수하는 색소로 70여 종이 있다. 이들 중 붉은색을 띠는 것이 카로틴이고 노란색은 크산토필이다.

㉠ 카로틴(carotene)류 : 카로틴에는 α, β, γ카로틴, 리코펜(lycopene)이 있고, 황색과 오렌지색을 발색하며, β-카로틴이 가장 많다.

㉡ 크산토필(xanthophyll)류 : 엽록체 중에도 존재하는 색소로써 황적색을 발색한다. 비오크산틴(violaxanthin), 플라보산틴(flavoxanthin) 등 많은 종류가 포함되어 있다.

㉢ 카로티노이드에 의해 황색을 발현하는 꽃으로는 나리, 장미, 튤립, 온시디움 등이 있다. 단, 카로티노이드에 의해 발현되는 황색은 광에 의해 변색이 촉진된다는 논문 결과가 있다.

튤립

나리

온시디움

7) 플라바놀(flavanol, 카테킨류, 백색)

① 카테킨류는 화학구조상 플라보노이드(flavonoid)류에 속하며 폴리페놀구조를 가지는 플라반놀(flavanol)류에 속한다.

② 무, 배추줄기, 파줄기, 마늘, 양파, 연근, 죽순, 콩나물, 숙주, 오이 등 채소의 속이 흰 것에 많이 함유되어 있다.

③ 카테킨류는 건조 차잎 중에 약 10~18% 함유되어 있으며, 1980년 초기까지 10여 종이 분리되었지만 현대에는 약 70종으로 밝혀졌다.

카테킨(Catechins)류

- 조리나 발효할 때, 산과 만나면 색이 더 희어지고(무초절임, 소금 넣은 마늘장아찌, 초밥), 알카리와 만나면 황색으로 변한다(조리 시 알카리를 잘 넣지 않는다).
- 차의 쓴맛과 떫은맛의 70~75%에 기여하는 성분이다. 0.2% 소금 용액에서 갈변이 방지된다.
- 카테킨류의 다중체가 타닌이고 감, 차 등에는 타닌이 많이 들어 있다.
- 타닌은 거대 분자들과 강하게 결합할 만큼 충분한 양의 수산기나 카르복실기 등을 가지고 있는 고분자량의 페놀혼합물이다.
- 타닌은 감자, 고구마, 우엉, 가지 속에 있으며 폴리페놀이 많이 들어 있어 껍질을 벗기거나 자르면 쉽게 갈변되는데 타닌이 공기 중에 노출되면 산소와 접촉하고 산화효소인 polyphenolase의 작용으로 갈변한다.
- 갈변을 방지하는 방법은 산소와 접촉을 차단하거나 온도를 조절하여 효소를 불활성화시키거나 가열 혹은 냉장 보관한다. 그리고 pH(pH 2.5~2.7)를 낮추어 강산에서 효소작용을 정지하게 하는 데 식초를 첨가한 물에 담그는 것도 한 가지 방법이다. 또 항산화작용을 하는 아스코르브산을 첨가(페놀의 수소 환원까지)하는 방법도 있다. Cl^- 이온의 작용을 이용할 수도 있는데 즉, NaCl은 polyphenoloxidase의 활동을 방해한다.

8) 이소플라본(isoflavone)

① 이소플라본은 콩, 감자, 옥수수, 땅콩, 멜론, 망고, 건포도 등에 함유되어 있는데 특히, 콩에 많이 들어 있다.

② 이소플라본의 골격을 갖고 있는 헤스페리딘(hesperidin)은 오렌지, 레몬의 과실 껍질에 포함되어 있다.

③ 플라바논(flavanone)은 감귤류에 헤스페리딘으로 존재한다.

TIP 이소플라본은 여성호르몬인 에스트로겐의 효과를 나타낸다.

콩 속에는 이소플라본인 제니스테인(genistein)과 다이드제인(daidzein)이 다량 함유되어 있다. 제니스테인은 테스토스테론의 작용을 방해하는 작용이 있으며, 암 성장에 필요한 새로운 모세혈관의 증식과 내피세포의 증식을 억제한다고 한다.

한국인, 일본인, 중국인 및 채식주의자의 경우 일반 서양인에 비해 전립선암 발생률이 낮은데, 이것은 콩과 같은 식품에 들어 있는 식물성 에스트로겐 때문인 것으로 보인다.

9) 카르콘(칼콘, chalcone) 및 아우론(오론, aurone)

① 칼콘과 오론은 플라본과 카로티노이드에 비해서 노란색이 강하고 노란색에서 주황색까지의 색을 나타낸다.

② 달리아, 카네이션, 목단(모란) 꽃에서 보이는 황색~등색을 나타낸다.

③ 잇꽃(홍화꽃)의 붉은색은 칼콘에 의한 것이다.

④ 일반적으로 꽃에서 보이는 노란색은 카로티노이드에 의한 것이 대부분으로, 플라보노이드에 의해 발색되는 것은 종류는 매우 적다.

달리아

모란

잇꽃

10) 베타시아니딘과 베타크산틴

① 안토시아닌 색소와 비슷하게 오렌지색, 황색을 발색한다.

② 비트나 순무같이 붉은색 근채류와 선인장이나 채송화 등의 중심자목(中心子目)에 속하는 꽃들에 함유된 것으로 황색에서 적자색까지의 발현에 관여하고 있다.

③ 맨드라미, 부겐빌레아, 채송화, 게발선인장 등에 함유되어 있다.

맨드라미

부겐빌레아

채송화

게발선인장

(5) 색채별 식물소재

① 흰색 계열 : 백합, 은방울꽃, 물매화, 솜다리, 흰금낭화, 개망초, 봄맞이꽃, 말발도리, 장구채, 약모밀, 산딸기, 공조팝나무, 조팝나무, 나무수국, 산자고, 때죽나무, 사위질빵, 홀아비꽃대, 섬바디, 구절초, 개별꽃, 톱풀, 홀아비바람꽃, 돌단풍, 찔레꽃, 참취, 냉이, 산딸나무, 나무수국, 금붓꽃, 개별꽃, 말발돌이, 애기나리, 장구채, 밤꽃, 뱀무, 꿩의바람꽃 등

은방울꽃

솜다리

약모밀

② 노란색 계열 : 금계국, 해바라기, 기생초, 산국, 개나리, 산수유, 금불초, 산괴불주머니, 미나리아재비, 꽃다지, 기린초, 고들빼기, 매미꽃, 짚신나물, 씀바귀, 애기똥풀, 복수초, 모감주나무, 괭이눈, 인동, 달맞이꽃, 마타리, 양지꽃, 미역취, 돌나물, 민들레, 노랑제비꽃, 솔나물, 감국, 털머위, 선더소니아, 동자꽃, 익소라, 꽃양귀비, 극락조화, 능소화, 원추리, 하늘나리 등

금계국

산수유

애기똥풀

③ 주황 계열 : 선더소니아, 동자꽃, 익소라, 꽃양귀비, 극락조화, 능소화, 원추리, 하늘나리, 한련화, 범부채, 애기범부채, 참나리 등

동자꽃

익소라

능소화

④ 보라 계열 : 노루귀, 연꽃, 수련, 금낭화, 익모초, 고마리, 싸리꽃, 꿩의다리, 노루오줌, 부처꽃, 자운영, 쪽, 메꽃, 박주가리, 계요동, 메꽃, 이삭여뀌, 이질풀, 앵초, 술패랭이, 백리향, 엘레지, 엉겅퀴, 꼬리조팝, 자란, 낭아초 등

노루귀

부처꽃

메꽃

⑤ 청색 계열 : 오이풀, 꽃향유, 잔대, 맥문동, 박태기나무, 배초향, 제비꽃, 작약, 칡꽃, 자주쓴풀, 꿀풀, 갈퀴나물 등

오이풀

맥문동

박태기나무

⑥ 청자색 계열 : 비비추, 솔채꽃, 무릇, 처녀치마, 각시붓꽃, 박하, 라일락, 자주꽃방망이 등

비비추

처녀치마

자주꽃방망이

⑪ 잎

구절초

단풍나무(녹)

단풍나무(적)

루브라참나무

아이비

라일락

백목련

한련화

남천

딸기

칠엽수

참느릅나무

⑫ 줄기

금식나무

노박덩굴

속새

무늬둥굴레

⑬ 열매

꽃고추

미국낙상홍

찔레

청미래덩굴

⑭ 나무껍질

소나무

자작나무

향나무

참고문헌

강대석, 미학의 기초와 그 이론의 변천, 서광사

강은주, 화훼디자인 조형의 원리와 표현양식에 관하여, 석사학위논문

고경식, 한국식물검색도감(봄, 여름, 가을, 겨울), 아카데미서적

고하수, 한국의 꽃예술사, 하수출판사

곽병화 외, 식물생리학, 향문사

구자옥, 한국의 잡초도감, 한국농업시스템학회

권영명 외, 최신 식물생리학, 아카데미서적

권오길, 괴짜생물 이야기, 을유문화사

김공주, 색채과학, 대광서림

김수정, 드라이플라워에 화색변화와 그 이용성에 관하여, 석사학위논문

김수정 외, 자생식물을 이용한 압화 작품의 소재 분류 및 표현 경향, 한국화예디자인학회지

김순자, 압화제작 시의 최적 건조방법 선발, 석사학위논문

김영동, 신현철, 식물계통학, 월드사이언스

김용숙, 컬러 심리 커뮤니케이션, 일진사

김용숙, 색채의 이해, 일진사

김은경 외, Spray 장미의 압화 제작에 있어서 온도와 시간의 효과, 한국식물인간환경학회지

김은아, 구연산 처리에 의한 변색 압화의 화색 환원, 석사학위논문

김종기 외, 원예학개론, 농민신문사

김종원, 한국식물생태보감, 자연과생태

김종화, 화훼원예학총론, 문운당

김종화, 화색의 본질, 진솔

김진한, 색채의 원리, 한국미술연구소

김태순, 회화적 색채표현을 통한 압화의 표현, 석사학위논문

김태정, 한국의 야생화, 교학사

김태정, 한국의 자원식물, 서울대학교 출판부

김태정, 쉽게 찾는 우리 꽃(봄, 여름, 가을, 겨울) 현암사

김태정, 우리가 정말 알아야할 우리 꽃 백가지, 현암사

김형권, 구도의 표현, 도서출판 MK

김형득 외, 초등학교 방과 후 프로그램으로 도입한 원예치료가 아동들의 정서 및 행동발달에 미치는 효과, 한국식물인간환경학회지

김혜령, 압화를 이용한 목심칠기에 관한 연구, 석사학위논문

김희선 외, 색채디자인, 광문각

나현정, 추상미술 감상지도 방안연구: 고등학생을 대상으로, 석사학위논문

네이던 노블러(정점식, 최기득 역), 미술의 이해, 예경

데이비드 A.라우어(이대일 역), 조형의 원리, 예경

람베르트 M, Microwavecraftmagic, QuintetPublishing Ltd. New Jersey

로우링스, HealingGardens, WILLOW CREEK Press

로이 S(조맹섭 외 역), 색채학원론, 시그마 프레스

린다 홀츠슈에(윤희수 역), 색채의 이해, 미술문화

문선자 외, 장미 '비탈' 품종의 압화 시 금속이온, tannine, 절화보존용액이 화판 변색방지에 미치는 영향, 한국화예디자인학회논문집
문선자 외, 압화 시 건조온도 및 산 처리가 장미의 화색에 미치는 영향, 원예과학기술지
문성희, 안토니 따삐에스의 회화의 특성에 관한 연구: 물질 회화 중심으로, 석사학위논문
문영란, 화예조형에서의 아르누보(ArtNouveau) 이미지 표현방법에 관한 연구, 석사학위논문
문원 외, 원예학개론, KNOU PRESS
문은배, 색채의 이해, 도서출판 국제
문은배, 색채의 이해와 활용, 안그라픽스
문혜선, 꽃을 주제로 한 도자 조형연구, 석사학위논문
민경우, 디자인의 이해, 미진사
박윤점 외, 압화용 소재의 skullleaf 만드는 방법 연구, 원예과학기술지
박윤점 외, 건조화 및 압화의 가공 산업과 현황과 전망, 원예과학기술지
박윤점 외, 건조제 종류, 실리카겔 입도 및 온도가 압화용 장미의 건조와 색깔에 미치는 영향, 생명자원과학연구
박윤점 외, Trataricacid의 처리농도, 온도, 침지시간 및 pH가 변색된 압화용 소재의 화색 환원에 미치는 영향, 원예과학기술지
박윤점 외, 몇 가지 건조제가 장미 건조에 미치는 영향, 원예과학기술지
박윤점 외, Citric Acid 처리에 의한 변색 압화의 화색 환원, 원예과학기술지
박윤점 외, 당신도 플라워디자이너로 성공할 수 있다, 도서출판 서원
박윤점 외, 압화용 오이 과실표시의 건조시 테이프 부착과 황산구리, 아스코르빈산 및 열수 처리가 변색에 미치는 영향, 한국화예디자인학 연구
박윤점 외, 압화용 매발톱꽃의 잎 보관방법 및 $CuSO_4$ 처리에 따른 색상변화, 한국화훼연구회박윤점 외, 압화용 건조시트 개발, 원예과학기술지
박윤점 외, 야생화/압화, 중앙생활사
박은주, 색채 조형의 기초, 미진사
박주현, 왕초보사주학, 동학사
박진아, 흡습지 및 건조제 처리가 압화용 튜립의 화색과 엽색에 미치는 영향, 석사학위논문
박필제 외, 색채학 입눈, 형설출판사
박현일 외, 색채학사전, 도서출판 국제
박홍덕 외, 식물형태학 용어, 월드사이언스
박홍덕 외, 식물계통분류학, 월드사이언스
배선아, 민화의 화조도를 중심으로 한 압화의 표현연구, 석사학위논문
백진주 외, 우리나라에 있어서 압화의 현황과 발전방향, 한국꽃예술디자인학회지
베벌리 디, Flowercrafts, Lorenz books, NY
변미순 외, 변색된 압화의 화색 환원, 원예과학기술지
브리톤 디(Brinton, D), The complete guide to flower arranging, Merehurst.London
빌 로그(서종기 역), 식물 - 역사를 뒤집다, 예경
살리스버그 F.B and C.W 로스, PlantPhysiology, WadsworthPub
서영주, 꽃으로 그리는 그림, 문화기획인쇄
서영주, 압화용 식물의 효과적인 누름 건조법에 관하여, 석사학위논문
서영주 외, 압화 디자인과 장식, 예문사

서정남 외, 교실에서 만나는 자연, 부민문화사
서정남 외, 꽃이 숨쉬는 책 시리즈(1~6), 부민문화사
서춘순, 장미 건조화를 위한 최적 건조조건에 관한 연구, 석사학위논문
서춘순 외, 동결건조 장미의 화색과 형태적 특징, 원예과학기술지
서프라이즈정보, 색깔의 수수께끼, 비채
손관화, 화훼장식, 진흥출판사
손관화, 꽃건조에 적합한 실리카겔의 입도에 관한 연구, 한국화훼연구회지
손관화 외, 건조 방법이 장미의 모양과 화색에 미치는 영향, 원예과학기술지
손기철, 절화, 절엽, 드라이 플라워의 수확 후 관리 및 취급요령, 도서출판 서원
손기철 외, 장식원예총론, 중앙생활사
손기철 외, 꽃색의 신비, 건국대학교출판부
송기엽 외, 야생화 쉽게 찾기, 진선출판사
송미영 외, 뷰티색채학, 청구문화사
송번수, 염색의 실제, 미진사
송원섭, 건조화의 이론과 실제, 도서출판 서일
송원섭 외, 프레스플라워에 있어서 종 이 종류와 실리카겔 처리가 페튜니아 꽃의 화색에 미치는 영향, 원예과학기술지
송화순 외, 천연염색, 숙명여자대학교 출판국
신정옥, 양파, 옥수수 껍질 압화와 무기발광시트를 이용한 광 매체 압화 조형물 제작연구, 석사학위논문
신지식, 색채표현, 조형사
신항식, 디자인 이해의 기초이론, 나남출판
아인리히 뵐플린, 미술사의 기본원칙, 제라르몽포르출판사
안옥희, 생활색채디자인, 형설출판사
안혜영, 감성적 색채로 표현된 자연의 이미지 연구, 석사학위논문
애너 파보르드, 2천년 식물 탐구의 역사, 글항아리
앨빈(Alvin H), Arranging cut flowers, New York: Ortho Books
양정인 외, 압화예술원론, 도서출판 서원
양정인 외, 재미있는 압화예술, (주)소리들
에바 헬러, 색의 유혹(Wie Farben auf Gerfuhl und Verstand wirken), 예담
오면, 화훼장식기능사, 부민문화사
오춘란, 조형예술원론, 동아대학교 출판부
왕경희, 화훼장식 소재의 색상 및 배색 유형에 따른 색채이미지, 박사학위논문
요제프 알버스(변의숙, 진교진 역), 색채의 상호작용, 도서출판 경당
요한 볼프강 폰 괴테(장희창, 권오상 역), 색채론, 민음사
유관호, 색채이론과 실제, 도서출판 청우
윤성은, 화훼디자인에 관한 연구, 석사학위논문
윤평섭, 환경미학, 문운당
윤평섭, 한국원예식물도감, 지식산업사
윤해순, 식물야외실습서, 동아대학교출판부
윤혜림, 즐거운 배색, 도서출판 국제
윤혜림, 컬러리스트, 도서출판 국제

윤혜림, 컬러리스트 종합이론, 도서출판 국제
이동은, 압화작품에 이용되는 식물소재에 관한 연구, 석사학위논문
이동훈 외, 드라이플라워용 소재의 종류와 특성에 관한 연구, 순천대학교논문집(자연과학편)
이미자, 현대 한국 화예디자인의 오브제 표현유형에 관한 연구, 석사학위논문
이성자, 엽록소의 분자 수식에 의한 압화 잎의 장기 보존, 석사학위논문
이수철 외, 색과 생활, 정문각
이승철, 자연염색, 학고재
이영로, 한국식물도감, 교학사
이영병, 원예식재와 조경, 시그마 프레스
이영병, 화훼디자인과 산업, 시그마 프레스
이영병, 정원과 건강, 시그마 프레스
이영병, 화훼디자인과 산업, 시그마 프레스
이우철, 한국 식물, 아카데미서적
이원영, 야생화의 건조 방법에 따른 색상과 형태적 변화, 박사학위논문
이원영, 꽃 건조에 있어서의 Microwave 이용의 효과, 석사학위논문
이원영 외, 드라이플라워 제조시 microwave의 이용 효과, 화훼연구회지
이유경, 색채 현상과 드로잉의 회화적 표현 연구, 석사학위논문
이윤주, 화예디자인에서의 선적인 구조 표현 방법과 특성 연구, 석사학위논문
이인규, 조류의 다양성과 계통, 라이프사이언스
이재만, 한국의 전통색, 일진사
이재만, 한국의 색, 일진사
이정민, 인간환경에 대한 화훼 조형적 시각화 유형에 관한 연구, 한국화예학회지
이종석 외, 신제가정원예, 향문사
이준화, 문화관광상품으로서의 기념품 디자인 콘텐츠 개발, 석사학위논문
이지헌, 식품가공기능사, 부민문화사
이창복, 원색대한식물도감, 향문사
이홍규, 칼라이미지사전, 조형사
임경빈 외, 일반식물학, 향문사
임경수 외, 식물 독성학, 군자출판사
장옥경, 화훼장식가를 위한 색채학, 도서출판 국제
전미경, 풀꽃그림, 도서출판 재원
정미화 외, 원예치료가 개방병동 정신분열증 환자의 정신건강 및 사회적응력에 미치는 영향, 원예과학기술지
정소영, 실리카겔을 이용한 장미의 누름 꽃 건조에 관한 연구, 석사학위논문
정영신, 야생화 이미지를 형상화한 귀금속 조형연구, 석사학위논문
조동제 외, 색의 이론과 실제, 학문사
조민정, Projected Clustering Algorithm의 성능 비교 및 분석, 석사학위논문
조현구, 원예치료프로그램이 정신지체 장애인의 직업재활에 미치는 효과, 박사학위논문
진미자, 화예디자인이 지닌 정서성과 기능적 효과, 한국화예학회지
진미자, 화예디자인의 표현과 기법, 미진사
최남희, 압화용 엽 소재의 가공 방법에 관한 연구, 석사학위논문

최민 외, 시각과 언어1, 열화당
최영훈, 색채원론, 동남문화사
최영훈, 색채학개론, 미진사
최영훈, 색채원론, 동남문화사
코돈 G(Condon G), The art of flower preservation, Lane Book Company
쿠노 나오미(엄경희 역), 컬러 테이스트 배색북, 조형사
타일러 씨, Herbalwreaths:Microwaveoven quickestway to dryusing, Srerling& LarkBookPub.Co.,N.Y
타타르키비츠 w(손효주 역), 미학의 기본 개념사, 미술문화
토비 머스그레이브 외(이창신 역), The plant hunters(식물 추적자), 넥서스
팀 암스트롱(양창우 역), 색채연습, 미진사
하순혜, 한국화재 식물도감, 도서출판 광진
하야시(Hayashi K), Plant pigment, Tokyo: Yokendo
하일러 M and C. 힌톤(Hiller,M.and C.Hinton), The book of dried flower, Simonand Schuster
한국미술협회, 제24, 25회 대한민국미술대전, 도서출판케이앤씨
한국양치식물연구회, 한국양치식물도감, 지오북
한국자생식물협회, 우리꽃 530종, 신구문화사
한국플라워디자인협회, 정석플라워디자인, 인아
한국화예디자인학회, 한국화예디자인학회 연구논문집, 한국학술정보(주)
한국화훼연구회, 화훼원예학총론, 문운당
한국화훼장식교수연합회, 600가지 꽃도감, 부민문화사
한국화훼장식기사협회, 화훼장식기사/기능사, 부민문화사
한국화훼장식학회, 화훼장식학, 부민문화사
한석우, 입체조형, 미진사
한태진, 응용식물학, 월드사이언스
한택수, 현대미술과 색채(La couleur dans la peinture moderne), 궁리출판
허북구 외, 매리골드 식물체 추출액 및 분말 색소가 견과 면직물의 염색성과 항균성에 미치는 영향, 한국지역사회생활과학회지
허북구 외, 우리꽃 이름의 유래를 찾아서, 중앙생활사
힐리어(Hillier M), Decorating with dried flower, Crown Publishers
Kayoko Toyomasu, Eisuke Matsuo, Books on Oshibana(Pressed-Flower Art) Published in Japan since 1960, 人間植物關係學會誌
Kayoko Toyomasu, Yasuo toyomasu, List of Books on Pressed-Flower, 人間植物關係學會誌

공공누리 http://www.kogl.or.kr
국가문화유산포털 http://www.heritage.go.kr
국가생물종지식정보시스템 http://www.nature.go.kr
국립수목원 http://www.forest.go.kr
유토이미지 http://www.utoimage.com

살아 숨쉬는 신비한 누름꽃

압화디자인원론

2018년 2월 24일 초판 발행

지은이 (社)한국프레스플라워협회
감수 김희현(중앙대학교 예술대학)
기획 신정옥, 이지헌
삽화 김소희
사진 함태윤, 최창용
교정 박은진, 김순자, 구본순, 장미숙, 최영옥, 이미자
만든이 정민영

펴낸곳 부민문화사
출판 등록 1955년 1월 12일 제1955-000001호
주소 (04304) 서울 용산구 청파로73길 89(부민 B/D)
전화 (02) 714-0521~3
팩스 (02) 715-0521
http://www.bumin33.co.kr E-mail: bumin1@bumin33.co.kr

정가 30,000원
공급 한국출판협동조합
ISBN 978-89-385-0293-3 93520